Curso de Bioética e Biodireito

Curso de Bioética e Biodireito

2020 · 4ª edição

Adriana Caldas do Rego Freitas Dabus Maluf

ALMEDINA

CURSO DE BIOÉTICA E BIODIREITO

AUTOR: Adriana Caldas do Rego Freitas Dabus Maluf
DIAGRAMAÇÃO: Almedina
DESIGN DE CAPA: FBA
ISBN: 9786556270258

Dados Internacionais de Catalogação na Publicação (CIP)
(Câmara Brasileira do Livro, SP, Brasil)

Maluf, Adriana Caldas do Rego Freitas Dabus
Curso de bioética e biodireito/
Adriana Caldas do
Rego Freitas Dabus Maluf. -- 4. ed. – São Paulo:
Almedina, 2020.
Bibliografia.
ISBN 978-65-5627-025-8
1. Bioética 2. Direito e biologia 3. Engenharia
genética - Leis e legislação I. Título.

20-35726
CDU-34:57-340

Índices para catálogo sistemático:

1. Biodireito 34:57
2. Bioética : Aspectos jurídicos 340

Cibele Maria Dias - Bibliotecária - CRB-8/9427

Este livro segue as regras do novo Acordo Ortográfico da Língua Portuguesa (1990).

Junho, 2020

EDITORA: Almedina Brasil
Rua José Maria Lisboa, 860, Conj.131 e 132, Jardim Paulista | 01423-001 São Paulo | Brasil
editora@almedina.com.br
www.almedina.com.br

SOBRE A AUTORA

Adriana Caldas do Rego Freitas Dabus Maluf é Doutora e Mestre em Direito Civil pela USP. Membro da Comissão de Bioética e Biodireito da OAB/SP e do HCorSP. Membro do IASP - Instituto dos Advogados de São Paulo. Advogada e Nutricionista.

NOTA DA AUTORA À 4ª EDIÇÃO

Fruto da larga experiência da autora nas questões envolvendo a bioética e o biodireito, nasceu a presente obra. O sucesso da primeira edição junto aos alunos e à comunidade cientifica em geral, além dos aplicadores do direito, deu origem à segunda edição, aumentada, e foi essa mesma experiência nos foros em geral, aliada à modernidade do tema, de grande importância para as letras medicas e jurídicas, que fez com que viesse a lume a terceira edição. Agora, em versão iinteiramente revista e atualizada, a autora oferece uma nova obra, de grande abrangência doutrinaria, técnico cientifica e jurisprudencial, que busca com total apuro, carinho e dedicação, trazer luzes a alunos, estudiosos em geral, operadores do direito e demais interessados, nesses temas tão ligados à essência da própria vida, e assim, por via de consequência, detentores de enorme importância social, cujo conhecimento aprofundado é vital para a aplicação de politicas publicas que visam a plena administração e persecução da saúde.

Dessa forma, tendo a saúde proteção constitucional, como um dos direitos fundamentais do cidadão, a importância do aprendizado e da conscientização dos operadores do direito e dos profissionais da área da saúde em geral, representa grande alicerce de bem-estar social da coletividade moderna.

Nesse sentido, em plena consonância com o desenvolvimento técnico científico, doutrinário e jurisprudencial, apresentamos uma nova obra: remodelada, atualizada, que tem como objetivo principal oferecer novos rumos para o estudo do tema, a fim de que o homem possa, para pensar como Hanna Arendt "sentir-se em casa no mundo".

São Paulo, janeiro de 2020.

SUMÁRIO

INTRODUÇÃO

A ampliação do campo do saber, notadamente pelas descobertas científicas, biotecnológicas, pela difusão da cultura, do diálogo internacional e da globalização econômica, fez com que novos questionamentos surgissem no limiar do novo século acerca dos princípios éticos e morais, da imposição de limites no trato dos seres humanos e animais em virtude desse desenvolvimento da tecnologia. Assim sendo, novos debates bioéticos se descortinaram nesse milênio tendo em vista o desenvolvimento da biotecnologia e que necessitam de regulação do biodireito.

A pessoa humana é valorizada pelos princípios bioéticos, tendo em vista sua dignidade e direitos personalíssimos. Vem protegida pelo ordenamento constitucional, civil, penal, ambiental pelos Tratados Internacionais de direitos humanos. Temas como o início da vida, a natureza jurídica do embrião, a esterilização de seres humanos, o aborto, os direitos do nascituro, as pesquisas com células-tronco, o desenvolvimento da clonagem, o transplante de órgãos e tecidos, a transfusão de sangue, a sexualidade humana, a segurança alimentar – envolvendo os organismos geneticamente modificados e a nutrigenômica; autonomia do paciente frente ao tratamento médico, à experimentação científica e a terminalidade da vida, e ainda a responsabilidade civil dos médicos e demais profissionais da área da saúde, fazem parte desse rico universo explorado pela bioética e pelo Biodireito.

Quanto à formação da família na pós-modernidade, fazem parte do debate bioético e do Biodireito a filiação e com ela o emprego das técnicas de reprodução humana assistida e seus desdobramentos, tendo em vista o conflito que o tema produz entre os diversos direitos dos envolvidos, seus interesses ou necessidades, visando sempre a valorização do ser humano em sua rica diversidade.

1.
Bioética, biodireito e biotecnologia

A evolução das ciências, da tecnologia, dos costumes fez imperioso o estudo da bioética e do Biodireito, uma vez que os diversos experimentos saíram da esfera da ficção científica e aportaram na realidade social, trazendo riscos e benefícios a todos. A bioética se ocupa de temas de ordem ética e moral que não apresentam um consenso. O biodireito ocupa-se de temas essencialmente ligados à vida e às relações sociais. A biotecnologia, por sua vez, trata da aplicação dos processos biológicos visando a produção de materiais e novas substâncias para uso industrial, medicinal, farmacológico, entre outros.

Por sua vez, a evolução das pesquisas científicas realizadas nos grandes polos mundiais, cuja atenção voltou-se para as pesquisas com DNA – material genético – possibilitou a criação de Organismos Geneticamente Modificados, os OGMs, e com isso, a transferência de genes de uma espécie para outra garantiu em muitos casos uma real evolução na criação de medicamentos, hormônios, alimentos, entre outros.[1]

Nesse sentido, vemos que o século XX foi marcado por três grandes projetos: o Projeto Manhattan – que descobriu e utilizou a energia nuclear –, o Projeto Apollo – que viabilizou a conquista do espaço sideral e o Projeto Genoma Humano – que leva o ser humano ao conhecimento mais profundo de si mesmo, sua herança biológica, iniciando uma verda-

[1] Maluf, Adriana Caldas do Rego Freitas Dabus. Curso de bioética e biodireito. 3.ed. São Paulo: Gen/Atlas, 2015, p. 3 e 4.

deira "caça aos genes".[2] Do questionamento sobre os reais benefícios que esses avanços, e sua utilização, trarão para a humanidade, defluem muitos questionamentos bioéticos, cujos temas mais recorrentes são: a possibilidade de codificação e alteração do patrimônio genético; a manipulação gênica (isolamento de determinados genes que indicam a presença de diversas patologias, a determinação da paternidade, a identificação da pessoa natural, a exploração dos alimentos transgênicos, a utilização terapêutica de células-tronco, a reprodução humana assistida, entre muitos outros), a pesquisa científica com corpo humano; a engenharia genética, entre outros.

Podemos ainda apontar os seguintes temas como relevantes para o debate bioético na contemporaneidade:

a) O direito à vida desde o seu momento inicial – a concepção, a gestação, o nascimento, a vida, a morte – que são regulados pelas leis civis e penais; o emprego da biotecnologia e o desafio científico; a disposição do corpo; a terminalidade da vida. Visando igualmente, a salvaguarda da vida humana em sua dignidade.

b) A relação dos direitos da personalidade e dos direitos humanos com o biodireito, em questões que envolvem basicamente: a determinação da identidade genética do ser humano, as questões envolvendo a sexualidade humana – determinação da identidade de gênero, da orientação sexual, a cirurgia de transgenitalização; a reprodução humana assistida e sua ampla complexidade (determinação da parentalidade, individualização da pessoa natural, mães substitutas, inseminação artificial *post mortem*), criação de bancos de material genético, embriões humanos criopreservados, o aborto, a esterilização, entre outros.

c) O direito ao patrimônio genético, à terapêutica, o desenvolvimento da pesquisa, o mapeamento sequencial do genoma humano – intimamente ligado às questões envolvendo a eugenia (e as experiências com seres humanos), criação de bancos de material genético ou bancos de DNA, com fins de pesquisa (Banco Nacional de pacientes com câncer de mama, da Fiocruz ou Banco Nacional para desordens do SNC, da Genset); Banco de diagnósticos, obtido a partir do DNA de pessoas com sus-

[2] PESSINI, Leo. A vida em primeiro lugar. In. PESSINI, Leo; BARCHIFONTAINE, Christian de Paul de (Org). Fundamentos da bioética. São Paulo: Paulus, 2002, p. 5 e 6.

peita de certas moléstias ou seus familiares; Bancos de dados de DNA; Bancos de tecidos.[3]

d) O equilíbrio do meio ambiente, respeitando a biodiversidade, a exploração farmacológica e a segurança alimentar.

Esse aumento da difusão da tecnologia sobre o corpo e a mente, impõe a necessidade de um diálogo amplo, livre e democrático na comunidade científica geral, tendo em vista a qualidade de vida e o respeito à dignidade da pessoa humana – cânone constitucional – presente no art. 1º, III da CF.[4]

Criou-se, igualmente, uma renovação no modo de agir e decidir das partes envolvidas com a ciência médica e biológica: A socialização do atendimento médico, com o consequente surgimento de novos padrões de conduta na relação médico-paciente, do atendimento em massa, da democratização da medicina; a universalização da saúde ante o aparecimento de várias entidades internacionais voltadas à solução de problemas éticos criados pela engenharia genética e pela embriologia, tais como a Organização Pan-americana da Saúde, o Conselho da Europa – editando recomendações sobre reprodução humana assistida, experimentação com embriões e a OMS; a medicalização da vida (aumento das especialidades médicas); a emancipação do paciente (necessidade do consentimento informado e elaboração das diretivas antecipadas de vontade); a criação e o funcionamento de comitês de ética hospitalar e comitês de ética para pesquisas em seres humanos; a criação de vários institutos não governamentais preocupados com a expansão dos problemas éticos advindos das experimentações científicas e descobertas das ciências biológicas – Sociedade para a saúde e valores humanos, fundada e Houston, 1950; Instituto Kennedy de ética da Universidade de Georgetown, 1971; Hasting Center, fundado em NY em 1969.

[3] MALUF, Adriana Caldas do Rego Freitas Dabus. Curso de bioética e biodireito. 3.ed. p. 4 e 5.

[4] A CF em seu art. 5º, IX, proclama a liberdade da atividade científica como um dos seus direitos fundamentais, mas na significa que esta seja absoluta ou não observe certas limitações, pois há outros valores e bens jurídicos reconhecidos constitucionalmente, como a vida, a integridade fisica e psíquica, a privacidade... que poderiam ser gravemente afetados pelo mau uso da liberdade de pesquisa científica.

Nesse sentido, a humanidade faz um balanço de suas realizações, dos problemas que enfrenta e dos progressos que conquistou. Pensa-se muito no legado que se está deixando para as novas gerações, chegando mesmo a se falar numa "justiça transgeracional"[5].

A necessidade do estabelecimento de um padrão moral universal, o crescente interesse pela ética filosófica e teológica e o consequente entrecruzamento da ética com as ciências da saúde em face do progresso biotecnológico provocou uma radical mudança nas formas tradicionais de agir dos profissionais da saúde, dando outra imagem à ética médica, originando um novo ramo do saber: a bioética.

1.1. Bioética: conceituação

Bioética é o estudo transdisciplinar entre biologia, medicina, filosofia e direitoque investiga as condições necessárias para uma administração responsável da vida humana, animal e responsabilidade ambiental. Considera, portanto, questões onde não existe consenso moral como a fertilização *in vitro*, o aborto, a clonagem, a eutanásia, os transgênicos e as pesquisas com células-tronco, bem como a responsabilidade moral de cientistas em suas pesquisas e suas aplicações.[6]

Sintetiza Leo Pessini que "a bioética estuda a moralidade da conduta humana no campo das ciências da vida", estabelecendo padrões de conduta socialmente adequados.[7] Adotando um ponto de vista global, podemos perceber que a ética se aplica de forma diferente entre os diversos países da comunidade internacional, tendo em vista sua ideologia, sua religião e cultura. É válido também ressaltar a importância do momento histórico na disseminação e diferenciação dos valores, que vão atuar preponderantemente nos temas bioéticos.

O termo "Bioética" surgiu na década de 1970 e tinha por objetivo deslocar a discussão sobre os novos problemas impostos pelo desenvolvimento tecnológico, de um viés tecnicista para outro humanista, supe-

[5] Pessini, Leo. A vida em primeiro lugar. In. Fundamentos da bioética, p. 5; Maluf, Adriana Caldas do Rego Freitas Dabus. Curso de bioética e biodireito. 3.ed. p. 6 e 7.

[6] Marino Jr., Raul. Em busca de uma bioética global. São Paulo: Hagnos, 2009, p. 97.

[7] Pessini, Leo; Barchifontaine, Christian de Paul. Problemas atuais de bioética. 2. ed. SãoPaulo: Loyola, 1994, p. 11.

rando a dicotomia entre os fatos explicáveis pela ciência e os valores estudáveis pela ética. Representa um neologismo construído a partir das palavras gregas *bios* (vida) + *ethos* (relativo à ética).

Utiliza uma paradigma de referência antropológico moral: o valor supremo da pessoa humana, de sua vida, dignidade, liberdade e autonomia que impõe ao homem diretrizes morais diante dos dilemas levantados pela biomedicina.[8] Envolve um diálogo interdisciplinar que tem por finalidade a compreensão da realidade através de sua complexidade física, biológica, política e social. As diretrizes filosóficas dessa área começaram a consolidar-se após a tragédia do holocausto oriundo da Segunda Guerra Mundial, quando o mundo ocidental, chocado com as práticas abusivas de médicos nazistas em nome da Ciência, cria um Código para limitar os estudos relacionados.

Foi durante a segunda metade do séc XX, mais precisamente entre 1960 e 1970, que os avanços científicos e tecnológicos no meio médico receberam forte incentivo por seus resultados positivos e começaram a produzir questionamentos na sociedade de então. São desse tempo a criação das UTIs, a realização dos primeiros transplantes (cardíaco 3.12.67 – Christian Barnard, na Afriaca do Sul; Brasil – Zerbini em 26.5.68 – transplante renal 1965 no HC pelo Prof. Geraldo Campos Freire), o diagnóstico da morte cerebral, as descobertas da psicofarmacologia, o diagnóstico pré-natal e alguns avanços no conhecimento dos mecanismos imunológicos de rejeição (ciclosporina 1978).[9]

O impacto do avanço dessas novas tecnologias levaram a comunidade médica e científica ao estabelecimento de parâmetros delineadores das práxis terapêuticas e de pesquisa. Assim foram fundados os primeiros Grupos de debates que deram origem aos Comitês de bioética: Johns Hopkins Hospital em Baltimore; Hasting Center em NY;em Madison na

[8] Soares, André Marcelo M.; Piñeiro, Walter Esteves. Bioética e biodireito: uma introdução. Coleção gestão em saúde, v. I. São Paulo, Edições Loyola/São Camilo, 2002, p. 7. Maluf, Adriana Caldas do Rego Freitas Dabus. Curso de bioética e biodireito, 3.ed, p. 7 e 8.

[9] Soares, André Marcelo M.; Piñero, Walter Esteves. Bioética e biodireito: uma introdução. Coleção gestão em saúde, v.I. São Paulo, Edições Loyola/São Camilo, 2002, p. 13.

Faculdade de Medicina de Wiscosin.[10] Analisava-se a viabilidade econômica dos procedimentose o direitos dos pacientes.A ampliação dos debates para além das áreas médicas para as humanidades e religiosas, gerou o inicio dos diálogos interdisciplinares que norteiam esse meio. O termo foi mencionado pela primeira vez em 1971, no livro "Bioética: Ponte para o Futuro", do biólogo e oncologista americano Van Rensselaer Potter, cuja ideia inicial foi desenvolver uma ética das relações vitais, criando uma ponte entre a ciência e as humanidades. Pouco tempo depois, uma abordagem mais incisiva da disciplina foi feita pelo obstetra holandês Hellegers.

De grande importância para odesenvolvimentoda bioética foi a obra de Tom L. Beauchamp e James Childress – chamada Princípios da ética biomédica- que limitando o caráter global outorgada por Potter,restringiu--se aos meios cientificos como é utilizada hoje em dia, introduzindo os quatro princípios básicos da bioética que serão estudados a seguir. A bioética correspondeu, portanto, a um importante movimento cultural relativo às ciencias da vida.[11] Preocupa-se como aduz Diego Gracia, com "os problemas éticos relacionados à vida humana em toda a sua existência, devendo os fins desta vida humana serem pelo menos razoáveis".[12]

A bioética é um produto da sociedade do bem-estar pós-indústrial e da expansão dos direitos humanos da terceira geração, que marcaram a transição do Estado de direito para o Estado de justiça, visando a promoção da macrobioética e da responsabilidade frente à preservação da vida em sua mais ampla magnitude.[13]

[10] Soares, André Marcelo M.; Piñero, Walter Esteves. Bioética e biodireito: uma introdução. Coleção gestão em saúde, v.I. São Paulo, Edições Loyola/São Camilo, 2002, p. 11-17.

[11] Maluf, Adriana Caldas do Rego Freitas Dabus. Curso de bioética e biodireito. 3.ed. p. 7 e 8.

[12] Gracia, Diego. Pensar a bioética: metas e desafios, São Paulo: Paulinas/São Camilo, 2010, p. 100.

[13] Correia, Francisco de Assis. Alguns desafios atuais da bioética. In. Fundamentos da bioética. Pessini, Leo; Barchifontaine, Christian de Paul de (Org), 2.ed, São Paulo, Paulus, 2002, p. 31.

1.1.1. As fases da bioética

Podemos dividir a história da bioética em 3 fases:

A primeira, que vai de 1960 a 1977 – período em que surgem os primeiros grupos de médicos e cientistas preocupados com os novos avanços científicos e tecnológicos. Formam-se os primeiros comitês de bioética no mundo. A segunda, que vai de 1978 a 1997 – periodo em que se publica o relatório Belmont, que provocagrande impacto na bioética clínica; realiza-se a 1º fertilização in vitro, progressos na engenharia genética, criam-se importantes grupos de estudo em bioética: Grupo internacional de Estudo em bioética, Associação europeia de centros de ética médica, Convenio europeu de biomedicina e direitos humanos, entre outros. A terceira, iniciada em 1998, ainda vigente, que teve o apogeu da descoberta do genoma humano, clonagem, além dos debates relativos à falência dos sistemas de saúdepública nos países em desenvolvimento.[14]

A bioética tornou-se conhecida e difundiu-se por tratar de temas polêmicos que permeiam a vida social, como o aborto, a eutanásia, a distanásia, os tranplantes, a clonagem, a reprodução medicalmente assistida, a cirurgia de alteração de sexo, a manipulação genética.

Entretanto, observam uma pluralidade de conceitos, que permeiam o debate bioético. Deve-se inicialmente identificar dentro desse dialógo multidisciplinar que se estabelece dois tipos de tema: os que tratam dos limites impostos a uma liberalidade individual e os que implicam uma real eficácia para o bem comum. Para tanto, utilizam-se os termos microbioética no primeiro caso e macrobioética no segundo.

a) Microbioética: é o ramo da bioética que tem por objetivo o estudo das relações entre médicos e pacientes e entre as instituições e os profissionais de saúde. A microbioética trabalha, especificamente, com as questões emergentes, que nascem dos conflitos entre a evolução da pesquisa científica e os limites da dignidade da pessoa humana.

b) Macrobioética: é o ramo da bioética que tem por objetivo o estudo das questões ecológicas em busca da preservação da vida humana. Trabalha, especificamente, com as questões persistentes, que são aquelas que reiteradamente se manifestam no grupo social e por isso se encontram

[14] Gracia, Diego. Para pensar a bioética. p. 121 e SS. Maluf, Adriana Caldas do Rego Freitas Dabus. Curso de bioética e biodireito. 3.ed. p. 9 e 10.

regulamentadas, por exemplo, a preservação florestal ou de um patrimônio cultural. [15]

1.1.2. Princípios básicos da bioética

São quatro os princípios basilares da bioética:

a) Princípio da autonomia: valoriza a vontade do paciente, ou de seus representantes, levando em conta, em certa medida, seus valores morais e religiosos.Reconhece o domínio do pacientes obre a própria vida (corpo e mente) e o respeito à sua intimidade, restringindo com isso, a intromissão alheia no mundo daquele que está sendo submetido a um tratamento.Aquele que estiver com com sua vontade reduzida deverá ser protegido. A autonomia seria a capacidade de atuar com conhecimento de causa e sem qualquer coação ou influência externa. Desse princípio decorre a exigência do consentimento livre e informado.

b) Princípio da beneficência: refere-se ao atendimento do médico, e dos demais profissionais da área da saúde, em relação aos mais relevantes interesses do paciente, visando seu bem-estar, evitando-lhe quaisquer danos. Baseia-se na tradição hipocrática de que o profissional da saúde, em particular o médico, só pode usar o tratamento para o bem do enfermo, segundo sua capacidade e juízo, e nunca para fazer o mal ou praticar a injustiça. No que concerne às moléstias, deverá ele criar na práxis médica o hábito de auxiliar ou socorrer, sem prejudicar ou causar malou dano ao paciente.

Nesse sentido vemos que no caso de manifestação de circunstâncias conflitantes, deve-se procurar a maior porção possível de bem em relação ao mal para o paciente, sendo, na ótica de Beauchamp e Childress, a beneficência é uma ação feita em benefício alheio que obedece o dever moral de agir em benefício dos outros. A regra de ouro do princípio da beneficência é não causar dano e maximizar os benefícios, minimizando os possíveis riscos.

c) Princípio da não-maleficência: contém a obrigação de não acarretar dano intencional e por derivar da máxima da ética médica: *primum non nocere*.

[15] Maluf, Adriana Caldas do Rego Freitas Dabus. Curso de bioética e biodireito, 3.ed. p. 10.

d) Princípio da justiça: requer a imparcialidade na distribuição dos riscos e benefícios da prática médica, pelos profissionais da área da saúde, procurando evitar a discriminação.[16]

Podemos concluir, assim, que a bioética deverá ter tais princípios como parâmetros de suas investigações e diretrizes. Leciona Raul Marino Jr que "o amor da vida é a forma mais abrangente para se definir a moderna bioética, que se tornaria global e universal, visando a solução dos dilemas a ela inerentes, por um balanceamento dos princípios bioéticos, rebatizados como amor-próprio, ou autonomia; amor ao próximo, ou justiça; amor da vida, ou não maleficência e amor ao bem, ou beneficencia. Em suma, seria o amor a base da bioética".[17] Entendemos que nesse mesmo sentido, "há uma verdadeira relação entre o amor e o direito, uma vez que seus temas se interrelacionam e se casam de uma forma quase simbiótica"."O desenvolvimento das ciências e a biotecnologia fez nascer formas novas de amor, manifestadas pela recriação do homem, pela ampliação das formas de parentalidade, e pela criação de um ser multifacetado, mais transparente e ciente da necessidade de amor em sua mais rica manifestação".[18]

Em outubro de 2005, a Conferência Geral da UNESCO adotou a Declaração Universal sobre Bioética e Direitos Humanos, que consolida os princípios fundamentais da bioética e visa definir e promover um quadro ético normativo comum que possa a ser utilizado para a formulação e implementação de legislações nacionais.

Atualmente encontramos em bioética, além do principialismo, outros paradigmas, como: o naturalismo – que reconhece, a partir do direito natural, a existência de alguns bens fundamentais,como a vida,a religiosidade,a racionalidade; o contratualismo – que defende uma relação entre médico, paciente e sociedade a partir de um contrato de ordem jurídica; o personalismo – que partindo de uma visão antropológica

[16] MARINO Jr., Raul. Em busca de uma bioética global. São Paulo: UP, 2009, p. 91. MALUF, Adriana Caldas do Rego Freitas Dabus. Curso de bioética e biodireito. 3.ed. p. 11 e 12.

[17] MARINO JR., Raul. Ensaio sobre o amor, São Paulo: Companhia Editora Nacional, 2011, p. 78.

[18] MALUF, Adriana Caldas do Rego Freitas Dabus. Direito das famílias: amor e bioética. São Paulo: Elsevier, 2012, p. 6.

objetiva defender a dignidade humana com base em suas características essenciais.

1.1.3. Bioética: intrínsecas relações com a ética, a moral e a deontologia

Interrelacionam-se em bioética os conceitos de ética (do grego éthos, modo de ser), moral (do latim, mores, costumes, normas de convívio) e deontologia (do do grego déon, dever). A ética inicialmente preocupava-se com o naturalismo, ou seja com a natureza e não com o individuo, posteriormente, passou a referir-se à vida pública na *polis* – originada pela democracia ateniense. Relacionava-se então com com o comportamento humano na vida em sociedade; com a destruição das cidades-estados causada pela ascensão dos impérios macedônio e romano – os filósofos estóicos e epicuristas passam a relacionar a ética com o universo, tornando-a mais genérica e desligada de determinada comunidade. Na medievalidade a ética aparece profundamente influenciada pela religião, sendo pois determinada como uma conduta moral. Na modernidade a autonomia das ciências e a passagem do teocentrismo ao antropocentrismo fez surgir o uma separação entre a ideia do bem (ideal),do que é bom (real); e entre o legal (jurídico) e o legítimo (justo).

É possível, como bem prevê Tristam Engelhardt, que a verdade moral seja ambigua, de acordo com a preferencia valorativa da cada um, como se ocupou Kant. "Seria então a moralidade uma questão de gosto, de inclinação cultural?". Para Engelhardt "estamos diante de um ethos liberal, cosmopolita, emergente, que celebra a liberdade, a igualdade e a auto-realização".[19]

A ética é um conhecimento racional que se preocupa em determinar o que é bom. A moral preocupa-se com a escolha da ação em que determinada situação deve ser empreendida. Podemos então então compreender que decidir e agir concretamente é um problema prático e, portanto moral. Investigar essa decisão e essa ação, a responsabilidade que dela derivae o grau de liberdade e de determinismo aí envolvidos é um problema teórico, e portanto ético. A ética é fundamentalmente investigativa

[19] Engelhardt Jr., H Tristam. Fundamentos da bioética cristã ortodoxa. São Paulo: Edições Loyola, 2003, p. XX.

e sua natureza é de ordem conceitual. A moral, por ser de ordem prática é impensável fora de um contexto histórico,social, político e econômico.

Segundo o teólogo Paul Tillich (1886-1965), o conteúdo da lei moral é condicionado historicamente.A ética deve partir sempre da moral como uma realidade histórico-social, tentando explicar a diversidade e as mudanças das práticas morais. Nesse sentido, tal com leciona Raul Marino Jr. "os princípios e as regras éticas fundamentaram-se em verdadeiros sistemas de pensamentos baseados nas diversas teorias éticas ou nos sistemas morais que os justificam e formam conjuntos coerentes e rigorosos".[20]

A deontologia (Código de ética profissional) regula a ção do profissional nos limites de sua prática, tornando-a boa e adequada. A bioética abrange um conhecimento complexo que visa dar respostas em situações concretas visando sempre uma autonomia determinada. Tem natureza pragmática (que se apoia nos quatro princípios), aplicada aos questionamentos morais suscitados pelas decisões clínicas e pelos avanços científicos e tecnológicos. Implica na capacidade de tomar decisões moral e legalmente aceitas em casos que envolvem conflitos de valores. Em síntese, concluimos com Soares e Piñeiro que "o que na ética é estudado, na moral praticado e na deontologia obrigado, na bioética é problematizado".

Em bioética, contrariamente ao que ocorre na ética, na moral e na deontologia, o bem é sempre pensado a partir de um sujeito particular e nunca de forma abstrata ou coletivizada. A peculiaridade da situação de um paciente deve ser sempre a base para se questionar à luz dos princípios bioéticos, o grau de humanidade, legitimidade e legalidade inerentes à conduta do profissional da saúde ou do pesquisador.[21]

Em síntese, podemos concluir que a Bioética é a disciplina que estuda os aspectos éticos das práticas médicas e biológicas, avaliando suas implicações na sociedade e as relações entre os homens e entre estes e outros

[20] Marino Jr. Raul – Em busca de uma bioética global, p. 51 e ss.

[21] Gracia, Diego – Para pensar a bioética, p. 130 e ss.; Soares, André Marcelo M.; Piñero, Walter Esteves – Bioética e biodireito uma introdução, p. 21 a 29.

seres vivos, indicando o rumo das condutas a serem adotadas visando o respeito à dignidade humana.[22]

1.1.4. Panorama da bioética no cenário mundial

A aceitação da bioética tem conhecido grande evolução na atualidade. Pensamos com Celso Lafer, que se impõe o diálogo intercultural, baseado numa hermenêutica diatópica, como forma de ampliar a relação pacífica entre as diferentes culturas, visando atingir, uma internacionalização principiológica em matéria de bioética, fundamental para a assunção de seus objetivos na era atual. Na atualidade são realizados diversos Congressos Mundiais de Bioética, reunindo especialistas de mais de 40 países.O primeiro Congresso Mundial de bioética ocorreu na Holanda em 1992. Entre seus objetivos encontram-se a facilitação de contatos e intercâmbio entre os profissionais da área das diversas partes do mundo; a organização de Congressosinternacionais de bioética; a divulgação dos resultados obtidos; o incentivo à pesquisa e o ensino da bioética; o apoio ao debate livre, aberto e racional dos problemas de bioética.

Os temas mais debatidos abrangem os fundamentos da bioética e a consequente valorização de seus princípios básicos; a bioética clínica, onde se aborda a delicada relação médico-paciente, debatendo-se sobre a origem e a terminalidade da vida: aborto, eutanásia, distanásia, transplantes, consentimento informado, emprego de técnicas específicas para a reprodução assistida; a bioética social, onde o núcleo do debate fixa-se nas políticas de saúde, na reforma dos sistemas de saúde, meio ambiente e formação de comissões nacionais de bioética e a bioética transcultural, cujos ditames são aplicados nas diversas áreas do mundo: bioética na América latina, na Europa, nos EUA, na Ásia, na Oceania. Sintetiza Leo Pessini que "a bioética pensada no Ocidente valoriza sobretudo o indivíduo, enquanto a bioética aplicada no Oriente acentua mais o caráter coletivo".[23]

[22] Maluf, Adriana Caldas do Rego Freitas Dabus – Curso de bioética e biodireito, 3.ed, p. 13 e 14.

[23] Pessini, Leo – O desenvolvimento da bioética na América Latina. In. Fundamentos da bioética, p. 12.

Percebe-se aqui que as questões de bioética muitas vezes podem apresentar rostos diferentes dependendo da localização geográfica, do desenvolvimento econômico e cultural, do momento histórico vigente, do desenvolvimento dos direitos humanos. Na evolução da bioética durante o século XX, "os anos 70 conheceram o nascimento da bioética e a definição de suas questões essenciais, particularmente nos EUA. Nos anos 80 ocorreu uma progressiva institucionalização na Europa, assim como houve a adoção de iniciativas isoladas em outros países. Os anos 90 presenciaram a progressiva expansão da bioética para diversas regiões do mundo, mediante a realização de encontros acadêmicos e culturais promovidos pela Associação Internacional de Bioética".[24]

Na América Latina a grande preocupação em matéria de bioética centra-se nas discussões que tratam de bioética e saúde pública, onde o tema de maior relevância é o acesso, distribuição de recursos, custos, qualidade de vida; o estabelecimento da ética clínica na prática médica. São de grande relevância as decisões críticas ante pacientes, a interrupção do tratamento, a eutanásia, o suicídio assistido, a ética na pesquisa, a ética na legislação na saúde. Devem ser levados em conta os aspectos bioéticos que valorizem a justiça e a equidade, procurar priorizar a situações especiais/emergenciais criadas pelas novas enfermidades, ou procedimentos oriundos das novas práticas científicas como transplantes ou reprodução assistida.

"Em algumas partes da América Latina, a simples existência de alta tecnologia e centros de cuidado médico ultra especializados levanta perguntas adicionais acerca da discriminação e injustiça na assistência médica. As indagações difíceis nesta região não são em torno de como se usa a tecnologia médica, mas quem tem acesso a ela".

Vemos assim, o grande teor social que permeia a bioética latino americana. Nas palavras de Leo Pessini "a solidariedade é um conceito que poderá ocupar, na bioética na América Latina, um lugar similar ao que é ocupado pela autonomia nos EUA". Logo, podemos concluir pela importância das questões persistentes da macrobioética na agenda regional de

24 TEALDI, Juan Carlos – Discurso proferido pela ocasião do II World Congress of Bioethics, realizado em Buenos Aires, em 0utubro de 1994. Apud. PESSINI, Leo – O desenvolvimento da bioética na América Latina. In. Fundamentos da bioética, p. 13.

bioética, na América Latina. Nos EUA, a tecnologia médica impulsionou o desenvolvimento da bioética clínica, onde os maiores questionamentos tinham a ver com o uso humano das novas tecnologias: abrangia o uso e a retirada dos aparelhos, a aceitação ou a recusa do consentimento.

Existe nos EUA, até por herança anglo-saxônica, a utilização de um pragmatismo que ungiu os avanços da ciência aos problemas da ética. Para a realidade americana, o que importa é o fato, a concretude que cada caso apresenta. Uma vez estudado o caso, elabora-se um plano de ação baseado na prévia formulação de opções cuidadosamente pesadas em suas consequências.

No modelo europeu, tal como ensina Diego Gracia, a fundamentação ética dos procedimentos é vital para o sucesso do atendimento. Assim, a filosofia na Europa sempre se preocupou mais com os temas de fundamentação em contraposição ao pragmatismo americano.

De uma maneira geral, podemos concluir que a bioética busca oferecer decisões que impliquem na construção de uma vida digna para toda a coletividade, amparando-se para tanto na discussão dos problemas emergentes e mesmo nos problemas persistentes que permeiam a vida social, tendo em vista o alcance da sua possibilidade em face dos problemas que concretamente aparecem na escala regional. [25]

1.2. Biodireito: conceituação

O biodireito pode ser definido como o novo ramo do estudo jurídico, resultado do encontro entre a bioética e o direito. É o ramo do Direito Público que se associa à bioética, estudando as relações jurídicas entre o direito e os avanços tecnológicos conectados à medicina e à biotecnologia. "Tem a vida por objeto principal, salientando que a verdade juridica não poderá salientar-se à ética e ao direito, assim como o progresso cientifico não poderá acobertar crimes contra a dignidade humana, nem traçar sem limites jurídicos, os destinos da humanidade". [26]

25 Maluf, Adriana Caldas do Rego Freitas Dabus – Curso de bioética e biodireito, 3.ed, p. 14 a 16.

26 Diniz, Maria Helena – O Estado atual do biodireito, 10.ed., São Paulo: saraiva jur, 2017, p. 44 e 45; Maluf, Adriana Caldas do Rego Freitas Dabus – Curso de bioética e biodireito, 3.ed, p. 14 e ss.

Biodireito é a regulamentação jurídica da problemática da bioética, no sentido em que formula as relações peculiares entre ética e direito que se inter relacionam reciprocamente: ética como instância prática do direito e direito como expressão positiva da ética".[27]

Associa-seprincipalmente ao universo de cinco matérias: Bioética, Direito Civil, Direito Penal, Direito Ambiental e Direito Constitucional. Compreende o caminhar sobre o tênue limite entre o respeito às liberdades individuais e a coibição dos abusos contra o indivíduo ou contra a espécie humana. Atua como agente regulador do poder da ciência sobre o cidadão. Numa perspectiva mais ampla podemos visualizar dois planos de tutela, um macro e outro micro. No macro biodireito, o foco está nas relações ambientais, no patrimônio natural, artificial e cultural; já o micro biodireito, estuda as questões relacionadas à vida individualizada. O anseio social do final do século XX adapta-se à nova realidade e, conforme a época em que se vive, os conceitos como vida e liberdade ampliam-se ou se restringem. Para a conservação da dignidade humana, é imprescindível estabelecer limites ético-jurídicos.

1.2.1. Princípios básicos do biodireito

Diversos são os princípios que podem ser aplicados ao Biodireito:

1. Princípio da autonomia – ligado ao autogoverno do homem, no que tange principalmente às decisões sobre os tratamentos médicos e experimentação científica aos quais será submetido. Assim, as decisões clínicas deverão ser tomadas em conjunto na relação médico-paciente.

2. Princípio da beneficência – ligado ao bem-estar do paciente em face ao atendimento médico ou experimentação científica, sendo válido ressaltar que o cientista dirigirá sempre seu trabalho em prol da moral na pesquisa científica.

3. Princípio da sacralidade da vida – refere-se à importância fulcral da proteção da vida quando das atividades médico-científicas. Vem elencado no art. 5º da Constituição Federal.

4. Princípio da dignidade humana – O referido princípio deve ser sempre observado nas práticas médicas e biotecnológicas, visando a pro-

[27] Gracia, Diego – Fundamentos de bioética, Madrid: Ed. Eudema, 1989, p. 576 e ss.

teção da vida humana em sua magnitude. Liga-se este princípio ao da sacralidade da vida humana.

5. Princípio da Justiça – Refere-se à imparcialidade da distribuição dos riscos e benefícios de todos os envolvidos na pesquisa científica e nas práticas médicas, seja no âmbito nacional quanto no internacional.

6. Princípio da cooperação entre os povos. Refere-se ao livre intercâmbio de experiências científicas e de mútuo auxílio tecnológico e financeiro entre os países, tendo em vista a preservação ambiental e das espécies viventes.

7. Princípio da precaução – Este princípio sugere que se tomem cuidados antecipados às práticas médica e biotecnológicas tendo em vista o caso concreto. Imporia, a seu turno, no caso de dúvidas sobre a possibilidade de certa atividade causar danos aos seres humanos, às espécies ou ao meio-ambiente, a proibição da autorização do exercício da referida atividade. No âmbito do Biodireito, tal princípio implicaria na impossibilidade de se efetuar qualquer pesquisa científica até que se comprovem a inexistência de consequências maléficas -diretas ou indiretas- para o ser humano. Trata-se, sim, de impor ao interessado na realização da atividade o dever de comprovar a inexistência de risco, sob pena de proibição da prática da atividade científica que se deseja praticar. Este princípio está ligado aos princípios da dignidade da pessoa humana, da sacralidade da vida e da ubiquidade, tendo em vista a preservação da higidez da espécie. Relaciona-se à utilização de organismos geneticamente modificados.

8. Princípio da ubiquidade – Retrata a onipresença do meio ambiente e da integridade genética. Tem por valor principal a proteção da espécie, do meio ambiente, da biodiversidade, do patrimônio genético. Deve ser levado em consideração cada vez que se intenciona a introdução de uma política legislativa sobre qualquer atividade nesse sentido. Visa a proteção constitucional da vida e da qualidade de vida. Refere-se esse princípio à proteção do patrimônio genético da humanidade de forma que se deve preservar, a qualquer custo, a manutenção das características essenciais da espécie humana. Tem sua aplicabilidade, em questões que visam a regulação das experimentações científicas em células germinais humanas, as quais, uma vez alteradas, poderiam trazer "mutações" inde-

sejáveis para toda a espécie humana, dada sua transmissão hereditária em face das gerações futuras.[28]

1.2.2. O biodireito e o constitucionalismo pós-moderno

O direito constitucional adota um sentido mais amplo na pós-modernidade. Isto se justifica não só pelo próprio objeto da bioética, mas também pela elevação do tratamento jurídico dos temas que por ela são debatidos. Pode-se falar mesmo numa elevação ao nível de matéria constitucional, ou seja, vê-se o nascimento de um biodireito constitucional. Preocupa-se o constitucionalista com o embate entre a ética, enquanto filosofia teórica e a bioética, enquanto filosofia prática. Nesse sentido, os valores constitucionais se espraiam em todas as direções: pelo biodireito, bioética, pela deontologia médica, pela valorização da importância difusa das questões ambientais.

Assim sendo, as questões bioéticas envolvem uma rearticulação do constitucionalismo contemporâneo, em três movimentos distintos: a regionalização, em que o papel do Estado é preponderante, havendo inclusive a reunião dos Estados para fins específicos; o cosmopolitismo ético, decorrente do desenvolvimento de um sistema universal dos Direitos Humanos; a globalização da economia, observada a relação comercial entre as diversas nações, ou blocos econômicos, tendo em vista as regras do comércio internacional.

A dignidade humana, direito naturalmente inato tendo em vista a visão Kantiana, é o grande princípio do constitucionalismo contemporâneo, presente na maioria das Cartas Constitucionais atuais. Esse princípio é resultante da progressiva luta e consequente conquista de alguns povos. Corrobora que as pessoas devem ter condições dignas de desenvolverem-se como indivíduos. [29]

[28] Maluf, Adriana Caldas do Rego Freitas Dabus – Curso de bioética e biodireito, 3.ed, p. 18 a 20.

[29] Maluf, Adriana Caldas do Rego Freitas Dabus – Curso de bioética e biodireito, 3.ed, p. 20 e 21.

1.2.3. Evolução histórica do princípio da dignidade da dignidade da pessoa humana no Brasil

A expressão dignidade da pessoa humana já apareceu em diversos textos constitucionais brasileiros. Destacou-se na Constituição de 1934, que em seu art. 115, lia-se: "A ordem econômica deve ser organizada conforme os princípios da justiça e as necessidades da vida nacional, de modo que possibilite a todos existência digna. Dentro desses limites, é garantida a liberdade econômica.Parágrafo único. Os poderes públicos verificarão, periodicamente, o padrão de vida nas várias regiões do país".

A Constituição de 1946, em seu art. 145, determinava: "A ordem econômica deve ser organizada conforme os princípios da justiça social, conciliando a liberdade de iniciativa com a valorização do trabalho humano. Parágrafo único. A todos é assegurado trabalho que possibilite existência digna".

No texto *de 1967*, a expressão 'Dignidade Humana', encontra-se em seu art. 157, II: "A ordem econômica tem por fim realizar a justiça social, com base nos seguintes princípios:II – valorização do trabalho como condição da dignidade humana". Pela EC 1/1969, mesmo modificando a numeração do caput, que passa a ser o artigo 160, manteve-se o inciso II, nos mesmos termos, como se vê: II – valorização do trabalho como condição da dignidade humana".

Até mesmo o Ato Institucional n. 5 (13.12.1968) fazia referência a expressão ao considerar que "a Revolução Brasileira de 31 de março de 1964 teve, conforme decorre dos Atos com os quais se institucionalizou, fundamentos e propósitos que visavam dar ao País um regime que, atendendo às exigências de um sistema jurídico e político, assegurasse autêntica ordem democrática, baseada na liberdade, no respeito à dignidade humana". Pode-se concluir que "O princípio constitucional do respeito à dignidade da pessoa humana implica um compromisso do Estado e da sociedade para com a vida e a liberdade individual, integrado no contexto social". A Constituição de 1988 ao instituir um amplo sistema de direitos e garantias fundamentais, tanto individuais quanto coletivos, buscou não só preservar, mas promover a dignidade da pessoa humana.

O legislador Constitucional se preocupou não apenas com a instituição, mas também com a efetivação destes direitos, atribuindo um papel ativo ao cidadão e ao Judiciário. Buscou também superar a concepção de direitos subjetivos, para dar lugar a liberdades positivas, realçando o aspecto promocional da atuação estatal".[30] No Brasil, a Constituição Federal, em seu art. 1º elenca os princípios fundamentais sob os quais a estrutura do Estado nacional encontra-se alicerçada: (I – soberania, II – cidadania, III – a dignidade da pessoa humana, IV – os valores do trabalho e da livre iniciativa, V- o pluralismo político). Podemos entender aqui que o princípio constitucional da dignidade da pessoa humana abranja o princípio bioético da autonomia, segundo o qual se garante a liberdade consciente de decidir, de optar.

Em seu art. 3º: constituem objetivos fundamentais da República Federativa do Brasil – I – construir uma sociedade livre, justa e solidária; II – garantir o desenvolvimento nacional; III – erradicar a pobreza e a marginalização e reduzir as desigualdades sociais e regionais; IV – promover o bem de todos, sem preconceito de origem, raça, sexo, cor, idade e quaisquer outras forma de discriminação.

Daí depreende-se que os objetivos que devem orientar o Estado brasileiro são expressos nos aspectos sociais, políticos e econômicos. Essa inserção global da sociedade visando a promoção e o bem social de todos, está inspirada na fórmula criada por Thomas Jefferson, na Declaração de Independência norte-americana de 1776, em que se clamava o direito à felicidade, fórmula acatada pelo constituinte pátrio, visando a construção de uma sociedade emancipada e mais igualitária. No *caput* de seu art. 5º, a CF afirma e garante a inviolabilidade do direito à vida, à liberdade, à igualdade, à segurança e à propriedade. Para o direito vida "é o bem juridicamente tutelado como direito fundamental básico, desde a concepção, momento específico, comprovado cientificamente, da formação da pessoa". A vida humana, objeto do direito assegurado no art. 5º, caput da CF, integra-se de elementos materiais e imateriais, constituindo fonte primária de todos os outros bens jurídicos, direitos fundamentais, a saber: a liberdade, a igualdade, a segurança e a propriedade.

O princípio da segurança, exposto nos arts. 5, III; 6º; e 144 da CF, garante o direito à integridade física e moral. O Estado tem o dever de assegurar a todos o mínimo, para que o indivíduo sobreviva. No citado

[30] DANTAS, Ivo – A era da biotecnologia, constituição, bioética e biodireito. In. www.oab.org.br/oabeditora/users/revista/pdf, p. 37 a 40.

art. 5º, III, a CF estabelece que ninguém será submetido à tortura nem a tratamento desumano ou degradante, isto significa que também não se podem utilizar experimentos científicos que rebaixem a dignidade do homem ou terapias que o submetem a sofrimentos injustos. Este princípio engloba os princípios bioéticos da beneficência e da não maleficência.

O art. 5º, X da CF, proclama a liberdade da atividade científica como um dos seus direitos fundamentais, mas não significa que ela seja absoluta e não contenha nenhuma limitação, pois há diversos valores jurídicos reconhecidos constitucionalmente, como a vida, a integridade física e psíquica, a privacidade, que poderiam ser gravemente afetados pelo mau uso da liberdade da pesquisa científica.

Havendo conflito entre a livre expressão da atividade médico-científica e outro direito fundamental da pessoa humana, o limite a ser empregado é o da dignidade da pessoa humana, previsto no citado artigo 3º, III. Desta sorte podemos ver que nenhuma liberdade de investigação científica poderá chegar a tal ponto que se coloque em risco a pessoa humana em sua segurança e dignidade. O art. 5º, XIV, da CF assegura o sigilo que é protegido pelo direito à intimidade. A informação é essencial para garantir a autonomia pessoal, a liberdade consciente de escolha. Garante a proteção das informações pessoais.

O art. 170 da CF garante que o desenvolvimento econômico seja atrelado à existência digna, visando ainda a proteção do meio ambiente; sendo de grande relevância para a preservação da biodiversidade esse artigo, por meio do desenvolvimento econômico fomenta-se o incentivo à pesquisa científica para o aprimoramento dos produtos resultantes das atividades exercidas.

O art. 196 da CF aborda o aspecto da saúde, afirmando ser esta direito de todos e dever do Estado, garantindo o acesso à saúde à coletividade como um todo. (devendo disponibilizar o acesso ás mais modernas terapias a todos).

O art. 203, I da CF assegura proteção à família, da infância à velhice; o art. 226, 7º e 8º – trata do planejamento familiar, livre decisão do casal, respeitando os princípios da dignidade da pessoa humana e da paternidade responsável (abrange aqui a importância da regulamentação da inseminação artificial, da proteção jurídica do embrião).

O art. 218,§ 4º da CF cuida da ciência e da tecnologia prevendo a responsabilidade do Estado em promover e incentivar o desenvolvimento científico, a pesquisa e a capacitação tecnológica por meio de leis que apoiem e estimulem as empresas ao investimento em pesquisa para a criação de tecnologia adequada ao país.

O art. 225 da CF representando grandes inovações constitucionais, dispõe que o meio ambiente ecologicamente equilibrado é essencial para uma vida saudável, e que todos, inclusive o poder público têm o direito de usar e o dever de defendê-lo e preservá-lo para as presentes e futuras gerações.

A Constituição, já prevendo os avanços da biomedicina, estipulou no art. 225 § 1º, II e V, a preservação da diversidade biológica e a integridade do patrimônio genético do país e a fiscalização das entidades ligadas à pesquisa e à manipulação de material genético; o controle da produção, comercialização e do emprego de técnicas, métodos e substâncias que comportem risco de vida à higidez ambiental.[31]

Temendo-se a clonagem de seres humanos, em 1995, sentiu-se a necessidade de regulamentar o art. 225 da CF e foi promulgada a chamada Lei de Biossegurança (Lei n 11.105/2005), regulando os reflexos no âmbito civil e penal da utilização da engenharia genética. Estabelece normas de segurança e os mecanismos de fiscalização no uso das técnicas de engenharia genética, sendo o direito um sistema que obedece a princípios harmônicos, deve a legislação infraconstitucional nortear-se por estes de forma coerente. [32]

1.3. A biotecnologia moderna

A biotecnologia é uma ciência tecnológica aplicada no ramo da biologia, capaz de produzir, ou modificar organismos vivos ou derivados destes, para usos específicos, transferir genes de um organismo para outro, sendo esta transferência genética uma de suas principais ferramentas, proporcionando a melhoria dos métodos de produção e comercialização

[31] Fiorillo, Celso Antonio Pacheco; Diaferia, Adriana – Biodiversidade e patrimônio genético no direito ambiental brasileiro, São Paulo, Max Limonad, 1999, p. 23 a 31.

[32] Maluf, Adriana Caldas do Rego Freitas Dabus – Curso de bioética e biodireito, 3.ed, p. 21 e ss.

de produtos contendo processos biotecnológicos. Corresponde à aplicação de processos biológicos para a produção de materiais e substâncias para uso industrial, medicinal e farmacológico.

Embora o uso corrente do termo tenha advindo do século XX – a aplicação de suas técnicas é bastante antiga, sendo a descoberta das células em um pedaço de cortiça por Robert Hooke, em 1665, que desencadeou uma onda de descobertas e invenções em biologia. O microscópio descortinou um novo mundo, anteriormente desconhecido pelo homem que possibilitou uma enorme gama de descobertas científicas.[33] A biotecnologia trabalha com a estrutura genética das espécies, alterando-as, criando formas novas, modificadas, visando a promoção do ser humano, a cura de doenças, a melhoria da qualidade de vida.

Na década de 70 cientistas americanos concentraram sua atenção em pesquisas com DNA (material genético) e com isso foi possível criar-se os OGMs (organismos geneticamente modificados). Depois da transferência de genes de uma espécie para a outra, foi possível evoluir as técnicas para a criação de medicamentos, hormônios, plantas modificadas, entre outros.

Se por um lado a intervenção na vida é cada vez mais próxima ao ser humano, por outro, a questão jurídica deve ter um respaldo legal cada vez mais amplo, pois diante deste contexto tecnológico que emerge a cada dia com maior intensidade, os direitos de propriedade intelectual ganham espaço, e clamam pelo seu total reconhecimento. Disso extraímos: bio (vida) + tecno (uso prático da ciência) + logia (conhecimento). Assim, urge que analisemos a questão Biotecnologia no Brasil, assim como os direitos de Propriedade Intelectual, disciplinados na Lei 9.279/1996, conhecida como Lei de Propriedade Industrial (LPI)".

Nos centros mais industrializados a pesquisa científica e o desenvolvimento tecnológico avançado já despertaram discussões por força do avanço do conhecimento e de sua aplicação prática. No Brasil, no entanto, discussões dessa natureza ocorreram tardiamente. O país adentrou no

[33] Brauner, Maria Claudia Crespo –Ciência, biotecnologia e normatividade. In. www. Ciência, biotecnologia e normatividade. nht. Ver. Ciência e Cultura, v.57, n.1, São Paulo, jan/mar 2005, p. 1; Borem, Aluízio; Santos, Fabrício R –Biotecnologia simplificada, Viçosa: UFV, 2001, p. 20 e 21.

cenário dessa revolução tecnológica e na busca voraz pelo conhecimento, incorporou certas expressões, como clonagem, plantas e animais transgênicos, sequenciamento de DNA, genoma, terapias gênicas e diversas outras, dando margem as mais profundas discussões, decorrentes de implicações éticas e jurídicas.

Tais expressões, fruto do avanço da ciência e da tecnologia, trazem a nossa realidade uma profunda necessidade de buscarmos novos paradigmas, sejam eles políticos, ambientais, sociais, jurídicos e éticos, a fim de que esses sejam capazes de decifrar as novas demandas sociais e o verdadeiro papel da ciência. Questão de grande relevância na atualidade é o estabelecimento de limites procedimentais éticos em contraposição à pesquisa tecnológica, mormente quando se tratar de atividade inventiva relacionada com a vida.

Desta forma, a partir dos novos conhecimentos tecnocientíficos, instaurou-se na agenda mundial a discussão sobre os instrumentos normativos de proteção e de respeito à vida humana, da flora e da fauna, tendo em vista as repercussões de toda ordem que acarreta, que vão desde interesses econômicos, mercadológicos, políticos e sociais. Entendemos assim que é grande a importância do debate público relativo à elaboração de legislação específica que regule as diversas modalidades de intervenção da ciência sobre a vida, nas sociedades democráticas e pluralistas. Desta sorte, as leis nacionais devem estar estruturadas sob a base das regras e princípios constitucionais, que apresentem um alcance internacional estabelecidos através de Convenções e Tratados, abrindo-se um caminho na esfera dos direitos humanos para a criação de um direito internacional das ciências da vida, inspirado na proteção da dignidade da pessoa humana.

O debate que alicerça a formulação do biodireito e da biotecnologia assenta-se, sobre o princípio da dignidade da pessoa humana, previsto no art. 3º, III da CF tendo em vista as contingências dos interesses econômicos ou das transformações culturais.[34] O avanço da pesquisa genética nos últimos tempos, revelou a ânsia do homem na descoberta da cura de determinadas doenças hereditárias – e com isso –, a solução de mui-

[34] BRAUNER, Maria Claudia Crespo – Ciência, biotecnologia e normatividade, p. 1.

tos problemas que atingem o ser humano em escala mundial. Patologias como a diabetes, doenças cardiovasculares, neuropsiquiátricas, câncer e Aids, já se encontram muitas vezes controladas, ou mesmo detém-se as chances de cura em muitos casos.

O século XX viu nascer a farmacogenômica, que estuda a associação entre a constituição genética do indivíduo e sua resposta aos medicamentos.[35] Daí depreende-se que, o avanço da ciência não deve ser contido motivado pelo desconhecimento, ou pela presença de tabus ou preconceitos tendo em vista os grandes interesses sociais envolvidos. Deve-se no entanto adotar, "um critério de prudência e de responsabilidade para a aceitação das novas intervenções sobre o ser humano e sua descendência".[36]

A observância do princípio constitucional da dignidade da pessoa humana, operará como um norte a ser observado para a realização das pesquisas biotecnológicas, amparada no debate multidisciplinar que o tema exige.A era da biotecnologia trouxe para a humanidade um amplo campo de novos temas a serem explorados, que por sua vez geram um grande debate bioético, são eles: a clonagem, a manipulação gênica e a terapia gênica, a seleção pré-natal, a eugenia, os transgênicos, a utilização de células-tronco, a seleção de embriões, que levaria à uma alteração do patrimônio genético, à discriminação, ao uso coercitivo da prática, entre outros.[37]

Desta sorte, em pouco mais de uma geração, a definição de vida e o significado da existência, tais como conhecemos hoje, estarão alterados. Concepções acerca da natureza, sexualidade, reprodução humana, relações de parentesco, deverão ser repensados, assim como noções de igual-

[35] Borem, Aluízio; Santos, Fabrício R – Biotecnologia simplificada, p. 127; Maluf, Adriana Caldas do Rego Freitas Dabus – Curso de bioética e biodireito, 3.ed, p. 29 e ss.

[36] Brauner, Maria Claudia Crespo – Ciência, biotecnologia e normatividade, p. 2.

[37] Borem, Aluízio; Santos, Fabrício R – Biotecnologia simplificada, p. 210 e 211; Tranquilim, Cristiane – A terapia gênica como direito fundamental à saúde. In. Sarlet, Ingo W.; Leite, George Salomão (Org) Direitos fundamentais e biotecnologia.São Paulo: Método, 2008, p. 211.

dade democracia, livre-arbítrio e progresso. O próprio sentido social da existência mudará em face do desenvolvimento biotecnológico.[38]

De acordo com o artigo segundo da Convenção da Diversidade Biológica: o termo biotecnologia significa qualquer aplicação tecnológica que utilize sistemas biológicos, organismos vivos ou seus derivados para fabricar ou modificar produtos ou processos para a utilização específica no processo de produção industrial. (Publicado no DOU de 17/2003/1998, Seção I, p. 1).

O processo biotecnológico que utiliza material biológico de plantas e animais para fins industriais, integra um conjunto de tecnologias que possibilitam utilizar e alterar organismos vivos ou suas partes funcionantes, células, organelas e moléculas, para gerar produtos, processos e serviços especializados com aplicações em diversas nas áreas da saúde, agropecuária e Meio ambiente.

Envolve várias áreas do conhecimento como biologia molecular, genética, fisiologia, farmacologia, veterinária, reprodução, microbiologia, química, engenharia de alimentos, nanotecnologia, entre outras. Desta sorte, tem lançado vários produtos no mercado mundial, como a insulina e o hormônio do crescimento, a inovação consiste em substituir os métodos de obtenção tradicionais. Em outros casos, como o dos anticorpos monoclonais, trata-se de produtos inteiramente novos.

Apesar de seus inúmeros benefícios, a biotecnologia tem provocado inúmeros debates e controvérsias, que envolvem temas como biodiversidade, patentes e ética. Seu futuro depende dos fatores econômicos e sociais que condicionam o desenvolvimento industrial. Um dos grandes entraves percebidos na implementação do processo biotecnológico em nosso país diz respeito ao risco inerente a essa modalidade de pesquisa.

No Brasil, uma das áreas privilegiadas da biotecnologia é a pesquisa agrícola. No âmbito internacional, o Projeto Genoma Humano (PGH), é um dos principais projetos realizados. Tem como ideal a compreensão do ser humano em seu nível mais essencial. Seu propósito primário é o mapeamento de todos os genes humanos e o sequenciamento completo

38 NAVARRO, Andreya Mendes de Almeida Scherer – O obscuro objeto do poder – ética e direito na sociedade biotecnológica, Rio de Janeiro: Lúmen Júris editora, 2007, p. 7 e 134 e ss.

de três bilhões de pares de bases de DNA do genoma humano. Alguns dos objetivos são a descoberta de novas ferramentas diagnósticas e de novos tratamentos de doenças de etiologia genética, além da transferência do conhecimento para outras áreas, visando o desenvolvimento da biotecnologia moderna na agricultura, na zootecnia e no controle ambiental e do crescimento demográfico.[39]

1.3.1. Impactos da biotecnologia

A atividade biotecnológica nesse limiar do século XXI tornou-se um instrumento de poder. Assim, como principais impactos da biotecnologia, podemos apontar: a biologização do ser humano e a ausência de limites biológicos; a busca da ausência de enfermidades (imortalidade?); o desenvolvimento de debates bioéticos; a transmutação de valores; a criação de novos direitos- o biodireito; a passagem da medicina preventiva para a medicina preditiva; o desequilíbrio ecológico das espécies; a monetarização da vida; mudanças de paradigmas; a exploração de novos ramos de experimentação científica (clonagem, células-tronco, reprodução assistida, manipulação genética); analise dos interesses econômicos de mercado; implementação de políticas públicas; aumento da necessidade de cooperação internacional; alteração na formação da família e na identificação do ser humano.

Grande é também o impacto no meio ambiente provocado pela engenharia genética, que lança no meio ambiente produtos da flora e da fauna alterados em sua composição gênica, e portanto, diferenciados, tornados mais resistentes à pragas ou a agentes que lhe são nocivos. Nesse sentido, vemos que há "forte impacto da engenharia genética ou da biotecnologia no meio ambiente ao criar, mediante manipulação de moléculas de DNA e RNA recombinantes, organismos geneticamente modificados".

1.3.2. Regulação legal da biotecnologia

A biotecnologia necessita de um marco regulatório que atenda à ética das novidades emergentes, que seja capaz de dar um rumo às experimenta-

[39] Borem, Aluízio; Santos, Fabrício R – Biotecnologia simplificada, op.cit., p. 171 e ss; Fiorillo, Celso Antonio Pacheco; Diaféria, Adriana – Biodiversidade e patrimônio genético no direito ambiental brasileiro, São Paulo: Max Limonad, 1999, p. 30.

ções, freando as práticas racistas, eugênicas, racistas, especifistas, e que garanta um retorno financeiro a quem pesquisa e descobre.[40] Nesse sentido, a Lei de Biossegurança (Lei n.. 11.105/2005) regulamenta os incisos II, IV e V do § 1º do art. 225 da Constituição Federal, estabelece normas de segurança e mecanismos de fiscalização de atividades que envolvam organismos geneticamente modificados - OGM e seus derivados, cria o Conselho Nacional de Biossegurança - CNBS, reestrutura a Comissão Técnica Nacional de Biossegurança - CTNBio, dispõe sobre a Política Nacional de Biossegurança - PNB, revoga a Lei n. 8.974, de 5 de janeiro de 1995, e a Medida Provisória n. 2.191-9/ 2001, e os arts. 5º a 10 e 16 da Lei n. 10.814, de 15 de dezembro de 2003, e dá outras providências.

O fundamento básico da Biossegurança é estudar, entender e tomar medidas para prevenir os efeitos adversos da moderna biotecnologia, sendo prioritário proteger a saúde humana, animal e o meio ambiente, para assegurar o avanço dos processos tecnológicos, entra no cenário nacional. No que tange ao direito de patentes, o Brasil conta com a Lei de Propriedade Industrial (Lei n.. 9.279/1996), que por sua vez, deve ser vista no contexto das atividades científicas, tecnológicas e comerciais desenvolvidas no país. Tal lei estabelece duas etapas de patenteabilidade das criações: na primeira, há análise de quais criações, de maneira geral, são consideradas invenções e, consequentemente, quais podem ser patenteadas ou não. Para a proteção jurídica, o pesquisador precisa primeiro verificar se a solução encontrada não se enquadra nas hipóteses de proibições legais de não patenteabilidade e, numa segunda fase, se preenche os requisitos de patenteabilidade. O INPI, Instituto Nacional de Propriedade Industrial, demonstra um especial compromisso com o desenvolvimento do país, sendo evidente, a preocupação ao que se relaciona a garantia de proteção à área da biotecnologia.

Nos casos dos OGMs (Organismos Geneticamente Modificados), que não podem ser patenteados, por serem seres vivos, os métodos usados para sua obtenção são protegidos por lei. Portanto, os investidores devem proteger, através de patente, os métodos usados pela biotecnologia na obtenção de novas espécies de animais e plantas.

[40] NAVARRO, Andreya Mendes de Almeida Schrerer - O obscuro objeto do poder - ética e direito na sociedade biotecnológica, p. 78.

A referida lei substituiu o Código de Propriedade Industrial de 1971 (Lei n.. 5.772/1971), instituindo novas regras de propriedade industrial (patentes, marcas, desenhos industriais, modelos de utilidade, indicações geográficas, concorrência desleal e informações confidenciais). São requisitos de patenteabilidade a novidade, a inventividade, a industriabilidade (onde o bem ou o produto dever ser suscetível de aplicação industrial, quando possam ser utilizados ou produzidos em qualquer tipo de indústria).

1.3.3. Atividades biotecnológicas

Na esteira do pensamento pioneiro de Francis Bacon "conhecimento é poder", vivemos no chamado século biotecnológico, oriundo da 4º Revolução Industrial, a Era da genômica. A marca deste período é sem dúvida a velocidade de informação que proporciona que a cultura científica e tecnológica amplie os horizontes do conhecimento. Assim, podemos elencar algumas descobertas científicas que representam uma posição de vanguarda no cenário científico atual.

Tem por objetivos: criar organismos novos e lucrativos como a criação de algas que podem absorver o CO2 em convertê-lo em combustível; alterar o genoma acrescentando novas funções – eliminando as que não se quer mais; a possibilidade científica de substituição total do DNA celular. Esse desenvolvimento da biotecnologia, pode trazer entretanto, sérias consequências, como: o risco de desastre ambiental; a construção de armas bacteriológicas; a alteração da biodiversidade; a criação de seres artificiais que jamais existiriam naturalmente. Representa, nesse sentido, "uma faca de dois gumes".[41]

1.3.4. A criação da vida artificial

A primeira forma de vida sintética representou sem dúvida um marco na biotecnologia mundial. Descoberta por Craig Venter e outros pesquisadores do Instituto nacional de Saúde em Washington (desde 1991 vem requerendo o patenteamento para a descoberta de fragmentos de genes funcionais humanos). O objetivo foi sem dúvida, a criação de organismos

[41] Maluf, Adriana Caldas do Rego Freitas Dabus – Curso de bioética e biodireito, 3.ed, p. 34.

novos e lucrativos com fins sociais. O feito representou a disponibilização de grande soma internacional aproximadamente US$ 40 milhões, e quinze anos de estudos e trabalho.

A construção da célula artificial deu-se mediante a reconstrução no computador do genoma de uma bactéria comum, Mycoplasma Mycoides. A informação foi colocada num sintetizador de DNA que produziu filamentos de DNA e quando injetados na E Coli, transferiram o genoma sintético para outro tipo de bactéria comum que à medida que se multiplicava passava a usar o genoma sintético, acabando com o vitalismo inicial da célula-mãe.

Com a descoberta da célula artificial tem-se a possibilidade de mapear-se o genoma total das espécies. Este, por sua vez, é formado por sequências de DNA e cada pedacinho de DNA é formado por pares de moléculas conhecidas como a, t, g, c. A combinação dessas letras determina as diferentes características de cada organismo. Os cientistas passaram toda a sequência de DNA do genoma de uma bactéria para um computador, mais de um milhão de pares de DNA. Depois, retiraram alguns pares de moléculas, alteraram o ordenamento deles e criaram sequências de DNA que tinham a função de identificar o genoma que estavam inventando. Eram como um sinal de nascença para diferenciá-lo de um genoma criado pela natureza.[42]

Montaram-se assim, sequências curtas de DNA, usando as quatro letras: os pares de moléculas produzidos em laboratório, ou seja, sintéticos. Só que o genoma completo tem mais de um milhão e oitenta mil pares de moléculas e o máximo que se conseguia em laboratório eram pouco mais de mil pares em sequência. Usaram organismos vivos básicos, como uma bactéria e leveduras, para colar essas sequências menores até formar um genoma inteiro, um bastão enorme de DNA, um código genético sintético. Posteriormente, transplantaram esse genoma completo para uma célula sem genoma. E foi esta a grande conquista: o código genético sintético passou a controlar a célula, que adquiriu as características definidas pelo novo genoma e que manteve aquela marca de nascença criada

[42] In: Célula artificial levanta preocupação com questões éticas. Disponível em: http://g1.globo.com.data 21.05.10. Acesso em 17.03.12.

pelos cientistas, a prova de que estava criada uma célula sintética. E o mais impressionante: ela se reproduzia sozinha.

A bactéria que teve o genoma alterado não apenas sobreviveu, como passou a se multiplicar com novas características. Até hoje, os cientistas tinham conseguido criar sinteticamente apenas vírus, que tem genomas muito mais simples do que uma célula e não se reproduzem sozinhos. O chefe do grupo que realizou a pesquisa, Craig Venter, afirmou que "a partir dessa descoberta, vacinas como a da gripe poderão ser feitas em horas. Hoje elas demoram meses para ser produzidas".

O bioquímico britânico Andrew Simpson foi o coordenador do Projeto Genoma no Brasil. Ele explicou detalhes da pesquisa. "Eles começaram com químicos que se pode comprar em uma loja, basicamente, e usaram várias manipulações complexas, até usando outros organismos como parte do processo, mas basicamente uma coisa totalmente não natural. Para mim é uma vida, uma forma de vida artificial". No mundo todo muitos cientistas concordaram que a descoberta é um marco histórico, "o geneticista David Baltimore reconheceu avanços da pesquisa, mas argumentou que Venter superestimou o resultado da pesquisa e afirmou que a vida não foi criada, apenas copiada". Não se gerou efetivamente a vida a partir da matéria inanimada. "Tecnicamente, ele copiou vida. Ele tinha todas as informações contidas no genoma de uma determinada bactéria. A partir dessas informações, ele conseguiu montar aquele DNA exatamente como se fosse natural. Montado esse genoma, ele colocou esse DNA dentro da carcaça de outra bactéria. Recebendo esse material genético, ele fez essa bactéria se dividir", explica o neurocientista Stevens Rehen, da Universidade Federal do Rio de Janeiro (UFRJ).

A descoberta suscitou grandes ponderações por parte da comunidade internacional: "o diretor de bioética do Vaticano, Rino Fisichella, foi cuidadoso. Disse que é preciso ver como a descoberta será implementada no futuro. A diretora do Instituto Internacional de Bioética, Jennifer Miller, alertou que a preocupação é que a célula sintética possa se transformar numa arma biológica. [43] Criam-se assim organismos sintéticos para os quais não há resistência natural perderão o controle. Possibilitam a con-

[43] In: Célula artificial levanta preocupação com questões éticas. Disponível em: http://gl.globo.com.data 21.05.10. Acesso em 17.03.12.

fecção de vacinas, alimentos, fibras sintéticas para a indústria têxtil, alimentos modificados, combustíveis alternativos; mas também podem ter efeitos nocivos se mal empregados. Podem-se gerar micro-organismos que atacam outros, desobstruir artérias, drogas inteligentes. Fazer baterias biológicas, gerar energia a partir de organismos vivos.[44] Suscitam-se assim intensos debates bioéticos frente a utilização de materiais vitais sintéticos, tendo em vista os riscos que podem acarretar.

1.3.4.1. A engenharia genética

A engenharia genética consiste no emprego de técnicas científicas dirigidas à modificação de constituição genética de células e organismos, mediante a manipulação de genes, conferindo ao novo organismo diversa característica genética. O DNA pode ser entendido com a estrutura que contém a mensagem genética de um dado organismo, representando, pois, a imagem científica do indivíduo. Graças a ele a população humana recebe características próprias, onde as diferenças fenotípicas entre os indivíduos refletem suas diferenças genotípicas. Cada indivíduo tem seu conjunto gênico próprio, cujas informações são transmitidas às demais gerações pelo DNA.[45]

Projeto Genoma visa "o conhecimento de todo o código genético humano e de suas alterações, que são as causas das inúmeras moléstias hereditárias. Tem-se assim procurado identificar os 100 mil genes existentes nos 46 cromossomos componentes no genoma humano, visando a melhoria da saúde humana, a cura das doenças, a minimação dos efeitos colaterais nos tratamentos". Através da geneterapia, ou terapia gênica, luta-se contra as anomalias congênitas, identificam-se as causas da transmissão de patologias hereditárias de origem genética, podendo ainda, interferir em caracteres da personalidade e no comportamento do ser humano.

[44] Polêmico criador de célula artificial era mau aluno na escola. In: http://g1.globo. com, edição de 23.05.2010. Acesso em 17.03.12.

[45] Maluf, Adriana Caldas do Rego Freitas Dabus -Direitos da personalidade e os elementos genéticos para a identidade da pessoa humana. In. ALVES, Jones Figueiredo; Delgado, Mario Luiz (org) – Novo Código Civil questões controvertidas, São Paulo; Método, 2003, p. 84 e 85.

O DNA, tal como elucidado, "tem um triplo papel biológico: base da herança, base da individualização e base da evolução". O genoma humano totalmente mapeado, dará informações á medicina sobre a maneira de funcionamento do corpo humano, proporcionando uma maior eficácia no tratamento das doenças.[46] A regulamentação legal da engenharia genética dá-se pela Lei 11.105/2005, denominada lei de biossegurança, em seu artigo 3º, IV e V, §§ 1º e 2º.

Inúmeros conflitos bioéticos defluem da pratica de engenharia genética, de onde podemos apontar: o questionamento sobre a efetiva melhoria da qualidade de vida dos seres humanos e os riscos de degeneração genética do ser humano; a colocação em risco da vida e da saúde do ser humano, a interferência em direitos personalíssimos como a integridade física, a intimidade e a integridade genética do ser humano, entre outros.

A manipulação genética, técnica de engenharia genética que desenvolve experiências para alterar o patrimônio genético do ser humano mediante a transferência de genes podendo recombinar-se, também encontra escopo na referida Lei de Biossegurança; e se, não for bem regulada, pode oferecer riscos à integridade genética do ser humano, produzindo assim afronta à dignidade do ser humano.

Como leciona Mayana Zatz "além da análise de diagnósticos, de probabilidade de riscos e doenças, é necessário que se considere o impacto das informações sobre a vida dos pacientes, e por isso os princípios de privacidade e confidencialidade são considerados referências éticas obrigatórias na rotina do trabalho do geneticista".[47] Os avanços da genética geram problemas de ordem ética que precisam ser dirimidos pelo biodireito.

1.3.4.2. A biopirataria e a bioviolência

Biopirataria ou biocolonialismo "é o uso de patrimônio genético de um país por empresas multinacionais para atender a fins industriais, explorando, indevida e clandestinamente, sua fauna e sua flora, sem efetuar

[46] Zatz, Mayana – Genética, Rio de Janeiro: Globo, 2011, p. 25; Diniz, Maria Helena – O Estado atual do biodireito, p. 434 e 435.
[47] Zatz, Mayana – Genética, p. 49.

qualquer pagamento por essa matéria prima".[48] E ainda, "consiste na coleta de material para a fabricação de medicamentos no exterior sem o pagamento de royalties".[49] O grande questionamento que envolve o tema seria a possibilidade de patenteamento de OGM dada a omissão da Lei de Biossegurança, "que genericamente veda o patenteamento de tecnologias genéticas de restrição do uso, bem como qualquer forma de manipulação genética que vise a ativação ou desativação de genes relacionados à fertilidade das plantas por indutores químicos externos, à luz do art. 6º, § único".[50]

Já a bioviolência, outra forma de violência perpetrada em face da biodiversidade, desenvolve-se largamente nesse limiar do século XXI. A biotecnologia acarreta vantagens e desvantagens para o mundo moderno; e a bioviolência e o bioterror são alguns exemplos. Permitiu a produção de armas biológicas e com ela, a proliferação de patógenos.

A "bioviolência é o que ocorre quando se inflingem danos mediante a manipulação intencional de microrganismos vivos ou de seus produtos naturais, com propósito hostil. Trata-se de ato de puro terror pois torna toda a sociedade potencialmente vulnerável".[51] Representa, pois, uma grande ameaça à espécie humana, pois visa destruir organismos vivos. Apresenta uma grande capacidade de gerar óbitos em massa. Como bioarmas de origem biotecnologica podemos apontar: o antraz (tipo de bactéria), o ebola (tipo de vírus), o botulismo, o mormo (tipo de bactéria), a vaca louca, o tifo, a encefalite equina venezuelana, entre outros. Esses microrganismos são causadores de gripes, infecções, febres hemorrágicas, agroviolência – dizimando plantações, entre outros. [52]

O genoma sintético, criado a partir de novas tecnologias que se valem de genomas microbianos inéditos, geneticamente manipulados, a partir de curtos trechos de DNA sintéticos, padronizados e quimicamente pro-

[48] DINIZ, Maria Helena – O Estado atual do biodireito, p. 785.

[49] FIORILLO, Celso Antonio Pacheco; DIAFERIA, Adriana – Biodiversidade e patrimônio genético no direito ambiental brasileiro, São paulo: Max Limonad, 1999, p. 63.

[50] DINIZ, Maria Helena – O Estado atual do biodireito, p. 787.

[51] KELLMAN, Barry – Bioviolência – prevenção de crimes e terrorismos biológicos, São Paulo: Ed Idéias e Letras, 2007, p. 31.

[52] KELLMAN, Barry – Bioviolência – prevenção de crimes e terrorismos biológicos, p. 44, 49, 57, 59.

duzidos, podem acarretar muitas implicações perigosas, pois tem a capacidade de recriar doenças já erradicadas, e que seriam então lançadas em regiões de baixa imunidade natural contra elas, como o vírus da gripe espanhola por exemplo, ou a criação de vírus sintéticos.[53]

Podemos assim sintetizar que "a biotecnologia envolve um universo de riscos e perigos, inseguranças e incertezas sendo, pois, um campo fértil para a pesquisa e para a concessão de patentes".[54] Nesse sentido, dada a importância e modernidade do tema, pode-se concluir que urge que a comunidade internacional elabore protocolos internacionais para se coibir a bioviolência em âmbito global, e assim, elabore uma biopolítica amparada nos princípios da bioética.

1.3.4.3. A bionanotecnologia: produção de medicamentos e terapias médicas

Uma das características centrais do nosso tempo é sem dúvida a velocidade em que vão se dando as transformações na área das ciências da vida, em especial na biotecnologia e mais recentemente na bionanotecnologia. Importante é discutir, sob o ponto de vista da segurança biológica, as possíveis implicações, para um futuro próximo das aplicações previstas para a nanotecnologia no campo da medicina e do meio ambiente. Bionanotecnologia é a ciência que se utiliza da criação e manipulação das propriedades físicas, químicas e biológicas de partículas em escala nano (bilionésima parte do metro).

Várias áreas estão interligadas no centro de sua utilização: eletrônica molecular, química supramolecular, equipamentos nanométricos, sistemas imunológicos artificiais, computação, física quântica, semicondutores, entre outros. A conjugação destas grandes áreas de conhecimento tem sido responsável pelo sucesso teórico até agora alcançado pela bionanotecnologia. Como exemplos de aplicação, podemos apontar: a indústria farmacêutica, biotecnológica e biomédica.

Implica na descoberta de novos medicamentos baseados em nanoestruturas, kits de auto-diagnóstico, materiais de regeneração de ossos e

[53] Kellman, Barry – Bioviolência – prevenção de crimes e terrorismos biológicos, p. 106.

[54] Del Nero, Patrícia Aurélia – Biotecnologia – analise crítica do marco jurídico regulatório, São Paulo: Revista dos Tribunais, 2008, p. 283.

tecidos, desenvolvimento de biomarcadores celulares. Tantas são as novidades nessa área, que nos fazemos a pergunta: a indústria farmacêutica está ajudando ou coisificando o ser humano? Os medicamentos mais nos adoecem ou mais nos curam? Quanto à indústria farmacêutica, esta fabrica e comercializa seus medicamentos após longos períodos de pesquisas, testes e pesados investimentos (que chegam a custar bilhões de dólares).

Após seu apogeu em meados do século XX, as grandes empresas farmacêuticas veem apresentando uma imagem abalada dada a transformação da saúde em mercadoria. Às indústrias farmacêuticas, interessa desenvolver medicamentos cronificadores das doenças, que não curam de todo e devem ser consumidos e forma sistemática, e que tem suas pesquisas focadas preponderantemente no lucro, dando lugar às chamadas doenças negligenciadas, que acometem principalmente a população mais pobre dos países em desenvolvimento, que não pode pagar o preço pelos remédios de que necessita. Assim, a indústria farmacêutica privilegia suas pesquisas para o público que lhe dará retorno financeiro, nitidamente centrada nos países desenvolvidos. Dados apontam que "menos de 10% das verbas para pesquisa são destinadas a 90% dos problemas de saúde no mundo", demonstrando o interesse regional na pesquisa científica e a necessidade da pesquisa ser subsidiada pelos governos de países atingidos pelas respectivas doenças, de modo a reduzir o preço para o consumidor final e ampliar o acesso aos medicamentos.[55]

Assim, "na articulação dinâmica de inovação com a sociedade, pode-se afirmar que o círculo virtuoso entre o gasto em pesquisa e marketing, inovação, lucratividade e crescimento possui uma dimensão perversa em que a lógica de mercado se descola das necessidades de saúde, principalmente dos países com menor poder de compra e que possuem alta incidência de doenças negligenciadas".[56]

[55] WELCH, Gilbert H; SCHWARTZ, Lisa M; WOLOSHIN, Steven – Over diagnosed – making people sick in the pursuit of health, Boston: Beacon Press, 2011, p. ix e ss; p. 1 e ss.
[56] GADELHA, C et al. Perspectivas do investimento em saúde. Instituto de Economia da Unicamp, out 2009. Disponível em: www3eco.unicamp.br. Acesso em 1.4.2019.

Podemos perceber que desde meados do século XX vem surgindo uma nova forma de relação entre a indústria e a doença, onde haveria a implementação de uma estratégia da indústria farmacêutica em ampliar os limites da doença para que ocorresse um aumento de seu mercado consumidor, desvalorizando assim, a importância real do medicamento na terapêutica (ponderando a eficácia, a segurança e o custo destes), posto que de um lado há uma superexposição a estes aos pacientes que tem condições de arcar com eles, e de outro a enorme carência dos medicamentos às populações que não tem acesso a estes.

Assim sendo, coisifica-se o ser humano visto como potencial consumidor, no sentido em que há uma gama enorme de remédios, exames e terapias a serem utilizadas nos diversos tratamentos, viando muitas vezes, ao lado da cura ou da minimação da dor, a inaplicabilidade da responsabilidade civil. Ponderamos também que há desde o advento do desenvolvimento da biotecnologia, um aumento considerável de crescimento da indústria farmacêutica. Isto posto, há um grande investimento em pesquisa (com seres humanos e animais), mas também um grande investimento em marketing visando a divulgação do produto, havendo muitas vezes um aporte financeiro maior em divulgação do que em pesquisa por parte de algumas empresas.[57] Quanto ao fato de os medicamentos mais adoecerem do que curarem os pacientes, devemos ponderar a abundância de produtos desnecessários prescritas aos pacientes, muitas vezes com alto potencial de toxicidade, a prática nefasta da automedicação (muito comum no Brasil), elementos que em muito contribuem para a (in)eficácia do tratamento.

Levamos também em consideração que fatores como stress, poluição, alimentação, influenciam no estado de saúde final da população. No que tange à produção do meio ambiente, a produção de membranas seletivas

[57] Como exemplo podemos citar: Empresa Johnson & Johnson – custo com marketing 1, 8, bilhões de dólares – custo em pesquisa 5, 20 bilhões de dólares; Merck – custo com marketing 7, 35 bilhões de dólares, custo com pesquisa – 4, 01 bilhões de dólares. Fonte: http: // www.publiciintegrity.org/content.aspx?src. Article. Fonte: Top 50 pharmaceutical companies charts & lists, Med and News, Sep 2007 – arquivo de 9.11.2012 in Wayback Machine. Acesso em 1.4.2019.

para remover contaminantes ou sal da água, além de novas possibilidades de reciclagem.

Na medicina: desenvolvimento de plaquetas sintéticas que auxiliam o sistema fisiológico a combater hemorragias internas e externas. São nanopartículas que imitam as verdadeiras plaquetas. Estas podem ainda serem utilizadas em situações de emergência onde há grande perda de sangue; desenvolvimento de um biochip capaz de detectar o tipo e a gravidade de um câncer, aumentando as chances de tratamento. (biomarcadores moleculares); introdução no genoma de genes que promovem o crescimento tecidual; transportes de fármacos para locais específicos e impedir a desintegração de seus componentes no organismo, sem efeitos colaterais; desenvolvimento de biocomputadores que atuam nas células com base nas substâncias encontradas em seu interior; desenvolvimento de nanopartículas que visam fortalecer a coagulação.

Outras descobertas são também importantes na indústria automobilística, aeronáutica, de telecomunicações, no setor de produção de energia, no setor de fabricação. E assim, inúmeros debates bioéticos são suscitados em decorrência da difusão das pesquisas científicas em matéria de bionanotecnologia. Há grande divergência na forma como as pesquisas científicas em nanociências estão sendo conduzidas na comunidade internacional. Enquanto na Europa a preferência da pesquisa se dá na área da saúde, notadamente na medicina regenerativa e no combate às doenças regenerativas, nos EUA o interesse maior é na esfera militar.[58]

Apesar das grandes descobertas da atualidade vê-se a importância de se normatizar essas descobertas, pois apesar do conhecimento ser um direito do homem devemos observar um código ético, grande necessidade para o próximo milênio, pois, como se sabe, todo o conhecimento comporta erros e desilusões que podem ser usados de forma degradante para a humanidade. A adoção de normas de segurança é imprescindível, pois a nova tecnologia pode produzir organismos muito complexos, podendo inclusive recriar pelo acesso ao material genético dos vírus doenças já erradicadas, armas biotecnológicas. A nanotecnologia, em seu

[58] Bionantecnologia exige envolvimento do público. In http: //www.inovacaotecnologica.com.br. 22.10.08. Acesso em 20.3.11.

âmbito de atuação pode, se mal utilizada, produzir armas terrivelmente eficientes, como se utilizada para introduzir agentes patógenos no corpo de uma pessoa.[59]

[59] KELLMAN, Barry – Bioviolência, p. 108.

2.
Regulamentação da pesquisa científica

Tendo em vista o apogeu da biotecnologia, é primaz que a pesquisa científica seja regulamentada, posto que o desenvolvimento da engenharia genética mudará radicalmente a vida e talvez, de forma indesejável. Nesse sentido, o destino humano, a família e a identidade da pessoa natural sofrerão significativas alterações. Persistirá uma dominação do homem pelo homem tendo em vista o desenvolvimento do conhecimento? Perder-se-ão as qualidades iniciais das partes envolvidas? Assim sendo, podemos entender que a denominada ética do conhecimento, define um valor superior ao ser humano, e ao mesmo tempo proporcionará a manipulação desses valores. Como vimos, a biotecnologia engloba três âmbitos distintos: o filosófico que se refere à necessidade do saber; o político que aduz que "conhecimento é poder" e o jurídico, que contrapõe a liberdade do homem (autonomia)às limitações impostas pela lei, pela moral, pela ética e pelos costumes, como bem pensamos com Maria Garcia.[60]

A ausência de limites à ciência, traria riscos à existência humana? Alteraria os conceitos de dignidade e preservação da vida? Quais as vantagens do emprego das técnicas de engenharia genética e biotecnologia para o ser humano nas presentes e futuras gerações? Garantiriam estas uma vida realmente melhor e mais digna no futuro? Estaria o ser humano

[60] Garcia, Maria – Limites da ciência, São Paulo: Ed Revista dos Tribunais, 2004, p. 33 e 34.

assumindo um risco à sua saúde e sobrevivência? Essas e demais ponderações ficam, no entanto, sem uma resposta definitiva.[61]

Novos campos de trabalho tomam corpo tendo em vista o desenvolvimento das ciências e da tecnologia: o conselheiro genético – que visa realizar o aconselhamento genético para a cura de doenças; o cirurgião de aumento de memória; o designer de órgãos – tendo em vista o aumento da xenotransplantação; a engenharia biomédica e a farmacogenética – que realiza um tratamento diferenciado e individualizado para o paciente, evitando assim o uso de medicamentos sem componentes desnecessários para que se minimizem os efeitos colaterais (a bionanotecnologia já se ocupa disso). Daí decorre um enorme paradoxo: os avanços da ciência da saúde e da biotecnologia de um lado o crescente medo e insegurança de outro. Tendo em vista que a bioética é a ciência da alteridade, a liberdade demanda juízo e importa em responsabilidade. Como síntese, temos que o biopoder acarreta problemas bioéticos; sendo por isso necessário equilibrar o desenvolvimento tecnológico e os anseios da sociedade.

Concebe Raul Marino Jr. que no centro de toda ética está o conceito de responsabilidade, que por sua vez significa, assumir e realizar a ação que se impõe, devendo-se inicialmente refletir sobre a ação determinada, sua singularidade e complexidade. "È um tipo de ética que se opõe à reflexão superficial, parcial ou incompleta, a uma tomada de decisão impensada. Trata-se, pois, de uma ética do sujeito em pleno gozo de sua liberdade, livre e autônomo, que reflete convicção, coragem e prudência".[62]

Entretanto, esse equilíbrio entre a proteção da vida e da saúde humana, previsto nos arts. 5º e 160 da Constituição Federal e a liberdade de experimentação científica, previsto no art. 5º, X e 218 do mesmo Diploma Legal, não é pacífico de ser alcançado. Há, portanto o dever ético e jurídico de se colocar limite nas práticas especulativas visando o bem comum e a vida sustentável no futuro. Pensamos que o limite da ciência se dá no alcance da dignidade e da preservação da vida – de todo ser vivente.

[61] GARCIA, Maria – Limites da ciência, p. 47; MALUF, Adriana Caldas do Rego Freitas Dabus – Curso de bioética e biodireito, 3.ed, p. 43 e 44.

[62] MARINO Jr, Raul – Em busca de uma bioética global, São Paulo: UP, 2009, p. 85 e 86.

2.1. A pesquisa científica em seres humanos

A pesquisa científica, representa uma realidade que interfere em toda a sociedade, tornando-se de responsabilidade coletiva, tendo em vista a salvaguarda da dignidade da pessoa humana".[63] Assim sendo, tem-se que "a medicina, ainda que tenha tido um início experimental, assumiu para si a metodologia científica de Francis Bacon (1561 - 1626), cujo progresso é baseado na pesquisa científica que se serve da experimentação em laboratório, em animais e em seres humanos".

É de vital importância, entretanto, a experimentação científica, para que se possam auferir os resultados desejado na promoção da saúde humana, principalmente no que tange à busca de novos métodos terapêuticos, o desenvolvimento de novos fármacos, remédios e produtos em geral devendo, entretanto, obedecer a certas limitações. Sob o ponto de vista histórico, temos que a experimentação científica em seres humanos sempre acompanhou o desenvolvimento da medicina. Na era de Hipócrates já era praticada a vivissecção com a finalidade de estudar a estrutura anatômica do ser humano. As primeiras experiências que visavam o estudo da fisiologia humana dataram do século XVII. Somente no século XIX, entretanto, que o estudo da medicina conheceu um apogeu, aprofundando-se em matérias como anatomia, fisiologia e patologia, tendo em vista a melhor compreensão da saúde e da doença.

A utilização de seres humanos nas pesquisas, por outro lado, foi necessária para o desenvolvimento das ciências médicas, e em certos casos os referidos estudos poderiam levar tanto a desconfortos passageiros como a danos mais severos, de natureza reversível ou irreversível, o que levou ao estabelecimento de conflitos bioéticos, entre o pesquisador e o agente da pesquisa científica.[64] Foi após a Segunda Guerra Mundial, com suas atrocidades em matéria de experimentos com seres humanos, que a dinâmica da pesquisa científica alterou-se no cenário mundial.[65]

[63] Bento, Luiz Antonio – Bioética e pesquisa em seres humanos, São Paulo: Ed Paulinas, 2011, p. 13.

[64] Bento, Luiz Antonio – Bioética e pesquisa em seres humanos, p. 15 e 16.

[65] A título exemplificativo podemos elencar alguns experimentos nazistas: estes levaram à morte, à desfiguração causando incapacidade permanente no paciente; experimentos com gêmeos, visando estudar as diferenças e semelhanças no campo da genética, tendo como

Os principais documentos legislativos que passaram a regular a pesquisa científica em seres humanos foram: o Código de Nuremberg de 1947, elaborado após os julgamentos de Nuremberg, teve como elementos constitutivos: regular os aspectos éticos das pesquisas com seres humanos, uma vez que a medicina era exercida com autoritarismo; a ética torna-se norteadora da evolução social; fez surgir a ideia do direito à autonomia pessoal; determinou as normas do consentimento informado; tratou da ilegalidade da coerção do paciente para ser submetido às experiências médico-científicas; regulamenta experimentação científica; defende a beneficência como fator justificável dos experimentos; determinou que o experimento deve ser baseado nos resultados da experimentação com animais; o experimento deve ser conduzido para evitar danos ou sofrimento; o risco deve ser medido pela importância humanitária e deve ser conduzido por pessoas capacitadas; o consentimento informado pode ser revogável; o pesquisador deve estar preparado para suspender os experimentos em qualquer estágio se achar que este causará dano.

interesse maior a possibilidade de manipulação do corpo humano – dos aproximadamente 1500 gêmeos manipulados por Mengele as referências históricas comprovam que apenas 200 sobreviveram. Outras experiências envolveram a hipotermia; a cura de queimaduras; estudos sobre a pressão da água e do ar; estudos sobre a dessalinização da água do mar -que levavam os pacientes a uma desidratação profunda; a esterilização cujo objetivo do experimento foi desenvolver um método de esterilização que seria adequado para esterilizar milhões de pessoas com o menor tempo e esforço possíveis. Esses experimentos foram realizados por meio de raios-X, cirurgias e diversas drogas. O principal tratamento de infertilidade era mediante o uso de radiação, que eraadministrada sem o conhecimento dos presos, tornando-os completamente estéreis. Muitos sofreram graves queimaduras por radiações.; a ingestão de venenos, para estudar o efeito dos diferentes venenos; a introdução de vírus, como o tifoide, visando o estudo das vacinas. Os conhecimentos médicos modernos sobre a forma como o corpo humano reage ao ponto de congelação para a morte se baseia quase que exclusivamente nesses experimentos nazistas. Isto, juntamente com a recente utilização de dados de investigação nazista dos efeitos do gás fosfogênio, revelou-se ser controverso e apresenta um dilema ético para a medicina moderna que não concordam com os métodos utilizados para a obtenção desses dados. Fonte: Nazi medical Experimentation – http: www.ushmm.org/wlc/en/article < acesso em 15.03.12>; http: www.jewishvirtuallibrary.org/jsource/Holocaust/medtoc.html. < acesso em 15.03.12>; Hacket, David – O relatorio Buchenwald, São Paulo/Rio de Janeiro: Record, 1988, p. 257.

Os princípios contidos no Código de Nuremberg só passaram a integrar a relação médico-paciente nos anos 1960/1970, através da Declaração de Helsinque redigida pela 18º Assembleia Médica Mundial em 1964. Antes do Código de Nuremberg em 1947, não havia um código de conduta que regesse os aspectos éticos das pesquisas com seres humanos, embora alguns países, tais como Alemanha e Rússia, tivessem políticas nacionais. As Declarações de Helsinque de 1964 representam um conjunto de princípios éticos que regem a pesquisa com seres humanos, e foi redigida pela Associação Médica Mundial em 1964. Posteriormente foi revisada seis vezes, sendo sua última revisão em outubro de 2008, e teve dois esclarecimentos.

Reconhecendo algumas falhas no Código de Nuremberg, a Associação Médica Mundial elaborou a Declaração de Helsinque, em junho de 1964, durante a 18ª Assembleia Médica Mundial, em Helsinque, na Finlândia. A Declaração foi um importante documento na história da ética em pesquisa, e surge como o primeiro esforço significativo da comunidade médica para regulamentar a investigação em si. É considerada como sendo o primeiro padrão internacional de pesquisa biomédica e constitui a base da maioria dos documentos subsequentes "o bem estar do cidadão teve ter prioridade obre os interesses da ciência e da sociedade".

Desenvolveu os dez primeiros princípios defendidos no Código de Nuremberg, e aliou-os à Declaração de Genebra (1948), uma declaração de deveres éticos do médico. Dirigida mais à investigação clínica, solicitou mudanças na prática médica a partir do conceito de "Experimentação Humana" utilizada no Código de Nuremberg, sendo uma delas a flexibilização das condições de autorização, que era "absolutamente essencial" em Nuremberg. Os médicos foram convidados à obtenção do consentimento "se possível" e a possibilidade de investigação foi autorizada sem o consentimento, o qual poderia ser conseguido através de um guardião legal.

A declaração foi revisada e alterada por mais 6 vezes, sendo elas:

1. Primeira revisão ocorrida por ocasião da 29ª Assembleia Médica Mundial, em Tóquio, no Japão, em 1975.
2. Segunda revisão, na 35ª Assembleia, em Veneza, na Itália, em 1983.
3. Terceira revisão, na 41ª Assembleia, em Hong Kong, em 1989.

4. Quarta revisão, na 48ª Assembleia em Sommerset West, na África do Sul, em 1996.
5. Quinta revisão, na 52ª Assembleia, em Edimburgo, na Escócia, em outubro de 2000.
6. Sexta revisão, na 59ª Assembleia, em Seul, Coreia do Sul, em outubro de 2008.

Além das revisões, ocorreram duas alterações:

7. Alteração ocorrida na 53ª Assembleia, em Washington, Estados Unidos, em 2002 (Nota no parágrafo 29).
8. Alteração ocorrida na 55ª Assembleia, em Tóquio, Japão, em 2004.

Como caracteristicas basilares da subsequentes revisões podemos apontar que naprimeira revisão, os princípios básicos, que na declaração original eram 5, em 1975 passaram a ser 12, acrescentando-se a eles a preocupação pelo aspecto legal da pesquisa, seja no aspecto da pesquisa clínica terapêutica, seja no aspecto da pesquisa biomédica puramente científica. As revisões posteriores, entre 1975 e 2000, foram relativamente menores. A segunda revisão, em 1983, incluiu a busca do consentimento dos menores, sempre que possível, enquanto que a terceira revisão, em 1989, tratou de definir a função e estrutura da "comissão independente".

A partir de 1982, a Declaração contou com a colaboração de um guia universal da CIOMS e da Organização Mundial da Saúde (OMS), as quais desenvolveram as suas Diretrizes Éticas Internacionais para Pesquisas Biomédicas Envolvendo Seres Humanos. A revisão realizada em 2000 foi resultado das duras críticas direcionadas a estudos conduzidos na África, que testaram o AZT na prevenção da transmissão vertical do HIV e que foram controlados por placebo. Essa revisão mais atualizada inclui, portanto, relevantes questões presentes nas pesquisas atuais, tais como o uso de controles por placebo, e propõe que qualquer método novo deve ser testado em comparação com os melhores métodos profiláticos, diagnósticos e terapêuticos comprovados atuais.

A declaração revisada também afirma que "a pesquisa médica só é justificada se houver uma probabilidade razoável de que as populações entre as quais a pesquisa for realizada obtiverem benefícios através dos resultados", e exige acesso aos benefícios para todos os participantes do estudo. O documento salienta também a necessidade de proteção adicional para pessoas com autonomia diminuída, e suscita precaução, por parte do médico-pesquisador, quando este envolve seus próprios pacientes na pesquisa. A Declaração de Helsinque apresenta sempre uma introdução, na qual conclama as responsabilidades da missão do médico, e busca diferenciar a pesquisa médica que tem como objetivo essencial o diagnóstico ou a terapia para um paciente, da pesquisa médica puramente científica e sem um valor direto diagnóstico ou terapêutico para a pessoa sujeita à pesquisa.Após a introdução, a Declaração apresenta seus princípios básicos, onde expõe a responsabilidade e as precauções que devem ser tomadas na pesquisa envolvendo seres humanos, salientando os riscos e a avaliação das consequências.

Apresenta uma série de pré-requsitos para a pesquisa, diferenciando-a em pesquisa clínica terapêutica, que visa ao tratamento do doente, e a pesquisa não terapêutica, com aplicação puramente científica. Quanto às diversas declarações, podemos apontar: A Declaração de Helsinque I, adotada por ocasião da 18ª Assembleia Médica Mundial, realizada em Helsinque, Finlândia, em 1964, que teve, como já explainado o objetivo de determinar a missão do médico, que é a de resguardar a saúde do Povo. Seu conhecimento e sua consciência são dedicados ao cumprimento dessa missão, sendo de vital importância reverter para a sociedade os resultados obtidos em laboratório.

No campo da pesquisa clínica, uma diferença fundamental deve ser reconhecida entre a pesquisa clínica cujo propósito é essencialmente terapêutico para um paciente, e a pesquisa clínica cujo objetivo principal é puramente científico e sem valor terapêutico para a pessoa submetida à pesquisa. Deve esta ser acompanhada do cuidado profissional. No que tange à Declaração de Helsinque II, temos que a primeira revisão da Declaração de Helsinque foi realizada por ocasião da 29ª Assembleia Mundial de Médicos, em Tóquio, Japão, em 1975.

Em sua introdução, além das preocupações da Declaração anterior, delineia-se já uma preocupação ambiental e com os animais envolvidos na pesquisa; acrescentando-se a eles a preocupação pelo aspecto legal da pesquisa, seja no tocante à pesquisa clínica terapêutica, seja no aspecto da pesquisa biomédica puramente científica. Há uma preocupação na formalização de protocolos experimentais, os quais devem ser transmitidos a uma "comissão independente" especialmente nomeada, para consideração, comentário e orientação, e precauções no tocante à publicação dos resultados da pesquisa e da analise das considerações éticas envolvidas.

Em suas considerações sobre a pesquisa não-terapêutica, de interesse puramente científico, a Declaração de Helsinque II defende que "em pesquisa com o homem, o interesse da ciência e da sociedade nunca deve ter precedência sobre considerações relacionadas com o bem estar do indivíduo". Assim, foi dada primazia ao indivíduo sobre a sociedade. Quanto às Declarações de Helsinque III e IV estas apresentaram os mesmos regulamentos anteriormente descritos; a Declaração de Helsinque V, trouxe a utilização de estudos com placebo em sociedades não desenvolvidas e que não têm acesso à terapêutica adequada é um dos alvos das revisões da Declaração de Helsinque, notadamente sobre o estudo da AIDS, representando uma das revisões mais significativas.

No que tange à Declaração de Helsinque VI, realizada em 2000, a questão do uso de placebo levantou questões sobre o padrão de atendimento nos países em desenvolvimento ratificando o direito de todos, em qualquer parte do mundo de ser protegidos por um conjunto de padrões éticos na experimentação científica.Entre as muitas mudanças dessa revisão, a maior ênfase ficou na necessidade de beneficiar as comunidades em que a pesquisa é realizada, e a atenção para os problemas éticos da experimentação. A Declaração de Helsinque VII, editada em 2008, foi revisada em função da necessidade dos ajustes oriundos dos avanços tecnológicos. Em suma, a pesquisa médica envolvendo seres humanos tem sido valorizada na evolução científica, e contribui para melhoria da qualidade de vida do seres humanos, tendo em vista os pricipios bioéticos, notadamente a justiça social.[66]

A Resolução 196/1996 do Conselho Nacional de Saúde, regulado pelo Dec 93.933/1987 foi um importante marco legislativo em território nacional. Trouxe importantes diretrizes e normas regulamentadoras de pesquisas envolvendo seres humanos. Incorporou os princípios bioéticos e visou assegurar os direitos e deveres que diziam respeito à comunidade

[66] Incontáveis experimentações feitas em seres humanos trouxeram benefícios à sociedade, citando entre elas a prevenção do escorbuto; a vacina contra a varíola; a vacina contra a raiva; a descoberta da insulina; os estudos sobre a febre amarela; a prevenção da pelagra; as pesquisas sobre a dengue; e a história das pesquisas em anestesiologia.

científica, aos sujeitos das pesquisas e ao Estado. Foi substituída pela Resolução 466/12, que incorpora sob a ótica do indivíduo e das coletividades, referenciais da bioética, tais como autonomia, beneficência, não maleficiencia, justiça e equidade, visando ainda assegurar os direitos e deveresdos participantes da pesquisa. Prevê ainda o conceito de assistência integral, para atender complicações e danos decorrentes do estudo. Por meio dessa resolução, o sistema brasileiro de revisão etica foi criado, composto pelos Comites de Etica em Pesquisa (CEOs) e pela Comissão Navional de Etica em pesquisa (CONEP), também conheido como Sistema CEP/CONEP.

2.1.1. Casos paradigmáticos

Podemos apontar alguns casos paradigmáticos em relação às experiências científicas envolvendo seres humanos. O caso Tuskegee, envolveu oestudo da Sífilis Não-Tratada.Foi um ensaio clínico levado a cabo pelo Serviço Público de Saúde dos Estados Unidos em Tuskegee, Alabama entre 1932 e 1972, no qual 399 sifilíticos afro-americanos pobres e analfabetos, e mais 201 indivíduos saudáveis para comparação, foram usados como cobaias na observação da progressão natural da sífilis sem medicamentos.

Os doentes envolvidos não foram informados do seu diagnóstico nem deram consentimento informado, tendo-lhes sido dito que tinham "mau sangue" e que se participassem receberiam tratamento médico gratuito, transporte para a clínica, refeições e a cobertura das despesas de funeral. Quando o estudo chegou ao fim, apenas 74 dos pacientes da que participavam da experiência estavam vivos; 25 tinham morrido de sífilis; 100 morreram de complicações decorrentes da doença; 40 das esposas dos pacientes tinham sido infectadas; e 19 das suas crianças tinham nascido com sífilis congênita.

A denúncia do caso à imprensa por um membro da equipe levou ao fim do estudo. Como repercussão deste caso, vários institutos de ética médica e humana foram criados, além de programas governamentais, bem como foram pagas indenização ao descendentes ea alguns sobreviventes da experiência.[67] Em consequência disso, foi criada em 1974 a

[67] Fonte: http://www.cdc.gov/tuskegee/timeline.htm. Acesso em 23.03.12.

Comissão Nacional para Proteção de Sujetos Humanos nas Pesquisas Biomédicas e Comportamententais. Em 1978, a comissão apresentou relatório dos trabalhos realizados e que foi intitulado: *Relatório Belmont: Princípios Éticos e Diretrizes para a Proteção de Sujeitos Humanos nas Pesquisas.* O relatório estabeleceu os princípios éticos fundamentais para direcionar condutas consideradas aceitáveis em pesquisas que envolvessem participantes humanos. Estes princípios – respeito pelas pessoas, beneficência e justiça – têm sido aceitos desde então como os 3 princípios fundamentais para nortear o desenvolvimento de pesquisas éticas envolvendo participantes humanos.[68]

O caso conhecido como "As denúncias de Beecher", representa forte contribuição oferecida à gênese da Bioética a partir de trabalho publicado em meados dos anos 60, por Henry K. Beecher, intitulado "Ética e Pesquisa Clínica". Alguns dos 22 ensaios clínicos apresentados por Beecher são analisados, na realidade denúncias de maus-tratos às pessoas quando da participação em pesquisas. Essas denúncias também serviram de suporte argumentativo para enfatizar a necessidade de respeito à dignidade do ser humano como sujeito da pesquisa na elaboração das diversas diretrizes sobre o tema. Beecher publicou em 1966 artigo no New England journal of Medicine, revelando os maus tratos em pesquisas médicas, realizadas sem o conhecimento dos pacientes; ora injetando células cancerosas em pacientes para testar sua imunidade frente á doença, ora deixando de administrar o correto tratamento à hepatite em crianças com deficiência mental.

Outro caso paradigmático foi conhecido por "Caso Guatemala", onde foram realizados experimentos humanos sobre sífilis, de 1946 a 1948, num programa patrocinado pelos USA e pelo governo da Guatemala. Nesses experimentos médicos infectaram mediante inoculação direta ou indireta, sem conhecimento dos envolvidos – cidadãos guatemaltecos, e entre eles soldados, réus, pacientes psiquiátricos, prostitutas, órfãos e idosos internos em asilos, sífilis e outras enfermidades venéreas como gonorreia, visando assim testar a efetividade de novos fármacos antibióticos como a penicilina. O programa da Guatemala, segundo arquivos

[68] Fonte: http://www.fhi360.org. Acesso em 26.03.12.

históricos foi presidido pelo mesmo médico que também participou em Tuskegee, Dr John Charles Cutler.

Durante os experimentos, utilizaram-se prostitutas contaminadas de gonorreia ou sífilis para contagiar individuos privados de liberdade, como soldados e pacientes de manicomios.Posteriormente, ao se comprovar que o número de infectados era baixo, resolveram proceder à inoculação direta, injetando-lhes a bactéria da sífilis. Questionando-se a eticidade do procedimento, a equipe médica responsável optou pela não informação dos participantes, para assim obter o melhor índice de resultados; o que leva a concluir que o governo da Guatemala não conhecia a realidade dos experimentos.

Pretendia-se estudar a resposta humana à infecção e os mecanismos de cura, descobrir a causa da falsa positividade das provas sorológicas, além de testar as doses de penicilina adequadas aos diferentes casos. Estudava-se ainda, o desenvolvimento das enfermidades venereas em periodos prolongados de tempo, sem oferecer tratamento aos infectados. Não há dados precisos sobre a identidade das vítimas nem sobre o quadro clínico destas.[69]

Pode-se assim perceber que há uma ligação fática entreos dois casos, até porque, a equipe clinica que atuou nos dois possuia membros em comum. Enquanto em Tuskegee (1932-1972), pereceram 400 pessoas aproximadamente, estas de ascendencia afro, de história natural de sifilis não tratada, pois não foi injetada a penicilina – já disponivel, na experiência da Guatemala (1946-1948), pereceram aproximadamente 1500 pessoas, de origem latina, de sifilis induzida (pois a bacteria lhes foi inoculada), tendo sido injetada a penicilina.

Outro caso que também envolveu experimentação humana ocorreu na Índia, entre 1894 e 1899, para determinar o papel do mosquito do gênero *Anopheles* na transmissão da malária. Os experimentos com humanos realizados na Índia no final do século XIX por Ronald Ross, prêmio Nobel de Medicina em 1902, escandalizaram o mundo acadêmico, tendo em vista as mentiras que o pesquisador contava aos supostos voluntários e as experiências com insetos infectados levaram muitos indivíduos à doença

69 ANZARD, Margot Vidal – DeTuskegee a Guatemala y la investigación experimental em salud. Disponível em: http://www.ins.gob.pe/forointernacionaldeguatemala.pdf. Acesso em 26.03.12.

e à morte. "para a conquista do prêmio, tudo era permitido, incluindo enganos e mentiras". Infelizmente, as pesquisas em seres humanos continuam acontecendo e ferindo os ditames da Declaração de Helsinque. Um outro caso comprova esse fato: um na África, entre 1998 e 2000, com mulheres grávidas portadoras de HIV.

Em 1998, dezesseis equipes de pesquisadores iniciaram experimentos com 17 mil mulheres grávidas portadoras de HIV no continente africano. O estudo pretendia testar a eficácia de um tratamento com AZT na redução da transmissão do vírus de mãe para filho. Esse tratamento diferia do já existente por ser mais curto e mais barato (cerca de US$50). Desde 1995, pacientes grávidas recebiam um longo tratamento que reduzia em 66% a transmissão do vírus e custava US$ 800. As mulheres foram divididas em dois grandes grupos: um recebeu o tratamento curto, e o outro, considerado controle, recebeu placebo, ao invés do tratamento mais longo, em função dos altos custos. Como resultado, a maioria das crianças que nasceu no grupo controle eram HIV-positivas, e o tratamento curto acabou tendo eficácia menor (cerca de 50%) do que o tratamento longo.

Ponderamos então o que pode ou não pode ser admitido em matéria de experimentação científica com seres humanos. Nesse sentido, entra em cena a biopolítica, conceito criado por Foucault, na qual as leis reconhecidas pelos povos são substituídas pelos fatos científicos, pela urgência e pelo imediatismo. "Nessa modalidade de poder, ao mesmo tempo em que os cientistas buscam o bem comum também precisam controlar e submeter corpos sem direito, que vivem às margens. E assim, ao colocar as vidas de algumas populações fora da jurisdição humana, a violência cometida contra elas não constitui mais um sacrilégio. O corpo deixa de ser alguém para ser transformado em um elemento que serve de suporte aos processos biológicos, que pode contribuir para conhecer os fenômenos populacionais".[70]

2.2. Utilização de animais na pesquisa científica

O uso de animais na experimentação científica, representa uma relevante questão ética na atualidade, pois dois direitos se chocam: de um

70 Caponi, Sandra – A biopolítica da população e a experimentação científica com seres humanos. Revista Ciência & saúde coletiva. In: www.comciencia.br. Acesso em 26.03.12.

lado o desenvolvimento das ciências e o alcance do bem-estar psicobiofísico do homem, de outro, o direito dos animais. A maioria dos Códigos internacionais que tratam das normas de pesquisa na área da saúde cita que a pesquisa desenvolvida em seres humanos deve estar fundamentada na experimentação prévia realizada em animais, em laboratórios ou em outros fatos científicos. A experimentação animal pode ser definida como toda e qualquer prática que utiliza animais para fins científicos ou didáticos.

Inicialmente a experimentação era feita em seres humanos, como tais procedimentos passaram a ser abolidos por motivos religiosos e legislativos, os animais começaram a ser empregados nessas pesquisas. Obviamente, o que sempre autorizou essa exploração é a antiga ideia de que os animais são seres inferiores e que, portanto, podem servir aos nossos desígnios.O emprego de modelos animais em pesquisas vem sendo feito desde a Antiguidade.Durante séculos – da Antiguidade até a época contemporânea –, "uma das mais cruentas demonstrações do poder e da insensibilidade humana tem sido a prática experimental sobre os animais, atividade essa que, a pretexto de alcançar conhecimento ou suposto progresso científico, deixa atrás de si infindáveis rastros de sangue e sufocados gritos de dor".

Aristóteles (384-322 a.C.) já realizava vivissecções (qualquer operação feita em um animal vivo) e dissecações (ação de seccionar e individualizar os elementos anatômicos de um organismo morto). Tendo em vista o cuidado com a higidez do animal experimental, é necessário, "que o homem abandone sua visão antropomórfica e perceba que a percepção ética da alteridade dos animais não é apenas um capricho contemporâneo, mas uma questão de sobrevivência desde as raízes, tendo em vista a consciência do homem".[71] Pitágoras (582-500 aC) pensava que a amabilidade para com todas as criaturas não humanas era um dever. Hipócra-

[71] Bazzano, Felix carlos Ocáriz- Aspectos éticos da pesquisa científica. In. Silva, José Vitor da (Org) – Bioética: meio ambiente, saúde e pesquisa, São Paulo: Iátria, 2009, p. 164 e 165; Souza, Ricardo Timm-O cuidado de animais não humanos como imperativoético radical – sete teses. In. Feijó, Anamaria Gonçalves dos Santos; BRAGA, Luisa Maria Gomes de Macedo; Pitrez, Paulo Márcio Condessa (Org) – Animais na pesquisa e no ensino: aspectos éticos e técnicos, Porto Alegre: EdiPUCRS, 2010, p. 29.

tes (450 aC) já relacionava o aspecto de órgãos humanos doentes com o de animais, com finalidade claramente didática. Os anatomistas Alcmaeon (500 aC), Herophilus (330-250 aC) e Erasistratus (305-240 aC) realizavam vivissecções animais com o objetivo de observar estruturas e formular hipóteses sobre o funcionamento associado às mesmas. Galeno (129-210 dC), em Roma, foi talvez o primeiro a realizar vivissecção com objetivos experimentais, ou seja, de testar variáveis através de alterações provocadas nos animais.

A moral judaico-cristã, com base nos ensinamentos bíblicos, só reforçou a ideia de exploração dos animais ao afirmar que eles eram seres inferiores na escala da criação, destituídos de alma e feitos para servir aos homens. Tal concepção foi revigorada pela filosofia escolástica, cujo principal vulto, São Tomás de Aquino (1228-1274), costumava dizer que não tínhamos deveres para com essas criaturas.[72] Além destas, o racionalismo do francês René Descartes (1596-1650) contribuiu também para excluir os animais da esfera das preocupações morais humanas.Justificava-se, assim, a exploração dos animais ao afirmar que eles seriam destituídos de alma e sentimentos, incapazes, portanto, de experimentar sensações de dor ou de prazer.

Diversos pensadores e pesquisadores ocuparam-se da causa envolvendo os animais, entre eles Leonardo da Vinci, William Harvey, cuja obra publicada em 1638, sob o título "Exercitatio anatômica de *motu cordis et sanguinis in animalibus*" apresentou os resultados obtidos em estudos experimentais sobre a fisiologia da circulação realizados em mais de 80 diferentes espécies animais; Jeremy Benthan, em 1789, retomando ideias já existentes na antiga Grécia, lançou a base para a posição atualmente utilizada para a proteção dos animais. Ponderou: *A questão não é, podem eles raciocinar ? ou podem eles falar ? Mas, podem eles sofrer ?* posicionou-se favoravelmente a condição de igualdade que deveria ser outorgada entre todos os seres sensientes em virtude de sua capacidade de sofrimento. Assim sendo, incluiu os animais numa comunidade moral tendo em vista seu critério de sensibilidade, para ele um atributo moral.

[72] Levai, Laerte Fernando – Direito dos animais, São Paulo: Editora Mantiqueira, 2ª ed., 2004, p. 17 a 19.

Também Schoppenhauer, Alexander Von Humboldt, Ernest Haeckel, ocuparam-se do tema, este último considerado "o pai da ecologia moderna".[73] Charles Darwin, em 1859, em seu "Origem das Espécies" estabeleceu os pressupostos do vínculo existente entre as diferentes espécies animais num único processo evolutivo. Desta forma, sua teoria possibilitou a extrapolação dos dados obtidos em pesquisas com modelos animais para seres humanos. O desenvolvimento das ciências experimentais esbarrou num contraponto: haveria limite para a utilização animal? Quais seriam esses limites?

Tendo em vista a concepção Kantiana de autonomia e utilização das preferências valorativas do homem, o atuar do ser humano dar-se-á segundo esses valores. Detentor de fortes ideias antropocêntricas, entendia a posição dos animais como meio, "por não terem consciência de si mesmos", mas frisa que "a natureza animal é análoga ao do homem". Entende que os deveres do homem para com os animais têm a natureza de deveres indiretos para com a sociedade em geral, induzindo a uma ideia de compaixão que os homens devem nutrir pelos animais.[74] Claude Bernard, grande fisiologista que defendia o uso de animais na experimentação científica, protagonizou um importante episódio para o estabelecimento de limites à utilização de animais em experimentação e ensino, ao utilizar, nos idos dos anos 1860, o cachorro de estimação da sua filha para dar aula aos seus alunos. Em resposta a este ato, a sua esposa fundou a primeira associação para a defesa dos animais de laboratório.

Uma das primeiras leis a regulamentar o uso de animais em pesquisa foi proposta no Reino Unido, em 1876, através do British Cruelty to Animal Act. Em 1822, já havia sido instituída a Lei Inglesa Anticrueldade (British anticruelty act). Antes desta, uma lei existente na Colônia de Massachussets Bay, em 1641, visou proteger os animais. Esta lei propu-

[73] LEVAI, Laerte Fernando – Direito dos animais, op. cit., p. 20; SANDERS, Aline; FEIJÓ, Anamaria Gonçalves dos Santos – A concepção dos deveres indiretos e direitos em relação aos animais não humanos – fundamentos para o entendimento de seu status moral. In. FEIJÓ, Anamaria Gonçalves dos Santos; BRAGA, Luisa Maria Gomes de Macedo; PITREZ, Paulo Márcio Condessa (Org.) – Animais na pesquisa e no ensino: aspectos éticos e técnicos, Porto Alegre: EdiPUCRS, 2010, p. 36.

[74] KANT, Immanuel – fundamentação dametafísica dos costumes. Lisboa: Edições 70, 1986, p. 30 e ss. – trad. de Paulo Quintela.

nha que: "ninguém pode exercer tirania ou crueldade para com qualquer criatura animal que habitualmente é utilizada para auxiliar nas tarefas do homem".

No século XIX surgiram as primeiras sociedades protetoras dos animais. A primeira foi criada na Inglaterra, em 1824 com o nome de Society for the Preservation of Cruelty to Animals. Em 1840 esta Sociedade foi assumida pela Rainha Vitória, recebendo a denominação de Real Sociedade. Em 1845 foi criada na França a Sociedade para a Proteção dos Animais. Em anos posteriores foram fundadas sociedades na Alemanha, Bélgica, Áustria, Holanda e Estados Unidos[75]. A primeira publicação norte-americana sobre aspectos éticos da utilização de animais em experimentação foi proposta pela Associação Médica Americana em 1909. Posteriormente foi editada Laboratory Welfare Act em 24.08.66. Teve início assim, a preocupação moral com o uso de animais na pesquisa científica.

Durante anos as pesquisas que se utilizaram de modelos animais não foramquestionadas devido ao seu alto impacto social, uma vez que possibilitaram o desenvolvimento das vacinas para raiva, tétano e difteria. Por outro lado, neste mesmo período surgiram inúmeras sociedades de proteção aos animais. Depois da Segunda Guerra Mundial, quando o avanço tecnológico e industrial criou sistemas opressivos de criação e confinamento de animais – para todos os fins possíveis e imagináveis –, o antropocentrismo triunfante fez erigir um dos maiores paradoxos da economia capitalista: a crueldade consentida. Isso porque a imensa maioria dos atos cruéis contra animais, em meio a um cenário impregnado pela competitividade produtiva, passa a ter respaldo da lei, como se vê principalmente nos matadouros e nos laboratórios de pesquisa científica, autênticas fábricas de desmontagem de seres vivos.

Em 1959, o zoologista William M.S. Russell e o microbiologista Rex L. Burch publicaram um livro, onde estabeleceram os três "R" da pesquisa em animais: *Replace, Reduce e Refine.* Esta proposta não impede a utilização de modelos animais em experimentação, mas faz uma adequação no sentido de humanizá-la.

[75] http:www.archive.official.documents.co.uk. Acesso em 20.03.12.

O ressurgimento do debate sobre a utilização de animais em pesquisas e em outras atividades, tais como os realizados em abatedouros, indústrias de cosméticos, criação e transporte, pode ser devido ao Prof. Peter Singer. O seu livro "Animal Liberation", publicado em 1975, causou uma polêmica mundial, principalmente os relatos das condições que os animais eram submetidos pela indústria de cosméticos e no processo de produção de alimentos. Foi elaborado, então, na 29ª Assembleia de Médicos, no Japão, em 1975, um documento com recomendações quanto aos cuidados na condução de pesquisas que pudessem afetar o meio ambiente e os animais utilizados. A UNESCO, em reunião realizada em Bruxelas, em 27 de janeiro de 1978, estabeleceu a Declaração Universal dos Direitos dos Animais. Neste documento estão lançados os grandes temas de discussão sobre este assunto.

No Brasil, a Lei 6.638, de 8 de maio de 1979, estabeleceu as normas para a prática didático-científica da vivissecção de animais. Estas normas, que nunca foram regulamentadas, estipulam que somente estabelecimentos de terceiro grau podem realizar atividades didáticas com animais. Esta lei estabelece que as pesquisas devem ser realizadas sempre dentro do critério de não causar sofrimento nos animais envolvidos. Em 1986, a lei inglesa foi atualizada, porém preservando todo o seu corpo doutrinário. Foram publicadas novas normas técnicas para os procedimentos que envolvam animais em projetos de pesquisa[76].

2.2.1. Espécies de animais usados nas pesquisas científicas

Os animais foram vitais para o conhecimento dos mecanismos de doenças como câncer, diabetes, artereosclerose, para a descoberta de vacinas, antibióticos, analgésicos, anestésicos, antidepressivos, entre outros, o que levou ao desenvolvimento das técnicas de transplantes, de técnicas cirúrgicas, da criação de protocolos de toxicidade, desenvolvimento da farmacologia, levando, ao aumento de expectativa de vida do homem. "muitos dos ganhadores de prêmios Nobel de Medicina e fisiologia (cerca de 75% valeram-se de animais nas pesquisas científicas)". O valor dos experimentos envolvendo os animais dá-se por vários motivos, como:

[76] http:www.archive.official.documents.co.uk. Acesso em 19.03.12.

"a possibilidade de se realizar um melhor controle local; a ocorrência de uma menor variedade genética, notadamente quando se tratarem de ninhadas; facilidade de obtenção; maior número de repetições – com exceção dos símios–; o alcance da análise microscópica em áreas de difícil obtenção em seres humanos; além de representar uma menor restrição bioética".[77]

A fisiologia foi uma área que muito se beneficiou, principalmente no que tange ao estudo e funcionamento dos órgãos, tendo sido realizados modelos experimentais em animais que manifestam doenças com as mesmas características que os humanos; também a de biologia molecular (mesmo considerando o grau de erro nas conclusões em que utilizam células isoladas do corpo humano).

Modelos experimentais são montados em moluscos, para análises toxicológicas – "estes embora sejam animais invertebrados apresentam o mesmo sistema de enzimas antioxidantes que os mamíferos"–, sendo possível analisar as respostas bioquímicas e fisiológicas em tecidos como glândula digestiva no fígado, pulmão/brânquias e músculo, sendo ainda possível concluir sobre concentrações potencialmente perigosas dessas substâncias; em peixes, excelente modelo vertebrado que apresenta características moleculares, bioquímicas, celulares e fisiológicas muito semelhantes á dos mamíferos, sendo excelente a sua utilização para a análise de toxicidade de fármacos e sensibilidade a drogas.[78]

A escolha de um animal apropriado para a execução do experimento representa uma decisão fulcral para a obtenção dos resultados almejados, devendo, entretanto, ser ponderado, que o modelo animal deve ser aplicado aos seres humanos com certa reserva, dadas as peculiaridades genéticas/fisiológicas das partes envolvidas, além da devida análise do caso concreto. A bioética, presente também em matéria de experimen-

[77] Bazzano, Felix Carlos Ocariz- Aspectos éticos da pesquisa científica, p. 166 e 167.
[78] Martins, Maria Isabel Morgan; Porawski, Marilene; Marroni, Norma Possa – Fisiologia. In. Sanders, Aline; Feijó, Anamaria Gonçalves dos Santos – A concepção dos deveres indiretos e direitos em relação aos animais não humanos – fundamentos para o entendimento de seu status moral. In. Feijó, Anamaria Gonçalves dos Santos; Braga, Luisa Maria Gomes de Macedo; Pitrez, Paulo Márcio Condessa (Org) – Animais na pesquisa e no ensino: aspectos éticos e técnicos, Porto Alegre: EdiPUCRS, 2010, p. 299 e ss.

tação animal, inclui o bem-estar animal entre seus preceitos basilares, vedando-se práticas desnecessárias que lhes impute dor extrema ou desconforto, sendo válido anotar também que a aprovação das pesquisas norteia-se em princípios éticos.[79]

A área de imunologia também muito se desenvolveu com a utilização de animais. Nessa área destacaram-se os transplantes, tendo sido realizado inicialmente em cães; o estudo do papel dos genes, de aspectos ambientais e de mecanismos patogênicos de doenças autoimunes. Foram montados modelos experimentais para lúpus eritematoso sistêmico em camundongos – que desenvolvem a patologia de forma muito semelhante à espécie humana; para tireoide de Hashimoto, utilizado aqui o frango obeso; e modelos experimentais para o estudo de imunodeficiências.[80]

Um campo onde a experimentação animal teve destaque foi a xenotransplantação, praticada desde o século XVIII na Europa, sendo utilizado o transplante de córnea de cães e gatos; à partir de inicios do século XX, começou a ser utilizado o transplante de rins de porco, coelho e cabra em pacientes renais (segundo relatos históricos todos os pacientes faleceram em um curto período de tempo), as pesquisas prosseguiram e se sedimentaram à partir da década de sessenta, tendo o primeiro caso de xenotransplantação de válvulas de coração de porco para o humano ocorrido em 1964, e em decorrência de seu resultado satisfatório passou a ser adotado como prática de rotina.

Também é utilizada a pele de porco para o tratamento de queimaduras, o uso de células pancreáticas, também do porco, para o tratamento de diabetes, e o uso de tecido neural do mesmo animal para o tratamento da doença de Parkinson.[81] É válido ressaltar que o porco apresenta os órgãos com dimensões equivalentes ao do ser humano, e em face desta sua característica, foi eleito "animal fonte" para a xentransplantação.

[79] Bazzano, Felix Carlos Ocariz- Aspectos éticos da pesquisa científica, p. 167.
[80] Saitovitch, David; Sesterheim, Patrícia – Imunologia. In. Sanders, Aline; Feijó, Anamaria Gonçalves dos Santos – A concepção dos deveres indiretos e direitos em relação aos animais não humanos – fundamentos para o entendimento de seu status moral. In. Feijó, Anamaria Gonçalves dos Santos; Braga, Luisa Maria Gomes de Macedo; Pitrez, Paulo Márcio Condessa (Org) – Animais na pesquisa e no ensino: aspectos éticos e técnicos, Porto Alegre: EdiPUCRS, 2010, p. 304 e ss.
[81] Melo, Helena Pereira de – Manual de biodireito, Coimbra: Almedina, 2008, p. 98 e 99.

Entretanto, tal como leciona Luiz Archer, apresenta o incoveniente de causar uma rejeição violenta do órgão transplantado, maior do que em qualquer outro primata. Assim, para preveni-la têm sido produzidos porcos transgênicos - geneticamente modificados, nos quais são introduzidos genes humanos.[82]

Como questionamentos advindos do uso de animais nos transplantes, é necessário o estudo da compatibilidade entre as espécies, a análise do desempenho do mesmo órgão no paciente receptor, a análise da expectativa de vida do órgão xenotransplantado em face da expectativa de vida do receptor – o que levaria à necessidade da realização de diversas intervenções cirúrgicas ao longo da vida.[83]

Além destes modelos experimentais também foram montados outros, visando a pesquisa de patologias neurológicas, visando o estudo de lesões neurológicas, o estudo das doenças neurodegenerativas, muito utilizado com roedores, notadamente camundongos transgênicos – construídos especialmente para reproduzir as patologias humanas; estudos de esquizofrenia; transtornos de humor e ansiedade e estudos em neurotoxicidade, visando a determinação de parâmetros de segurança na exposição a agentes químicos de uso humano, como medicamentos experimentais, pesticidas e aditivos alimentares. Nesses procedimentos são utilizados roedores e não roedores, como cães e coelhos, de acordo com as requisições dos parâmetros governamentais.[84]

Em matéria de cardiologia, patologias cardiovasculares, hipertensão, lesão vascular e doenças coronarianas e insuficiência cardíaca, são valem-se do auxílio dos roedores. Modelos experimentais foram desenvolvidos com camundongos transgênicos para o estudo das alterações cardiovasculares. As pesquisas com células-tronco também se valem das pesquisas

[82] Archer, Luis – Transplantação do animal para o homem, Lisboa: Broteria, 1988, p. 603.

[83] Nuffield Council on Bioethics – Animal transplantation – the ethics of xenotransplantation, Nuffield Council on Bioethics: London, 1996, p. 26.

[84] Shroder, Nadja; Roesler, Rafael – Neurociências. In. Sanders, Aline; Feijó, Anamaria Gonçalves dos Santos – A concepção dos deveres indiretos e direitos em relação aos animais não humanos – fundamentos para o entendimento de seu status moral. In. Feijó, Anamaria Gonçalves dos Santos; Braga, Luisa Maria Gomes de Macedo; Pitrez, Paulo Márcio Condessa (Org) – Animais na pesquisa e no ensino: aspectos éticos e técnicos, Porto Alegre: EdiPUCRS, 2010, p. 318 e ss.

com animais, notadamente no que tange à pesquisa e descoberta do nicho de desenvolvimento celular para a geração de células diferenciadas.

Assim, tendo em vista que a função principal da terapia com células-tronco é a cura de lesões, e apenas o estudo no ambiente artificial não é suficientemente conclusivo para a obtenção de resultados, é primaz que os experimentos sejam realizados *in vivo*. Várias espécies animais são empregadas, com grande riqueza de abordagens e tipos de modelos. Notadamente os roedores são muito utilizados nessas terapias, além de animais congenitamente imunodeficientes, por permitir testar células de espécies diferentes.

Também os animais transgênicos representam uma poderosa ferramenta na pesquisa com células-tronco, dada a riqueza de espécies que podem ser produzidas – camundongos imunodepressivos – nude e com imunodeficiência severa- são muito utilizados; além de cães golden retriever que apresentam uma mutação no gene da distrofina, que origina a distrofia muscular de Duchenne, o que possibilita a investigação potencial da terapia com células-tronco. Dentre os animais transgênicos, o camundongo transgênico para a proteína verde fluorescente, pode funcionar como sinalizador, pois uma vez "iluminado" permite a identificação da célula onde está presente, ou seja, indica a presença da reconstrução celular com células-tronco. Nessa área, é imprescindível a utilização de animais para o estudo das funções celulares.[85]

Destacam-se também as pesquisas com seres invertebrados, que por sua vez representam cerca de 95% de todas as espécies de animais presentes no planeta, sendo enorme sua diversidade. Entretanto, para seu manuseio em laboratório depende da espécie em questão – que lhes reproduza de alguma forma o seu habitat natural. nesse sentido, alguns princípios devem ser observados para o seu manejo e o consequente

[85] NARDI, Nance Bayer – Células tronco. In. SANDERS, Aline; FEIJÓ, Anamaria Gonçalves dos Santos – A concepção dos deveres indiretos e direitos em relação aos animais não humanos – fundamentos para o entendimento de seu status moral. In. FEIJÓ, Anamaria Gonçalves dos Santos; BRAGA, Luisa Maria Gomes de Macedo; PITREZ, Paulo Márcio Condessa (Org) – Animais na pesquisa e no ensino: aspectos éticos e técnicos, Porto Alegre: EdiPUCRS, 2010, p. 370 e ss.

sucesso da pesquisa: "uma boa matriz, alimentação adequada, higiene, e o registro de informações compreensíveis durante todo o cultivo".

Nesse processo, são utilizados métodos anestésicos, como prevêm os Comitês de Ética em Pesquisa animal, que a seu turno, favorecem as pesquisas. "Abrangem animais como mexilhões, minhocas, tubelários – cuja anestesia é empregada antes da eutanásia para estudos taxonômicos e quando da realização de estudos de seccionamento para analisar sua regeneração".[86] Assim sendo, podemos concluir que mesmo animais invertebrados recebe proteção no tratamento experimental – invertebrados marinhos, moluscos, sanguessugas, tarântulas, que possuem especiais protocolos anestésicos – onde a anestesia direta pode ser feita mediante a colocação de esponja ou bola de algodão embebida em anestesico diretamente em sua gaiola. Entretanto, no que tange aos insetos, não existe comprovação de que eles sintam dor, sendo-lhes destinados específicos protocolos experimentais.

Outra categoria de animais que também é utilizada nas experiências científicas são os ácaros. Definem Carlos Holger W Flechtmann e Gilberto J. de Moraes que "ácaros são organismos usualmente pequenos, que habitam os mais diferentes ambientes- podem ser encontrados no meio aquático, sobre plantas e animais ou no próprio ambiente doméstico. Apresentam uma enorme diversidade, que abrange na atualidade cerca de 50.000 espécies, o que torna praticamente impossível apresentar uma curta descrição que se aplique a todos eles". Entre o extenso número de espécies existente, a importância do estudo fica mais adstrita àquelas espécies que parasitam ou que causam algum tipo de dano direito aos seres humanos e/ou aos animais.[87]

[86] Dutra, Bibiana Kaiser; Oliveira, Guendalina Turcato – Ética com invertebrados. In. Sanders, Aline; Feijó, Anamaria Gonçalves dos Santos – A concepção dos deveres indiretos e direitos em relação aos animais não humanos – fundamentos para o entendimento de seu status moral. In. Feijó, Anamaria Gonçalves dos Santos; BRAGA, Luisa Maria Gomes de Macedo; Pitrez, Paulo Márcio Condessa (Org) – Animais na pesquisa e no ensino: aspectos éticos e técnicos, Porto Alegre: EdiPUCRS, 2010, p. 261 e ss.

[87] Flechtmann, Carlos Holger Wenzel; Moraes, Gilberto J de – Manual de Acarologia, São Paulo; Holos Editora, 2008, p. 13 e 72; Flechtmann, CarlosH W – Á caros de importância médico veterinária, São Paulo: Nobel, 1990, p. 15.

Entretanto, sua importância para os estudos do meio ambiente e da saúde humana é inconteste. Os ácaros venenosos são responsáveis pela morte de aves que os ingerem, e podem também causar danos ao homem, como problemas respiratórios, clínicos e dermatológicos. Então vemos que se destaca uma plúrima função dos ácaros, enquanto algumas espécies são importantes decompositores secundários do solo, contribuindo para a formação de húmus, outras atuam como predadoras de outras, auxiliando no controle destas notadamente no controle de pragas agrícolas.

As referidas espécies parasitárias podem transmitir aos homens e aos animais diversaspatologias: os carrapatos, podem transmitir muitos patógenos como vírus, bactérias, espiroquetas e protozoários, e nesse sentido, superam todos os outros artrópodes em número e em variedade de doenças que transmite aos animais domésticos e são, após os mosquitos, os vetores de doenças humanas mais importantes. Além destes, podem acarretar também a espoliação sanguínea, que a seu turno podem causar anemia ao seu hospedeiro. Algumas espécies de carrapatos injetam toxinas debilitantes e paralisantes juntamente com a saliva, que podem fatais aos hospedeiros, incluindo aqui o homem, uma vez que exercem influência no metabolismo do hospedeiro. Sintetiza Carlos Flechtmann que estas consequências são ao organismo humano, "em geral bastante graves".[88]

A importância dos estudos dos ácaros estende-se também para o ambiente doméstico, onde podem ser encontrados nos produtos armazenados, notadamente nos alimentos, comprometendo assim a segurança alimentar, no sentido em que, destruindo o embrião dos alimentos, depreciam bastante o seu valor nutricional.[89] Tendo em vista sua impor-

[88] Flechtmann, Carlos Holger W – Ácaros de importância médico-veterinária, p. 47 e 48.

[89] A identificação da morfologia desses ácaros é muito importante para seu controle biológico. Chama atenção Carlos Flechtmann para o tempo de armazenamento e tipo de conservação de alimentos como farinhas, massas de bolo, entre outros, cuja contaminação pode impor ao homem distúrbios estomacais e intestinais, dor e febre. Além destes pode-se notar a presença de ácaros nas frutas secas, queijos, embutidos – armazenados por muito tempo, onde se incluem as espécies *Lardoglyphus konoi e Suidasia pontifica;* bulbos e raízes. Flechtmann, Carlos H W – Ácaros em produtos armazenados e na poeira domiciliar, São Paulo: Fundação de Estudos Agrários Luiz de Queiroz, 1986, p. 3 e ss.

tância na proteção do meio ambiente, ao homem e à produção agrícola, é primaz a identificação e classificação dos mesmos, trabalho atribuído ao taxonomista, a fim de que possam ser tomadas medidas preventivas de controle, que se estendem de um controle químico ao biológico.[90]

Assim, em entrevista a mim concedida pelo Professor Carlos Holger Wenzel Flechtmann quanto aos invertebrados, mais precisamente aracnídeos, eles reagem a estímulos tácteis entre outros. Devem sentir dor, porém, como prová-lo? o que é dor para um invertebrado? Outra questão complexa remonta à possibilidade de se anestesiar ácaros pois estes são animais deveras pequenos. Conheço relato de apenas um "procedimento cirúrgico" em um ácaro, que teve um pequeno apêndice externo cortado, seccionado. Para tanto, como também em outras situações, imobiliza-se o ácaro com fluxo de CO2 até a imobilidade (anestesia) e a que ele "resiste" bem, pois, recuperado continua a viver e se comportar normalmente como d'antes. Entretanto, para estudos, sobretudo taxonômicos, os ácaros são mortos, clarificados (diafanizados) e montados em preparações microscópicas (semi) permanentes. Para matá-los usamos álcool (etanol a 70% em água) ou, em alguns casos, água quente. Quanto aos efeitos da biotecnologia, ainda não dispomos de ácaros transgênicos. Entretanto, este poderia ser entendido basicamente como um tipo de melhoramento, em que se visa aumentar a eficiência do ácaro predador. Como há espécies predadoras, algumas delas são objeto de criação massal em laboratório (há firmas que os produzem e comercializam) e posterior soltura em cultivos, sobretudo em ambientes fechados, como casas de vegetação, casas de plástico, para dar combate a ácaros que danificam as plantas cultivadas. Quanto ao DNA dos ácaros – ainda não foi sequenciado o genoma de nenhum ácaro.[91]

No que tange à produção de ácaros transgênicos, aduz Marjorie A Hoy que "o *Metaseiulus occidentalis* (Nesbitt) é um ácaro fitoséido disponível comercialmente como agente de controle biológico. A manipulação genética desta espécie de fitoseido produziu colônias transgenicas, mas

[90] FLECHTMANN, Carlos Holger Wenzel; MORAES, Gilberto J de – Manual de Acarologia, p. 209.

[91] O Prof Carlos H W Flechtmann é Professor Titular do Departamento de Entomologia da Esalq/USP.

até o momento nenhuma foi liberada no ambiente. Isto deve-se ao fato de que o *M. occidentalis* não poderia sobreviver ao verão úmido e chuvoso da florida, onde o estudo foi realizado. Continuam os experimentos.[92]

Além da medicina e da engenharia agronômica, outras áreas valem-se também das pesquisas científicas com animais: a psicologia, a nutrição, a enfermagem, a odontologia. No campo da odontologia, o uso de modelos biológicos animais é bastante grande, e a pesquisa científica representa "uma importante ferramenta para a obtenção de conhecimento, para a elaboração de diagnóstico, para medir as necessidades, expectativas e motivações da coletividade".

A pesquisa odontológica utiliza predominantemente os seguintes animais: ratos: 67,1%, coelhos 11,1 %, cães 9,5%, camundongos 4,2%, e destes cerca de 68,2% dos animais são sacrificados. Além destes, também são utilizados ovinos, suínos e primatas. Em relação às áreas prevalentemente pesquisadas temos a cirurgia bucomaxilo em 21,2 % dos casos, a endodontia em 9,3%, a periodontia em 7,2%, a pesquisa cm materiais dentários em 4,2% e a estomatologia em 2,9% dos casos.[93]

Estudos de odontogênese valem-se muito dos animais. Avalia-se a composição do esmalte dentário em dentes de ratos, que são extraídos e desmineralizados, através da cromatografia; estudos sobre a pré-dentina são feitos em dentes permanentes de bovinos. Desenvolvem-se assim modelos biológicos muito eficientes para estudar o desenvolvimento dos dentes humanos em mamíferos, através da utilização de dentes molares de ratos na presença e na ausência de ácido retinóico – o que favoreceu á conclusão de que essa substância atuaria significativamente no retardamento da odontogênese. Também estudos referentes ao reparo da polpa dentária valendo-se de camundongos são realizados. Nesses procedimentos são utilizados inclusive animais geneticamente modificados nas

[92] Hoy, Marjorie A -Persistence and Containment of Metaseiulus occidentalis (Acari: Phytoseiidae) in Florida: Risk Assessment for Possible Releases of Transgenic Strains. In. *http://www.fcla.edu/FlaEntfe80.42, htm.* Acesso em 23.03.12.

[93] Cavalcanti, Alessandro Leite; Lucena, Renaly, Martins, Veruska, Garcia, Ana Flavia Granville – Caracterização da pesquisa odontológica em animais. In Rgo, Porto Alegre, v.57, n.1. p. 93 a 98, jan/mar 2009. www.revistargo.com.br. Acesso em 23.03.12.

pesquisas que visam o estudo das alterações celulares ocorrentes durantes o processo restaurador.

São também realizadas pesquisas em matéria de cariogênese, através da utilização de hamsters submetidos previamente à ação de ácidos, sendo difícil comprovar a correlação entre meio ácido e formação de cárie; em matéria de biologia molecular e odontogênese; em periodontia, onde o efeito da cafeína na progressão da periodontite é testado em ratos Wistar, que apresentaram grande perda óssea quando na presença do consumo de altas doses de cafeína e nicotina; pesquisas em cirurgia e traumatologia bucomaxilofacial, valendo-se para tanto de testes em coelhos, postos em contato com a hidroxiapatia sintética, que a seu turno apresenta a formação de grânulos fora do local de reconstrução óssea. Estudos realizados com porcos levaram a possibilidade conclusiva da osseointegração de implantes de zircônia e titânio, apontando para o fato de que a zircônia poderia substituir o titânio nesses implantes. Pesquisas também são realizadas visando a formação de novo osso através da terapia de células-tronco induzidas, mediante a utilização de osso bovino inorgânico.[94]

Outro campo que também explora a utilização de animais é a pesquisa com células-tronco, através da qual há a criação da odontogênese, valendo-se da recombinação celular mesenquimal e epitelial, submetidas a catorze dias em cultura, viu-se que forma-se o germe dental – que indica o início da odontogênese – desenvolve-se no rim do animal, e posteriormente transplanta-se para boca do mesmo, o dente desenvolve-se ali, a função do transplante temporário e evitar-se a anquilose. Estudos ainda estão sendo feitos no sentido de se definir os protocolos de co-cul-

[94] WEBER, João Batista B – Utilização de animais não humanos na pesquisa odontológica. In: www.sorbi.org/br/revista4/animais.odonto.pdf. Acesso em 23.03.12; WEBER, João Batista Blessmann; YURGEL, Liliane Soares – Odontologia. In. SANDERS, Aline; FEIJÓ, Anamaria Gonçalves dos Santos – A concepção dos deveres indiretos e direitos em relação aos animais não humanos – fundamentos para o entendimento de seu status moral. In. FEIJÓ, Anamaria Gonçalves dos Santos; BRAGA, Luisa Maria Gomes de Macedo; PITREZ, Paulo Márcio Condessa (Org) – Animais na pesquisa e no ensino: aspectos éticos e técnicos, Porto Alegre: EdiPUCRS, 2010, p. 350 e 352; PEREIRA Fº, Valfrido Antonio – Enxertos e biomateriais em cirurgia bucomaxilofacial. In: Palestra proferida no V Congresso Brasileiro de engenharia de tecidos, estudos das células tronco e terapia celular, realizado pela Abratron 19 e 20.11.10.

tura para células humanas, além de estabelecer o tamanho e o formato correto do dente a ser formado.[95]

Também são realizadas pesquisas visando a análise de novos materiais restauradores, mais estéticos e resistentes, nas quais são utilizados dentes de animais, notadamente em questões que envolvem teste de eficiência de adesão, infiltração marginal e resistência à mastigação, realizados em dentes bovinos extraídos após a morte do animal. Em via conclusiva, temos que "a utilização de dentes não humanos em pesquisas odontológicas, devem ser observados os mesmos protocolos de exodontia, manipulação e armazenamento dentário humano, além é claro, de observarem-se os princípios éticos relacionados à utilização de animais na pesquisa científica".[96] Lecionam Jarbas Oliveira e Paulo Pitrez que esses benefícios foram também revertidos aos animais no sentido em que a medicina veterinária também em muito se desenvolveu –como vacinas, técnicas cirúrgicas, farmacologia.[97]

Tendo em vista a necessidade de se regular a pesquisa científica com animais, em 1934 foi publicado no Brasil o Decreto Federal n. 24.645, que assegurava proteção a todos os animais, o qual posteriormente passou a vigorar como a Lei 6.638/1979, estabelecendo normas para práticas didático-científica da vivissecção de animais, regulamentação para Biotérios e Centros de Experimentação.

[95] Mantesso, Andréa – Terapia celular e boengenharia: células tronco em odontologia. In Palestra proferida no V Congresso Brasileiro de engenharia de tecidos, estudos das células tronco e terapia celular, realizado pela Abratron 19 e 20.11.10.

[96] Weber, João Batista Blessmann; Yurgel, Liliane Soares – Odontologia. In. Sanders, Aline; Feijó, Anamaria Gonçalves dos Santos – A concepção dos deveres indiretos e direitos em relação aos animais não humanos – fundamentos para o entendimento de seu status moral. In. Feijó, Anamaria Gonçalves dos Santos; BRAGA, Luisa Maria Gomes de Macedo; Pitrez, Paulo Márcio Condessa (Org) – Animais na pesquisa e no ensino: aspectos éticos e técnicos, Porto Alegre: EdiPUCRS, 2010, p. 353.

[97] Oliveira, Jarbas Rodrigues de; Pitrez, Paulo Márcio C – A importância do uso de animais para o avanço da ciência. In. Sanders, Aline; FEIJÓ, Anamaria Gonçalves dos Santos – A concepção dos deveres indiretos e direitos em relação aos animais não humanos – fundamentos para o entendimento de seu status moral. In. Feijó, Anamaria Gonçalves dos Santos; Braga, Luisa Maria Gomes de Macedo; Pitrez, Paulo Márcio Condessa (Org) – Animais na pesquisa e no ensino: aspectos éticos e técnicos, Porto Alegre: EdiPUCRS, 2010, p. 68.

Em 1996, o Conselho Nacional de Saúde aprovou a Resolução 196/1996 contendo as diretrizes e normas regulamentadoras da pesquisa envolvendo seres humanos, referindo-se à necessidade de tais procedimentos estarem fundamentados nas pesquisas previamente realizadas em laboratórios com animais e em outros meios científicos. Este foi revogado pela Resolução 466/ 2012.

Calcula-se que anualmente sejam empregados 15 milhões de animais em pesquisas nos Estados Unidos, 11 milhões na Europa, 5 milhões no Japão, 2 milhões no Canadá e menos de 1 milhão na Austrália, sendo que no Brasil, o número é desconhecido, mas insignificante diante dos totais mundiais. Pode-se dizer que 80% dos animais experimentais são roedores (camundongos, ratos e cobaias), 10% são peixes, anfíbios, répteis e pássaros e que em menor quantidade estariam animais como coelhos, cabras, bois, porcos, cachorros, gatos e algumas espécies de macacos. Eles são empregados com diversos propósitos, nas ciências médicas e na odontologia –, que vão desde a experimentação de fármacos a procedimentos como transplantes, transfusão, diálise e substituição protética antes de sua aplicação em seres humanos.

Na lição de Jarbas Rodrigues de Oliveira e Paulo Márcio C Pitrez "os animais de maior porte como porcos, cães, gatos e macacos, são importantes para o estudo de diversas patologias: cães são utilizados nas pesquisas relativas à doenças cardiovasculares, notadamente em cirurgia; gatos contribuem para as pesquisas em oftalmologia; primatas contribuem para pesquisas em doenças neurológicas e AIDS". Entretanto, sua utilização tem sido reduzida em 50% tanto pela evolução dos conhecimentos científicos e realização de debates bioéticos quanto pela existência de métodos alternativos mais eficientes.

Completam ainda, que uma das áreas mais promissoras da atualidade é a pesquisa com animais transgênicos.[98] Estes representam poderosas ferramentas para as descobertas científicas, com benefícios diretos na

[98] Oliveira, Jarbas Rodrigues de; Pitrez, Paulo Márcio C – A importância do uso de animais para o avanço da ciência. In. Sanders, Aline; Feijó, Anamaria Gonçalves dos Santos – A concepção dos deveres indiretos e direitos em relação aos animais não humanos – fundamentos para o entendimento de seu status moral. In. Feijó, Anamaria Gonçalves dos Santos; Braga, Luisa Maria Gomes de Macedo; Pitrez, Paulo Márcio Condessa (Org)

agricultura, na medicina e na indústria.Na agricultura, a transgenia permite a criação de animais de grande porte com características comercialmente interessantes, cuja produção por técnicas clássicas de cruzamentos e seleção são extremamente demoradas. Já na área médica, a utilização de animais inclui o xenotransplante, ou seja, o transplante de órgãos animais para os seres humanos.

A transgenia em animais de grande porte vem sendo utilizada para a produção de fármacos. Assim, produtos como insulina, hormônio de crescimento e fator de coagulação podem ser obtidos do leite de vacas, cabras ou ovelhas transgênicas. A aplicação da transgenia na indústria visa à criação de biorreatores, animais transgênicos de grande porte produzindo uma proteína de interesse comercial em algum tecido de fácil purificação.[99] Pesquisas genômicas também são realizadas com animais. Entre elas, a clonagem reprodutiva foi desenvolvida mediante o uso de uma ovelha, a Dolly em 1997, para se testar a técnica de construção de outro ser idêntico. No Brasil, "a Embrapa -Cenargen foi a pioneira na clonagem de bovinos a partir de suas células somáticas. Em 2001, nasceuVitória, a primeira bezerra clonada do Brasil". A técnica da clonagem, também denominada "transplante de núcleo", tem sido usada há anos para clonar animais a partir de células embrionárias, como no caso dos anfíbios – sapos – mais plausível do que em mamíferos. Foi realizada em 1952. Posteriromente, a clonagem de camundongos foi realizada em 1977.[100]

A proteção da descoberta científica, dá-se a seu turno através da concessão de patentes. Assim, o Oncomouse, desenvolvido na Universidade de Harvard, foi o primeiro animal transgênico – produzido para ser suscetível ao câncer –, a ser patenteado. Esses animais são úteis em pesquisas

– Animais na pesquisa e no ensino: aspectos éticos e técnicos, Porto Alegre: EdiPUCRS, 2010, p. 68.

[99] Fonte: Demonte, Aureluce – Uso de animais em experimentos cinetificos http: //www.unesp.br., < acesso em 18.03.12>

[100] Borem, Aluisio; Santos, Fabrício Rodrigues dos –Biotecnologia simplificada, p. 96 a 100.

de drogas e tratamento oncológico. "Outras patentes de animais transgênicos foram requeridas, mas ainda não foram aprovadas". [101]

Entretanto, as pesquisas recebem o apoio técnico de um novo ramo do conhecimento, a bioinformática, ciência ligada à tecnologia, que pode favorecer a realização de modelos experimentais sem o uso de animais, mas sim se valendo de dados preexistentes em grandes bancos de dados disponíveis para a comunidade científica. Esta está se tornando uma grande ferramenta de apoio à ciência biomédica e tem papel essencial para decifrar o genoma, para armazenar os dados obtidos, para a difusão da pesquisa experimental.

"A maior dificuldade hoje é buscar não apenas softwares para analisar o grande número de informações geradas, mas métodos, protocolos, que indicam como utilizar e inter-relacionar as informações a serem processadas. A importância da tecnologia é inconteste para a promoção de novas descobertas".[102]

2.2.2. Fontes do biodireito para a proteção do animal experimental

No Brasil as questões relativas ao meio ambiente, em especial a proteção de animais, no que se refere ao tema específico da vivissecção e dos experimentos, são controversas, visto que há legislações da União, dos Estados e dos Municípios sobre um mesmo tema. Há ainda de se considerar que existem diversas normas em vigor, não revogadas por leis posteriores. A Constituição Federal de 1988 veda qualquer prática que submeta animais a atos em que possa estar presente a crueldade, considerando-os infrações sujeitas a sanções penais e administrativas, independentemente da obrigação de se repararem os danos causados. Assim, temos a seguinte evolução legislativa em matéria de proteção animal:

101 BOREM, Aluízio; SANTOS, Fabrício Rodrigues dos – Biotecnologia simplificada, p. 197.
102 MARTINS, Maria Isabel Morgan; PORAWSKI, Marilene; MARRONI, Norma Possa – Fisiologia. In. SANDERS, Aline; FEIJÓ, Anamaria Gonçalves dos Santos – A concepção dos deveres indiretos e direitos em relação aos animais não humanos – fundamentos para o entendimento de seu status moral. In. FEIJÓ, Anamaria Gonçalves dos Santos; BRAGA, Luisa Maria Gomes de Macedo; PITREZ, Paulo Márcio Condessa (Org) – Animais na pesquisa e no ensino: aspectos éticos e técnicos, Porto Alegre: EdiPUCRS, 2010, p. 302 e 303; BOREM, Aluízio; SANTOS, Fabrício Rodrigues dos – Biotecnologia simplificada, p. 185 e ss.

O Decreto n. 24.645/1934 estabelece medidas de proteção aos animais regulamentado pelo Decreto 3.688/1941, que estabelece que todos os animais existentes no pais são tutelados pelo Estado e penaliza quem aplicar ou fizer aplicar maus tratos aos animais e dá outras providências quanto á experimentação animal;

A Lei n. 5.517/1968 criou o Conselho Federal e Regional de Medicina Veterinária; a Lei n. 64.704/1969, determina a competência do exercício do médico veterinário para o trato com animais de laboratório (ou seja, todo biotério deve ter um veterinário especializado em animais de laboratório). A Lei n. 6.638/1979, conhecida como Lei de Vivissecção, normatiza a prática didática e científica da vivissecção animal. Devido à sua falta de regulamentação, esta lei não pôde ser aplicada.

A Constituição Federal em seu art 225 § 1º,VII incumbe ao Poder Público "proteger a fauna e a flora, vedadas,na forma da lei, as práticas que coloquem em risco sua função ecológica e pratiquem a extinção de espécies ou submetam animais à crueldade". Entretanto, não define o que vem a ser a crueldade contra os animais, ficando a critério do operador do direito a determinação exata da dimensão do conceito.

Além destas, há normas exaradas pelo Colégio Brasileiro de Experimentação Animal. A questão ética na experimentação animal ainda é um tema muito debatido no Brasil. O Conselho Nacional de Controle de Experimentação Animal (COBEA), criou princípios para a pesquisa científica envolvendo animais. A Resolução 592 do CRMV de 1992 (Conselho regional de medicina veterinária), estabelece em seu art. 1º a obrigação da fiscalização dos biotérios e zoológicos.

O PL 1153/1995, de autoria do Dep. Sergio Arouca e reapresentado sob a forma do PL 3964/1997, arquivado em 2008, e apensado ao primeiro dispunha sobre a criação e uso de animais para atividades de ensino e pesquisa, limitando-os a estabelecimentos de ensino superior ou técnicos de segundo grau, e que estabelecem que todo projeto deve ser supervisionado por profissional de nível superior, graduado ou pós-graduado na área biomédica, vinculado a uma entidade de ensino ou pesquisa credenciada pelo Conselho Nacional de Experimentação Animal (Concea). Criam pois uma obrigação ao Estado de formar Comissões de Ética em instituições que utilizem animais para pesquisa. A Resolução n. 196, de 10 de outubro de 1996. Aprova as diretrizes e normas regulamentadoras de pesquisas envolvendo animais, revogada e atualizada pela Resolução n. 466/2012.

A Lei 9.605/1998 – denominada lei de crimes ambientais, regulamentada pelo Decreto 3.179/1999 é a única lei aplicável na atualidade no país. À luz de seu art. 32, "o bem jurídico dominante é o respeito devido aos animais, definidos como criaturas sensíveis que sentem e sofrem, determina, pois, a pena de detenção de três meses a um ano e multa para aqueles que praticarem atos de abuso ou maus tratos aos animais"[103]. O PL 1691/2003 de autoria da Dep. Iara Bernardes, atualmente arquivado, dispunha sobre o uso de animais para fins científicos e didáticos. Esse Projeto também foi apensado ao PL 1153/1995 de Arouca.

Após treze anos de tramitação na Câmara Federal e no Senado, foi sancionada em 8.10.08 a Lei n. 11.794/1998, denominada Lei Arouca, revogando a Lei n. 6.638/1979. Regulamenta o inciso VII do art. 225 § 1º da CF, dispondo sobre a utilização de animais em atividades de ensino, pesquisa e experimentação e dá outras providências.

Disciplina a pesquisa em animais no Brasil. Assim, criam-se as Comissões de Ética para uso de animais em cada instituição de pesquisa e o CONCEA, assim como a obrigatoriedade da criação institucional dos CEUAs (Comissão de Ética para a utilização animal). Alguns princípios basilares são norteadores da experimentação científica envolvendo animais: os seres humanos são mais importantes que os animais, mas estes tem sua relevância, diferenciada em função da espécie a que pertença; nem todo conhecimento gerado pela pesquisa com animais é plenamente válido quando se tratar de seres humanos; deve ser evitado o conflito entre o ser humano e o animal.[104]

A referida lei, entretanto, aplica-se somente às espécies animais do *Filo chordata*, subfilo *Vertebrata*, não abrangendo pois as demais espécies animais. A utilização de animais em atividades educacionais fica restrita a estabelecimentos de ensino superior e de educação profissional médio na área biomédica; impõe uma série de condições para a utilização de

[103] http: //www.senado.gov.br; http: //www.cfmv.org.br < acesso em 20.03.12>; LEVAI, Laerte Fernando – Direito dos animais, p. 40.

[104] NAMBA, Edison Tetsuzo – Manual de Bioética e Biodireito, São Paulo: Atlas, 2009, p. 104.

animais, norteada pelo princípio dos três Rs. Representa entretanto um abrandamento das exigências de segurança contidas no PL que a originou, entendida assim por muitos, como um retrocesso.

Também a Lei n. 11.105/2005 – Lei de Biossegurança – pode ser aplicada ao uso de animais na experimentação científica, notadamente no que tange à utilização de animais transgênicos. Isto porque a própria lei define em seu art. 3º,V como OGM (organismo geneticamente modificado), aquele organismo cujo material genético tenha sido modificado por qualquer técnica de engenharia genética. E isto ocorre na pratica científica utilizando esses animais: estes, em sua maioria camundongos e ratos, possuem genes humanos clonados em seu genoma e expressam a doença de maneira semelhante ao ser humano, o que permite que estudos pré-clínicos possam ser aplicados com maior semelhança à situação real. Deve-se, entretanto, ponderar a eficácia do tratamento e a viabilidade da saúde e bem-estar do animal envolvido. A referida lei de biossegurança estabelece normas de segurança e mecanismos de fiscalização de atividades que envolvam OGMs e seus derivados, onde se incluem os animais geneticamente modificados, os AnGM, cujas atividades devem ser submetidas à apreciação e aprovação dos respectivos comitês de ética e pesquisa, por força da aplicação do art.6º,VI do referido Diploma Legal. Cabe à CTNBio o estabelecimento de normas para as pesquisas com OGM, o monitoramento do risco presente nessa atividade, entre outros, presentes no art. 14 e incisos da referida lei.

Entre suas instruções normativas, referem-se à utilização de animais transgênicos as Instruções Normativas de n.1, n.3, n. 4, n.7, n.12, n.13 – descreve as normas para a importação de animais geneticamente modificados, sendo que as normas do transporte dependerá do tipo de AnGM utilizado – e n. 15.[105]

[105] MACHADO, Denise Cantarelli – A Lei de Biossegurança e o uso de animais. In.SANDERS, Aline; FEIJÓ, Anamaria Gonçalves dos Santos – A concepção dos deveres indiretos e direitos em relação aos animais não humanos – fundamentos para o entendimento de seu status moral. In. FEIJÓ, Anamaria Gonçalves dos Santos; BRAGA, Luisa Maria Gomes de Macedo; PITREZ, Paulo Márcio Condessa (Org) – Animais na pesquisa e no ensino: aspectos éticos e técnicos, Porto Alegre: EdiPUCRS, 2010, p. 274 a 278.

2.2.2.1. Órgãos especiais de controle das pesquisas envolvendo animais

O Conselho Nacional de Controle de Experimentação Animal (Concea) é o órgão central responsável pela expedição e aplicação das leis, credenciamento de instituições, monitoramento e avaliação periódica com atualização de possíveis alternativas para diminuir o uso dos animais, além de manter um padrão internacional nas leis de ética em pesquisa. Cada instituição credenciada no Concea e ao Colégio Brasileiro de Experimentação Animal (Cobea), tem uma Comissão de Ética em Uso de Animais (Ceua), responsável pelo monitoramento e controle dentro da instituição, certificando-se que as pesquisas em andamento obedecem às leis vigentes.

A Ceua é composta por profissionais de diversas áreas: médicos veterinários, biólogos, docentes e pesquisadores na área específica e um representante de sociedades protetoras de animais legalmente estabelecidas no país7. Esses profissionais avaliam padrões éticos a serem obedecidos nas pesquisas com animais de laboratório para que não sejam cometidos atos de crueldade. Para tanto, os projetos são encaminhados e avaliados minuciosamente, enfatizando-se o bem-estar animal, de maneira que ele não seja vítima de maus tratos ou submetido a sofrimento.

Por sua vez, o Colégio Brasileiro de Experimentação Animal (Cobea) tem caráter científico-cultural sem fins lucrativos, de duração indeterminada, com sede e foro na cidade de São Paulo. É constituído por pesquisadores e técnicos que analisam, emitem pareceres e expedem certificados dentro dos princípios éticos em pesquisa e estudos no campo da experimentação animal, bem como na área de utilização de modelos animais em provas biológicas.Além da difusão de conhecimentos e pesquisas na área de experimentação animal; a celebração de convênios com entidades nacionais e estrangeiras para captação de recursos materiais para o desenvolvimento de pesquisas em experimentação animal.

Os comitês de ética no Brasil são fundamentados nos propósitos do Cobea, visando a implantação de uma política de adoção de princípios éticos em matéria de experimentação científica em animais. A Comissão de Ética em Experimentação Animal é composta por membros representantes docentes das diferentes áreas, representantes acadêmicos, médicos, médico veterinário, representantes jurídicos, representante religioso e representante dos usuários. Expedem-se assim protocolos de experimentação que envolvem o uso de qualquer animal vertebrado, sejam eles de ensino e pesquisa ou simples coleta de material. Dentre outras funções também compete à CEEA a orientação dos pesquisadores sobre procedimentos de pesquisa, bem como sobre as instalações necessárias para a manutenção dos animais de experimentação. A CEEA é constituída por coordenadores, secretários, um membro titular e respectivo suplente das áreas correlacionadas, representantes de Organizações Não Governamentais (ONG) e setores da sociedade civil.[106]

Os princípios éticos na experimentação animal, editados pelo Cobea, são: O progresso dos conhecimentos humanos, notadamente os referentes à biologia, à medicina humana e dos animais, é necessário. O homem precisa utilizar animais na busca de conhecimento, para se nutrir, se vestir e trabalhar. Assim ele deve respeitar o animal, seu auxiliar, como um ser vivente como ele. São considerados experimentos condenáveis por causarem intenso sofrimento físico e/ou psíquico aos animais: a privação prolongada de água e alimento; a exposição ao calor ou ao frio excessivo; a provação de sono ou descanso; provocação deliberada de pânico; choque elétrico; lesão traumática violenta; provocação de queimaduras; bloqueio de respiração ou circulação; privação prolongada de movimentos; mutilação grave.[107]

2.2.3. O *status* moral dos animais

A questão do *status* moral dos animais sempre foi debatida e, ainda hoje, é bastante polêmica, o que gera conflito quanto à conduta ética em pesquisas animais. Assim, pondera - se : seriam os animais seres morais? Têm dignidade? Há igualdade substancial entre as muitas espécies do reino animal? Pode-se defender que há igualdade entre elas e o ser humano?"[108]

Bentham entende que a capacidade de sofrimento lhes outorgaria uma capacidade moral, Paul Singer complementa que "rompida a bar-

[106] Fonte: Demonte, Aureluce – Uso de animais em experimentos científicos. Disponível em: http://www.unesp.br. Acesso em 18.03.12.

[107] Disponível em: http://vsites.unb.br/ib/ceua/COBEA.htm. Acesso em 22.03.12.

[108] Migliore, Alfredo Dias Barbosa – A personalidade jurídica dos grandes primatas, Tese apresentada ao departamento de direito civil da FADUSP em 2010, p. 178.

reira das espécies, deve ser admitida uma igualdade natural naquilo que os seres vivos têm em comum", que, com Darwin podemos concluir, é o sentimento.[109]

Posiciona-se ainda, no sentido de identificar a capacidade de sofrimento como a possibilidade de admissão na esfera da consideração moral. O tema fulcral de seu pensamento é a capacidade de sentir dor e prazer, posicionando-se contra o argumento da superioridade humana, tendo em vista sua racionalidade.[110]

Tendo em vista seu status moral, aduz Bernard Rollin, que o animal tem sua natureza com exigências próprias, imprescindíveis para o seu bem-estar. Entende pois, que nenhum empecilho haveria na manipulação genética dos animais a fim de que estes melhor se adaptassem ao meio (a novas formas de confinamento), ação que considera eticamente adequada. Essa concepção vem readaptada por Costa e Pinto, para quem o bem estar animal envolve o seu estado psicológico (sentimentos e emoções); seu perfeito funcionamento biológico (equilíbrio de suas funções orgânicas) e vida natural (vida em habitats semelhantes ao seu habitat natural).[111]

Na concepção de Tom Regan, um dos grandes expoentes na reflexão sobre os direitos dos animais, defende em seu "The case of Animal Rights" que o valor moral dos animais está baseado em sua própria existência, que lhe confere valor intrínseco.[112] Tendo em vista os ditames da Declaração dos Direitos dos Animais adotada pela Unesco em 1978 os animais podem ser definidos como seres sensientes e portanto detento-

109 DARWIN, Charles – A expressão das emoções nos homens e nos animais, São Paulo: Companhia de Bolso, 2009, p. 78; SINGER, Paul – Animalliberation, New York: Harper Collins Publ, 2002, p. 4.

110 SINGER, Peter – Animal libertation, p. 20 e ss; PENCE, Gregory E – Classic cases in medical ethics, accounts of cases that have shapped medical ethics, with philosophical, legal and historical backgrounds, 1ºed, Boston: McGrawHill, 1990, p. 250 e ss.

111 SANDERS, Aline; FEIJÓ, Anamaria Gonçalves dos Santos – A concepção dos deveres indiretos e direitos em relação aos animais não humanos – fundamentos para o entendimento de seu status moral. In. FEIJÓ, Anamaria Gonçalves dos Santos; BRAGA, Luisa Maria Gomes de Macedo; PITREZ, Paulo Márcio Condessa (Org) – Animais na pesquisa e no ensino: aspectos éticos e técnicos, Porto Alegre: EdiPUCRS, 2010.

112 REGAN, Tom – The case of Animal rights, Los Angeles: UCP, 1983, p. 243.

res de dignidade, tendo em vista suas manifestações emocionais, e para tanto, podemos assim aduzir que este deve ser inserido na comunidade moral tendo em vista sua identidade natural como ser capaz de emoções, de sentimentos e sentidos, como dor, amor, medo, angústia.

Assim, embora concordemos com a necessidade dos modelos animais para a realização de pesquisas científicas, entendemos ser imprescindível a observância das normas técnicas para a utilização animal, visando mitigar seu sofrimento. Ademais, sempre que possível, somos também favoráveis à sua substituição sempre que houver alternativas científicas, como projeções computadorizadas e cultura celular.

Nesse sentido, é fundamental que as instituições vinculadas ao Concea e ao Cobea mantenham comissões de ética operantes que avaliem a necessidade do uso de animais e, sobretudo, que vigiem como o animal está sendo mantido e manipulado durante e após o término do experimento. Dessa forma, as pesquisas poderão ser claramente julgadas pela opinião da população de um modo geral, por ativistas ou pela comunidade científica.

2.2.4. A vivissecção de animais

A vivissecção é o ato de dissecar um animal vivo com o propósito de realizar estudos de natureza anatomo-fisiológica. No seu sentido mais genérico, define-se como uma intervenção invasiva num organismo vivo, com motivações científico-pedagógicas. Na terminologia dos defensores de animais, é generalizada como uso de animais vivos em testes laboratoriais (testes de drogas, cosméticos, produtos de limpeza e higiene), práticas médicas (treinamento cirúrgico, transplante de órgãos), experimentos na área de psicologia (privação materna, indução de estresse), experimentos armamentistas/militares (testes de armas químicas), testes de toxicidade alcoólica e tabaco, dissecação, e muitos outros.

Esta técnica é utilizada em experimentação animal, apesar de ter vindo a ser, gradualmente, substituída por técnicas alternativas não-invasivas. Leis estão também a ser editadas a fim de que sejam preservados os direitos animais, proclamados em assembleia da UNESCO, em Bruxelas, no dia 27 de janeiro de 1978.

Os laboratórios devem adequar seus testes sob rígidos códigos de bioética para manterem-se aptos ao uso de animais vivos em seus estudos que buscam a descoberta e compreensão dos mecanismos de funcionamento dos organismos vivos e também encontrar a cura de muitas enfermidades que assolam a humanidade. Em Portugal, esta técnica é regulamentada, juntamente com outros métodos de experimentação animal, pela Portaria n. 1005/1992, versada sobre a proteção dos animais utilizados para fins experimentais ou outros fins científicos. Esta legislação prevê que a experimentação em animais deve ser executada exclusivamente por pessoas competentes e em animais devidamente anestesiados.

Já no Brasil encontra-se em discussão um código de leis que regulamentariam o uso de animais em experiências científicas.Os maus-tratos gratuitos a animais (rinha de galo, farra do boi, etc) são crimes ambientais. A referência mais antiga à prática da vivissecção atribui-se a Aristóteles, mas a sua utilização sistemática, com intuitos científicos, deve-se a Galeno, no século I DC. Através da vivissecção de primatas e outros animais, descreveu as diferenças estruturais entre os vasos sanguíneos e descobriu que as artérias transportavam sangue, não ar, como estava estabelecido há 400 anos. Constatou também a ligação entre o sistema nervoso e funções como o controle muscular e a expressão oral. Claude Bernard (1813-1878) introduziu posteriormente o conceito de homeostase com recurso a vivissecçãoo, tendo efectuado estudos fisiológicos com importância reconhecida até hoje.

A prática engloba diversos dilemas éticos, tais como:proteger os animais usados na vivissecção e de outros procedimentos científicos de modo alhes minimizar a dor, o sofrimento e o stress, salvaguardando-lhe o bem-estar; sendo sabido atraves da aplicação pratica das evidências obtidas nos experimentos, que todos os mamíferos possam sentir algo semelhante à dor e ao prazer humano, posto que existem semelhanças na anatomia e fisiologia básica do sistema nervoso compartilhadas por todos os vertebrados. Contudo, quanto maior a distância filogenética entre mamíferos e os demais vertebrados, mais dificil se torna comprovar a capacidade destes de sentir dor ou prazer.[113]

[113] Levai, Laerte Fernando – Direito dos animais, p. 63 e 64; Darwin, Charles – A expressão das emoções nos homens e nos animais, São Paulo: Companhia de Bolso, 2009, p. 78 e 79.

Partindo desta constatação, na sociedade civil e na comunidade científica, emergem sobretudo duas posições antagónicas em relação à utilização de animais para vivissecção. De acordo com os viviseccionistas, os benefícios alcançados com o uso de animais são justificados com os resultados obtidos. Acreditam que a pesquisa médica com animais é aceitável se os benefícios obtidos ultrapassarem os malefícios infligidos aos animais. Argumentam que diversos avanços científicos importantes, não seriam alcançados sem o recurso a animais, destacam-se a descoberta para a vacina da difteria (1925), da insulina (1923), o primeiro anestésico não volatil (1950), anti-retrovirais (1990), entre outras.

Por outro lado, um dos argumentos mais utilizados é que o ser humano não tem o direito de decidir sobre a vida dos animais. Defendem o fim do uso destes, alegando a existência de alternativas viáveis. Apresentam como alternativas o uso de simulações matemáticas, modelos computorizados e culturas celulares, uma vez que consideram o uso de animais um método ultrapassado. A questão da vivissecção tem dividido a sociedade e os cientistas em três grupos: os vivisseccionistas (ou defensores da vivissecção), os abolicionistas e os defensores dos 3Rs, do inglês replacement, reduction, refinament (substituição, redução e refinamento), oriundo do trabalho de William Russel e Rex Burch em 1959 "The principles of human experimental technique".

O princípio dos 3 Rs é muito conhecido no âmbito da experimentação científica com animais: Quanto às definiçoes dos temas, temos: Replacement (Substituição): orienta o uso de métodos alternativos à utilização animal sempre que possivel,ou seja, qualquer método científico empregando material não sencientepode na história da experimentação animal substituir métodos que usam vertebrados vivos e conscientes; Reduction (Redução): os pesquisadores devem utilizar métodos que utilizem o minimo de animais no experimento para obter informação representativa e precisa; Refinement (Refinamento): orienta o emprego de métodos adequados de analgesia, sedação ou eutanásia, com o proposito de reduzir a dor e o desconforto, evitando assim, ao máximo o stress aos animais de experimentação, ou seja, sãometodos que que levam a uma diminuição na severidade de processos desumanos aplicados aos animais utilizados.

São utilizados os seguintes animais na pesquisa científica: – ratos (utilizados geralmente para se investigar o sistema imunológico), coelhos (submetidos a testes cutâneos e oculares, além de outros atrozes procedimentos), gatos (que servem sobretudo às experiências cerebrais), cães (normalmente destinados ao treinamento de cirurgias), rãs (usadas para testes de reação muscular e, principalmente, na observação didática escolar), macacos (para análises comportamentais, dentre outras coisas), porcos (cuja pele frequentemente serve de modelo para o estudo da cicatrização), cavalos (muito utilizados no campo da sorologia), pombos e peixes (que se destinam, em regra, aos estudos toxicológicos), dentre outras várias espécies –, torna-se simples *cobaia* nas mãos do pesquisador, transformando-se, equivocadamente, em modelo experimental do homem.[114]

Existe uma tendência contemporânea, advinda do apogeu do Estado socioambiental que faz ultrapassar uma visão individualista para outra social, em diminuir o uso de animais de laboratório e em contrapartida utilizarem-se mais os métodos alternativos, que podem substituir completamente os animais ou reduzir o número de animais nas experiências científicas.

2.2.5. Utilização de animais na indústria cosmetológica

Muito utilizado na indústria cosmética e farmacêutica, a cada ano centenas de produtos previamente testados em animais são retirados das prateleiras, por absoluta ineficácia ao que se propõem, substituindo-se-lhes por outra grande quantidade de drogas, as quais, depois de terem se mostrado inócuas para os animais, revelam-se tóxicas, ou até mesmo mortais para o homem.Isso se deve ao fato de que homens e animais reagem de forma diversa às substâncias: a aspirina, que nos serve como analgésico, é capaz de matar gatos; a beladona, inofensiva para coelhos e cabras, torna-se fatal ao homem; a morfina, que nos acalma, causa excitação doentia em cães e gatos; a salsa mata o papagaio e as amêndoas são tóxicas para os cães, servindo ambas, porém, à alimentação humana.

114 Levai, Laerte Fernando – Direito dos animais, p. 63 e ss; Darwin, Charles – A expressão das emoções no homem e nos animais, p. 93 e ss.

Tais exemplos comprovam que homens e animais, apesar das semelhanças morfológicas, possuem uma realidade orgânica bem diversa. Vigorava no Brasil a Lei n. 6.638/1979, revogada em 2008, que regulava essa prática. À luz de seu art. 3º a vivissecção foi vedada quando operada: I) sem o emprego de anestesia; II) em centros de pesquisas e estudos não registrados em órgão competente; III) sem a supervisão de técnico especializado; IV) com animais que não tenham permanecido mais de 15 (quinze) dias em biotérios legalmente autorizados; V) em estabelecimentos de ensino de 1º e 2º grau e em quaisquer locais frequentados por menores de idade.

Com o advento da Lei n. 9.605/1998, na qual o legislador inseriu um dispositivo específico sobre crueldade para com animais, o tormentoso tema da experimentação passou a ensejar sérias reflexões. É que o artigo 32 § 1º do diploma jurídico ambiental incrimina "quem realiza experiência dolorosa ou cruel em animal vivo, ainda que para fins didáticos ou científicos quando existirem recursos alternativos", cominando aos infratores pena de 3 meses a 1 ano de detenção, além de multa, sem prejuízo da respectiva sanção pecuniária administrativa prevista no artigo 17 do Decreto n. 3.179/1999, que foi revogado pelo Decreto n. 6.514/2008. À luz do novo texto legal, as pesquisas científicas ou didáticas ficaram condicionadas à inexistência dos chamados "recursos alternativos", caso contrário o cientista poderá responder criminalmente pelo mau trato aos animais. Entende-se por alternativo todo método ou procedimento capaz de substituir o uso de animais em pesquisas. Considerando que as técnicas alternativas à experimentação animal já são uma realidade no universo científico.

Entretanto, as experimentações com animais não podem ser ainda de todo abolidas, tendo na prática o pesquisador o cuidado de mitigar os danos/prejuízos causados ao animal. Quanto aos recursos alternativos elencados acima, alguns dos mais conhecidos recursos alternativos que se ajustam ao propósito do legislador: utilização de sistemas biológicos *in vitro*, como cultura de células, tecidos e órgãos passíveis de utilização em genética, microbiologia, bioquímica, imunologia, farmacologia, radiação, toxicologia, produção de vacinas, pesquisas sobre vírus e sobre câncer; Cromatografia e espectrometria de massa, técnica que permite a identificação de compostos químicos e sua possível atuação no organismo, de modo não-invasivo; Farmacologia e mecânica quânticas que avaliam o metabolismo das drogas no corpo; Estudos epidemiológicos, que permitem desenvolver a medicina preventiva com base em dados comparativos e na própria observação do processo das doenças; Estudos clínicos, que realiza análise estatística da incidência de moléstias em populações diversas: Necrópsias e biópsias, métodos que permitem mostrar a ação das doenças no organismo humano; Simulações computadorizadas, que são sistemas virtuais que podem ser usados no ensino das ciências biomédicas, substituindo o animal; Modelos matemáticos, que traduzem analiticamente os processos que ocorrem nos organismos vivos;Culturas de bactérias e protozoários, alternativas para testes cancerígenos e preparo de antibióticos; Uso da placenta e do cordão umbilical,para treinamento de técnica cirúrgica e testes toxicológicos; realização de pesquisas genéticas, entre outros. O DL 50 – largamente utilizado, consiste na inoculação forçada de determinada substância no organismo do animal com o propósito de avaliar o grau de toxicidade do produto – que pode ser liberado no mercado caso 50% dos animais sobreviva ao produto – A proteção jurídica aos animais torna-se, uma relevante questão moral.

Nos EUA, mais de 70% das faculdades de Medicina não utilizam animais vivos, enquanto que na Alemanha nenhuma instituição o faz. Várias diretrizes da União Europeia foram firmadas com o propósito de abolir os testes com animais.[115] Podemos assim concluir que o animal é merecedor do respeito da sociedade pelo seu caráter ser sensiente, que lhe confere direitos análogos aos direitos da personalidade. E sua utilização deve realmente obedecer a um critério tripartido: deve efetivamente gerar conhecimento, ser exequível e relevante. o entanto, no Brasil em março de 2019 o STF autorizou o uso de animais nos rituais religiosos, entendendo a prática como constitucional, mas com algumas restrições: não pode haver maus tratos e a carne tem de ser consumida.

[115] Fonte: Associação Humanitária de Proteção e Bem-estar animal, n.03, 2001; http: // www.antivivisezione.it; LEVAI, Laerte Fernando – Direito dos animais, p. 66 e SS.

3.
A bioética e suas relações com os direitos da personalidade

Ao conjunto de poderes conferidos ao homem para figurar nas relações jurídicas dá-se o nome de personalidade. A Constituição Federal de 1988 consagrou em seu texto o reconhecimento de que a pessoa é detentora de direitos inerentes à sua personalidade, entendida "como as características que distinguem o ser humano, ao mesmo tempo em que integra a sociedade e o gênero humano. São características que configuram pressupostos da própria existência da pessoa".[116] As ideias filosóficas e cristãs foram paulatinamente desmistificando a "coisificação" do homem, presente no direito antigo, até que a inerente diferenciação entre estes desaparecesse no mundo moderno. Desta forma temos que pessoa natural é qualquer ser vivente da espécie humana independente de raça, cor, sexo, idade, credo, estado de saúde ou nacionalidade.

A noção de personalidade em si, remonta ao direito romano, reconhecendo-se esta inicialmente aos indivíduos que reuniam três qualidades essenciais: O *status libertatis*, o *status civitatis* e o *status familiae*. Às pessoas dotadas de *status libertatis* era conferida, a cidadania, e com ela a capacidade jurídica plena, a aptidão para ter e exercer direitos. Assim sendo, somente os cidadãos, possuíam integrais direitos da personalidade.[117]

Em contraposição à concepção romana do ente humano, no direito moderno a noção de personalidade relaciona-se com a capacidade, que

[116] Monteiro, Washington de Barros Monteiro; Pinto, Ana Cristina de Barros Monteiro França – Curso de Direito Civil, 42. ed., São Paulo: Saraiva, v.1, p. 64.

[117] Sousa, Rabindranath V.A.Capello de – O direito geral da personalidade, Coimbra Editora, 1995, p. 28; Godoy, Cláudio Luiz Bueno de – A liberdade de imprensa e os direitos da personalidade, Atlas, 2001, p. 15.

a seu turno é a aptidão para adquirir direitos e exercê-los para si ou para outrem os atos da vida civil. O conjunto desses poderes constitui a personalidade. A pessoa natural é por sua vez o ente a quem a ordem jurídica outorga esses poderes.

Observa Castan Tobenãs a presença de um componente de dignidade inerente ao homem servindo como fio condutor para a elaboração de uma teoria dos direitos da personalidade.[118]Na lição de Capelo de Souza, o homem passou a ser reconhecido como o centro do ordenamento jurídico sendo seu valor íntimo e suas necessidades agentes favorecedores do desenvolvimento da sistematização de um direito geral da personalidade, que apresentou no decorrer da história da humanidade um fortalecimento e uma positivação que passaram a ser tutelados por norma expressa.[119] Preleciona Limongi França que "o direito existe paraque a pessoa, em meio à vida social seja aquinhoada segundo a justiça com os bens necessários à consecução de seus fins naturais".[120] Para Fábio De Mattia "localiza-se a elaboração da teoriados direitos da personalidade na reação surgida contra o domínio absorvente da tirania estatal sobre o indivíduo".[121]

O Código Civil Francês não acolheu em sua proteção, nenhuma disciplina específica sobre os direitos da pessoa, enquanto fruto direto da Revolução Nacional. Outros países, como a Áustria incluíram em seu Código de 1811, cuja elaboração datava de 1797, sofrera nítida influência do direito natural. Para Dayse Gogliano e Walter Moraes, a raiz dos direitos da personalidade remonta aos pensadores da escola do direito natural que teve égide no período Iluminista e o Idealista do século XVIII.

Kant fundou sua teoria e sistema jurídico no valor da liberdade, que para ele era um direito inato e definiu, os direitos pessoais como a posse ou ao arbítrio que o homem possuía e que poderia gerar certa ação.

118 Tobeñas, Castan– Derecho Civil Español, común y foral. Madrid, 1955, t.1 v.2 p. 735 e 736.

119 Sousa, Rabindranath Capelo de – O direito geral da personalidade, p. 29.

120 França, Rubens Limongi – Direitos da personalidade coordenadas fundamentais. Revista do Advogado, AASP, n.38, s/d, p. 6.

121 De Mattia, Fábio M. – Direitos da Personalidade: Aspectos Gerais *in*: Revista de Direito Civil, Imobiliário, Agrário e Empresarialano 2 jan/mar 1978, p. 35.

"Concebeu o direito do homem como uma expressão real do direito pessoal". Associava o valor fundamental da pessoa humana ao princípio da liberdade. Suas ideias influenciaram o pensamento filosófico seguida por Fichte, Humboldt, Hegel, Hubmann; ao lado desses filósofos situam-se os jusnaturalistas quedefenderam a inclusão dos direitos da personalidade no direito, como: Hufeland, Zeiller, Gros, Rotteck, Ahrens, Röder, Leuze, Scheyhing.[122]

Foi, entretanto, através da Declaração dos Direitos do Homem advinda da Revolução Francesa que os direitos da personalidade entraram para o ordenamento positivo. Entretanto, há autores que afirmam que os direitos humanos são em princípio os mesmos direitos que os da personalidade; mas, quando se fala de direitos humanos referimo-nos aos direitos essenciais do indivíduo em relação ao direito público, quando desejamos protegê-los das arbitrariedades dos Estados. Quando nos deparamos com os direitos da personalidade, nos encontramos diante dos mesmos direitos, porém sob o ângulo do direito privado, devendo defendê-los frente aos atentados perpetrados pelos particulares entre si.

Após a Segunda Guerra Mundial, com a influência da grande expansão científica que passou o mundo, retomou-se a preocupação com a delimitação de um direito geral da personalidade e com ela, a proteção da esfera individual do homem, estando presente a sistematização dessa proteção individual nas Cartas Constitucionais dos diversos países.[123]

Foi a partir da Constituição alemã de 1949, que houve uma retomada do conceito geral de personalidade, compreendido como a prerrogativa de conservação e desenvolvimento da própria individualidade, valor intrínseco do homem, conteúdo de sua dignidade, que corresponde a uma verdadeira fonte do direito na concepção de Fábio Maria De Mattia, os direitos da personalidade.[124] Desta sorte, a medida em que foram se desenvolvendo as ideias de valorização do ser humano, sua compreensão

[122] MORAES, Walter – Direito da Personalidade in: Enciclopédia Saraiva do Direito nº26, s/d p. 36; GOGLIANO, Daisy – Direitos privados da personalidade, São Paulo: Quartir Latin, 2012, p. 79 e SS.

[123] DE MATTIA, Fabio M – Direitos da personalidade- aspectos gerais, p. 39 e 45.

[124] DE MATTIA, Fábio Maria de Mattia – Direitos da Personalidade: aspectos gerais, p. 40 e 41.

como centro e fundamento, foi-se desenvolvendo a teoria dos direitos da personalidade e suas formas de tutela.[125]

Quanto à natureza jurídica dos direitos da personalidade, Goffredo da Silva Telles Jr. definiu-os como direitos subjetivos da pessoa de defender o que lhe é próprio, ou seja, a vida, a integridade, a liberdade, a sociabilidade, a reputação, a honra, a imagem, a privacidade, a autoria entre outros. Definiu ainda a personalidade como o conjunto de caracteres da própria pessoa, sendo desta forma objeto de direito.[126] A doutrina atual considera os bens da personalidade como verdadeiros direitos subjetivos. Representam o poder volitivo de cada um sobre si mesmo, o que se traduz num dever jurídico de respeito por parte de terceiros. Aponta ainda, que "a vontade humana, mola propulsora e pressuposto da personalidade jurídica, opera não apenas sobre o mundo exterior (direitos patrimoniais, direitos familiares) mas também sobre a mesma realidade antropológica do ser humano.[127]

Assim, "para que a pessoa possa subsistir como sujeito de direito e desenvolver a sua vida jurídica, torna-se necessário que esteja de posse de certos bens ou valores – os bens de personalidade. São eles, entre outros, a vida, a liberdade, cuja ausência despersonificaria o indivíduo, a psiquê, o físico, o nome, que corresponde ao modo de se individualizar a pessoa humana mesmo após a sua morte e situá-lo no meio social em que vive. A personalidade em si, poderia ser compreendida como o conjunto de elementos que lhe dá estrutura".[128]

Para Adriano De Cupis, os direitos da personalidade nutrem um nexo estreitíssimo com a essência do ser humano "a ponto de poder-se dizer orgânico", e identificam-se com os bens de maior valor suscetíveis de domínio jurídico. Para Pontes de Miranda, "com a teoria dos direitos da personalidade, começou, para o mundo nova manhã do direito. Alcança-

[125] Godoy, Cláudio Luiz Bueno de – A liberdade de Imprensa e os direitos da personalidade, p. 19.

[126] Telles Jr., Goffredo – Direito subjetivo in : Enciclopédia Saraiva de Direito, v.28, 1979, p315 e 316.

[127] De Mattia, Fábio Maria – Direitos da personalidade : Aspectos Gerais, p. 39 e 40.

[128] Moraes, Walter – Direito da Personalidade in Enciclopédia Saraiva do direito nº 26, p. 29.

-se assim, os píncaros da dimensão jurídica. A princípio obscura, esgarça-se em direitos sem nitidez".[129] Leciona Daisy Gogliano que os direitos da personalidade são direitos subjetivos inerentes à pessoa humana, são prerrogativas concedidas a uma pessoa pelo sistema jurídico para abarcar todas as formas de expressão do direito, assegurada pelos meios de direito para fruir como senhor dos atributos da sua própria personalidade. Demonstram-se estes num sentido estrito como aspectos individualíssimos da pessoa humana sobre si mesmo, e num sentido lato, além deste, respeitam-se também suas emanações e prolongamentos. Decorrem da necessidade da preservação e resguardo da integridade do ser humano no seu desenvolvimento psicossocial.[130]

Leciona Limongi França que são três os campos básicos nos quais incidem as relações jurídicas: a própria pessoa, a pessoa ampliada na família e o mundo exterior, vale dizer, os bens patrimoniais. Assim, define como bens da personalidade os diversos aspectos que envolvem a pessoa natural, bem como seus prolongamentos e projeções. Aduz ainda que "os direitos da personalidade são tão somente aqueles concedidos pelo ordenamento, ou seja, são de natureza positiva", existem além dos direitos privados da personalidade definidos em lei, outros reconhecidos pelos costumes e pelo direito científico.[131]

A tutela dos direitos da personalidade, encontram respaldo também no Código Penal, em sua preservação contra agressões ou atos tipificados como criminosos cometidos por terceiros: crimes contra a vida, a honra, a saúde, a intimidade, o segredo, os direitos intelectuais. Para Paulo José da Costa Jr., os inúmeros casos na história de invasões e agressões à intimidade, levou a quase totalidade das legislações estrangeiras a tutelar a privacidade.[132] Ainda sob a denominação de direitos da personalidade, compreendem-se os direitos sobre o próprio corpo, uma vez que estes

[129] PONTES DE MIRANDA, FC- Tratado de direito privado, v.VII, p. 6.

[130] GOGLIANO, Daisy – Direitos Privados da Personalidade, p. 111 e ss; FRANÇA, Rubens Limongi – Direitos da personalidade coordenadas fundamentais.Revista do Advogado, n.38, São Paulo, p. 9.

[131] FRANÇA, Rubens Limongi – Direitos da Personalidade Coordenadas Fundamentais, p. 5 e 7.

[132] COSTA Jr., Paulo José – Agressões á intimidade – o episódio lady Di, São Paulo, Malheiros editora, 1997, p. 10.

são direitos essenciais ao desenvolvimento da pessoa humana, atualmente considerados como direitos absolutos, desprovidos da faculdade de disposição.

Classificam-se os direitos da personalidade, tendo em vista os bens que possuem proteção legal de acordo com os aspectos determinados da personalidade a que se referem: direito à integridade física, direito à integridade intelectual e direito à integridade moral.[133] Complementarmente à divisão proposta por Limongi França, entendemos que os direitos da personalidade, embora não estanques, podem ser divididos como seguem.

3.1. Direito à integridade física

a) Direito à vida e aos alimentos: abrange a concepção e a descendência (natural ou artificial); a identidade pessoal (direito ao nome, ao domicílio, ao estado e à carga genética); os direitos do embrião (redução embrionária); os direitos do nascituro; o direito à alimentação equilibrada (desde o aleitamento materno); o planejamento familiar (limitação de filhos, esterilização masculina e feminina, utilização de métodos anticoncepcionais); o aborto; a proteção do menor (pela família e pela sociedade); o direito à habitação; à educação; ao trabalho; à segurança física; direito ao aspecto físico da estética humana; à proteção médica e hospitalar (acesso ao atendimento médico – reanimação, acesso às técnicas médicas adequadas, o direito ao prolongamento artificial da vida e à morte digna), o direito ao meio ambiente equilibrado; à liberdade física; ao recato; o direito à proteção na velhice.

b) Direito ao corpo vivo: abrange o direito às células germinativas; à reprodução assistida (incluindo a cessão temporária de útero); ao exame médico; à transfusão de sangue; ao transplante; a experiência científica; o acesso às modernas técnicas biotecnológicas; à identidade de gênero (cirurgia redesignatória); ao débito conjugal; à liberdade física.

[133] França, Rubens Limongi – Direitos da personalidade coordenadas fundamentais, p. 9 e 10.

c) Direito ao corpo morto: direito ao sepulcro; à cremação; à utilização científica; ao transplante; ao culto religioso.[134]

O direito à vida abrange questões relativas à concepção e descendência –a inseminação artificial, o nascimento, o planejamento familiar, ocupa-se das diversas formas de procriação – natural ou artificial, passando pelas técnicas relativas ao uso das células germinativas, do embrião, da cessão temporária de útero, a clonagem; à liberdade de concepção; à proteção do menor pela família e pela sociedade, aqui presente a possibilidade de adoção do embrião, do nascituro, da criança e do adolescente; a mudança de sexo (em casos de transexualidade ouintersexualidade);direito ao equilíbrio psíquico – a psique, (enquanto função fisiológica); além de muitos outros, pois este rol devido à sua amplitude e complexidade não pode ser taxativo.

Nesta perspectiva, reitera-se a importância de fundamentar as discussões do biodireito sob o prisma dos princípios constitucionais que asseguram proteção ao ser humano em virtude de sua dignidade – vedada está a comercialização de órgãos e tecidos do corpo humano, garantindo a proteção à vida e à liberdade de cada cidadão além da proteção da biodiversidade.

O compromisso do Estado brasileiro para com a vida e a liberdade está assegurado pelo artigo 5º, *caput*, do Texto Constitucional. O dispositivo garante o direito à igualdade; o direito à vida; o direito à liberdade; o direito à segurança, que envolve o direito à integridade física e moral. Mais adiante, o artigo 196 do mesmo Diploma Legal, reconhece a saúde como um direito de todos e dever do Estado, sendo que, para possibilitar a realização deste direito, deve o Estado criar políticas públicas para reduzir o risco de doenças e proporcionar o acesso igualitário às ações e serviços para a sua promoção, proteção e recuperação, coadunando-se desta forma com os princípios da bioética.

A proteção do direito à vida está assegurada pela Constituição Federal no mesmo dispositivo supra elencado, de modo que, além de resguardar a dignidade da pessoa humana, prevista no artigo 1º, III, da mesma Carta, protege-se o bem jurídico fundamental que é a vida, compreendida em

[134] Maluf, Carlos Alberto Dabus; Maluf, Adriana caldas do Rego Freitas Dabus – Introdução ao direito civil, 2.ed., São Paulo: Saraiva, 2018, p. 181, 183 e ss.

seu sentido biológico, o direito de viver humanamente, e, num sentido transcendente, de desenvolver livremente sua personalidade. Tendo em vista a mais ampla magnitude.

O texto constitucional não faz referência ao estágio da vida humana que deve ser protegida, tutelando as questões envolvendo o embrião, o nascituro, o recém-nascido, a criança, o adolescente, o adulto, o idoso e o doente terminal em diversos dispositivos. A vida humana encontra também proteção nas leis penais. Para efeito de sua proteção, o ordenamento jurídico distingue três estágios da vida: o momento da concepção – que vai até o início do trabalho de parto; o momento do nascimento; o momento do pós-parto que se prolonga na vida humana. As diferentes fases preveem diferentes crimes contra a vida: aborto, infanticídio, homicídio e suicídio, respectivamente.[135]

No que tange aos direitos de incolumidade do embrião, este apresenta personalidade jurídica formal, relativa aos direitos da personalidade, adquirindo uma personalidade jurídica material quando do nascimento com vida. Tomando-se por base os preceitos da embriologia, a fecundação, a mistura do material genético e a nidação marcam o início da vida. E nesse sentido, qualquer ato contrário a esta, põe fim à vida". Assim deliberou o Conselho Europeu em sua Recomendação de n. 1110/1989.[136]

Entretanto temos que na prática ocorrem experimentos com embriões, o descarte de embriões excedentários, visando a produção de células-tronco embrionárias.O debate em torno dos direitos da personalidade do embrião é um desafio para o século XXI, ante as técnicas de manipulação genética do ser humano e dos problemas que decorrem da fertilização assistida.[137]

Gera intensos debates bioéticos na atualidade a questão que envolve os direitos personalíssimos do embrião – importando a discussão da

[135] Jesus, Damásio de – Direito penal, v.II, São Paulo: Saraiva, 1986, p. 127; Soares, André Marcelo M; Piñeiro, Walter Esteves – Bioética e biodireito, São Paulo: Edições Loyola/ Ed São Camilo, 2002, p. 121.

[136] Chaves, Antonio – Direito à vida e ao próprio corpo. 2ºed, São Paulo: Revista dos Tribunais, 1994, p. 16.

[137] Maluf, Carlos Alberto Dabus; Maluf, Adriana Caldas do Rego Freitas Dabus – Introdução ao direito civil, 2.ed, p. 187 e 188.

determinação correta do momento do início da vida. Para que este conflito seja dirimido faz-se necessária a discussão de dois aspectos fundamentais, a saber: se o embrião pode ser equiparado ao nascituro (status individual) e a determinação exata do início da vida desde a concepção.

Temos aqui outro confronto: se o status de embrião lhe é conferido pela carga genética potencial que possui – embrião pré-implantatório –, ou se é de vital importância para a aquisição de direitos subjetivos da personalidade, a presença deste embrião no ventre materno.

Para Mario Emilio Bigote Chorão "as categorias do direito e as formas de tutela jurídica têm de adapta-se às verdadeiras realidades e circunstâncias da vida humana nascente do ser embrionário, a lei do *ius* terá de aproximar-se da lei do *bios* e a personalidade jurídica singular há de corresponder a toda pessoa humana em sentido ontológico, considerada sua dignidade".[138] Leciona Antonio Carvalho Martins que "a vida humana merece ser protegida desde a fecundação, independente do fato de o embrião, desde o início ser ou não qualificado como pessoa e de possuir, ou não, direitos próprios fundamentais. Sendo que o grau de proteção do embrião humano, pré implantatório, depende em grande parte, do estatuto moral que lhe é atribuído".[139]

Para Paulo Otero "coincide o início da personalidade jurídica com o instante do iníciocientífico da vida. A tutela jurídico-constitucional da vida humana anterior ao nascimento permitirá fundar uma pretensão de reconhecimento de uma personalidade jurídica pré-natal".[140]Em relação ao planejamento familiar, como direito da personalidade, temos a esterilização humana artificial, com suas repercussões bioéticas. Existe uma tendência a não se considerar crime a esterilização feita com consenso do paciente. Apenas esta pode dar-se por meio da laqueadura tubária, vasectomia, ou outro método cientificamente aceito, sendo vedada a his-

[138] Chorão, Mario Emilio Bigote – O problema da natureza e tutela jurídica do embrião humano à luz de uma concepção realista e personalista do direito, Sep Revista O Direito, ano 123, 1991, IV, Lisboa, p. 576, in fine.

[139] Martins, Antonio de Carvalho – Bioética e diagnóstico pré-natal – aspectos jurídicos. Coimbra: Coimbra editora, 1996, p. 26 e 27.

[140] Otero, Paulo – Personalidade e identidade pessoal e genética do ser humano: um perfil constitucional da bioética. Coimbra: Almedina, 1999, p. 34 e 35.

terectomia e a ooforectomia (retirada dos ovários), tal como dispõe a Lei n. 9263/1996 art. 10 § 4º e art. 15.

Embora muitas vezes realizadas, combate-se a esterilização eugênica realizada em criminosos por desvio da sexualidade ou portadores de anomalias mentais, à luz do art. 5º, XLVII da CF – que veda a imposição de penas cruéis; para o planejamento familiar pela Lei n. 9.263/1996 art.10 e pela Portaria n. 144/1997 da Secretaria de Assistência à Saúde, permite-se a esterilização voluntária com fins de planejamento familiar, para homens e mulheres com capacidade civil plena, maiores de 25 anos de idade ou que tenham pelo menos dois filhos vivos.[141]

São direitos físicos da personalidade, o direito à integridade física, além da proteção da incolumidade e da higidez corporal, direito ao uso do corpo e de suas partes destacáveis ou regeneráveis, o direito à imagem, o direito ao uso da voz, o direito ao cadáver e às suas partes separadas. Condenam-se desta forma todos os atos atentatórios a sua preservação, como o atentado à saúde, à segurança individual, como a prática de tortura ou penas cruéis, ou mesmo a autolesão. Analisadas as situações consideradas ilícitas, a questão da integridade física ganha outros contornos ao se abordar a questão do tratamento médico e da intervenção cirúrgica.[142]

Veda-se a experimentação científica, em seres humanos, realizada indiscriminadamente. Esta quando realizada com fins terapêuticos ou de prevenção de moléstias necessita, em observância dos princípios bioéticos, do consentimento escrito, livre e esclarecido do indivíduo, a ponderação dos riscos a serem assumidos em face dos benefícios a serem alcançados.[143] Para conter os descalabros realizados em nome do desenvolvimento científico, foram criados vários Comitês de Ética ao redor do mundo, demonstrando que a pessoa tem o direito de estar protegida da

[141] Diniz, Maria Helena – O Estado atual do biodireito, p. 146 a 153.

[142] Gogliano, Dayse – O direito ao transplante de órgãos e tecidos humanos – Tese de Doutorado apresentado ao Departamento de Direito Civil da FADUSP, 1986, p. 1.

[143] Maluf, Adriana Caldas do Rego Freitas Dabus – Curso de bioética e biodireito, 3.ed, p. 100.

curiosidade ilimitada dos pesquisadores.[144] Diversos documentos legais estabelecem padrões de conduta para proteger a vida, a integridade física e psíquica, a saúde, a dignidade, a liberdade, o bem-estar, assim como os direitos dos envolvidos em experiências científicas, a fim de que não sejam realizadas experiências em desacordo com os princípios bioéticos na atualidade.

Podemos elencar alguns deles: o Código de Nuremberg, de 1947; o Código Internacional de Ética Médica - que estabelece que qualquer atoou aconselhamento que possa enfraquecer física ou moralmente a resistência do ser humano só poderá ser admitido em seu próprio benefício; a Declaração de Helsinque, em 1964 aprovou normas disciplinadoras da pesquisa científica combinada com o tratamento médico, diferenciando-a nesse sentido da experimentação não terapêutica; a OMS, em 1982, em conjunto com o Conselho para Organizações Internacionais de Ciências Médicas - CIOMS- elaborou e publicou a Proposta para diretrizes internacionais para pesquisas envolvendo seres humanos, com o intuito de indicar à luz dos princípios bioéticos os rumos das pesquisas biomédicas envolvendo seres humanos.[145]

A Convenção Europeia de Salvaguarda dos Direitos do Homem e Liberdades fundamentais fornece as bases da experimentação científica, protege a vida e proíbe expressamente a realização de experiências que acarretem riscos fatais aos pacientes.

Ainda no que tange ao direito à integridade física, bastante controversa é a autorização de cirurgia redesignatória por transexual. Entendemos que por estar intimamente ligada a diversos bens da personalidade, como a identificação pessoal e de gênero do transexual, o direito à intimidade, à saúde psíquica essa questão ganha novos contornos quando se contrapões com a questão da disposição do próprio corpo, não devendo a cirurgia de transgenitalização, cuja realização tem suporte na Resolução do Conselho Federal de Medicina de n. 1492/1997, ser encarada como um ato mutilatório do corpo humano, mas de inserção, de autodeterminação do ser humano, tendo em vista a complexa realidade do transexual

[144] VIEIRA, Tereza Rodrigues - Bioetica e direito, São Paulo: Jurídica Brasileira, 2003, p. 129 a 138.
[145] VIEIRA, Tereza Rodrigues - Bioética e direito, p. 128, 129 e 135.

e a consequente análise da essência do corpo humano, sua natureza e sua função, nos termos do artigo 13 do Código Civil brasileiro, tendo em vista o respeito à dignidade do ser humano. Retrata, outrossim, um direito fundamental à identidade sexual.

Diversa é a problemática relativa aos estados intersexuais, em que a cirurgia fará a sua acomodação de gênero, em respeito aos direitos da personalidade e a valorização da dignidade do paciente. Os homossexuais, por sua vez, possuem também direitos personalíssimos quanto à sua identidade sexual, livre manifestação da orientação sexual, tendo em vista sua dignidade e a não discriminação.[146]

Visando o resguardo dos direitos físicos da personalidade, entretanto não se confundem o direito à integridade física, alusivo à saúde pessoal e o direito à utilização do próprio corpo.

No que tange à realização de transplantes, o direito às partes separadas do corpo vivo ou morto integra os direitos da personalidade. São bens *extra commercium*, que obedecemo critério da gratuidade, à luz do art.199§ 4º da CF, e da Lei 9.434/1997 – que regula a retirada de órgãos destinados a transplante post mortem, art.1º; Código Civil arts. 13 e 14.[147]

Como preleciona Rabindranath Capelo de Sousa, o homem representa uma unidade onde todos os seus componentes se interpenetram e completam, sendo a integridade física tutelada, sendo considerada inviolável pela lei. É a realidade biológica que o direito reconhece e protege em si mesma, recebendo proteção toda a composição físico-somática-psíquica do homem, bem como as relações fisiológicas decorrentes.[148]

d) Direito à integridade intelectual: direito à liberdade de pensamento; direito pessoal de autor científico ou científico; direito de inventor. Aqui fica presente o direito às descobertas biotecnológicas protegidas pela Lei de Propriedade Industrial – Lei n. 9.279/1996, que reza em seu artigo 11 a disciplina jurídica da novidade, para fins de patente de invenção, além da presença da atividade inventiva, que consiste na incorporação do trabalho intelectual ao objeto a ser reconhecido – produto ou

[146] Maluf, Carlos Alberto Dabus; Maluf, Adriana Caldas do Rego Freitas Dabus – Introdução ao direito civil, 2.ed, p. 195.

[147] Diniz, Maria Helena – O Estado atual do biodireito, p. 307.

[148] Sousa, Rabindranath V.A. Capelo de – O direito geral de personalidade, p. 211 a 214.

processo no campo biotecnológico, e da aplicabilidade industrial, como prevê o artigo 15 da mesma lei.[149]

e) Direito à integridade moral: direito à liberdade civil, política ou religiosa; direito à segurança; direito à honra; direito ao recato; direito à imagem (aspecto moral da estética humana) direito à identidade pessoal (nome, estado, domicilio e carga genética);à intimidade; direito à identidade familiar e social (direito ao esquecimento para os transexuais e intersexuais); a liberdade de orientação sexual.

Em matéria de bioética, importante a questão da liberdade religiosa frente às práticas médicas a serem adotadas no caso concreto, que podem suscitar controvérsias de aplicabilidade, como no caso das transfusões de sangue e Testemunhas de Jeová.

Quanto à proteção da intimidade pessoal, esta é patrimônio exclusivo de cada pessoa, e portanto, um direito personalíssimo, a ser tutelado. O consentimento informado é requisito indispensável para nela intervir. Importante é a confidencialidade na informação genética da pessoa humana, bem como a observação de limites interpostos à engenharia genética, no sentido em que a experimentação gênica permite na atualidade alterar-se e transformar-se (em parte) a estrutura cromossômica do ser humano, afetando estes a individualidade, a identidade pessoal e a variabilidade do código genético humano, impondoassim, grave ofensa à dignidade pessoal e um risco potencial à evolução natural da herança genética, podendo gerar graves desequilíbrios. Fala-se também em patenteamento dos genes e sequências humanas. Recebem esses status de direitos reais, devendo ser protegidos por lei.

Um critério bastante rigoroso deve ser também instituído quanto a utilização da informação genética no ambiente de trabalho, procurando evitar discriminações, pois pode-se detectar mediante o mapeamento do código genético do indivíduo a sua posse de um status genético diferente.

No que tange à relação dos princípios bioéticos e os direitos da personalidade estes referem-se: ao direito à identidade genética; ao direito à

[149] Del Nero, Patrícia Aurélia – A proteção da biotecnologia e a composição judicial dos conflitos: os desafios da Justiça Federal e do Supremo Tribunal Federal. In. Revista Acadêmica – escola de Magistrados da Justiça Federal da 3º Região, ano 1, n.1, jun/ago 2009, p. 180 e 181.

privacidade (que abrange o direito a ter seus dados médicos ou genéticos preservados da apreciação pública). Tal como aduz Mark A Rothstein, a informação genética difere-se das demais porque se liga às futuras gerações,no sentido em que transmitem-se diversas anomalias através da informação genética; à confidencialidade (dos seus dados genéticos, salvo se ligar-se diretamente ao trabalho a ser desenvolvido; à autonomia individual (deriva do sigilo médico, no sentido em que a estrutura genômica do indivíduo não pode ser divulgada sem seu consentimento); à justiça (o acesso ao mercado de trabalho liga-se mais à meritocracia do que à estrutura genética do indivíduo); princípio da não maleficência (refere-se ao segredo genético e à opção de qualquer indivíduo realizar ou não os testes genéticos para admissão no emprego, não impedir o crescimento profissional em face da carga genética. Os testes genéticos devem ser realizados somente em condições relacionadas à profissão.e também ao princípio da beneficência (visa a inserção dos indivíduos no mercado de trabalho independente de sua carga genética, não impedir o crescimento profissional em face da carga genética, e também a segurança física e mental do indivíduo); e ainda o direito ao meio ambiente ecologicamente equilibrado.[150]

O grande interesse dos empregadores na informação genética dos seus empregados, deriva, entre outros, do seguro-trabalho a ser pago. Coletar dados médicos e selecionar os candidatos nessas bases é uma prática bastante comum na indústria do seguro americana. Checa-se o histórico familiar, e o estado de saúde atual do trabalhador, através da realização de exames clínicos e laboratoriais, procurando assim identificar o papel dos genes na determinação de doenças e comportamentos.[151]

Adquire relevância o acesso aos dados genéticos numa esfera privada individual, familiar e social. Devendo ter em conta que as diversas patologias podem ou não se manifestar em vida, logo, o homem deve ser ana-

150 Rothstein, Mark A – Genetic discrimination in employement: ethics, policy and corporative law. In.Human genetic analysis and the protection of personality and privacy. Publications de L'Institut Suisse de droit compare, Zurich, 1994, v.25, p. 129 a 135.

151 Lima Neto, Francisco Vieira de – O direito de não sofrer discriminação genética. São Paulo: Lúmen Júris Editora, 2008, p. 61.

lisado como um todo. Gera entretanto, efeito discriminatório por parte de empregadores, seguradoras e planos de saúde.[152]

Podemos assim entender, que o uso indiscriminado dos dados genéticos representa violação dos direitos da personalidade, principalmente no que toca o direito à igualdade, sendo atentatório à dignidade da pessoa humana, uma vez que gera o reducionismo genético da pessoa humana. Desta sorte o direito a não sofrer discriminação genética representa uma nova expressão dos direitos da personalidade.

Tal como leciona Maria Celeste Cordeiro dos Santos, a incidência do conhecimento genético no ser humano demanda uma detida reflexão dos operadores do direito frente aos problemas decorrentes de sua utilização.[153] O patrimônio genético passou a ter tratamento jurídico no Brasil com a Constituição de 1988, que em seu art. 225 §1º,II, que objetivou a preservação da espécie. Para que o uso do conhecimento genético não trouxesse malefícios ao ser humano, editou o legislador a Lei n. 8974/1995, revogada pela Lei n. 11.105/2005 (lei de biossegurança). O genoma humano em seu estado natural é patrimônio comum, não podendo ser usado para fins comerciais, nem as pesquisas a ele atinentes podem prevalecer sobre a dignidade humana, os direitos personalíssimos nem os direitos humanos. Advém daí, que fere a dignidade humana e afronta os direitos da personalidade (ou mesmo os direitos humanos) a clonagem de embriões para a retirada de células-tronco.[154]

A natureza jurídica do genoma humano é de direito da personalidade, e não mero direito patrimonial, observada a necessidade de sua tutela, pois o que está em jogo é a defesa da própria identidade do ser humano (a CF garante o direito à vida, à segurança, à integridade física, onde se adentra a integridade genética do ser humano).

152 ROTHSTEIN, Mark A – Genetic discrimination in employement: ethics, policy and corporative law. In.Human genetic analysis and the protection of personality and privacy. Publications de L'Institut Suisse de droit compare, p. 130 e 131.

153 SANTOS, Maria Celeste Cordeiro dos – O equilíbrio do pêndulo – a bioética e a lei. São Paulo: Ícone editora, 1998, p. 66 e 67.

154 LOUREIRO, Claudia Regina Magalhães – Introdução ao biodireito, São Paulo: Saraiva. 2009, p. 175.

Já analisamos anteriormente que o DNA representa a base genética da programação biológica do indivíduo no presente, no passado e no futuro. Assim, por representar a identidade genotípica do indivíduo, é uma forma de intimidade, portanto um direito da personalidade, que representa a imagem científica da pessoa, bem como se apresenta como um tipo especial de propriedade, por conter informações diferentes de todos os outros tipos de informações pessoais. Devemos considerar que o genoma totalmente mapeado fornecerá a medicina informações sobre o completo funcionamento do corpo.

Questionamos em que condições a privacidade genética poderia ser violada em benefício da saúde alheia ou da humanidade. A privacidade deverá ser respeitada sempre, à luz do artigo 7º da Declaração Universal do Genoma Humano e dos Direitos Humanos, à luz do princípio da autodeterminação e do respeito à intimidade da pessoa examinada.[155]

Questionamos ainda se seria possível a criação de um ser humano biodeterminado. Só é possível, em face dos preceitos bioéticos, de biodireito, condicionando a biotecnologia que a terapia gênica seja empregada para corrigir defeitos físicos graves, vedando-se a manipulação genética das células germinais humanas e a intervenção do material genético in vivo, salvo para fins terapêuticos, à luz do art. 5º, I e II da Lei 11.105/2005.

A manipulação genética envolve riscos e gera séria afronta a dignidade da pessoa humana, que podem levar a humanidade a percorrer um caminho sem volta por trazer a possibilidade de obter por diversos meios pessoas geneticamente idênticas à outras, seres híbridos mediante a mistura de material genético de espécies diferentes, realizar experimentações genotípicas, embrionárias, entre outras, podendo criar assim muitas complicações às futuras gerações.

Desta sorte, a ameaça da técnica sobre a humanidade gerou uma ética para a civilização biotecnológica a fim de se preservar a dignidade humana dos abusos do biopoder. Essa manipulação genética pode gerar também reflexos no direito de família uma vez que a inseminação artificial hete-

[155] Diniz, Maria Helena – O estado atual do Biodireito, p. 443; Maluf, Adriana Caldas do Rego Freitas Dabus – Direito da personalidade no Novo Código Civil e os elementos genéticos para a identidade da pessoa humana, p. 87.

róloga, vem conflitar as relações de parentesco.[156] Nesse sentido importante efeito faz-se sentir a clonagem reprodutiva, pois esta, no momento em que produz organismos geneticamente idênticos, obtida por uma célula ancestral mediante o emprego de técnicas de manipulação genética extingue, os vínculos de consanguineidade, representando grave violação aos direitos da personalidade do ser manipulado (clone), principalmente no que toca à identidade pessoal e genética do ser humano, influenciando assim, sua higidez somático-psiquica, com influências decisivas em seu direito à intimidade e integridade física (direito à voz, a imagem, ao retrato moral, a biparentalidade biológica, à intimidade e à historidicidade pessoal).[157]

Quanto à identidade pessoal do ser humano, além do nome, e sua poderosa função identificadora da qual se destaca importante interesse social; temos a carga genética, a identidade de gênero, onde o diagnóstico e tratamento da transexualidade e da intersexualidade incluem-se, sendo a cirurgia redesignatória um direito do cidadão (intimamente ligado ao direito à intimidade, ao recato, detendo estes ainda o direito ao esquecimento). Aqui entendemos, na esteira do pensamento de Raymon Lindon que se insere o direito ao esquecimento, direito da personalidade a ser outorgado nos estados intersexuais; para o jurista, "este elemento figura na definição de vida privada", sendo um elemento desta.[158]

No que tange à formação da família, temos o direito ao *status familiae*, ao conhecimento da biparentalidade biológica; o direito à verdade como concebe Walter Moraes, que amparado em Sessarego, leciona que esta atingiu o seu apogeu no período entre guerras, e redescobriu o homem como um ser livre, dotado de intrínseca dignidade, e com plena liberdade de ser ele mesmo, vivenciando suas íntimas emoções "que confere um contato direto com o interior do ser". Sua identidade forma-se a partir

[156] Maluf, Adriana Caldas do Rego Freitas Dabus – Direito da personalidade no Novo Código Civil e os elementos genéticos para a identidade da pessoa humana. In. Delgado, Mario Luiz; Alves, Jones Figueiredo – Novo Código Civil questões controvertidas, v.1, São Paulo: Método, 2003, p. 84 a 88.

[157] Kelch, Rita – Direitos da personalidade e clonagem humana. São Paulo: Método, 2009, p. 105 e 106.

[158] Lindon, Raymond- Les drois de la personalité, Paris, Dalloz, 1974, p. 25.

de uma determinada concepção de mundo e constitui-se num complexo de elementos, numa pluralidade de aspectos somáticos, psicológicos, sociais, inter-relacionados entre si, que individualizam o ser humano, valorizando as imanações de sua personalidade.[159]

Encontra guarita nesse sentido a exteriorização da homossexualidade como um direito personalíssimo com desmembramentos de ordem social, econômica, política e com reflexos no direito de família uma vez que a Carta Constitucional veda a discriminação por orientação sexual em seu artigo 3º, IV; mas o preconceito, o medo, o próprio desconhecimento e a intolerância vem impedindo que estes formem relações afetivas viáveis e protegidas por lei.

Também nos casos diagnosticados de transexualidade, as decisões para alteração de nome são recentes, o que em muito prejudicou a reinserção social do transexual operado alémdos inúmeros conflitos, nem sempre resolvidos quanto a alteração de seu sexo registral, criam-lhe barreiras para a formação familiar, conflitos estes que vem sendo em sua maioria resolvidos com base na jurisprudência. Em conexão ao direito à integridade física, a sua íntima relação com as questões de gênero e sexualidade, decorre consequentes reflexos na formação da família.

Em relação ao direito ao corpo, temos numa concepção filosófica amparada nas ideias sartrianas que o homem encontra no desenvolvimento de sua liberdade duas grandes limitações, a fatalidade do corpo físico – que lhe confere uma identidade própria e a visão que se tem de si mesmo – representada pela presença dos outros na esfera da vida privada. Ambos impõem ao homem a estruturação de um ser em cuja realidade não se tem possibilidade de escolha.[160]

Acham-se inseridos aqui a problemática que atinge os indivíduos portadores de disforia de gênero, transexuais e intersexuais, cujos desdobra-

159 Moraes, Walter – Direito da personalidade, p. 32; Sessarego, Carlos Fernández – Derecho de la identidad personal, Buenos Aires, Editorial Astrea, 1992, p. 1 a 5; 15; Nonato, Orozimbo – Personalidade, Repertório Enciclopédico do direito brasileiro, v.XXXVII, Rio de Janeiro, Ed.Borsoi, s/d, p. 77 e 78; Lindon, Raymond – Les droits de la personalité, p. 5 e 6.

160 Sessarego, Carlos Fernández – Derecho de la identidad personal, p. 9.

mentos atinentes ao direito de família e com repercussão na bioética têm suscitado inúmeros debates e controvérsias nos últimos tempos.

O direito geral da personalidade, interpretado como direito de autodeterminação ético-existencial, projeta-se sobre as escolhas atinentes ao sentido da vida, as quais se manifestam os direitos do corpo. Assim, destas intrínsecas características afluem consequências inestimáveis ao direito de família passando pela própria individualização da pessoa natural, a aquisição do nome, a determinação do seu estado pessoal, da cidadania, de sua identidade de gênero e os consequentes desmembramentos na composição familiar, o direito à parentalidade, à biparentalidade e as consequências patrimoniais, sucessórias, assistenciais decorrentes, a possibilidade de adoção, gestação – natural e substituta, dentre outros, observadas na atualidade a função social da família.

Entendemos que os direitos da personalidade traduzem as emanações mais íntimas da pessoa humana, possibilitando a sua autodeterminação, a elucidação dos seus valores mais íntimos, a sua maneira particular de existir, suas crenças e seus valores, sua forma de se demonstrar na sociedade em que vive. Consiste plenamente na sua própria individualidade.

Revestem-se os direitos da personalidade das seguintes características: são inatos, pois se adquirem no momento da concepção, nascem e se extinguem com o seu titular, absolutos – pois materializam seu caráter pela sua oponibilidade erga omnes, irradiando efeitos em todos os campos e impondo à coletividade o dever de respeitá-los; intransmissíveis; indisponíveis; irrenunciáveis; imprescritíveis; impenhoráveis; inexpropriáveis; ilimitados e inestimáveis – o que vale dizer que eles não têm um equivalente em dinheiro, são bens não patrimoniais, o que gera no entender de San Tiago Dantas, um dos problemas mais delicados da técnica jurídica, qual seja o da reparação das lesões sofridas pelos direitos da personalidade.[161]

[161] San Tiago Dantas, FC – Programa de Direito Civil – part geral, Rio de Janeiro: Ed. Rio, 1979, atualizado por Gustavo Tepedino, parte geral, Forense, cap XIV, p. 169 e ss; Bittar, Carlos Alberto – Os direitos da personalidade, 8.ed., São Paulo: Saraiva, 2014, p. 30 e ss; Moraes, Walter – Direitos de Personalidade *in*: Enciclopédia Saraiva de Direito nº 26, p. 33; Maluf, Carlos Alberto Dabus; Maluf, Adriana Caldas do Rego Freitas Dabus – Introdução ao direito civil, 2.ed, p. 279.

4.
Bioética à luz dos direitos humanos

Os direitos humanos podem ser compreendidos como direitos fundamentais inerentes à pessoa humana, sem distinção de raça, cor ou nacionalidade. A historiografia contemporânea vem demonstrando que mesmo em países signatários de documentos internacionais à semelhança da Declaração Universal dos Direitos do Homem, promulgada pela ONU em 1948, não tem havido uma redução na violação dos direitos humanos. O problema fundamental desses direitos está em sua concretização, o que se faz a partir de uma democracia substancial consolidada.

4.1. Breve histórico dos direitos humanos

No período histórico marcado pela modernidade, que abrangeu as grandes descobertas geográficas dos séculos XV e XVI e que culminou na expansão da civilização europeia sobre o resto do mundo, contribuiu para a formação do corpus jurídico-filosófico dos direitos do homem. A característica mais marcante deste processo foi o seu caráter complexo, ambíguo, dualista, ao mesmo tempo de emancipação e opressão, de inclusão e de exclusão, eurocêntrico, cosmopolita, universal e particular.

Para Miguel Reale, a pessoa humana é a medida do valor referencial das ideologias e cujo processo ideológico coincide com o dos chamados direitos humanos, cujas políticas estatais a serem adotadas devem possibilitar a realização concomitante do bem individual e do bem comum. O valor da pessoa humana representa o valor-fonte dos quais emanam os outros valores. Nesse sentido pode-se destacar que a inclusão histórica dos direitos do homem obedeceu à seguinte trajetória: iniciaram com a Magna Carta da Inglaterra do século XIII vem sendo apontada como precursora das futuras declarações de direitos humanos. Muito embora não constitua uma afirmação universal de direitos humanos, o referido documento teve o mérito de restringir o poder absoluto do monarca, consagrando os direitos dos barões e dos prelados ingleses; passando pela Revolução Gloriosa Inglesa do século XVII, até a Revolução Americana e Francesa do século XVIII, para concluir finalmente com a Declaração Universal das Nações Unidas do século XX.[162]

Não obstante o fato de a Inglaterra ter dado o impulso inicial, foi na América do Norte que surgiu a primeira Declaração de Direitos, em 12 de janeiro de 1776, cuja cláusula primeira proclamava: "todos os homens são por natureza igualmente livres e independentes".Em 26 de agosto de 1789 a Assembleia Nacional Francesa aprovou sua "Declaração dos Direitos do Homem e do Cidadão", que devido às repercussões da Revolução Francesa, exerceu maior influência que a declaração norte-americana, apesar de estar nesta fundamentada. A referida Declaração foi inspirada nos ideais iluministas e humanistas e proclamava a igualdade dos homens, a liberdade individual e o direito de resistência à opressão. Abalou as estruturas do absolutismo europeu, refletindo-se nos movimentos revolucionários que abalaram o mundo no século XIX.[163]

Assim, "a convicção de que todos os seres humanos têm direito a serem igualmente respeitados, pelo simples fato de sua humanidade, nasce vinculada à lei escrita, como regra geral e uniforme, igualmente aplicável a todos os indivíduos que vivem numa sociedade organizada".[164] Para Miguel Reale, a pessoa humana é a medida do valor referencial das ideologias e cujo processo ideológico coincide com o dos chamados direitos humanos, cujas políticas estatais a serem adotadas devem possibilitar a realização concomitante do bem individual e do bem comum. O valor da pessoa humana representa o valor-fonte dos quais emanam os outros valores.[165]

162 Tosi, Giuseppe –História e atualidade dos direitos humanos – In. www.espdh.hpg.ig.com.br/texto 1.htm, p. 1.

163 Ferreira Filho, Manoel Gonçalves – Direitos humanos fundamentais, São Paulo: Saraiva, 7.ed, 2005, p. 11, 19 a 21.

164 Comparato, Fábio Konder – A afirmação histórica dos direitos humanos, 3.ed., São Paulo: Saraiva, 2003, p. 12.

165 Reale, Miguel – O Estado democrático de direito e o conflito das ideologias, São Paulo: Saraiva, 3.ed., 2005, p. 99 e 100.

A Europa e o Ocidente aparecem como o espaço onde progressivamente, ainda que com contradições, se forja a emancipação do homem, que é posteriormente estendida a toda humanidade como modelo a ser seguido. Na constituição da doutrina dos direitos do homem, podemos destacar a confluência de várias correntes de pensamento e de ação, entre as quais as principais são o liberalismo, o socialismo e o cristianismo social.

A doutrina jurídico-filosófica que funda os direitos humanos é o jusnaturalismo moderno, ou seja, a teoria dos direitos naturais, que rompe com a tradição do direito natural antigo, sobretudo a partir do filósofo inglês Thomas Hobbes. Para Norberto Bobbio "que a doutrina dos direitos humanos seja uma aquisição da modernidade e especificamente do pensamento liberal é uma opinião amplamente difusa e que faz parte da imagem que o Ocidente tem de si e que projeta sobre o resto do mundo".[166]

Aponta como modelo jusnaturalista as seguintes características: o individualismo, que impõe que os homens gozam de direitos naturais inatos, tais como o direito à vida, à liberdade, à propriedade, à segurança, entre outros; o estado de natureza: estado de guerra(Hobbes), de paz (Locke) ou de liberdade plena (Rousseau); o contrato social, compreendido como um pacto artificial celebrado entre indivíduos livres para a formação da sociedade civil onde todos se tornam súditos visandoo bem comum e o Estado, que nasce da livre associação dos indivíduos para garantir a efetivação dos direitos individuais inatos.[167]

Tais doutrinas surgiram nos séculos XVII e XVIII, no período de ascensão da burguesia que reivindicava maior liberdade de ação e representação política frente à nobreza e ao Clero. Consistiram numa justificativa ideológica para os movimentos revolucionários que levariam à dissolução do mundo feudal e à formação do mundo moderno. O jusnaturalismo moderno, sobretudo através da influência do pensamento

[166] Bobbio, Norberto e Bovero, Michelangelo-Sociedade e estado na filosofia política moderna, trad. Carlos Nelson Coutinho, São Paulo: brasiliense, 1986, p. 36.

[167] De Mattia, Fábio – Direitos da personalidade: aspectos gerais, Revista de Direito Civil Imobiliário, Agrário e Empresarial, São Paulo, ano 2, v.3, p. 35, jan/mar 1978.

iluminista, teve grande influência sobre as revoluções liberais dos séculos XVII e XVIII.

A Declaração de Direitos de 1668 da Revolução Gloriosa que concluiu o período da Revolução Inglesa, iniciado em 1640, levando à formação de uma monarquia parlamentar. A Declaração de Direitos do Estado de Virginia de 1777 foi a base da declaração de independência dos Estados Unidos; a Declaração dos Direitos do Homem e do cidadão da Revolução francesa de 1789, que aboliu o Ancien Régime e abriu caminho para a proclamação da República.

Os direitos da tradição liberal têm seu núcleo central nos direitos de liberdade. O Estado limita-se a garantia dos direitos individuais através da lei sem intervir diretamente na sua promoção. A época que marcou a Revolução Francesa, influenciada pelo Bill of Rights de 1776, foi uma época em que o desenvolvimento do pensamento filosófico e a valorização das liberdades individuais não mais deixavam espaço para uma monarquia autoritária, assim a declaração dos Direitos do Homem e do Cidadão preconizou a igualdade de todos os homens perante a lei (embora a escravidão não tenha sido abolida, nem às mulheres tenham sido atribuídos os mesmos direitos do homem, o voto continuava censitário e as mulheres e pessoas de baixa renda não podiam participar da vida pública),consagrou uma nova era do pensamento evidenciando os ideais de valorização do indivíduo, introduzindo no pensamento jurídico os direitos da personalidade.[168]

Interessante faz-se notar que esta mesma época conheceu um novo impulso colonial. Assim, o intenso movimento exploratório colonial fez com que grande parte da humanidade ficasse excluída do gozo dos direitos. A tradição liberal dos direitos do homem, que dominou o período que vai do século XVII até a metade do século XIX, foi insuficiente para resolver os novos problemas criados pelo capitalismo. Nesse contexto surge o socialismo, que encontrando suas raízes naqueles movimentos radicais da Revolução Francesa que queriam não somente a realização da liberdade, mas também da igualdade.

[168] Moraes, Walter – direito da personalidade. In: França, Rubens Limongi (coord). Enciclopédia saraiva do direito, São Paulo, Saraiva, [s.d.], v. 26, p. 36.

Os movimentos revolucionários de 1848 constituíram um acontecimento chave na história dos direitos humanos, porque conseguiram que, pela primeira vez, o conceito de direitos sociais fosse acolhido pela Constituição francesa, ainda que de forma incipiente. Na luta contra o absolutismo, o liberalismo fincava a questão central na garantia das liberdades individuais contra a intervenção do Estado nos assuntos particulares. Agora, contrário censo, tratava-se de obrigar o estado a fornecer os subsídios necessários para a promoção do bem- estar social diminuindo as diferenças econômicas e sociais.

Esse movimento, que marca as lutas operárias e populares dos séculos XIX e XX, tomará um grande impulso com as revoluções socialistas do século XX e com as experiências socialdemocratas ocorridas na Europa. De fato, através das lutas do movimento operário e popular, os direitos sociais, sobretudo após a Segunda Guerra Mundial, começaram a ser introduzidas nas Cartas Constitucionais e postas em prática, criando o chamado "Welfare State" nos países capitalistas e garantindo uma série de conquistas econômicas nos países socialistas.

Também a Igreja Católica teve grande influência na história conceitual dos direitos humanos. A mensagem bíblica contém um forte chamamento à fraternidade universal. Ao homem é reconhecido um lugar especial no universo e possui também uma intrínseca dignidade, pois foi criado à imagem e semelhança de Deus. A Encíclica Rerum Novarum, do Papa Leão XIII, em 1894, deu início à chamada "doutrina social da Igreja". Com ela a Igreja Católica procura inserir-se de maneira autônoma entre o socialismo e o capitalismo propondo uma via própria inspirada nos ideais cristãos. Mais recentemente, o Papa João Paulo II, na sua Encíclica *Redemptor Hominis,* reconheceu o papel das Nações Unidas na defesa dos "objetivos e invioláveis direitos do homem", engajando-se assim a Igreja no movimento mundial pela promoção e tutela dos direitos humanos.[169]

Quando, após a experiência terrível das duas guerras mundiais, os líderes políticos das grandes potências vencedoras criaram em 26.6.1945,

[169] Ferreira Filho, Manoel Gonçalves – diretos humanos fundamentais, p. 41 a 45; Rangel, Vicente Marota – Direito e Relações Internacionais, São Paulo, Editora Revista dos Tribunais, 8. ed., 2005, p. 436 a 444.

em São Francisco, a ONU e conferiram-lhe a tarefa de evitar uma terceira guerra mundial e promover a paz entre as nações, consideraram que a promoção dos direitos naturais do homem fosse a condição principal para a obtenção de uma paz duradoura. Por isso, um dos primeiros atos da Assembleia Geral das Nações Unidas foi a proclamação em 10.12.1948, de uma Declaração Universal dos Direitos Humanos, cujo artigo 1º trata: "Todas as pessoas nascem livres e iguais em dignidade e em direitos. São dotadas de razão e de consciência e devem agir em relação umas às outras com espírito de fraternidade". Ao emergir da 2º Guerra Mundial, após toda sorte de massacres e atrocidades cometidos, iniciados com o fortalecimento do totalitarismo estatal nos anos 3º, a humanidade compreendeu mais do que nunca o valor supremo da dignidade humana.

Para Hanna Arendt o "tudo é possível" da experiência totalitária mostrou como uma forma até então inédita de organização da sociedade, descartou explicitamente os valores consagrados da justiça e do direito. Preconizou o pensamento de retomada dos valores ocidentais, assinalados pela pluralidade e diversidade através do exercício da liberdade.[170] A Declaração Universal, aprovada pela Assembleia da ONU em 10.12.1948 e a Convenção Internacional sobre a prevenção e punição de crime de genocídio aprovada em 9.12.1948 constituem os marcos inaugurais da nova fase histórica, que se encontra em pleno desenvolvimento.[171]

Assim, ao proclamar os direitos fundamentais, a ONU tornou evidente não se tratar de concessão ou reconhecimento, esclarecendo que a existência de tais direitos independe de qualquer vontade ou formalidade uma vez que eles são inerentes a pessoa humana, nenhum indivíduo, entidade, governo ou Estado tem legitimidade para retirá-los ou restringi-los. Para Celso Lafer "A Declaração Universal dos Direitos Humanos de 1948 é um evento histórico inaugural. Representa uma inovadora concepção da organização da vida mundial. Aponta os rumos da conformação de um sistema internacional que transcende as normas do direito interna-

[170] LAFER, Celso – A reconstrução dos direitos humanos, São Paulo, Companhia das letras, 2006, p. 15.

[171] COMPARATO, Fábio Konder – A afirmação histórica dos direitos humanos, 3.ed. p. 55 e 56; MAGNOLI, Demétrio – Relações internacionais teoria e história, São Paulo, Saraiva, 2004, p. 132.

cional interestatal ao reconhecer o valor próprio da dignidade humana, confirma a importância dos direitos humanos na construção da ordem mundial, servindo tanto como agente organizador e humanizador da vida coletiva quanto como propiciador da conduta pacífica dos Estados".

E assim, "os direitos humanos configuram uma visão do mundo que pressupõe o reconhecimento do outro".[172] Situa-se nesse ponto, de forma similar ao entendimento de que a bioética, não é senão a ética da alteridade, ou seja, a ciência da análise do outro, vista de um ponto de partida tecno-científico. A partir da Declaração, através de várias conferências, pactos, protocolos internacionais, a quantidade de direitos se desenvolveu basicamente através de três tendências: a) universalização: em 1948, aderiram à Declaração Universal somente 48 Estados. Hoje quase a totalidade das nações do mundo 184 países em 191 países membros da comunidade internacional. Iniciou-se um processo que está transformando os indivíduos em cidadãos do mundo; b) multiplicação: nos últimos cinquenta anos a ONU promoveu uma série de conferências específicas que ampliaram a gama dos bens a serem protegidos; c) diversificação: definiu-se mais claramente quais eram os sujeitos titulares de direitos a serem defendidos: mulheres, crianças, idoso, doente, homossexual etc.

Esse processo deu origem a novas gerações de direitos:

a) A primeira geração inclui os direitos civis e políticos; direito à vida, à propriedade, à liberdade, à segurança, à proibição da escravidão, a garantia da igualdade entre homens e mulheres no casamento, direito à liberdade religiosa e de pensamento, direito de habeas corpus, proibição da tortura ou tratamento desumano ou degradante, são direitos clássicos, negativos, pois exigem uma abstenção de parte do Estado (o Estado não pode prender, não pode processar, não pode tributar, etc.), os quais foram universalizados pela Revolução Francesa do século XVIII. Correspondem à fase inicial do constitucionalismo ocidental, mas prevalece nas constituições ainda nesse terceiro milênio;

b) A segunda geração inclui os direitos econômicos, sociais e culturais: surgidos a partir de meados do século XIX, com a Revolução Industrial e o surgimento de grandes massas de operários trabalhando sob o

[172] Lafer, Celso – Alcance e significado da Declaração Universal. Fonte: OESP, 21.12.2008, Caderno A2, p. 1.

mesmo teto fabril. Estes direitos que só podem ser desfrutados com o auxílio do Estado são: o direito ao trabalho em condições justas e favoráveis, o direito de pertencer a sindicatos, o direito à educação e cultura, o direito a um nível adequado de vida, o direito à seguridade e seguro social, direito à proteção especial da maternidade e da infância.

c) A terceira geração inclui os direitos a uma nova ordem internacional: são também denominados direitos de fraternidade ou de solidariedade, trazem como nota distintiva o fato de se desprenderem do indivíduo como titular, destinando-se à proteção de grupos humanos. Assim os beneficiários são não só os indivíduos, mas também os povos. Esses direitos surgiram após a Segunda Guerra Mundial. São exemplos o direito a um ambiente sadio, direito ao meio ambiente ecologicamente equilibrado, o direito à paz, o direito ao desenvolvimento e o direito aos bens que constituem o patrimônio comum da humanidade, o direito à alimentação adequada.

d) A quarta geração vem representada por uma categoria nova de direitos, ainda em discussão pois representam o direito à vida das gerações futuras, o direito à vida saudável, o desenvolvimento sustentado, o direito à informação, direito a democracia, o direito ao patrimônio genético, a engenharia genética, o direito à identidade sexual.

Embora não haja um consenso quanto à real existência dos direitos humanos de quarta geração, Celso Lafer filia-se à corrente que a aceita, afirmando que os direitos de terceira e de quarta geração transcendem os interesses individuais situando-se numa seara social.[173] No mesmo sentido é o pensamento de Bobbio, para quem a quarta geração de direitos reflete uma problemática bastante atual, aduzindo que "os efeitos cada vez mais traumáticos da pesquisa biológica, que permitirá a manipulação do patrimônio genético do indivíduo", são cada vez mais sentidos.[174] No que tange aos direitos das futuras gerações pondera Helena Pereira de Melo se faz sentido pensar-se em justiça transgeracional, e se deve o

[173] LAFER, Celso – A ruptura totalitária e a reconstrução dos direitos humanos, São Paulo: Companhia das Letras, 1988, p. 124 e ss.

[174] BOBBIO, Norberto – A Era dos direitos, Rio de Janeiro: Campus, 1992, p. 6 – trad. Nelson Coutinho.

homem atender em suas postulações atuais aos interesses de indivíduos que ainda não nasceram.

Faz-se presente no direito atual assim como nas ponderações bioéticas hodiernas a solidariedade intergeracional tendo em vista a finitude dos recursos naturais do planeta, a celeridade do avanço científico notadamente na área biomédica, a exploração do genoma humano, a seleção embrionária e fetal e suas relações com os crimes contra a humanidade, o reducionismo e o determinismo genético e demais repercussões na qualidade de vida e na viabilidade da sobrevivência humana.[175]

A Convenção sobre os Direitos Humanos e a Biomedicina, firmada em Oviedo em 4 de abril de 1997, traz em seu bojo a proteção dos direitos humanos, sobretudo no que tange ao ser humano em sua dignidade e identidade, garantindo à pessoa humana, sem discriminação, o respeito à sua integridade e de seus outros direitos e liberdades fundamentais, aplicáveis à biologia e à medicina.

Insere-se o biodireito nesta quarta geração de direitos humanos, pois grande é a preocupação atual em se normatizar os efeitos da Revolução biotecnológica sobre a sociedade, a preocupação com a difusão dessas novas tecnologias, com a humanização do ambiente hospitalar,com a proteçãodos direitos dos pacientes, visando assim integrar a ética com as ciências biomédicas.[176]

Nesse sentido pondera Maria Garcia que os direitos humanos chegaram ao genoma, uma vez que a engenharia genética proporciona a criação de novas formas de humanidade: o embrião pré implantatório, o embrião, o clone e o genoma, que a seu turno referem-se diretamente à dignidade humana, à saúde humana – pública e privada –, à segurança, à intimidade, à sucessão, à perpetuação da espécie, entre outros.[177] Em atenção aos direitos humanos de quarta geração, preocupa-se a bioética não tanto em elaborar teorias, mas de ir à prática e oferecer diretrizes basilares para pesquisadores, cientistas, legisladores e governantes, para que avaliem as repercussões de seus trabalhos na sociedade.

[175] Melo, Helena Pereira de – Manual de biodireito, Coimbra: Almedina, 2008, p. 181 e ss.

[176] Correia, Francisco de Assis – Alguns desafios atuais de bioética. In. Fundamentos da bioética, p. 34 e 35; Loureiro, Claudia Regina Magalhães – Introdução ao biodireito, p. 74.

[177] Garcia, Maria – Limites da ciência, p. 99 e ss.

Os avanços da ciência ocupam grande parte da preocupação do pensamento ético na atualidade, os novos desafios impostos pelas biotecnociências, impõe, que seja feito um reexame sobre a própria auto compreensão do homem enquanto ser humano, e sua relação com a natureza, constituindo assim, "uma ética totalmente nova, diferenciada das demais no que diz respeito ao seu método, objeto, conteúdo e objetivos".[178]

A valorização da bioética atinge uma dimensão de direitos humanos, pois como este é um construído histórico em virtude das atrocidades e injustiças cometidas pelos homens no correr dos tempos. Adquire também um caráter multicultural, pois leva em conta os valores pertinentes às diferentes culturas, que determinam por seu turno os rumos da política e do diálogo a ser adotado.

A bioética é uma disciplina de reciprocidade, de alteridade, de interdisciplinariedade, de interculturalidade cuja metodologia básica utilizada é a do diálogo. Vale-se por seu turno da máxima "etica do razoável". Pode ainda ser entendida, como uma filosofia do razoável, enquanto visa o estabelecimento de um consenso válido para as condutas práticas, através do uso de uma racionalidade que é construída pelo dialogo internacional, que possa levar advinda das diversas problematizações pertinentes a legitimação de *práxis* tais, que possam ser positivadas pelo biodireito num momento posterior, tendo em vista o respeito aos direitos do homem. Envolve ainda uma reflexão ética sobre os seres vivos, baseando-se nos princípios da responsabilidade e da prudência, alicerçando-se no chamado tripé bioético e tendo, por objetivo principal promover um consenso normativo sobre a atuação e os limites da conduta humana, valorizando sempre o pluralismo moral.[179]

A gama de direitos humanos (num plano público) ou de direitos da personalidade (num plano privado) é ilimitado. Esses direitos situam-se numa escala de conjunto de valores que abrangem várias dimensões: ética, jurídica, política, econômica, social, cultural, educativa. Todas essas

[178] SOUZA, Paulo Vinicius Sporleder de – Crimes genéticos, genoma humano e direitos humanos de solidariedade. In. SARLET, Ingo; LEITE, George Salomão – Direitos fundamentais e biotecnologia. São Paulo: Método, 2008, p. 283.

[179] SOUZA, Paulo Vinicius Sporleder de – Crimes genéticos, genoma humano e direitos humanos de solidariedade, p. 284.

feições devem ser analisadas conjuntamente e de forma interligada, pois ajudam a formar o todo que representa o gênero humano.[180]

O reconhecimento dos direitos sociais não pôs termo à ampliação do campo dos direitos fundamentais. Na verdade, a consciência de novos desafios, não mais à vida e à liberdade, mas especialmente à qualidade de vida e à solidariedade entre os seres humanos redundou no surgimento da terceira geração de direitos fundamentais – direitos de fraternidade. A primeira geração seria a dos direitos de liberdade, a segunda dos direitos de liberdade, formando junto com a terceira a tríade preconizada na Revolução Francesa.[181]

Não há como negar que o reconhecimento progressivo de novos direitos fundamentais tem o caráter de um processo cumulativo, de complementaridade, e não de alternância, de tal sorte que o uso da expressão 'gerações' pode ensejar a falsa impressão da substituição gradativa de uma geração por outra, razão pela qual há quem prefira o termo 'dimensões' dos direitos fundamentais. Devendo-se, entretanto, atentar-se para a proliferação dos direitos humanos na atualidade. Assim, "exige-se o estabelecimento de critérios para que se reconheça um direito como direito humano fundamental. O direito humano é um direito universal, inerente à condição humana em todas as partes do mundo e em todos os tempos. Devem ser observados alguns critérios para se elencar um direito humano: deve ser fundamental, universal e suscetível de uma formulação suficientemente precisa para dar lugar a obrigações da parte do Estado e não apenas para estabelecer um padrão".[182]

No século XX, a Constituição da República de Weimar, de 11 de agosto de 1919, na qual tiveram destaque os direitos sociais, serviria de base para o futuro reconhecimento dos direitos fundamentais. Representou um novo modelo de Constituição seguido por outras Cartas que mais tarde se editaram na Europa. A União Europeia tem seu sistema de direitos humanos fundado na "Convenção Europeia para a Proteção dos Direitos Humanos e das Liberdades Fundamentais", adotada em Roma, Itália, em

[180] COMPARATO, Fábio Konder – A afirmação histórica dos direitos humanos, p. 29.
[181] FERREIRA FILHO, Manoel Gonçalves – Direitos humanos fundamentais, p. 57.
[182] FERREIRA FILHO, Manoel Gonçalves – Direitos humanos fundamentais, p. 67.

1950. Já em 1961, foi assinada a Carta Social Europeia que trata dos direitos econômicos e sociais.

Em 1977 na capital da Argélia, no continente africano, foi aprovada a "Declaração Universal dos Direitos dos Povos". Ao enunciar princípios referentes aos direitos de todos os povos, esta declaração expressa a necessidade de garantia à autodeterminação política, ao desenvolvimento econômico, à cultura, ao meio ambiente e aos direitos das minorias. Tem a preocupação fundamental de construir uma nova ordem internacional, mais solidária e cooperativa. Ainda no continente africano foi instituída a Organização de Unidade Africana e assinada a "Carta Africana dos Direitos do Homem e dos Povos", em 1981.

Na década de 1990 foi assinada a "Carta de Paris", no âmbito da Conferência sobre a Segurança e a Cooperação na Europa, ocasião em que se estabeleceram normas precisas sobre os direitos do homem e das minorias. Em 1992 a "Convenção Americana sobre os Direitos Humanos" conhecida como o "Pacto de São José da Costa Rica"– uniu inúmeras nações em torno do ideal de fortalecimento da defesa dos Direitos Humanos na América Latina. Desta convenção e de tantas outras realizadas no decorrer da história, o Brasil foi signatário.

Por direitos humanos entendemos um conjunto de faculdades e instituições que em determinado momento histórico, concretiza as exigências da dignidade, a liberdade e igualdade humana, as quais devem ser reconhecidas positivamente pelos ordenamentos jurídicos a níveis nacional e internacional. São concebidos de forma a incluir aquelas reivindicações morais e políticas que no consenso contemporâneo, todo ser humano tem o dever de ter perante sua sociedade ou governo, reivindicações essas reconhecidas como de direito e não apenas por amor, graça ou caridade.[183]

4.2. Atualidade e os direitos humanos

A polarização entre "direitos de igualdade e direitos de liberdade" continua sendo na atualidade uma das grandes questões não resolvidas no debate sobre os direitos humanos. A universalização dos Direitos Huma-

183 MALUF, Adriana Caldas do Rego Freitas Dabus – Curso de bioética e Biodireito, 3. ed., p. 120.

nos contrapõe-se com a globalização da economia, a pretensa universalidade dos direitos do homem esconde o caráter marcadamente ocidental – europeu e cristão – que não pode ser estendido ao resto do mundo onde permanecem tradições e culturas religiosas próprias, muitas vezes incompatíveis com a doutrina ocidental, gerando o que Huntington batizou de choque de civilizações (como exemplo típico podemos ser apontados os movimentos islâmicos mais radicais que reafirmam a própria tradição contra o ocidente). Os direitos humanos arriscam nesse contexto de se tornarem um pensamento único que justificam uma prática única, nivelando as diferenças e divergências que, no entanto, continuam a não ser aceitos em algumas culturas e civilizações, por isso a questão da universalidade dos direitos humanos permanece um dos problemas abertos do ponto de vista prático e teórico.[184]

Essa supremacia ideológica reflete-se nas práticas biomédicas e no pensar dos fundamentos bioéticos, que alcançam uma perspectiva regional, ou seja, possuem um rosto diferente de acordo com o país ou região em que são suscitadas. Concebe Giovanni Berlinguer uma distinção entre dois âmbitos bioéticos: a denominada bioética de fronteira que trata das novas tecnologias aplicadas nas fases inicial e terminal da vida humana, e da bioética cotidiana, voltada para as exigências de humanização da medicina, socialização da saúde em virtude da crescente medicalização da vida.[185]

Desta forma, vemos que a exclusão de algumas partes da população frente aos cuidados médicos e sua despersonalização em algumas regiões do mundo; a sujeição de seres humanos às experimentações científicas; a coisificação do homem; a frágil relação médico-paciente, oriunda da diluição de responsabilidade do corpo clinico; a discriminação de gênero; a despersonalização dos cuidado no interior dos hospitais; a sistemática marginalização no interior dos serviços de saúde de determinadas categorias de pacientes, correspondem a um flagrante desrespeito aos direitos humanos, principalmente nos países de Terceiro Mundo, onde as condi-

[184] MAGNOLI, Demetrio. Relações Internacionais teoria e prática, p. 183; HUNTINGTON, Samuel. O choque de civilizações, Rio de Janeiro, Objetiva, 1998, p. 20 e 21.

[185] BERLINGUER, Giovanni – Bioetica quotidiana e bioetica di frontiera. In. A, Dimeo C. Mancina (a cura di). Bioetica, Bari: Laterza, 1963, p. 23.

ções precárias de alimentação, moradia, educação, trabalho, liberdade, autonomia, segurança, intimidade, entre muitos outros, oriundas da organização social e do regime político do Estado, faz premente o estabelecimento de um patamar ético de referência para os rumos bioéticos .

Na América Latina alcança maior relevância os temas relativos à saúde pública, à facilitação do acesso aos serviços médicos e a ética na pesquisa, adotando uma preocupação macrobioética; nos EUA onde o pragmatismo é bastante acentuado, buscam-se os caminhos mais adequados para solucionar os conflitos reais que aparecem na vida prática enquanto que no continente europeu a fundamentação ético-filosófica representa a preocupação bioética principal. Para James Drane é muito importante na atualidade a dimensão transcultural que a bioética vem alcançando. Um grande número de temas sociais estão agora incluídos sob o tema bioética: saúde pública, saúde ocupacional, saúde da mulher – temas que alcançaram a dimensão de direitos humanos.[186]

Assim, pode-se apontar que "o estilo norte-americano de bioética, dominante no início da bioética, está mudando com a contribuição e influência da Europa, da Ásia e da América Latina".Completa a concepção Leo Pessini para quem "inclui ainda a bioética o bem-estar dos animais de experimentação e a preocupação com o meio ambiente", bem difuso que recebe proteção regional e internacional sob a ótica dos direitos humanos.[187] Como leciona Francisco de Assis Correia, nasceu a bioética, como uma forma original e sistemática de reflexão para a gestão responsável dos novos poderes que a medicina moderna adquiriu. Seus debates se aprofundaram e houve um real movimento de internacionalização de seus quesitos e/ou resultados conclusivos.[188]

[186] Drane, James – La bioética em la sociedad pluralista. La experiência americana e su influxo em Espanha. In. Javier Gafo (ed.), Fundamentación de la bioética y manipulación genética, Madrid, 1988, p. 87-105. Apud – Pessini, Leo – O desenvolvimento da bioética na América Latina – algumas considerações. In. Fundamentos da bioética, p. 20.

[187] Pessini, Leo – O desenvolvimento da bioética na América Latina – algumas considerações. In. Fundamentos da bioética, p. 16 e 17.

[188] Correia, Francisco de Assis – Alguns desafios atuais de bioética. In.Pessini, Leo; Barchifontaine, Christian de Paul de – Fundamentos da bioética, São Paulo, Paulus, p. 30 e 31.

A bioética é um produto da sociedade do bem-estar pós-industrial e da expansão dos direitos humanos de terceira geração, que marcaram a transição do Estado de Direito para o Estado de Justiça. Já não se fala na atualidade apenas em direitos individuais, adotando uma posição microbioética, mas sim, na adoção de uma postura macrobioética de responsabilidade social frente à vida ameaçada pelas novas tecnologias, pelo crescimento populacional, pelo genoma, pelas catástrofes ecológicas, pela energia nuclear e dos direitos das futuras gerações – nos referimos aos direitos humanos da quarta geração. Nessa perspectiva transgeracional adquire valor a revolução biológica e bioética como medicina ambiental, biogenética, epidemiológica, preventiva, educativa e promotora de saúde.[189] Na dinâmica do processo de consolidação da democracia, o Brasil tornou-se parte dos principais instrumentos jurídicos internacionais de proteção dos direitos humanos, participando ativamente dos principais foros internacionais sobre o tema.[190]

No entanto, o desrespeito aos direitos humanos continua sendo uma realidade flagrante no país, muito embora seja o país signatário de documentos internacionais de garantia desses direitos fundamentais. Assim sendo, foi criada em 1946 a Comissão de Direitos Humanos das Nações Unidas, que foi substituído pelo Conselho de Direitos Humanos, cujos membros devem respeitar seus preceitos basilares. Entretanto, as vagas para sua composição foram distribuídas proporcionalmente pelo mundo sem se levar em conta o critério de respeito aos direitos humanos. Assim, as vagas do Conselho são divididas entre as democracias – Japão, Canadá e países da União Europeia de um lado com onze vagas e países muçulmanos de outro, somando vagas com Cuba, outras ditaduras da África e da Ásia para barrar qualquer resolução que condene atos de desrespeito aos direitos humanos. Países como o Brasil, Argentina e México votam em bloco com as ditaduras por serem países em desenvolvimento.

Grande é a preocupação na atualidade com as questões que envolvem os avanços biotecnológicos, que abrangem o direito à vida, ao patrimônio genético, as pesquisas científicas, tendo em vista a dimensão que vem

[189] CORREIA, Francisco de Assis – Alguns desafios atuais de bioética. In. Fundamentos da bioética.p.31.
[190] fonte – site MRE – www.mre.gov.br .

tomando a bioética no mundo contemporâneo. Os séculos XX e XXI, conheceram uma evolução ultra veloz do pensamento humano, da difusão das ciências, do desenvolvimento biotecnológico. Essa "era da velocidade" gerou uma desconstrução nos modelos basilares sobre os quais toda a cultura e a civilização vinham alicerçadas.

Desta forma, o avanço da tecnologia e das biotecnologias, fez o efêmero e o volátil derrotarem o permanente e o essencial. Alteraram-se os paradigmas. Vive-se a angústia do que não pode ser e a perplexidade de um tempo sem verdades seguras. Muito foi relativizado. Conhecemos "uma época do aparentemente pós-tudo: pós-marxista, pós-kelseniana, pós-freudiana".[191] A interrelação dos paradigmas bioéticos e dos direitos humanos, vem alicerçada na necessidade de se estabeleceram parâmetros de conduta para que "a desigualdade que ofusca as conquistas da civilização e é potencializada por uma ordem mundial fundada no desequilíbrio das relações de poder, permite o crescimento desenfreado da ciência e da tecnologia com a expansão dos domínios da informática e da amplitude de questionamentos éticos que comporta a engenharia genética".[192]

"Esse desenvolvimento desenfreado, e muitas vezes desarticulado e extremamente acelerado da biomedicina, capaz de alterar os fundamentos da vida, criando e modificando agentes, facilitando a reprodução humana em condições que a natureza não permitiria, tornando a filiação um ato unilateral da vontade, impõe a criação de uma ética contemporânea capaz de regular todas essas modificações, tendo em vista a proteção da vida, a promoção da paz, a difusão da igualdade e, sobretudo, do respeito dos indivíduos em sua mais ampla dignidade, impondo desta sorte limites rígidos, que impeçam a coisificação do homem".[193] Vemos, assim, que os novos problemas que afrontam o ser humano, na era contemporâ-

[191] Marques, Claudia Lima – A crise científica do direito na pós-modernidade e seus reflexos na pesquisa. In. Cidadania e Justiça, n.6; 1999. Apud. Scheidweiler, Claudia Maria Lima – manipulação da vida, avanços tecnológicos e direitos humanos.In. Piovesan, Flavia (Coord) Direitos Humanos, v.1, Curitiba; Juruá, 2009, p. 519.

[192] Barroso, Luis Roberto – Fundamentos teóricos e filosóficos do novo direito constitucional. http: //www1.jus.com.br/doutrina/texto.asp?id=3208; Pessini, Leo; Barchifontaine, Christian de Paul de – A vida em primeiro lugar. In. Pessini; Barchifontaine, Christian de Paul – Fundamentos da bioética, p. 5 a 8.

[193] Maluf, Adriana Caldas do Rego Freitas – Curso de bioética e Biodireito, p. 125.

nea, estão intimamente ligados à questão dos direitos humanos e às questões políticas decorrentes, por se constituírem em temas que se convertem em fortes desafios mundiais criando fortes expectativas em grande parte da população. Assim, diversos direitos "novos" têm surgido com o desenvolvimento da biotecnologia – temas como clonagem, descarte de embriões, manipulação gênica, reprodução humana assistida, entraram para a ordem do dia nos debates bioéticos internacionais.

Logo, imperioso será o papel do biodireito, da biopolítica internacional e do direito constitucional a fim de se impedir que sejam feridas as garantias individuais estabelecida pela Constituição Federal, gerando um flagrante desrespeito aos direitos humanos. Vemos que "os direitos humanos e a Bioética andam necessariamente juntos. Qualquer intervenção sobre a pessoa humana, deve subordinar-se a preceitos éticos, pois as práticas científicas podem proporcionar grandes benefícios à humanidade, mas apresentam riscos potenciais que exigem uma vigilância dos agentes específicos e da coletividade; observando-se assim, as deliberações contidas nos documentos internacionais como a Declaração Universal dos Direitos Humanos, os Pactos, as Convenções e todos os acordos internacionais, de caráter amplo ou visando a objetivos específicos, que compõem o acervo normativo dos direitos humanos".[194]

O significado atual dos direitos humanos e sua importância prática foram sintetizados num documento da UNESCO que fixou diretrizes para estudiosos de todas as áreas: São requisitos que o pesquisador deve observar nas suas interações científicas. Assim, a consciência dos direitos humanos representa uma conquista muito importante da sociedade contemporânea, e a bioética e o Biodireito veem inseridos nessa seara com a responsabilidade de dar efetividade aos preceitos contidos nos documentos de direitos humanos, tendem vista a valorização suprema do ser humano.

[194] DALLARI, Dalmo – Bioética e direitos humanos. In: www.eurooscar.com/Direitos-Humanos/direitos-humanos25.htm.

5.
Biodireito e biossegurança em âmbito nacional e internacional

No âmbito internacional, os limites da ciência e os parâmetros do biodireito estabelecem-se nas seguintes bases: para a bioética e o biodireito, a vida humana não pode ser uma questão de mera sobrevivência física, mas sim, fala-se em vida com dignidade. Diversos documentos internacionais tratam do tema, devido a sua importância fundamental na contemporaneidade em face das inúmeras descobertas tecnológicas que alteraram o paradigma das relações familiares, sociais, trabalhistas. O primeiro deles, a Declaração Universal dos Direitos Humanos de 1948, adotada e proclamada pela Resolução n. 217 da Assembleia Geral das Nações Unidas em 10.12.48 – e assinada pelo Brasil na mesma data, prevê em seu preâmbulo que a dignidade inerente a todos os membros da família humana e de seus direitos iguais e alienáveis é o fundamento da liberdade, da justiça e da paz do mundo.

Prevê em seu art. 1º que "todas as pessoas nascem livres e iguais em dignidade e direitos"; em seu art. 27 que "toda pessoa tem o direito de participar livremente da vida cultural da comunidade, de fruir as artes e de participar do progresso científico e de seus benefícios" e art. 28 "toda pessoa tem direito a uma ordem social e internacional em que os direitos e liberdades estabelecidos na presente Declaração possam ser plenamente realizados". No âmbito da Proteção Regional dos Direitos Humanos destaca-se a Convenção Americana sobre Direitos Humanos, (1969), conhecida como Pacto de San José da Costa Rica, ratificado pelo Brasil, que em seu art. 4º assim se pronuncia: "Direito à vida. 1.Toda pessoa tem o direito de que se respeite sua vida. Esse direito deve ser protegido pela lei e, em geral, desde o momento da concepção. Ninguém pode ser privado da vida arbitrariamente". Observa-se aqui, que a vida é protegida desde o momento da sua concepção. Os fundamentos do Direito Internacional da Bioética procuram questionar o que é a bioética, levando em conta que a ética dos negócios, da política e das ciências está presente em todos os setores da vida moderna, sendo que a exigência moral é particularmente imposta aos que detêm esses domínios ou influência.

5.1. Instrumentos de proteção internacional: principais tratados e convenções mundiais sobre temas bioéticos

Inúmeros são os documentos internacionais relativos aos direitos humanos e bioética. Analisaremos alguns deles devido a sua relevante importância para o tema. Relacionam-se às grandes preocupações em matéria de direitos humanos a influência da genômica, onde o apogeu do Projeto Genoma recebe grande destaque. Assim podemos entender o Projeto Genoma Humano, como um consórcio internacional que foi iniciado em 1990 nos Estados Unidos como a iniciativa do setor público, tendo apoio do Departamento de Energia norte-americano e que tem como objetivo principal o completo mapeamento do código genético humano para descobrir como se operam todos os genes da sequência do DNA e assim, desenvolver meios de usar esta informação para estudo da biologia e da medicina.

O mapa genômico descreve a ordem dos genes ou de outros marcadores e o espaçamento entre eles, em cada cromossomo. Feito este, será possível a melhoria e simplificação dos métodos e diagnósticos de doenças genéticas e a prevenção de doenças multifatoriais. O genoma representa o código genético do ser humano, ou seja, o conjunto dos seus genes. Nestes, podemos encontrar todas as informações para o desenvolvimento e funcionamento do organismo do ser humano. Este código genético está presente em cada uma das nossas células. O genoma humano apresenta-se por 23 pares de cromossomos que contém interiormente os genes. Todas as informações são codificadas pelo DNA.

Existem ainda outros programas de genoma sendo desenvolvidos em diferentes espécies de animais e vegetais com a intenção de auxiliar o desenvolvimento do Projeto Genoma Humano e suas técnicas. Diversos países iniciaram os projetos com o genoma humano e os maiores se desenvolveram na Alemanha, Áustria, Brasil, Canadá, China, Coreia, Dinamarca, Estados Unidos, França, Holanda, Israel, Itália, Japão,

México, Reino Unido, Rússia e Suécia. "Em 1990 o PGH contava com a colaboração de mais de 5.000 cientistas, integrantes de 250 laboratórios diferentes, dispondo de um orçamento variado de US$ 3 bilhões a US$ 5 bilhões".

A fim de analisarmos a proteção internacional que essa pratica recebe, destacamos algumas Declarações e Convenções Internacional relativas ao tema de direitos humanos e biomedicina: Convenção Sobre os Direitos Humanos e a Biomedicina de 1996 (Convenção de Oviedo); Declaração Universal sobre o Genoma Humano e dos Direitos Humanos de 1997; Convenção das Nações Unidas sobre a Diversidade Biológica de 1992; Declaração Internacional Sobre os Dados Genéticos Humanos de 2004; Declaração Sobre a Utilização do Progresso Científico e Tecnológico no Interesse da Paz e em Benefício da Humanidade de 1975 e a Declaração Universal sobre Bioética e dos Direitos Humanos de 2005.

a) A Convenção Sobre Direitos Humanos e Biomedicina, adotada pelo Conselho da Europa em 19.11.96, após advertir no preâmbulo que o mau uso da biologia e da medicina pode conduzir à prática de atos que colocam em risco a dignidade humana, prescreve em seu art. 2º que "os interesses e o bem-estar dos seres humanos deve prevalecer sobre o interesse isolado da sociedade ou da ciência".

b) A Declaração Universal do Genoma Humano e dos Direitos Humanos, elaborada em 1997 pela UNESCO (Organização das Nações Unidas para a Educação, Ciência e Cultura) estabelece diretrizes para as pesquisas genéticas respeitando os direitos e garantias individuais, tendo em vista as questões levantadas pelo desenvolvimento do Projeto Genoma. Será, pois, impactada em dois aspectos: pela abrangência do texto que, num contexto científico e político marcado por questões polêmicas como a manipulação do genoma humano, a clonagem e os transgênicos, afirma ou reafirma princípios e valores intangíveis e, pelo ineditismo do seu enfoque multidisciplinar será enriquecida pelo debate público envolvendo todos os membros da sociedade; a diversidade de contextos econômicos, sociais e culturais nos quais se enraíza o pensamento ético ao redor do mundo. Diante das novas questões éticas levantadas, pela velocidade, algumas vezes surpreendente do progresso nesse campo, a abrangência e o alcance potencial da Declaração, tornaram necessário à UNESCO a elaboração de um sistema voltado para seu acompanhamento e implementação – uma inovação em se tratando de instrumento não mandatário.

A descoberta da herança genética que une os seres humanos tem causado grandes mudanças. Nesse sentido, a ONU, em 11 de novembro de 1997, ante a certeza de que o genoma é simbolicamente a grande herança da humanidade, adotou a referida Declaração recomendando aos Estados-Membros tomarem todas medidas apropriadas para promoção dos princípios ali estabelecidos, inclusive e, principalmente, através de regulamentação própria.

Dispõe em seu art. 1º "O genoma humano subjaz à unidade fundamental de todos os membros da família e também ao reconhecimento de sua dignidade e diversidade inerentes. Num sentido simbólico é a herança da humanidade"; e em seu art. 2º "todos têm direito ao respeito por sua dignidade e seus direitos humanos, independentemente de suas características genéticas. Essa dignidade faz com que seja imperativo não reduzir os indivíduos as suas características genéticas e respeitar a sua singularidade e diversidade". Outros pontos importantes da referida Declaração elencados em seu art. 5º, b e c "Em todos os casos é obrigatório o consentimento prévio, livre e informado da pessoa envolvida. Será respeitado o direito de cada indivíduo de decidir se será ou não informado dos resultados de seus exames genéticos e das consequências resultantes."

Em seu artigo 6º encontra-se a seguinte regulamentação: "Ninguém será sujeito a discriminação baseada em características genéticas que vise infringir ou exerça o efeito de infringir os direitos humanos, as liberdades fundamentais ou a dignidade humana."; e em seu art. 7º "Quaisquer dados genéticos associados a uma pessoa identificável e armazenados ou processados para fins de pesquisa ou qualquer outra finalidade devem ser mantidos em sigilo, nas condições previstas em lei". Interessante também, observar o que dispõe o art. 11 da referida Declaração: "Não são permitidas práticas contrárias à dignidade humana, tais como a clonagem reprodutiva de seres humanos. Os Estados e as organizações internacionais competentes são convidados a cooperar na identificação de tais práticas e a determinar, nos níveis nacional ou internacional, as medidas apropriadas a serem tomadas para assegurar o respeito pelos princípios expostos nesta Declaração.

Observa-se aqui, que a vida é protegida desde o momento da sua concepção e o Comitê Internacional de Bioética da Unesco contribui para a difusão dos princípios consagrados na mencionada Declaração. Em decorrência disso, a Conferência Geral da UNESCO em sua 30º sessão em 1999 adotou as "Diretrizes para a Implementação da Declaração Universal sobre o Genoma Humano e os Direitos Humanos" elaboradas pelo Comitê Internacional de Bioética e aprovadas pelo Comitê Intergovernamental de Bioética.

Essas Diretrizes servirão para reforçar o compromisso moral assumido pelos Estados-Membros ao adotarem a Declaração, para dar consistência aos valores que defende e para estimular o maior número possível de indivíduos a refletir sobre preocupações de natureza ética, ampliadas a cada dia por novas questões, para as quais não há respostas definidas e cujos desdobramentos podem, hoje, afetar o destino que a humanidade está construindo para si.

c) Declaração de Bilbao, elaborada em maio de 1993, fruto de uma preocupação comum de cientistas, juristas e filósofos de numerosos países se reuniram em Bilbao, Universidade de Deusto para analisar o Projeto Genoma Humano, numa perspectiva pluridisciplinar. Desta reunião internacional, surgiu da Declaração de Bilbao, que, dentre outras coisas prega o Princípio da Livre Difusão de Informação Científica. Esta Declaração refere que a investigação científica será essencialmente livre, porém deve ser observado o autocontrole do investigador.

d) Convenção das Nações Unidas Sobre a Diversidade Biológica, apresentada em 5 de junho de 1992 e *enfatizando,* nesse caso, que o reconhecimento da diversidade genética da humanidade não deve levar à qualquer interpretação de natureza política ou social que possa colocar em dúvida "a dignidade inerente e (...) os direitos iguais e inalienáveis de todos os membros da família humana", conforme estabelecido no Preâmbulo da Declaração Universal dos Direitos Humanos. Estabelece parâmetros éticos em face das experiências biotecnológicas. Reconhece que a pesquisa sobre o genoma humano e as aplicações dele resultantes abrem amplas perspectivas para o progresso na melhoria da saúde de indivíduos e da humanidade como um todo, mas *enfatiza* que tal pesquisa deve respeitar inteiramente a dignidade, a liberdade e os direitos humanos bem como a proibição de todas as formas de discriminação baseadas em características genéticas.

e) Declaração Internacional sobre os Dados Genéticos Humanos, apresentada em 2004 no âmbito das nações Unidas, *reconhecendo* que os dados genéticos humanos têm uma especificidade resultante do seu caráter sensível e podem indicar predisposições genéticas dos indivíduos e que essa capacidade indicativa pode ser mais ampla do que sugerem as avaliações feitas no momento em que os dados são recolhidos; que esses dados podem ter um impacto significativo sobre a família, incluindo a descendência, ao longo de várias gerações, e em certos casos sobre todo o grupo envolvido; que podem conter informações cuja importância não é necessariamente conhecida no momento em que são colhidas as amostras biológicas e que podem assumir importância cultural para pessoas ou grupos, *Sublinhando* que todos os dados médicos, incluindo os dados genéticos e os dados proteómicos, independentemente do seu conteúdo aparente, devem ser tratados com o mesmo grau de confidencialidade, *Observando* a importância crescente dos dados genéticos humanos nos domínios econômico e comercial, *Tendo em mente* as necessidades especiais e a vulnerabilidade dos países em desenvolvimento e a necessidade de reforçar a cooperação internacional no domínio da genética humana, *Considerando* que a recolha, o tratamento, a utilização e a conservação dos dados genéticos humanos se revestem de uma importância capital para os progressos das ciências da vida e da medicina, para as suas aplicações e para a utilização desses dados para fins não médicos, *Considerando igualmente* que o crescente volume de dados pessoais recolhidos torna cada vez mais difícil garantir a sua verdadeira dissociação irreversível da pessoa a que dizem respeito, *Sabendo* que a recolha, o tratamento, a utilização e a conservação dos dados genéticos humanos podem acarretar riscos para o exercício e a observância dos direitos humanos e das liberdades fundamentais e para o da dignidade humana, *Observando* que o interesse e o bem-estar do indivíduo devem ter prioridade sobre os direitos e os interesses da sociedade e da investigação, *Reafirmando* os princípios consagrados pela Declaração Universal sobre o Genoma Humano e os Direitos Humanos e bem assim os princípios de igualdade, justiça, solidariedade e responsabilidade, de respeito da igualdade humana, dos direitos humanos e das liberdades fundamentais, em particular da liberdade de pensamento e de expressão, incluindo a liberdade de investigação, assim como a proteção da vida privada e da segurança da pessoa, em que devem basear-se a recolha, o tratamento, a utilização e a conservação dos dados genéticos humanos.

f) A Declaração sobre a Utilização do Progresso Científico e Tecnológico no Interesse da Paz e em Benefício da Humanidade, proclamada pela ONU em 10.12.1975, contém em seu artigo 6º que "todos os estados adotarão medidas tendentes a estender a todos os extratos da população os benefícios da ciência e da tecnologia, e a protegê-los nos aspectos sociais e materiais, das possíveis consequências negativas do uso indevido do progresso científico, notadamente no que tange a infração dos direitos individuais e sociais, relativamente ao respeito à vida privada e à proteção da pessoa humana e de sua integridade física e intelectual".

Considerando que o progresso científico e tecnológico converteu-se em um dos fatores mais importantes do desenvolvimento da sociedade humana, ao mesmo tempo que cria possibilidades cada vez maiores de melhorar as condições de vida dos povos e das nações, pode em certos casos dar lugar a problemas sociais, assim como ameaçar os direitos humanos e as liberdades fundamentais do indivíduo; observando com apreensão de que os avanços científicos e tecnológicos podem ser utilizados para intensificar a corrida armamentista, sufocar os movimentos de libertação nacional e privar as pessoas e os povos de seus direitos humanos e as liberdades fundamentais, que os avanços e tecnológicos podem conter perigos para os direitos civis e políticos da pessoa ou do grupo e para a dignidade humana.

Proclama solenemente que: Todos os estados promoverão a cooperação internacional com o objetivo de garantir que os resultados do progresso científico e tecnológico sejam usados para o fortalecimento da paz e a segurança internacionais a liberdade e a independência, assim como para atingir o desenvolvimento econômico e social dos povos e tornar efetivos os direitos e liberdades humanas de acordo com a Carta das Nações Unidas; Todos os Estados tomarão medidas apropriadas a fim de impedir que os progressos científicos e tecnológicos sejam utilizados, particularmente por órgãos estatais, para limitar ou dificultar o gozo dos direitos humanos e das liberdades fundamentais da pessoa consagrados na Declaração Universal de direitos Humanos, nos Pactos Internacionais de direitos Humanos e em outros instrumentos internacionais pertinentes; Todos os estados adotarão medidas com o objetivo de garantir que os progressos da ciência e da tecnologia sirvam para satisfazer as necessidades materiais e espirituais de todos os setores da população; Todos os Estados devem se abster de todo ato que utilize os avanços científicos e tecnológicos para violar a soberania e a integridade territorial de outros Estados, intervir em seus assuntos internos, fazer guerras de agressão, sufocar movimentos de libertação nacional ou seguir políticas que constituam uma patente violação da Carta das Nações Unidas e dos princípios do direito internacional; Todos os estados cooperarão para o estabelecimento, o fortalecimento e o desenvolvimento da capacidade científica e tecnológica dos países em desenvolvimento com o objetivo de acelerar a realização dos direitos sociais e econômicos dos povos desses países; Todos os Estados adotarão medidas próprias para estender a todas as camadas da população os benefícios da ciência e da tecnologia e a protegê-los, tanto na área social como material, das possíveis consequências negativas do uso indevido do progresso científico e tecnológico, inclusive sua utilização indevida para infringir os direitos do indivíduo ou do grupo, em particular em relação com respeito à vida privada e à proteção da pessoa humana e sua integridade física e intelectual; Todos os Estados adotarão as medidas necessárias, inclusive de ordem legislativa, a fim de seja assegurada que a utilização dos avanços da ciência e da tecnologia contribuam para a mais plena realização possível dos direitos humanos e das liberdades fundamentais sem discriminação alguma por motivos de raça, sexo, idioma ou crenças religiosas; Todos os Estados adotarão medidas eficientes, inclusive de ordem legislativa, para impedir e evitar que os avanços científicos sejam utilizados em detrimento dos direitos humanos e das liberdades fundamentais da pessoa humana; Todos os Estados adotarão medidas, caso sejam necessárias, a fim de assegurar o cumprimento das leis que garantam os direitos e as liberdades humanas em condições de progresso científico e tecnológico.

g) Declaração Universal sobre Bioética e Direitos Humanos, instrumento normativo adotado pela UNESCO que trata das questões éticas suscitadas pela medicina, ciências da vida e tecnologias associadas na sua aplicação aos seres humanos. Em 19.10.2005, foi adotada por unanimidade dos 191 Estados-membros da Organização em sua 33º Conferência Geral.

As nações desenvolvidas, defendiam um documento que restringisse a bioética aos tópicos biomédico e biotecnológicos. O Brasil teve papel decisivo na ampliação do texto para os campos sanitário, social e ambiental. Com o apoio inestimável de todas as demais delegações latino-americanas presentes, secundadas pelos países africanos e pela Índia, o teor final da Declaração pode ser considerado como uma grande vitória das nações em desenvolvimento.

Pelo conteúdo da Declaração se pode perceber com clareza o acerto da bioética brasileira, por meio das ações desenvolvidas nos últimos anos pela SBB, quando a entidade decidiu aproximar decisivamente suas ações ao campo da saúde pública e à agenda social. A definição do tema oficial do Sexto Congresso Mundial de Bioética, realizado em Brasília, em 2002, já prenunciava uma significativa ampliação conceitual para a disciplina: *Bioética, Poder e Injustiça*.

O teor da Declaração muda profundamente agenda da bioética do Século XXI, democratizando-a e tornando-a mais aplicada e comprometida com as populações vulneráveis, as mais necessitadas. O Brasil e a América Latina mostraram ao mundo uma participação acadêmica, atualizada e ao mesmo tempo militante nos temas da bioética, com resultados práticos e concretos, como é o caso da presente Declaração, mais um instrumento à disposição da democracia no sentido do aperfeiçoamento da cidadania e dos direitos humanos universais.

Apresenta a referida Declaração as seguintes características: trata das questões éticas relacionadas à medicina, às ciências da vida e às tecnologias associadas quando aplicadas aos seres humanos, levando em conta suas dimensões sociais, legais e ambientais; é dirigida aos Estados. Quando apropriado e pertinente, ela também oferece orientação para decisões ou práticas de indivíduos, grupos, comunidades, instituições e empresas públicas e privadas. Os objetivos desta Declaração são: prover uma estrutura universal de princípios e procedimentos para orientar os Estados na formulação de sua legislação, políticas ou outros instrumentos no campo da bioética; orientar as ações de indivíduos, grupos, comunidades, instituições e empresas públicas e privadas; promover o respeito pela dignidade humana e proteger os direitos humanos, assegurando o respeito pela vida dos seres humanos e pelas liberdades fundamentais, de forma consistente com a legislação internacional de direitos humanos; reconhecer a importância da liberdade da pesquisa científica e os benefícios resultantes dos desenvolvimentos científicos e tecnológicos, evidenciando, ao mesmo tempo, a necessidade de que tais pesquisas e desenvolvimentos ocorram conforme os princípios éticos dispostos nesta Declaração e respeitem a dignidade humana, os direitos humanos e as liberdades fundamentais; promover o diálogo multidisciplinar e pluralístico sobre questões bioéticas; promover o acesso equitativo aos desenvolvimentos médicos, científicos e tecnológicos, assim como a maior difusão possível e o rápido compartilhamento de conhecimento relativo a tais desenvolvimentos e a participação nos benefícios, com particular atenção às necessidades de países em desenvolvimento; salvaguardar e promover os interesses das gerações presentes e futuras; e ressaltar a importância da biodiversidade e sua conservação como uma preocupação comum da humanidade.

A Declaração baseia-se no princípio da dignidade humana e dos direitos humanos, preconizando o benefício dos pacientes, a autonomia individual, o respeito à vulnerabilidade e integridade do ser humano, a aplicação dos princípios de igualdade, justiça e equidade, da não discriminação, a responsabilidade social frente à diversidade biológica, o respeito ao multiculturalismo, à solidariedade e cooperação, proteção da saúde, da alimentação, a proteção do meio ambiente, da biosfera e consequentemente da biodiversidade.

h) Outros Documentos Internacionais relativos ao biodireito e biossegurança.

Declaração das Nações Unidas sobre os Direitos dos Portadores de Retardamento Mental de 20 de dezembro de 1971; Declaração das Nações Unidas sobre os Direitos dos Portadores de Deficiências de 9 de dezembro de 1975;Convenção das Nações Unidas sobre a Eliminação de Todas as Formas de Discriminação contra a Mulher de 18 de dezembro de 1979;Convenção sobre a Proibição do Desenvolvimento, Produção e Estocagem de Armas Bacteriológicas (Biológicas) e Toxínicas e sua Destruição de 16 de dezembro de 1972. Tomando em consideração e sem prejuízo de seu conteúdo, os instrumentos internacionais que possam ter influência na aplicação da genética, no domínio da propriedade intelectual, a Convenção de Berna para a Proteção de Obras Literárias e Artísticas de 9 de setembro de 1886 e a Convenção Internacional da UNESCO sobre Copyright de 6 de setembro de 1952, em sua última revisão efetuada em Paris em 24 de julho de 1971, a Convenção de Paris para a Proteção da Propriedade Industrial de 20 de março de 1883, em sua última revisão efetuada em Estocolmo em 14 de julho de 1967, o Tratado da OMPI de Budapeste sobre o Reconhecimento Internacional de Depósito de Microorganismos para Efeitos de Patenteamento de 28 de abril de 1977 e o Acordo sobre Aspectos Relacionados ao Comércio de Direitos de Propriedade Intelectual (TRIPs) anexo ao Acordo que estabelece a Organização Mundial de Comércio, que entrou em vigor em 1ºde janeiro de 1995.

5.2. O biodireito em âmbito nacional

A questão dos limites da ciência, no Brasil dá-se nos seguintes termos: a interpretação do texto constitucional deixa claro as limitações impostas à atividade científica. O artigo 5º, IX, da CF dispõe sobre a liberdade científica: "é livre a expressão da atividade intelectual, artística, científica, e de comunicação, independente de leitura ou licença". Assim, numa interpretação literal, levando-se em conta, apenas o dispositivo apontado, poderia levar a erro o intérprete no sentido de não existir alguma limitação à pesquisa científica. Diante do caráter sistêmico adotado pela Constituição, sabe-se que a citada norma não pode ser interpretada isoladamente e sim, considerando-se a globalidade do texto constitucional. Desta sorte, vemos que as limitações à atividade científica se encontram dentro do próprio texto constitucional: as restrições se encontram nos artigos 1º, III, referente à dignidade da pessoa humana; 3º, IV, que veda qualquer tipo de discriminação; 5º, *caput* e inciso X, que consagra o direito à vida e da inviolabilidade da intimidade, vida privada, honra e imagem e 225, *caput*, e parágrafo 1º, inciso II, assegurando a todos um meio ambiente ecologicamente equilibrado, essencial à sadia qualidade de vida, devendo o Poder Público preservar a diversidade e integridade do patrimônio genético do País e fiscalizar as entidades dedicadas a pesquisa e manipulação de material genético, todos da Constituição de 1988. Nesse sentido não se pode cogitar uma pesquisa científica sem limites, que não encontre respaldo e não esteja em consonância com a letra da

Constituição Federal. Assim sendo, é primaz que se realize uma reflexão sistêmica sobre os valores envolvidos na pesquisa científica: quais seriam então os valores morais básicos para guiar as opções pessoais e as políticas públicas? Que problemas nasceriam do poder crescente de intervenção na natureza, aparentemente de modo ilimitado? Essas questões impõem a necessidade de um apurado pensamento ético, crítico e sistemático.[195]

Podemos assim concluir que os limites da ciência se encontram submetidos à dignidade da pessoa humana e dos animais, à proteção da vida, à ética da responsabilidade. Analisando a ética da responsabilidade, leciona Maria Garcia: "razão, consciência, moral, responsabilidade são apanágios do ser humano. A ética tem encontrado em nosso tempo uma preocupação constante, uma busca de saída para o problema fundamental da complexa sociedade contemporânea que é a convivência humana, permitindo a harmonização entre o Eu e o Nós, Ciência e Consciência, Conhecimento e Moral". A busca do "ponto de equilíbrio" entre o direito ao conhecimento científico é de inegável importância para o futuro das gerações, e é a função reservada à Bioética".[196]

195 Gramstrup, Erik Frederico – responsabilidade civil na engenharia genética, São Paulo: Editora Federal, 2006, p. 202.

196 "Do ponto de vista do direito, sobrepondo-se a tudo e em primeiro lugar: o princípio da dignidade da pessoa humana (Constituição, art. 1º, III), como diretiva dos limites da ciência. (Do ponto de vista da ética, sobrepondo-se como limite da ação humana, a ética da responsabilidade perante um Tribunal Internacional de Ética em que as práticas contrárias à dignidade da pessoa humana fundamentem a condenação ética do cientista e de entidades e sua responsabilidade pelos efeitos de seus atos. Para tanto, a Constituição deverá conter uma cláusula aberta de vinculação ao Tribunal Internacional, para aquelas finalidades. Aqui, certamente, a nova visualização da soberania no consenso das nações)." Interessante observar que, a vinculação da Constituição a um "Tribunal Internacional", como propunha Maria Garcia em 2003, já está se concretizando com a subordinação do Brasil ao Tribunal Penal Internacional (Estatuto de Roma de 1998), convenção ratificada pelo Brasil em 2002, que, com o advento da Emenda Constitucional nº 45 de 08 de dezembro de 2004 traz a seguinte redação: "O Brasil se submete à jurisdição do Tribunal Penal Internacional a cuja criação tenha manifestado adesão." O que se espera é que esta tendência da constitucionalização do direito internacional possa, aos poucos, chegar na criação de um tribunal de ética para apreciar essas novas situações que estão surgindo, envolvendo direito e ciência, ética e responsabilidade, biodireito e bioética, para assegurar um bem maior, a ser tutelado não só pelo Estado, mas pelo Direito Internacional dos

Leciona Raul Marino Jr que "no centro de toda ética está o conceito de responsabilidade, refletindo-se profundamente antes da tomada de qualquer decisão, analisando as balizas éticas especificas de cada caso", e assim, "o desenfreado desenvolvimento tecnológico, a autodeterminação cada vez maior dos sujeitos morais e a globalização, tornam a ética da responsabilidade mais importante que em qualquer outra época, requerendo cada vez mais prudência, previsão, vigilância e solidariedade, tornando assim, a vida humana possível".[197] A lei de biossegurança representa o mais importante Diploma legislativo sobre o tema. O sistema regulatório da biossegurança dá-se no âmbito das Declarações e Convenções Internacionais. A revogada Lei de Biossegurança, Lei n. 8.974/1995, regulamentou o art.225, § 1º, II a V da Constituição Federal, estabelecia normas para uso das técnicas de engenharia genética e liberação no meio ambiente de Organismos Geneticamente Modificados. Autorizou ainda a criação da Comissão Técnica de Biossegurança-CTNBio. A Lei n. 11.105 de 24 de março de 2005, denominada Lei de Biossegurança, regulamenta os incisos II, IV e V do § 1º do art. 225 da Constituição Federal, estabelece normas de segurança e mecanismos de fiscalização de atividades que envolvem os OGMs e seus derivados; cria o Conselho Nacional de Biossegurança – CNBS, reestrutura a Comissão Técnica Nacional de Biossegurança, a CTNBio, dispõe sobre a Política Nacional de Biossegurança; revoga a lei anterior e a Medida Provisória n. 2191/2001 e os artigos,5º, 7º, 8º, 9º, 10 e 16 da Lei n. 10.814/2003 e dá outras providências. Autoriza o uso da biotecnologia no Brasil e estabelece normas de segurança e fiscalização de atividades envolvendo os OGMs e derivados, introduz o princípio da precaução nas atividades e procura harmonizar-se coma lei ambiental.

A Comissão Técnica de Biossegurança – CTNBio – reestruturada, é um órgão vinculado ao Ministério da Ciência e Tecnologia responsável pelo estabelecimento de normas técnicas e análise de risco, e tem competência para autorizar as atividades relativas à pesquisa e uso comercial de OGM e derivados. O Conselho Nacional de Biossegurança é um órgão de asses-

Direitos Humanos e da Bioética: a dignidade, a vida, o valor, a essência da pessoa humana. GARCIA, Maria – Limites da ciência, op.cit. p. 176 e ss, 243 e ss.

[197] MARINO Jr., Raul – Em busca de uma bioética global, p. 86.

soria do Presidente da República para a formulação e implementação da Política Nacional de Biossegurança nos termos do Decreto 4.339/2002. Analisa a pedido da CTNBio as questões atinentes à viabilidade econômica dos pedidos de liberação comercial de OGMs e derivados; é ainda o órgão final de análise de recursos interpostos pelos órgãos de fiscalização em face das decisões da CTNBio nos casos de liberação comercial de OGMs, de autorização de importação de OGMs e seus derivados para uso comercial. A referida lei prevê a formação de uma Comissão interna de Biossegurança – a CIBio, e da criação do Sistema de Informações em Biossegurança –SIB, no âmbito do Min da Ciência e Tecnologia; e impõe sansões aos infratores dos dispositivos legais nos âmbitos civil, penal e administrativo. O texto legal provocou várias polêmicas na comunidade científica e na sociedade de um modo geral, pois se trata de um instrumento jurídico que fatalmente atingiria os preceitos de moral e de ética já enraizados na sociedade, uma vez que regulamenta duas polêmicas de uma só vez: a produção e comercialização de Organismos Geneticamente Modificados e a pesquisa com células-tronco. Os alimentos transgênicos são aqueles produtos acrescidos de um novo gene ou fragmento de DNA para que desenvolva uma característica em particular, como mudanças do valor nutricional ou resistência a pragas.

A polêmica em torno do plantio e da comercialização dos transgênicos passa pelos campos econômico, social e ambiental. Os defensores dos OGM argumentam que a biotecnologia aumentaria a produção de alimentos, o que levaria a diminuição da fome no mundo. Os críticos argumentam que seus efeitos na saúde humana e no meio ambiente ainda são desconhecidos, tais como toxicidade, efeitos nocivos ao meio ambiente e efetividade em sanar a fome mundial e regional. Quanto à utilização das células-tronco, a polêmica se dá em torno da determinação do status jurídico do embrião, e sua utilização em pesquisas científicas, permitida em face de seu art. 5º da Lei de Biossegurança. O STF resolveu a questão, em julgamento histórico entendendo que as pesquisas com células-tronco embrionárias não violam o direito à vida, nem a dignidade da pessoa humana. Esses argumentos foram utilizados pelo ex-procurador-geral da República Claudio Fonteles em Ação Direta de Inconstitucionalidade (ADIN 3510) ajuizada com o propósito de impedir essa linha de estudo científico. Para seis dos 11 ministros, o artigo 5º da Lei de Biossegurança não merece reparo. Votaram nesse sentido os ministros Carlos Ayres Britto, relator da matéria, Ellen Gracie, Cármen Lúcia Antunes Rocha, Joaquim Barbosa, Marco Aurélio e Celso de Mello.

Os ministros Cezar Peluso e Gilmar Mendes também disseram que a lei é constitucional, mas pretendiam que o Tribunal declarasse, em sua decisão, a necessidade de que as pesquisas fossem rigorosamente fiscalizadas do ponto de vista ético por um órgão central, no caso, a Comissão Nacional de Ética em Pesquisa (Conep). Essa questão foi alvo de um caloroso debate ao final do julgamento e não foi acolhida pela Corte. Outros três ministros disseram que as pesquisas podem ser feitas, mas somente se os embriões ainda viáveis não forem destruídos para a retirada das células-tronco. Esse foi o entendimento dos ministros Carlos Alberto Menezes Direito, Ricardo Lewandowski e Eros Grau. Esses três ministros fizeram ainda, em seus votos, várias outras ressalvas para a liberação das pesquisas com células-tronco embrionárias no país.[198]

[198] Fonte: http://www.stf.jus.br/portal/cms/vernoticiadetalhe.asp?idconteudo=89917. Acesso em 20.03.12.

6.
Questões ético-jurídicas atuais

A gama de temas abrangidos pela bioética e pelo biodireito é enorme. A velocidade das transformações ocorrentes na atualidade e a consequente mudança de paradigmas da pós-modernidade fomentam um infindável montante de discussões, sobre os diversos temas que permeiam a vida humana, alguns dos quais abordaremos a seguir.

6.1. Biodireito e o direito à vida

A vida é o bem supremo da existência, seu valor mais precioso. Prevalece sobre todos os demais direitos existentes. De sua proteção emanam todos os direitos e deveres dos homens, seja oriundo das leis, dos códigos morais, dos costumes ou da ética. Definir a vida, entretanto, não é tarefa fácil, nem pacífica, nem moderna. Tem ocupado a mente dos cientistas e pensadores desde que o mundo é mundo. Como fazemos para definir a vida e estabelecer liames para sua proteção partindo de um ponto de vista bioético ? Estamos diante do tema mais espinhoso da bioética: definir o que é vida e quando ela começa para, então, poder tutelá-la.

Assim sendo, temos que algumas teorias sobre o início da vida: "Segundo a visão da genética, a vida humana começa na fertilização, quando espermatozoide e óvulo se encontram e combinam seus genes para formar um indivíduo com um conjunto genético único. Esta é também a opinião oficial da Igreja Católica; na visão da embriologia a vida começa na 3ª semana de gravidez, quando é estabelecida a individualidade humana. Isso porque até 12 dias após a fecundação o embrião ainda é capaz de se dividir e dar origem a duas ou mais pessoas. É essa ideia que justifica o uso da pílula do dia seguinte e contraceptivos administrados nas duas primeiras semanas de gravidez; sob a visão neurológica, o mesmo princípio da morte vale para a vida. Ou seja, se a vida termina quando cessa a atividade elétrica no cérebro, ela começa quando o feto apresenta atividade cerebral igual à de uma pessoa. (O problema é que essa data não é consensual. Alguns cientistas dizem haver esses sinais cerebrais já na 8ª semana de gestação. Outros, na 20ª semana, apenas); sob a visão ecológica, a capacidade de sobreviver fora do útero é que faz do feto um ser independente e determina o início da vida. Médicos consideram que um bebê prematuro só se mantém vivo se tiver pulmões prontos, o que acontece entre a 20ª e a 24ª semana de gravidez. Foi o critério adotado pela Suprema Corte dos EUA na decisão que autorizou o direito do aborto; finalmente, sob o enfoque metabólico, afirma-se que a discussão sobre o começo da vida humana é irrelevante, uma vez que não existe um momento único no qual a vida tem início. Para essa corrente, espermatozoides e óvulos são tão vivos quanto qualquer pessoa. Além disso, o desenvolvimento de uma criança é um processo contínuo e não deve necessariamente obedecer a um marco inaugural".[199]

Sob a ótica da religião a determinação do momento inicial da vida também conhece diferenças: para o catolicismo, a vida começa na concepção, quando o óvulo é fertilizado formando um ser humano em potencial. Por mais de uma vez, o papa Bento XVI reafirmou a posição da Igreja contra o aborto e a manipulação de embriões. Segundo o papa, o ato de "negar o dom da vida, de suprimir ou manipular a vida que nasce é contrário ao amor humano"; para o judaísmo a vida começa apenas no 40º dia, quando acreditamos que o feto começa a adquirir forma humana", tanto que antes disso,a interrupção da gravidez não é considerada homicídio. Dessa forma, o judaísmo permite a pesquisa com células-tronco e o aborto quando a gravidez envolve risco de vida para a mãe ou resulta de estupro; para o islamismo o início da vida acontece quando a alma é soprada por Alá no feto, cerca de 120 dias após a fecundação.

Mas há estudiosos que acreditam que a vida tem início na concepção. Os muçulmanos condenam o aborto, mas muitos aceitam a prática principalmente quando há risco para a vida da mãe, tendem a apoiar o estudo

[199] Barhifontaine, Christian de Paul de – Bioética e início da vida. In.Dignidade da vida. In. Migliore, Alfredo; Scalquette, Ana Claudia; Lima, Cintia Rosa Pereira de; Bergstein, Gilberto (Coord) – Dignidade da vida humana, São Paulo: LTR, 2010, p. 14.

com células-tronco embrionárias; para o budismo, a vida é um processo contínuo e ininterrupto. Não começa na união de óvulo e espermatozoide, mas está presente em tudo o que existe – nossos pais e avós, as plantas, os animais e até a água. No budismo, os seres humanos são apenas uma forma de vida que depende de várias outras. Entre as correntes budistas, não há consenso sobre aborto e pesquisas com embriões humanos; para o hinduísmo, a alma e matéria se encontram na fecundação e é aí que começa a vida. E como o embrião possui uma alma, deve ser tratado como humano. Em geral se opõem à interrupção da gravidez, menos em casos que colocam em risco a vida da mãe; sob a ótica do espiritismo, a vida é um efeito produzido pela ação de um agente sobre a matéria, a união da alma e do corpo se dá na concepção, mas só se completa no instante do nascimento, assim, o aborto é considerado transgressão da lei de Deus, interrompendo um existência espiritual de se iniciar (impede a alma de suportar as provas das quais o corpo devia ser o instrumento)[200]

Por ser essencial ao ser humano, o direito à vida embasa os demais direitos da personalidade. A Constituição Federal assegura em seu artigo 5º a inviolabilidade do direito à vida, no contexto da integridade psicobiofísica do ser humano. A vida passa a ser então, um bem jurídico tutelado como direito fundamental, desde a concepção, que comprova cientificamente a formação da pessoa. Concebe Antonio Chaves que "a vida é um direito personalíssimo, e o respeito a ela e aos demais direitos correlatos decorre de um direito absoluto *erga omnes*, por sua própria natureza, ao qual a ninguém é lícito desobedecer".[201]

Passa então a vida humana a ser reconhecida pela ordem jurídica como um direito primário, personalíssimo, essencial, absoluto, irrenunciável, inviolável, imprescritível, indisponível e intangível. À vida integram-se os elementos materiais (físicos) e psíquicos (imateriais), abrangendo toda a gama de direitos da personalidade e de direitos humanos. Recebe proteção legal desde o momento da fecundação natural ou artificial do óvulo pelo espermatozóide, como dispõe o art. 2º do Código Civil, os arts.

[200] Barhifontaine, Christian de Paul de – Bioética e início da vida. In. Dignidade da vida humana, p. 14.

[201] Chaves, Antonio – Tratado de direito civil, São Paulo: Revista dos Tribunais, 1982, v. 1, t.1, p. 145; Diniz, Maria Helena – O Estado atual do biodireito, p. 21.

6º,III, *in fine*, 24,25,27,IVda Lei n. 11.105/2005 – Lei de Biossegurança – e arts. 124 a 128 do Código Penal.

O direito à vida, por ser personalíssimo, liga-se à pessoa até a sua morte. Refere-se ainda ao direito de nascer e ao direito de subsistência, mediante o trabalho (art. 7º da CF) ou prestação alimentar (art. 5º, LXVII e 229 da CF). Recebem ainda proteção legal o idoso (art. 230 da CF), o nascituro, a criança e o adolescente (art. 227 da CF e ECA), o portador de anomalias físicas ou psíquicas (arts. 203, IV, 227 § 1º, II da CF), o que esteja em coma ou que apresente redução de sua capacidade vital por meio de processos artificiais.[202]

Desta sorte, podemos concluir que recebe tutela legal a vida do embrião, do nascituro, do menor, do maior e capaz, do idoso, do incapaz, do doente terminal. Assim sendo, em face da inviolabilidade do direito à vida, previsto no art. 5º da CF, da proteção do direito à saúde, art. 194 e 196 da CF, não podem ser admitidos o aborto, a pena de morte, art. 5º LXVII, *a*, a discriminação dos deficientes ou portadores de necessidades especiais, arts. 3º, IV, 203, IV, 227 § 1º, II, a eugenia negativa, a tortura e o tratamento desumano ou degradante, art. 5º, III e a realização de experimentos científicos ou terapias que rebaixem a dignidade da pessoa humana".

Recebe a vida humana tutela civil nos artigos: art. 2º, que resguarda a proteção do nascituro "a personalidade civil da pessoa começa do nascimento com vida, mas a lei põe a salvo, desde a concepção, os direitos do nascituro"; arts. 542, referente à doação ao nascituro "a doação feita ao nascituro, valerá sendo aceita pelo seu representante legal"; art. 1.609 § único, referente ao reconhecimento dos filhos havidos fora do casamento "o reconhecimento pode preceder o nascimento do filho ou ser posterior ao seu falecimento, se ele deixar descendentes"; art. 1.779, referente à curatela do nascituro "dar-se-á curador ao nascituro, se o pai falecer estando grávida a mulher, e não tendo o poder familiar". Neste caso, tal como aduz Alexandre Alcoforado Assunção "deve o curador atender aos interesses do nascituro, tanto garantindo seu nascimento com vida e saúde, quanto zelando por seus bens. Dar-se-à também curador ao nas-

202 BITTAR, Carlos Alberto – Direitos da personalidade, p. 65.

cituro quando o pai for desconhecido e a mãe for interdita ou fora do poder familiar; ambos os pais forem interditos; ambos os pais forem fora do poder familiar (menores ou por decisão judicial na forma do art.1638). A curadoria do nascituro se extingue com o seu nascimento, e em permanecendo a mãe sem o poder familiar, o juiz nomeará ao menor um tutor"; art. 1.798, referente à ordem da vocação hereditária "legitimam-se a suceder as pessoas nascidas ou já concebidas no momento da abertura da sucessão"; art. 1.694, referente à prestação alimentar "podem os parentes, os cônjuges ou companheiros pedir uns aos outros os alimentos que necessitem para viver de modo compatível com a sua condição social, inclusive para atender às necessidades de sua educação".[203]

E também nas leis: Lei n. 5.478/1968, Lei de alimentos; a Lei n.8.971/1994 art. 1º § único,que regula o direito dos companheiros aos alimentos e à sucessão, à Lei n.9.278/1996, art.7º, que regula a união estável e a Lei n. 11.804/2008, que dispõe sobre os alimentos gravídicos. Recebe o direito à vida tutela penal uma vez que são punidos os homicídios, simples e qualificado (arts. 121 e 122,§ 2º), o infanticídio (art. 123), o aborto (art. 124 a 128) e o induzimento, instigação ou auxílio ao suicídio (art. 122); não sendo admitidos, portanto, qualquer ato contrário à vida de nascituro, recém-nascido, criança ou adulto, nem mesmo se acatam a eutanásia, a pena de morte, o suicídio ou o seu induzimento. A vida é, portanto, resguardada, salvo em hipóteses especiais previstas em lei: legítima defesa, estado de necessidade e de aborto legal (previsto no art. 128, I e II do CP).

Há também nos Documentos Internacionais a prevalência do primado do direito à vida, desde seu início, ou seja, desde a concepção. A Declaração Universal dos Direitos do Homem em seu art. III, declara "todas as pessoas têm direito à vida, à liberdade e à segurança pessoal"; a Convenção Interamericana sobre os Direitos Humanos (Pacto de São José da Costa Rica), em seu art. 4º "Toda a pessoa tem direito a que se respeite sua vida. Este direito está protegido pela lei e, em geral, a partir do momento da concepção; o Pacto Internacional sobre Direitos Civis e Políticos, trata em seu artigo 6º,1 "o direito à vida è inerente à pessoa

[203] Maluf, Adriana Caldas do Rego Feitas Dabus – Curso de bioética e Biodireito, p. 151.

humana. Esse direito deverá ser protegido pela lei. Ninguém poderá ser arbitrariamente privado de sua vida", refere ainda sobre os casos de pena de morte, genocídio, entre outros. Também podemos apontar: o Código de Nuremberg, de 1947, a Declaração Universal do Genoma Humano e dos Direitos Humanos, entre outros.[204]

6.1.1. Início da vida: desenvolvimento embrionário do ser humano

No âmbito da biologia e da embriologia a vida de um novo ser se inicia desde a própria ovulação, no momento da liberação do ovócito, estendendo-se até o momento da fixação do zigoto no útero, nidação, que torna a vida viável.[205] O desenvolvimento embrionário tem início com a fecundação. As características do novo indivíduo são determinadas pelos cromossomos herdados nesse momento do pai e da mãe. O **zigoto**, guiado pela sua informação genética única, inicia rapidamente a constante divisão, diferenciação e migração celular, que irão formar todos os tecidos do organismo de forma surpreendentemente precisa. Passará por sucessivas etapas de divisões celulares até formar o indivíduo propriamente dito.[206] Esse processo denomina-se embriogênese e suas etapas são: segmentação, gastrulação e organogênese.

A fecundação,processo através do qual o gâmeta masculino, o espermatozóide, e o gâmeta feminino, o ovócito, se unem formando um zigoto – ocorrena ampola da trompa uterina da mulher. Na fecundação determina-se o sexo do embrião. Quando o par final de cromossomas sexuais é XX, o indivíduo é geneticamente feminino; quando o par é XY, é masculino. Um ser humano adulto tem mais de trinta trilhões de células, desempenhando inúmeras funções diferentes no cérebro, pele, ossos, coração, etc., todas derivadas do zigoto que resultou da fecundação.

[204] Rangel, Vicente Marota – Direito e relações internacionais, São Paulo: Revista dos Tribunais, 8. ed, 2005, p. 436.

[205] A distância percorrida pelo espermatozoide até alcançar o óvulo – vagina, útero, trompa, é de 15 cm e leva aproximadamente 8 hs.

[206] Para a medicina o tempo que o óvulo fecundado gasta para atravessar a trompa é de 3 a 4 dias. No 6º dia fixa-se no útero. A reserva alimentar do embrião oriundas do vitelo, são mínimas, passando então a alimentar-se do material difusível no endométrio.

No exato entender do corpo humano as células foliculares sintetizam a enterina, uma proteína que vai proporcionar o aparecimento do corpo amarelo ou corpo lúteo que sintetiza diversos hormônios donde o principal é a progesterona que atua no útero sensibilizando-o, cujo sangue servirá para nutrir o feto. Assim que o ovócito sai do ovário, ele é captado pela porção franjada da tuba uterina onde é fecundado. O ovócito leva 24 horas para fecundar, assim que é fecundado vai terminar a segunda divisão meiótica, tornando-se óvulo. O espermatozoide dilata a sua cabeça no ovócito cujos cromossomos se dilatam formando respectivamente um pró-núcleo masculino e um pró-núcleo feminino, onde vai ocorrer efetivamente a segunda divisão meiótica.

Até este momento ainda não houve a mistura do material genético. A síntese do DNA é feita pelo pró-núcleo masculino e feminino, fundindo os dois materiais genéticos. Esta fase representa a primeira fase da formação do ovo ou zigoto. Representando a primeira fase de vida do novo ser humano. Nesta fase, denominada Segmentação, ocorrem diversas divisões celulares, a partir do estado de zigoto a divisão celular passa a ser mitose e o zigoto sofre um processo de clivagem, a primeira quebra da célula em duas, tornando-se um blastômero, possuindo nesta fase de 4 a 16 células, a etapa posterior formará um arranjo no posicionamento celular, onde as células organizadas distribuem-se entre a periferia, trofoblasto – células jovens que se comunicam, e o centro – embrioblasto, células jovens que vão formar o embrião. Esta fase de rearranjo celular é chamada mórula. Os trofoblastos originarão futuramente a placenta. Este processo celular leva 7 dias para ocorrer.

A mórula, uma vez formada, é invadida por um líquido que promove o deslocamento dos blastômeros para a periferia. Forma-se assim, a blástula ou bastocisto, estrutura que apresenta uma cavidade cheia de líquido, denominada blastocele, e uma camada celular constituída de micrômeros e macrômeros, denominada blastoderme.[207] Assim que a mórula chega ao útero este vai conter uma grande quantidade de liquido intersticial que nela vai penetrar separando as massas celulares: o embrioblasto do trofoblasto. Sendo a presença desse líquido a condição necessária para

[207] Na fase de segmentação, o volume celular continua o mesmo.

a nidação, formando o chamado embriocisto, que corresponde a etapa onde a massa celular está separada pelo líquido intersticial sendo este o momento da fixação do embrião no útero materno.

A nidação consiste na penetração do trofoblasto entre as células epiteliais do tecido uterino, destruindo os glicocalix das células através das enzimas líticas presentes no seu citoplasma a fim de que se mantenham unidas, fixando-se em seu lugar, entre as células dos tecidos epitelial e muscular.[208]

A partir dessa etapa de desenvolvimento embrionário novas divisões e reestruturações – estruturais e celulares – terão lugar, especificando-se cada vez mais as funções celulares formando uma a uma todas as estruturas que compõem o ser humano. Oriunda desse desenvolvimento, a placenta aparece como uma formação de tecidos que adere ao útero. ligando-se ao embrião através do órgão que irá ser o futuro cordão umbilical. Mantém a circulação do feto, tendo a função de realizar as trocas gasosas, absorver e excretar nutrintes necessários aos embrião, actuando como barreira contra infecções. O embrião encontra-se assim alojado dentro de uma bolsa cheia de liquido amniótico (bolsa de água) que o irá proteger de traumatismos e infecções.

No ínicio da gravidez, a placenta provoca o aumento da produção de um hormônio denominada GCH (gonadotrofina coriônica humana) que se torna responsável pelas naúseas na grávida. O embrião por sua vez vai se desenvolvendo inicialmente junto à placenta, começando a se soltar do útero, ficando seguro pela membrana de Euser que vai formar posteriormente o cordão umbilical.

O embrião depois do 12º dia de gestação não fica mais nidado, preso ao útero. A próxima etapa embrionária é a gastrulação, que compreende o processo de transformação da blástula em gástrula, estágio embrionário que se caracteriza pela formação dos folhetos germinativos ou embrioná-

[208] Com 2-6 dias de idade, o **blastócisto** implanta-se na parede do útero (processo que se denomina por nidação). Na segunda semana, depois da nidação, liberta hormonios para que a cavidade uterinaváse especializando com o objetivo de proteger, nutrir, e fornecer as hormonas necessárias ao crescimento do embrião, ou seja, o blastócito transformou-se num **embrião.** Vão começar a formar-se as estruturas percursoras das membranas fetais e da placenta – ao fim da segunda semana inicia-se uma circulação útero-placentária primitiva.

rios, representa um fenômeno embriológico que formará a mesoderme que, por sua vez, serve para sintetizar as proteínas específicas voltadas para a especialização celular. A mesoderme circunda a placa pré cordal e vai proporcionar a formação de células auto estimuláveis que tem a caraterística de realizar a contração e vão dar origem à área cardiogênica até finalmente originar o coração, sendo a notocorda a estrutura embrionária correspondente. A região média do disco germinativo dará origem à primeira manifestação da coluna vertebral.[209]

As células da blástula se rearranjam. Células migradas para a região interna (endoderma e mesoderma) serão, posteriormente, diferenciadas em músculos e órgãos internos; e as superficiais (ectoderma), em sistema nervoso e pele. A blastocele desaparece, dando origem a uma estrutura denominada arquêntero, que se modificará em tubo digestório. O arquêntero se comunica com o exterior por uma estrutura denominada blastóporo. Assim, na gastrulação, há a diferenciação de células, e também aumento de massa do zigoto. [210]

Podemos assim perceber, que nessa fase é definido o plano corporal do indivíduo, a partir da formação dos folhetos germinativos; ectoderma, endoderma e a mesoderma. Sintetiza Margarida Pereira que, "no embrião assiste-se à formação de três camadas que originam três tipos de tecidos": a endoderme (camada interior) que formará os pulmões, fígado, sistema digestivo e o pâncreas; a mesoderme (camada média) que se transfomará em esqueleto, músculos, rins, coração e vasos sanguíneos e a ectoderme (camada externa) que futuramente será pele, cabelo, olhos, esmalte dentário e sistema nervoso.[211]

A próxima fase do desenvolvimento embrionário é a organogênese, que é a fase em que ocorre a diferenciação dos folhetos germinativos em órgãos. Ela se inicia, nos cordados, com a neurulação, que consiste na

[209] GUYTON, Arthur C. – Fisiologia Básica, Interamericana, 1978, cap. 56; FALLIS, Bruce D.; ASHWORTH, Robert D. – Histologia Humana, São Paulo: Edart, 1976, p. 20, 21, 166 a 185; AMABIS, MARTO, MIZUGUSHI – Biologia, vol. 1, São Paulo: Moderna, 1979, cap. 8.

[210] Fonte: Fases do desenvolvimento embrionário. In. http: //www.mundoeducacao.com.br/biologia/fases-desenvolvimento-embrionario.htm.

[211] PEREIRA, Margarida – O desenvolvimento do feto durante a gestação – 1ª parte. In: http: //enfermped.wordpress.com.

formação do tubo neural a partir da ectoderme. Notocorda e celoma também são formados, sendo esse último delimitado pela mesoderme. Em vertebrados, a partir do ectoderma, forma-se a crista neural. Esta é responsável pela formação de alguns tipos celulares, como os pigmentares, e neurônios sensoriais do sistema nervoso periférico. Nesta fase, o principal acontecimento do desenvolvimento embriológico é a neurulação. Os eventos mais significativos da transformação da gástrula em nêurula são o surgimento do tubo neural, da notocorda, da mesoderme e do celoma. Para a formação do tubo neural, as células da ectoderme presentes na porção mediana da região dorsal, ao longo de todo o embrião, sofrem um achatamento, constituindo a placa neural. Posteriormente, a placa neural invagina-se, formando o sulco neural, que se aprofunda e funde suas extremidades constituindo o tubo neural, responsável pela formação do sistema nervoso do embrião.

Para a formação da notocorda e da mesoderme, ocorre uma segmentação da mesentoderme em três porções distintas, as duas porções laterais darão origem à mesoderme, enquanto a central originará a notocorda, que é responsável pela formação da coluna vertebral. As mesodermes de cada um dos lados apresentam em seu interior uma cavidade denominada celoma, que corresponde à cavidade geral do corpo dos animais.

Como anexos embrionários podemos apontar: a vesícula vitelínica, que corresponde a uma estrutura em forma de saco ligada à região ventral do embrião. Sua principal função é armazenar reservas nutritivas. Nos mamíferos placentários é reduzida, visto que a nutrição ocorre via placentária. Nesses, é responsável pela produção das hemácias; o âmnio, fina membrana que delimita uma bolsa repleta de líquido – o líquido amniótico que tem a responsabilidade de evitar o ressecamento do embrião e proteger contra choques mecânicos; o alantóide, que surge de uma evaginação da parte posterior do intestino do embrião, associa-se ao córion para formar a placenta e o cordão umbilical; o córion, película delgada que envolve os outros anexos embrionários. Formar as vilosidades coriônicas, que formará mucosa uterina, participando junto com o alantóide para a formação da placenta (que é uma estrutura de origem mista, exclusiva dos mamíferos. Permite a troca de substâncias entre o organismo materno e o fetal. Nos primeiros meses de gestação, a placenta trabalha produzindo hormônios, além de substâncias de defesa, nutrição, respiração e excreção. Na espécie humana é eliminada durante o parto e também o cordão umbilical, importante elemento de ligação entre o feto e a placenta materna. Apresenta duas artérias e uma única veia, estruturas que garantem a nutrição e respiração do embrião.[212]

Para Paulo Margotto, o período embrionário se inicia com a fertilização e termina na 8ª semana quando adquire características para ser reconhecido como ser humano. Aponta para o fato de o crescimento das células embrionárias ser extremamente veloz. No período embrionário essa velocidade de crescimento do feto atinge 300 vezes o seu tamanho inicial (que é de 0,1 mm), já no período fetal (que vai da 9º a 40º semana) o crescimento atinge 17 vezes o tamanho inicial.[213]

Durante a primeira semana de gestação – 1º ao 5º dia de implantação, mede o embrião 0,1mm, apresentando a forma unilaminar (embrioblasto). É oriundo do encontro dos gametas, mas ainda possui a conservação do material genético. A determinação do sexo genético vem realizada pelo pró-núcleo feminino e masculino. Na segunda semana – 6º ao 9º dia de gestação, ocorre efetivamente a nidação ou implantação do zigoto. Na terceira semana através de uma estrutura tubular que se especializa, forma-se o cérebro, a medula espinhal e posteriormente o coração. Na quarta semana, nitidamente pode-se perceber o traçado dos olhos, do nariz, assim como se conhecer o início da especificação do sistema auditivo. Alcança a medida de 4 a 5 mm de comprimento. Na 6º semana gestacional, o embrião já apresenta forma assemelhada à humana. A 9º semana inaugura o chamado período fetal que se estende até o nascimento. Ali o feto atinge os 4 cm de comprimento, sendo que o crescimento nesse período consiste na maturação das estruturas formadas no início do período embrionário.

A transformação do embrião em feto é gradual, como retrata Moore, sendo que o desenvolvimento durante o período fetal está basicamente relacionado com o rápido crescimento do corpo e com a diferenciação

212 Pereira, Margarida – O desenvolvimento do feto durante a gestação – 1ª parte. In: http: //enfermped.wordpress.com.

213 Margotto, Paulo – Crescimento e desenvolvimento fetal. In. http: //www.paulomargotto.com.br/documentos/crescimento_desenvolvimento_fetal.ppt.

dos tecidos, órgãos e sistemas.[214] Ao atingir a 12º semana, o feto já possui 6-7 cm de comprimento e pesa aproximadamente 13g, aparecem os centros de ossificação, há o diferenciamento dos dedos, do nariz, assim como ocorre o desenvolvimento dos cabelos rudimentares. A genitália começa a se definir. Iniciam-se os movimentos espontâneos. Apresenta um rosto definido, onde já se define os traços.

Na 14ª semana, já se pode determinar o sexo do bebê, e este, que ao atingir a 16º semana gestacional, pesa 110g aproximadamente e mede 10 cm, já tem quase todos os órgãos desenvolvidos. Apresenta pequenos movimentos. Pode ser claramente reconhecido como um ser humano. Na 20ª semana, apresenta medidas aproximadas de 22cm e 300 g, já apresenta uma pele menos transparente, uma lanugem sobreo corpo e seu cabelo começa a se formar. Na 24º semana, seu peso atinge 630 g, em média, sua pele está enrugada e seu desenvolvimento pulmonar está quase completo – entre os órgãos, tal como leciona Paulo Margotto, todos os demais já estão bem configurados. Tanto que se nascer prematuramente, tentará respirar (a maioria sem sucesso). Ao atingir a 28ª semana, apresenta 25 cm de comprimento e 1100g de peso. Se nascer pré-termo, terá 90% de chance de sobreviver.[215] A gestação a termo ocorre por volta da 37ª a 40ªsemana.

Podemos assim concluir que a etapa embrionária/gestacional, apresenta 3 fases diversas: a primeira, quevai da fecundação até a implantação do blastócito, quando ficam diferenciados os epitélios germinativos e esboçadas as primeiras membranas extraembrionárias (3 semanas); a segunda, que corresponde à fase embrionária propriamente dita (que vai da 4º a 8º semana de gestação), quando os processos de diferenciação e crescimento são muito rápidos e se constituem os principais sistemas de órgãos; e a terceira fase, que vai até o momento do nascimento, em geral na 40º semana gestacional, que é marcada por uma complementação parcial do crescimento fetal e profundas alterações na forma externa.

[214] Moore, Keith L; Persaud, TVN – Embriologia básica, 7.ed., Rio de Janeiro: Elsevier, 2008, p. 66.

[215] Margotto, Paulo – Crescimento e desenvolvimento fetal. In. http: // www. paulomargotto. com.br/ documentos/crescimento_desenvolvimento_fetal.ppt.

Em face do exposto, pensamos, não há como negar que efetivamente existe a vida, nem tão pouco sonegar a esse pequenino ser, que tanto luta e se transforma para nascer, o direito à proteção de sua integridade, de sua vida, de seus direitos personalíssimos. Não podemos aceitar a tese de que até o 14º dia após a fecundação, o embrião não tem vida autônoma, e por isso não possa ser considerado como pessoa/ser humano. As transformações que passa o novo ser são rápidas e calculadas pela própria natureza. Assim sendo, amparados pelos princípios da embriologia, podemos concluir que a vida tem início pela fecundação, e torna-se viável pela nidação, sendo este o starter vital do indivíduo, resguardando-se, entretanto, os direitos do embrião pre-implantatório.

A manutenção da vida em seus vários estágios obedece a leis muito particulares. Aduz Bussamara Neme, que "em nome da manutenção desta vida pode-se fazer, mediante indicação terapêutica rigorosa, a redução embrionária, principalmente em gestações plúrimas – trigemelares, que apresentam uma incidência abortiva muito grande, seguida do nascimento de fetos de baixo peso muito acentuado, podendo ocorrer óbito dos mesmos. Nesses casos, a redução embrionária é atividade terapêutica, não criminosa ou discriminatória".[216]

6.1.1.1. A bioética e o nascituro

Na definição corrente, nascituro é aquele ser que ainda vai nascer, porém já foi concebido (nascituro provém do latim *nascituru,* que significa aquele que há de nascer). Na prática, o nascituro é o feto em desenvolvimento no útero materno.À luz do artigo 2º do Código Civil atual a personalidade civil da pessoa natural começa com o nascimento com vida; mas a lei põe a salvo desde a concepção os direitos do nascituro. Desta sorte, pela análise dos dispositivos do Código Civil para que um ente seja pessoa e adquira personalidade jurídica, será suficiente que tenha vivido por um segundo.

Com o desenvolvimento das técnicas de reprodução assistida vem à tona os direitos do embrião pré-implantatório, também chamado de pré-nascituro. E nesse sentido, vemos que o nascituro, na vida uterina, e o

[216] Entrevista a mim concedida pelo Prof. Bussamara Neme em 13.3.06. Professor Emérito de Ginecologia e Obstetrícia da FMUSP e da Unicamp.

embrião, na vida extrauterina, possuem personalidade jurídica formal, no tocante aos direitos personalíssimos, visto apresentarem carga genética própria desde a sua concepção, seja ela *in vivo ou in vitro*, passando a ter personalidade jurídica material somente após o seu nascimento com vida.

As diversas técnicas de fertilização *in vitro* e do congelamento de embriões humanos, levantou a polêmica de qual seria o momento a se considerar juridicamente o nascituro, entendendo-se que a vida tem início com a concepção no ventre materno. Assim, na fecundação artificial *in vitro*, mesmo havendo a fusão do material genético dos pais, não poderá o embrião pré-implantatório ser equiparado ao nascituro, pois é necessária a nidação do zigoto para que o início da vida se efetue realmente.[217] A antiga lei de Biossegurança, Lei n. 8.974/1995, nos artigos 8º, II a IV e 13, vedava a manipulação genética de células germinais humanas, a intervenção de material genético humano *in vivo*, salvo para tratamento de defeitos genéticos; a produção, armazenamento ou manipulação de embriões humanos destinados a servir como material biológico disponível. Com sua revogação pela Lei n. 11.105/2005, passou a ser permitida para fins de pesquisa e terapia a utilização de células-tronco-embrionárias obtidas de embriões humanos produzidos por fertilização *in vitro*, desde que sejam inviáveis ou estejam congelados há 3 anos ou mais, havendo consentimento de seus genitores, art.5º, I,II e § 1º e aprovação do Comitê de ética em pesquisa, art.5º, § 2º. Proibida, está entretanto o emprego de técnica de engenharia genética em embrião humano, segundo dispõe o art. 6º,III, *in fine* da referida lei.

A Recomendação n. 1.046/1986 do Conselho da Europa orienta-se no sentido de proibir experiências oriundas da engenharia genética que visem produzir artificialmente seres híbridos em laboratório. Entendemos, que à luz dos preceitos da embriologia, que a vida tem início com a fecundação, seja ela extracorpórea, na proveta, seja pela fecundação natural do óvulo pelo espermatozoide. Porém, cremos que esta se inicia em verdade, com a implantação do zigoto no útero materno, através da nidação, que a viabilizará.

[217] Esse foi o entendimento exarado pelo STF quando do julgamento da ADIN 3510 – que pretendeu avaliar a constitucionalidade do art. 5º da lei de Biossegurança, em 2008.

Para Silmara Chinelatto as controvérsias acerca da natureza jurídica do nascituro – e sua personalidade – tem sido há longo tempo discutidas na doutrina e na jurisprudência. Em todos em tempos históricos, desde a Grécia Antiga (os gregos admitiam a capacidade jurídica do nascituro. Hipócrates em seu célebre juramento comprometeu-se a não dar "remédios" abortivos à mulher), passando pelo direito romano (o *infans conceptus* ainda não era um homem, nem tem existência própria, deve ser considerado somente como parte do corpo materno; não apresentava portanto, capacidade jurídica, mas sua vida era protegida pela lei, salvaguardando a gestante de penas capitais e/ou tortura – como um direito do pai), o direito intermédio (amplia-se a tutela do nascituro com a influência do cristianismo, que lhes permitia ser beneficiários de testamento ou doação), a modernidade ou mesmo na contemporaneidade, preocupam-se os juristas com o problema da personalidade do nascituro, o que gera inúmeras controvérsias doutrinárias ainda não pacificadas.[218] É válido ressaltar que no âmbito do direito civil, a personalidade acarreta inúmeras consequências práticas, pois esta empresta para seu titular, direitos e obrigações.

6.1.1.2. Proteção jurídica do nascituro

Amparada pelos preceitos da biologia e da embriologia, Silmara Chinelatto entende que a vida se origina com a fecundação do óvulo pelo espermatozoide, dando início à personalidade do novo ser "cujos direitos absolutos da sua personalidade, como o direito à vida, à integridade física, à saúde, independem do nascimento". Aduz, amparada na lição de Limongi França que, "a expressão já concebida no ventre materno" deveria estar subentendida a gravidez, não se considerando somente a concepção, pois, como vimos, a concepção ocorre 6 dias antes da nidação, ato fisiológico ao qual atribui-se o início da gestação, e consequentemente a viabilidade potencial do embrião.

Assim, o nascituro corresponde ao ser já implantado, mas, deve-se respeitar à luz das novas técnicas de reprodução assistida, e dos ditames

[218] Almeida, Silmara J. A. Chinelato e – Tutela civil do nascituro, São Paulo: Saraiva, 2000, p. 17, 22, 49.

bioéticos, a garantia da pessoa humana em sua natureza ontológica e biológica. "O nascituro é pessoa desde a concepção e nem todos os direitos e estados a ele atribuídos dependem do nascimento com vida".[219]

Para Maria Helena Diniz, adquire o nascituro apenas a titularidade de certos direitos da personalidade desde a concepção, notadamente no que tange ao direito à vida e a uma gestação saudável, porém os direitos patrimoniais estariam sujeitos ao nascimento com vida, ou seja, sob condição suspensiva, ou seja, a eficácia do negócio fica sujeita a seu implemento, iniciando-se assim seus efeitos.[220] Diversas são as teorias acerca do início da personalidade do nascituro, tanto no direito estrangeiro, quanto no direito pátrio. No Brasil, três são as correntes mais identificadas: a natalista, a da personalidade condicional e a concepcionista.

São adeptos da teoria concepcionista da personalidade do nascituro ao lado de Silmara Chinelatto, Maria Helena Diniz, Rubens Limongi França, Paulo Otero, Mario Emílio Bigote Chorão, Santos Cifuentes. Para Rubens Limongi França "a personalidade já existe desde a concepção, a condição do nascimento serve apenas para consolidar a sua capacidade jurídica".Da teoria natalista, acatada pelo Código Civil em seu artigo 2º são adeptos Vicente Ráo, Silvio Rodrigues, Paulo Carneiro Maia, para quem "o nascituro não encerra senão uma expectativa de direitos".[221]

Da teoria da personalidade condicional – segundo a qual desde a concepção no ventre materno começa a existência visível das pessoas, que podem adquirir direitos, desde antes do seu nascimento, como se já estivessem nascidas são adeptos Teixeira de Freitas, Antonio Chaves, Clovis Bevilaqua, Washington de Barros Monteiro, Serpa Lopes, corrente a qual nos filiamos. A situação decorente daí vem chamada por Planiol de "antecipação de personalidade".[222] Para Paulo Otero, "a personalidade jurídica, é o reconhecimento pelo direito de que determinada realidade

[219] Almeida, Silmara J. A. Chinelato e – Tutela civil do nascituro, p. 108 a 120.

[220] Diniz, Maria Helena – Curso de direito civil, 27.ed., São Paulo: Saraiva, v.1, 2010, p. 180; Maluf, Carlos Alberto Dabus – As condições no direito civil, São Paulo: Saraiva, 2. ed., 1991, p. 66.

[221] Maia, Paulo Carneiro – Nascituro. In. Enciclopédia Saraiva do Direito, São Paulo, v.54, p. 44 e 45.

[222] Almeida, Silmara J. A. Chinelato e – Tutela civil do nascituro, p. 144 e ss.

é susceptível de ser titular de direitos e estar adstrita a obrigações, traduzindo o cerne do tratamento do ser humano como pessoa e não como coisa no que diz respeito às pessoas físicas". O direito deve intervir na tutela do ser humano mesmo antes do seu nascimento, pois para ele "o próprio reconhecimento pelo Código Civil português da personalidade jurídica a todos os seres humanos após o nascimento, mais não representa do que uma manifestação dessa mesma tutela direta e imediata do ser humano pelo direito: no ser humano e na sua dignidade, enquanto realidade pré jurídica que alicerçam por si um conjunto de reivindicações ou exigências ao direito, reside o cerne da própria ideia de direito, expressão do sentido derradeiro da justiça".[223]Entende ainda o autor que o direito tutele o ser pela sua natureza, pela sua essência e não pelo fato de ter personalidade jurídica, sendo básico, primário, a essência do ser humano, tendo garantida a inviolabilidade da sua vida e o respeito pela sua dignidade. À luz da Constituição Portuguesa, tem-se em seu artigo 1º a garantia da dignidade da pessoa humana como alicerce da sociedade, o direito à vida aparece como o principal direito do ser humano, não sendo feita nenhuma distinção sobre a natureza extra ou intrauterina dessa vida.

Assim também entende Carlo Emilio Traverso para quem a tutela conferida pelo direito ao ser humano antes do nascimento, através do reconhecimento ao nascituro da titularidade dos seus direitos fundamentais, não fará depender da imperatividade do direito do nascimento com vida para a aquisição dos seus direitos fundamentais, fazendo coincidir com o início da vida o início da sua personalidade jurídica.[224]

Pensamos, entretanto, que muito embora o nascituro apresente uma personalidade condicional para se sedimentar, é devida a ele, desde a concepção proteção dos direitos da personalidade, notadamente no que tange ao direito à vida (art. 5º da CF), aos alimentos, direito a receber herança ou doação (art. 1.798 e art. 542 do CC), direito à adoção, direito à integridade física, direito ao nome de família (art. 1609 § único do CC), à curatela (art. 1.779 CC), direito à uma assistência pré-natal adequada

[223] OTERO, Paulo – Personalidade e Identidade Pessoal e Genética do Ser Humano: Um perfil constitucional da bioética, Coimbra: Almedina, 1999, p. 32 e 33.
[224] TRAVERSO, Carlo Emilio – La Tutela Costituzionale della Persona Umana Prima della Nascita, Milano, 1977, p. 15.

(ECA, art. 8º), sendo nesse sentido equiparado ao ser já nascido; cabendo inclusive a aplicação da Lei n. 11.804/2008 – denominada Lei dos alimentos gravídicos. Apresenta, outrossim, uma real capacidade de direito, mas não apresenta capacidade de fato ou de exercício, pois precisa forçosamente estar representado pelo seu representante legal.

O art. 130 do Código Civil permite ao titular de direito eventual como o nascituro, nos casos de condição suspensiva ou resolutiva, o exercício de atos destinados a conservá-lo, como por exemplo, requerer, representado pela mãe, a suspensão de inventário em caso de morte do pai, estando a mulher grávida e não havendo outros descendentes, para se aguardar o nascimento; ou propor medidas acautelatórias em caso de dilapidação por terceiro dos bens que lhe foram doados ou deixados em testamento. Assim sendo, à luz da Lei Civil, embora a personalidade comece no nascimento com vida, um sistema de proteção ao nascituro, com as mesmas conotações da conferida aos demais seres dotados de personalidade.

No direito brasileiro é necessário o nascimento, separação total do ventre materno, e principalmente com vida, que tenha respirado, para que a pessoa adquira a personalidade natural, e desta defluam certos direitos, como os sucessórios. O nascimento com vida é provado pelo exame clínico denominado docimasia hidrostática de Galeno, que comprova a existência de ar nos pulmões colocados num recipiente com água. A medicina moderna tem hoje inclusive outros métodos eficazes para se comprovar o nascimento com vida: a docimasia pulmonar histológica, docimasia óptica de Icard, docimasia radiográfica de Bordas, docimasias respiratórias indiretas.[225]

O Supremo Tribunal Federal não tem uma posição definida a respeito das supra referidas teorias, ora seguindo a teoria natalista, ora seguindo a concepcionista. O Superior Tribunal de Justiça tem acolhido a teoria concepcionista, reconhecendo ao nascituro o direito à reparação do dano moral.[226]

[225] Semião, Sergio Abdala – Os direitos do nascituro: aspectos cíveis, criminais e do biodireito, Belo Horizonte: Del Rey, 1988, p. 158 e 159.

[226] RE 99038 em 1993, por sua 2ª Turma, sendo o relator o Min. Francisco Rezek, decidiu a referida corte que a proteção de direitos do nascituro é na verdade "proteção da expectativa que se tornará direito se ele nascer vivo, aduz que não se equiparará em tudo

6.1.2. A bioética e o embrião pré-implantatório

Embora seja grande o desenvolvimento científico na atualidade, subsiste e torno do embrião um grande questionamento bioético. Poderia ele ser considerado pessoa, coisa ou entre não personalizado (pessoa virtual)?Sob a ótica da biologia, poderia o embrião ser considerado pessoa por ter carga genética diferenciada e pertencer à comunidade moral, de modo que à luz dos direitos da personalidade, credita-se ao embrião o direito à vida, desde a concepção, em face dessa sua carga genética diferenciada, que lhe outorga dignidade.

Leciona Silmara Chinellato que entre os autores que integram a corrente doutrinária que defende sua qualidade de pessoa, pode-se citar Diogo Leite de Campos e Mario Emilio Bigote Chorão.[227] Entende Eduardo de Oliveira Leite, que o embrião, em qualquer fase de concepção – *in vivo ou in vitro* – deve ser protegido. É sujeito de direito, reconhecendo-se o seu caráter de pessoa desde a fecundação.[228]

Questiona-se por outro lado, se o embrião humano deve ser considerado coisa. Amparado no pensamento de Peter Singer, uma vez que o embrião *in vitro* pode ser transferido, congelado, estocado, ou utilizado com fins de pesquisa, faz este uma analogia entre os critérios de início e de terminalidade da vida humana. Para ele, se a vida humana termina com a desaparição definitiva das funções cerebrais, ela deve no mesmo sentido, iniciar-se com a aparição das primeiras funções cerebrais. Assim, se a medicina reconhece que a perda funcional do cérebro é uma base suficiente para declarar que não há mais uma pessoa viva no corpo, então por que não utilizar o mesmo critério na outra extremidade da existência? Singer sugere que o embrião seja considerado como uma coisa, e não como pessoa, até a aparição das primeiras funções cerebrais.

o nascido, o nascituro"; STJ " Direito Civil. Danos Morais. Morte. Ação Ajuizada 23 anos após o evento. O nascituro também tem direito aos danos morais pela morte do pai, mas a circunstância de não tê-lo conhecido em vida tem influência na fixação do *quantum*".

227 ALMEIDA, Silmara J. A. Chinelato e – Estatuto jurídico do nascituro: a evolução do direito brasileiro, Separata; Pessoa humana e direito, Coimbra: Almedina, 2009, p. 414

228 LEITE, Eduardo de Oliveira – O direito do embrião humano: mito ou realidade? Revista de Direito Civil, n.78, out/dez 1996, p. 35.

Posição contrária adota Claudia Regina Magalhães Loureiro, para quem "o embrião não pode e não deve ser considerado como coisa passível de ser comercializada e usada como meio para se atingir determinados fins. A coisificação do embrião não pode ser tolerada pelo ordenamento jurídico". [229]Seria ele pessoa virtual (ente não personalizado)? A quem embora não se reconheça a qualidade ética e jurídica de pessoa, deve-se atribuir respeito e proteção jurídica.

Entendemos que o embrião pré-implantatório não pode ser considerado pessoa na acepção da palavra pois falta-lhe o fluxo vital contínuo, que se adquire com a nidação. Devendo, entretanto, ter sua dignidade preservada, sendo oferecidos limites à pesquisa científica envolvendo seu material genético. Por isso deve o biodireito, visando a persecução do princípio constitucional da dignidade humana, editar normas coercitivas, baseadas nos ditames legais e nas descobertas científicas, tendo em vista o momento histórico vigente e a moral dominante.

Nesse sentido, questiona Genival Veloso de França se é questão fundamental definir se o embrião humano é "ser humano" ou "coisa". E, como tal como deve ser tratado dentro da concepção ético-jurídica contemporânea. Em primeiro lugar essa abordagem não representa mera especulação, pois transcende ao interesse meramente teórico. Aduz que "se a vida humana se inicia na fecundação, na nidação, na formação do córtex cerebral ou, até, no parto, isso é mais uma questão de interesses do que de princípios. Depois cabe aos que admitem seu início nos últimos estágios explicarem que tipo de vida é essa que existe nas fases anteriores".

"Ninguém desconhece o fato de a vida ser algo muito emblemático e, portanto, não pode ter seus limites em simples fases de estruturas celulares. Se o embrião humano é ou não pessoa de direito, parece-nos mais uma discussão de ordem jurídico-civil, que adota os fundamentos da fisiologia humana, embora seja difícil entender como podem existir, entre indivíduos da mesma espécie, uns como seres humanos pessoas e outros como seres humanos não pessoas". [230] Com ele pensamos, que a proteção da pessoa humana – na dimensão que se espera dos direitos

[229] Loureiro, Claudia Regina Magalhães – Introdução ao biodireito, p. 8 e 9.

[230] França, Genival veloso – A adoção de embriões congelados: uma alternativa ético-politica. In. http: //www.derechoycambiosocial.com/revista005/embriões.htm.

humanos, exige no mesmo sentido e nos mesmos valores, o reconhecimento de todos aqueles que se encontram em qualquer estágio de sua vida, inclusive no estado embrionário.

Importante se faz, na atualidade, em face dos avanços tecnológicos e do desenvolvimento das pesquisas científicas, chegar-se a um consenso se o embrião – logo após a fertilização, enquanto se apresenta como um zigoto unicelular–, deveria ou não ser considerado pessoa humana. Tal como concebe Baronesa Warnock "se o fosse, a pesquisa que usasse esse embrião, sua subsequente destruição não mais seria permitida por lei, seria na realidade, um assassinato legalizado".[231]

Numa outra visão, leciona Barchifontaine que o embrião humano seria uma simples entidade biológica se não for investido de um projeto parental, podendo desta forma, ser empregado como material com fim de experimentação científica. No cerne da discussão bioética, temos: o embrião em estágio muito precoce de desenvolvimento é vida? Tal como leciona Barchifontaine, "para a Igreja Católica, a vida já existe no encontro de um óvulo com um espermatozoide. Entre os protestantes, não há preocupação em sacralizar o embrião, mas o interesse no desenvolvimento e na saúde da mulher. Os judeus são mais liberais com relação a práticas de reprodução assistida e privilegiam a saúde da mãe quando o filho *in útero* é sinônimo de estresse moral ou risco físico para ela".

Para René Frydman, o embrião representa uma "potencialidade de pessoa", é "um quase nada que pode se tornar um quase tudo". Quando inserido num projeto familiar apresenta um caráter sagrado, na ausência deste, representa um "quase nada jurídico".[232] No que tange à visão da formação da pessoa à luz das religiões, preleciona Barchifontaine que para a Igreja Católica a pessoa existe desde o momento em que ocorre a fertilização, quando aparece um genótipo distinto do pai e da mãe. Questionado sobre o exato momento em que o embrião deve ser considerado como pessoa, aduz que "até hoje, nem a ciência nem a teologia têm uma resposta exata".

[231] Baronesa Warnock – A é tica reprodutiva e o conceito filosófico do pré-embrião. In. Garrafa, Volnei; Pessini, Leo (Org.) – Bioética: poder e justiça, São Paulo: Ed. Loyola/ Centro Universitário São Camilo, 2003, p. 158.

[232] Barchifontaine, Christian de Paul – Bioética e inicio da vida, p. 18 e ss.

Relata ainda que a posição do Magistério da Igreja Católica não foi sempre unânime. Assim, Santo Agostinho (séc. IV) dizia que só a partir de 40 dias após a fertilização podia-se falar em pessoa (unidade corpo-espírito ou hominização) para o feto masculino. Para o feto feminino, exigia-se o dobro, 80 dias para falar em pessoa. Santo Tomás de Aquino (séc. XIII) reafirmou que não se pode reconhecer como humano o embrião que ainda não completou 40 dias, quando então lhe é infundida a "alma racional". Essa posição virou doutrina oficial da Igreja Católica a partir do Concílio de Trento (encerrado em 1563). Mesmo assim, sempre foi contestada por outros teólogos que, baseados na autoridade de Tertuliano (séc. III) e de Santo Alberto Magno (séc. XIII), defendiam a hominização imediata, ou seja, desde a fertilização trata-se de um ser humano em processo.

Santo Afonso de Ligório (morreu em 1787) admitia o aborto terapêutico, caso a vida da mãe corresse risco imediato. Contudo essa discussão sobre o feto "inanimado" (que ainda não teria alma) encerra-se oficialmente com a divulgação da "Apostolica Sedia" em 1869, na qual o papa Pio IX condena toda e qualquer interrupção voluntária da gravidez. Neste século, introduziu-se a discussão sobre aborto direto e indireto. Roma passa a admitir o aborto indireto, em caso de gravidez tubária ou de câncer no útero. Matar diretamente o feto é sempre proibido. A extirpação de um câncer do útero ou a preservação da vida da mãe exigem medidas que não matam diretamente o embrião, mas têm por consequência «indireta» a expulsão do mesmo, não viável".[233]

É papel da bioética abrir novos caminhos para a discussão, numa sociedade pluralista, multicultural e secular, incumbindo ao Biodireito a regulamentação das práticas biotecnológicas, em observância dos costumes legais, éticos e morais. Para a escola genética, o ser humano é o todo ser que tem um código genético próprio. Esta característica confere-lhe um grau de humanidade. Para Jérôme Lejeune, desde a fecundação, a carga genética é plenamente diferenciada em relação à dos genitores, razão pela qual o embrião é um ser individualizado, desde a

233 Barchifontaine, Christian de Paul – Bioética e início da vida, p. 18 e ss.

sua primeira fase de evolução.[234] Para Silmara Chinellato, em amparo à concepção de Mario Emilio Bigote Chorão, Gerard Mémetau, Francesco Busnelli, entre outros, "o embrião implantado ou não implantado, pode apresentar diferenças quanto à capacidade de direito, mas não quanto à personalidade".[235] Para Edison Tetsuzo Namba, o embrião não seria detentor de personalidade jurídica, tampouco possui direitos da personalidade, pelo fato de não ter uma identidade própria. Essa fase começa com a formação do sistema neural, a partir do 14º dia da concepção.[236]

Importante é também diferenciar vida de vida humana. A primeira existe em toda atividade celular – onde há respiração, excreção, reprodução; a segunda existe desde a junção da informação genética presente nos gametas, aliado ao processo vital que se inicia com a nidação. Além da escola genética, amparado no pensamento de Callahan, identificam-se mais duas escolas de opinião na questão de definir o status do embrião: a escola desenvolvimentista que defende que, enquanto a fertilização estabelece as bases genéticas de um ser humano, um certo grau de desenvolvimento é necessário para que um indivíduo seja considerado um ser humano. Os desenvolvimentistas reconhecem uma necessidade de interação entre o genótipo e o meio ambiente. Esta visão sugere que o potencial genético de alguém não estará totalmente atualizado enquanto não interagir na sua maneira única com o meio ambiente; portanto, abre uma compreensão maior de toda gama de atributos humanos. Assim, a vida começaria a partir da nidação, ou a partir de formação do córtex cerebral, ou a partir da constituição física do nascituro, ou a partir de sua saída do útero e a escola das consequências sociais que muda a questão de "quando a vida começa" para "quando a vida humana começa". De acordo com esse grupo, o importante não é a dimensão biológica ou desenvolvimentista, mas os desejos dasociedade em termos de normas sociais e morais.

[234] Lejeune, Jérôme – L'Enceinte concentrationaire. D'Aprés les minutes du process de Maryville.Èditions Le Surment, Fayard: Paris, 1990. Apud Almeida, Silmara J. A. Chinelato e. Estatuto juridico do nascituro: evolução do direito brasileiro, p. 416.

[235] Almeida, Silmara J. A. Chinelato e. Estatuto jurídico do nascituro: a evolução do direito brasileiro, p. 417.

[236] Namba, Edison Tetsuzo – Manual de bioética e biodireito, p. 32.

Aprofundando a reflexão, Barchifontaine retrata que se pode reconhecer que a vida é um *continuum*, evolui desde seu início de forma coordenada e gradual: "Muitos supõem que a resposta à questão, quando a vida começa a importar moralmente, é a mesma resposta à questão de quando começa a vida humana. O momento da concepção aparenta ser a resposta mais óbvia para a pergunta. Tudo o que pode ser dito com segurança sobre o óvulo fertilizado, é que se trata de tecido humano vivo. O que se busca obter na verdade não é um conceito de quando a vida se inicia, mas quando a vida começa a ter significado moral".

Como argumentos que impedem ter certeza científica que desde a fertilização há pessoahumana, aponta: o número de zigotos que não se implantam no útero (perecem em aborto espontâneo); a falta de individualização que ocorre antes da nidação (fase de mitose); somente com 6 a 8 semanas, o embrião terá as características de formação física e fisiológica de ser humano; a inexistências de conexões elétricas entre o córtex cerebral do feto – que ocorre entre a 20º e a 30º semana gestacional.

Para Mori "a pessoa é um indivíduo identificado pela sua racionalidade.Essa característica é presente nos fetos humanos à partir da formação de seu córtex cerebral por volta do 3º mês gestacional. Na linha desse raciocínio conclui que até esta data "não se pode afirmar que o embrião deva ser considerado como pessoa".[237] Não concordamos com essa definição de Mori, pois independente do desenvolvimento cortical, apontamos privilegiadamente para a informação genética contida no embrião, cujo desenvolvimento normal, lhe outorgará direitos enquanto nascituro e a aquisição de personalidade plena quando do nascimento com vida.

Penso que no amparo da embriologia na definição de Keith L. Moore e T V N Persaud, "o termo embrião refere-se ao ser humano em desenvolvimento durante os estágios iniciais – o desenvolvimento humano inicia-se na fecundação, cerca de 14 dias após o último período menstrual normal", em nada referindo assim a necessidade do desenvolvimento de

[237] Barchifontaine, Christian de Paul de – Bioética e o início da vida, p. 22 e ss.; Mori, Maurizio – A moralidade do aborto: sacralidade da vida e novo papel da mulher. Brasília: UnB, 1997, p. 43 e ss. Apud. Barchifontaine, Christian de Paul de – Bioética e o início da vida, p. 24.

córtex cerebral para tanto, estrutura esta que se formará no devido estágio embrionário.[238]

A lei civil, entretanto, distingue a capacidade do nascituro e do embrião pré-implantatório, lembrando-se que entre os expoentes da comunidade científica, tal com René Friedman - geneticista - "há impropriedade no uso do termo pré-embrião, pois havendo a mistura do material genético, de embrião já se trata". Retrata Silmara Chinellato que nessa nova realidade "o embrião pré-implantatório, poderá ser denominado nascituro pré-implantatório, o que não lhe retira a qualidade de ser humano".[239]Diversos Tratados Internacionais protegem a vida humana e a exploração científica e biotecnológica, tal como a Declaração Universal dos Direitos Humanos, a Convenção Americana sobre Direitos Humanos - Pacto de São José da Costa Rica, em cujo art. 4º declara que a proteção da vida humana desde a sua concepção é um direito humano.[240]

6.1.2.1. A proteção jurídica do embrião

O nascituro e o embrião possuem proteção aos olhos da lei. Seja na Lei Máxima do país, seja nos Tratados e Convenções Internacionais relativos aos direitos humanos, genética e biotecnologia. O Conselho da Europa em sua Recomendação n. 1.110/1989 entende que desde o momento da concepção, aquela diminuta célula já é considerada pessoa e, portanto, recebe proteção legal.

Para Maria Helena Diniz, "o embrião e o nascituro, tem resguardados normativamente, seus direitos desde a concepção, porque a partir desta passam a ter existência, e vida orgânica e biológica própria, independente da mãe". São detentores de direitos personalíssimos, adquirindo personalidade jurídica material apenas se nascer com vida, ocasião que

238 Moore, Keith L; Persaud, TVN - Embriologia básica, Rio de Janeiro: Elsevier, 2008, 7.ed, p. 2.

239 Almeida, Silmara J. A. Chinelato e. Estatuto jurídico do nascituro: a evolução do direito brasileiro, p. 418 e 419.

240 Loureiro, Claudia Regina Magalhães- Introdução ao biodireito, p. 87 a 91; Rangel, Vicente Marotta - Direito e relações internacionais, p. 436 e ss.

será titular dos direitos patrimoniais e obrigacionais, que se encontravam em estado potencial.[241]

Inicialmente diferia Silmara Chinelatto o embrião pré-implantatório do nascituro. O primeiro referia-se ao ovo ou zigoto ainda não implantado no útero materno, enquanto que o segundo referia-se ao ser já implantado, iniciada efetivamente a gestação. Numa visão mais atualizada equiparou os dois conceitos, aduzindo que o embrião pré-implantatório doravante poderá ser denominado nascituro pré-implantatório.[242]

Aduz Maria Helena Diniz que, mesmo o embrião pré-implantatório, será suscetível ao resguardo dos direitos (art. 6º), e desta forma, deve passar a ser revista a regra do nascimento como marco inicial direitos da personalidade, sendo-lhe devido o respeito à vida, à integridade física e mental, conforme dispõe o art.949 do código Civil (sendo passível de indenização por dano moral qualquer lesão que venha a sofrer, como deformações, traumatismos, toxiinfecções, que ocorram em face de: manipulações genéticas, que somente serão licitas se feitas para corrigir alguma anomalia hereditária do próprio embrião ou feto (Lei 11.105/2005 arts. 6º,II e III, 24 e 25), devendo sempre respeitar seu patrimônio genético. Entretanto há previsão no art. 5º do mesmo Diploma Legal sobre a utilização de células-tronco embrionárias para fins de pesquisa e terapia (desde que sejam inviáveis ou criopreservados por mais de 3 anos, com a expressa anuência de seus genitores e apreciação do projeto de pesquisa pelo Comitê de Ética em Pesquisa – art. 5º,I,II §§ 1º e 2º) – embora para Maria Helena Diniz e Ives Gandra – a medida é inconstitucional e afronta o direito à vida, cláusula pétrea da Constituição Federal, realização de experiências científicas em geral (para obter seres geneticamente superiores; para fins de estudos das estruturas orgânicas; para repositório de tecidos; para criação de clones humanos ou seres híbridos; para atividades que envolva a engenharia genética); reprogramação celular (para alterar o limite de vida do nascituro por herança dos pais); congelamento de embriões excedentes não utilizados na reprodução assistida; comercialização de embriões excedentes; defeitos apresentados no material

241 Diniz, Maria Helena – O Estado atual do biodireito, p. 116 e 117.

242 Almeida, Silmara J. A. Chinelato e – Tutela civil do nascituro, p. 11; Almeida, Silmara J. A. Chinelato e – Estatuto jurídico do nascituro: a evolução do direito brasileiro, p. 427.

fertilizante; diagnóstico pré-natal; transmissão de doenças; transfusões de sangue contaminado, omissões de terapias gênicas por parte do corpo clinico; medicação inadequada à gestante, entre outros.[243]

Advém da Declaração Universal dos Direitos Humanos, uma importante consequência jurídica em direito privado: considera-se a pessoa humana sujeito de da vida. A esta questão tão discutida, sintetizou Gérard Cornu que "a criança adquire personalidade jurídica desde antes de seu nascimento, pelo simples fato de sua concepção. É o seu interesse principal que a lei protege. A ficção é interpretada favoravelmente ao infante. A lei civil por seu turno garante o respeito à vida humana desde a concepção, ali também iniciando a sua personalidade".

Existe, todavia, a imperatividade da observância de três requisitos: que o embrião pertença ao gênero humano; que seja humano desde a sua concepção (*ab ovo*); a lei garanta o respeito a este desde a sua concepção, respeitados os direitos da gestante. Para Gérard Cornu a personalidade jurídica antes do nascimento não pode ser plena, pois as vicissitudes da sua condição intrauterina não permitem que assim seja, mas impõe-se desde a concepção os efeitos jurídicos essenciais, notadamente no âmbito do direito civil e penal.[244]

O Projeto de Lei do Senado de n. 90/1999, previa em seu art.9º "Não se aplicam aos embriões originados *in vitro*, antes de sua introdução no aparelho reprodutor da mulher receptora, os direitos assegurados ao nascituro na forma da lei". Já o Substitutivo desse Projetode lei, apresentado pelo Senador Rubens Requião, apesar de adotar um critério mais técnico abrangendo critérios médicos, jurídicos e administrativos, manteve-se fiel à redação do Projeto precedente.

[243] Diniz, Maria Helena – O Estado atual do biodireito, p. 118 a 122; Martins, Ives Gandra da Silva – O direito à vida no Código Civil á luz da Constituição. In: Martins, Ives Gandra da Silva; Pereira Jr, Antonio Jorge (Coord) – Direito à privacidade, São Paulo: Idéias e Letras/CEU, 2005, p. 64.

[244] Cornu, Gerard – Droit civil – Les personnes, Paris: Montchrestien, 2007, 13ºédition, p. 15 a 17.

6.1.2.2. A bioética e o embrião excedentário

O emprego das técnicas de reprodução humana assistida exerce grande influência no direito à vida do embrião, pois possibilita a produção de embriões em quantidade excessiva, que quando não utilizado, pode ser criopreservado, destinado à pesquisa ou mesmo ser descartado. A Resolução n 2.168/17 do Conselho Federal de Medicina regula a sua prática, quanto ao destino dos embriões excedentários, à doação de gametas ou embriões, o anonimato do doador de material genético, a responsabilidade das clínicas reprodutivas, a criopreservação, o diagnostico pre-implantacional. Algumas grandes questões se impõem para o debate bioético: – Qual o destino dos embriões excedentários? No caso de óbito de ambos os genitores ou desistência da prática, qual seria a melhor solução para a proteção do embrião?Seria esse embrião herdeiro dos pais?

Os embriões que ainda se encontram fora do útero, em vida extrauterina, são chamados de embriões excedentários ou extranumerários, pré-implantatórios ou concepturos. O congelamento de embriões em suas fases iniciais de desenvolvimento foi proposto com o objetivo de permitir que os embriões que não fossem utilizados em procedimentos pudessem ser armazenados e implantados posteriormente. A finalidade maior seria de reduzir desconfortos e riscos para a mulher caso fosse necessário realizar novos procedimentos. Entretanto, diversos problemas surgiram, especialmente relativos ao tempo máximo de armazenamento, preservando-se a qualidade dos embriões além do destino final dos embriões não utilizados. Como resposta à primeira indagação, temos: descarte, experimentação científica, adoção, comercialização, doação para casais estéreis.

À luz do disposto na referida Resolução 2.168/17, é vedada a comercialização de gametas ou embriões; há o anonimato do doador que pode ser mitigado segundo necessidade medica, resguardando-se a identidade civil; há a possibilidade de descarte dos embriões criopreservados há três anos ou mais; no momento da criopreservação, os pacientes devem manifestar sua vontade quanto ao destino dos embriões criopreservados em caso de divórcio, separação, dissolução de união estável, doenças graves ou falecimento; é permitida a doação de embriões.

A Lei de Biossegurança – Lei n.11.105/2005 prevê em seu art. 5º, "é permitida, para fins de pesquisa e terapia, a utilização de células-tronco embrionárias obtidas de embriões humanos produzidos por fertilização in vitro e não utilizados no respectivo procedimento, se atendidas as condições: I- sejam embriões inviáveis; II- estejam crioconservados há 3 anos ou mais a contar da data da publicação da lei; § 1º é necessário o consentimento dos genitores; § 2º os projetos que envolvam utilização de células-tronco-embrionárias devem submeter-se à apreciação e aprovação dos respectivos Comitês de ética em pesquisa; § 3º é vedada a comercialização do material biológico a que se refere esse artigo, implicando a sua prática em crime tipificado na lei de biossegurança".

A questão do descarte de embriões criopreservados foi sempre muito debatida. A legislação dos diversos países impõe prazos muito diferentes para a criopreservação. O Warnock Report, do Reino Unido, recomenda dez anos de crioconservação. Na França esse prazo é de 5 anos, também adotado pela Espanha, que prevê, em seu teor, quando excedido esse prazo obriga sua destruição. Na Dinamarca os que sobram são destruídos logo após a fertilização, sem necessidade de criopreservação. Outros países defendem a ideia da doação de embriões para fins de pesquisa, como ocorre nos Estados Unidos e Bélgica. Na Alemanha não se permite gerar mais embriões do que o que se necessita implantar. E, enfim, aqueles que em face de legislação ou sentenças judiciais vêm decidindo em favor da manutenção ou da adoção. No Brasil, a Lei de Biossegurança fala em seu art. 5º em 3 anos para o prazo máximo de congelamento, bem como a lei portuguesa (Lei n. 32/2006).

No Brasil é possível o encaminhamento do embrião à adoção, equiparado- o ao nascituro, visando assim, garantir-lhe a vida, a preservação dos seus direitos fundamentais, e realizar um projeto altruísta no auxílio à infertilidade de outra pessoa ou casal. Entretanto, o Código Civil brasileiro, não regula a matéria de adoção do embrião. O seu art. 1.621, não mencionou o nascituro, dizendo apenas que: "a adoção depende de consentimento dos pais ou dos representantes legais, de quem se deseja adotar, e da concordância deste se contar com mais de 12 (doze) anos".

O Estatuto da Criança e do Adolescente, por sua vez, no seu art. 2º dispõe que: "considera-se criança, para os efeitos desta Lei, a pessoa até 12 (doze) anos de idade incompletos". O art. 7º do ECA prevê que: "A criança e o adolescente têm o direito a proteção à vida e à saúde, mediante a efetivação de políticas públicas que permitam o nascimento e o desenvolvimento sadio e harmonioso, em condições dignas de existência", está assim aduzindo que aquele que não nasceu mas que tem o direito de nascer – para continuar vivo – já é criança. Assim, todo nascituro é uma criança para o Estatuto da Criança e do Adolescente.

Para Silmara Chinelato "quanto ao conceito de criança, deve-se invocar o art.1º da Convenção sobre os direitos da criança da ONU, ratificada pelo Brasil em 20.11.1989. Assim, como ser humano dotado de personalidade, o embrião é sujeito de direitos, tendo, acima de tudo, o direito à vida, que é garantido pela Magna Carta. O direito pós-moderno preocupa-se não só com a adoção do nascituro, mas também com a do embrião pré-implantatório, à luz do que faz a lei da Louisiana que lhe nomeia, inclusive um curador (RS Act n.964 de 14.7.96 § 126), livrando-os assim do descarte, um dos problemas cruciais da bioética e do biodireito. Uma das grandes polêmicas da atualidade em matéria de bioética e biodireito é a determinação da natureza jurídica e ética do embrião pré-implantatório. Entre os autores que defendem sua qualidade de pessoa, temos: Mario Emilio Bigote Chorão, Gerard Mèmatau, Antonio Tarantino, Silmara Chinelatto, entre outros.[245] A equiparação do embrião pré-implantatório ao nascituro traz inúmeras considerações, pois, com a definição do embrião in vivo como pessoa, por uma adequação lógica, o embrião *in vitro* seriatambém pessoa – devido à sua carga genética. Mas como equipará-los?

Para Silmara Chinellatto a principal diferença entre o embrião implantado e o pré-implantatório refere-se quanto à capacidade de direito, mas não quanto à personalidade, aduzindo ainda, que interesses utilitaristas notadamente relacionados à manipulação genética e pesquisa em embriões, querem-lhe retirar esta qualidade, a fim de torná-lo coisa passível de ser manipulada. Entretanto, o STF em julgamento referente à utilização de embrião na pesquisa científica, notadamente com células-tronco, na ADI 3510 em 29.5.2008, entendeu o embrião como "uma realidade distinta da pessoa natural, porque ainda não tem cérebro formado"; "o embrião antes da nidação não se classifica como pessoa". Assim, tampouco é nascituro.

245 Almeida, Silmara J. A. Chinelato e. Adoção de nascituro e a quarta era dos direitos; razões para se alterar o caput do art. 1621 do Novo Código Civil, p. 366.

Em terceira corrente, intermediária, embora não lhe reconheça o status jurídico de pessoa, também não lhe outorga o de res. Não há, pela própria particularidade da criopreservação, pela falta de gestação que torne ainda mais certo o nascimento esperado, como viabilizar que o embrião criopreservado detenha – enquanto estiver congelado – a mesma titularidade que o nascituro no útero, tanto que parte da doutrina denomina-lhe "pessoa em potencial ou pessoa virtual", mas que tem garantido direito à vida, à dignidade humana e direito a ser adotado- ao invés de ser condenado à destruição. Corrente à qual nos filiamos.

Pensamos que não há que se falar, por exemplo, em direito a alimentos, pois o seu desenvolvimento foi suspenso e sua conservação se dá pela criopreservação, mas, naquilo que for pertinente a sua comparação à condição em que se encontra o embrião in vivo, ele deve ter igual tratamento. Quanto à capacidade do embrião ser herdeiro dos pais falecidos entendemos que à luz do art. 1798 que trata da vocação hereditária "legitima-se a suceder as pessoas nascidas ou já concebidas no momento da abertura da sucessão". Nas palavras de Zeno Veloso "o herdeiro até por imperativo lógico, precisa existir quando morre o hereditando, tem de sobreviver ao falecido, trata-se de um princípio adotado pela generalidade da legislação".

Abre-se aqui precedente para o embrião crioconservado, pois presume-se este concebido na constância do casamento à luz do a 1597, IV. Importante é notar, tal como elucida Zeno Veloso "vindo o embrião a ser implantado e havendo termo na gravidez, o nascimento com vida, e consequente aquisição de personalidade por parte do filho, este filho posterior é herdeiro, porque já estava concebido quando o genitor faleceu, e dado o princípio de igualdade entre os filhos previsto no art.227 § 6º da CF".[246]

Para Silmara Chinellato, pode-se fazer testamento em favor do embrião pré-implantatório, com fundamento no art. 1798 do CC que legitima a suceder as pessoas já nascidas ou já concebidas, na abertura

[246] Veloso, Zeno – Código Civil comentado. Fiuza, Ricardo; Silva, Regina Beatriz Tavares da (Coord.), 6.ed, São Paulo: Saraiva, 2009, p. 1972.

da sucessão.[247] Se por um lado, concordamos com a posição da insigne professora, adotando uma visão pós-moderna de vínculo relacional, por outro, entretanto, questionamos os efeitos de ordem prática que a medida produz. Mormente no que tange à execução das disposições testamentárias, dificultadas em face das peculiaridades que envolvem o embrião/nascituro pré-implantatório.

Na sucessão testamentária, beneficiada está a prole eventual, nos artigos 1.799, I. "Na sucessão testamentária podem ainda ser chamados a suceder: I- os filhos, ainda não concebidos, de pessoas indicadas pelo testador, desde que vivas estas ao abrir-se a sucessão" e 1.800, § 4º que impõe um prazo de 2 anos para a concepção do herdeiro esperado.

Pensamos que não há fundamento em equipará-lo à prole eventual, pois já houve a concepção; e, nem muito menos, às coisas, posto que é detentor de potencialidade de vida humana como qualquer outro embrião *in vivo*. Pensamos que a princípio existe uma antinomia entre os prazos estabelecidos pelo art. 1597, IV (... a qualquer tempo) e o prazo de 3 anos sugerido pela Lei de Biossegurança em seu art. 5º, II. Assim, para que haja segurança jurídica e higidez na qualidade do embrião – que refletirá no direito à integridade do novo ser, pensamos que este prazo legal estabelecido em lei especial (Lei de Biossegurança) deverá ser aplicado por analogia e equidade ao direito sucessório a ser aplicado ao embrião excedentário.[248]

A moderna Lei da Louisiana trata da sucessão do embrião pré implantatório em seu § 133, traduzindo que o direito hereditário não pode ser reconhecido ao ovo fertilizado *in vitro*, enquanto in vitro, mas apenas quando estiver no estágio embrionário de nascituro e que nasça com vida. O direito à herança não provém de doadores genéticos.

À luz do direito português, a Constituição Federal portuguesa em seu art.67º, II, *e*, inserto no capítulo dos direitos sociais no âmbito da proteção da família, entende que é dever do Estado zelar pela sua higidez regulando a procriação medicamente assistida. Para tanto foi editado o

[247] ALMEIDA, Silmara J. A. Chinelato e. Estatuto jurídico do nascituro: a evolução do direito brasileiro, p. 427.

[248] MALUF, Carlos Alberto Dabus; MALUF, Adriana Caldas do Rego Freitas – Curso de direito das sucessões, 2. Ed, São Pauo: Saraiva, p. 113 e SS.

Projeto de Lei n. 176/X, que trata em seu art 17º: Podem ser destinados à adoção os embriões humanos em que se verifique o decurso do prazo de três anos desde a crioconservação, bem como aqueles em relação aos quais aconteça a morte, a ausência ou a interdição ou inabilitação por anomalia psíquica de qualquer dos beneficiários. É necessário, para a adoção, o consentimento livre, informado, expresso e por escrito perante um médico do centro autorizado, dos beneficiários de quem provenha o embrião.

Em seu artigo 18º, leciona como adotantes: Podem adotar embriões humanos todos os casais que reúnam as condições necessárias ao recurso às técnicas de procriação medicamente assistida, nos termos da presente lei, bem como os casais e as mulheres que tenham sido selecionados para adoção plena, nos termos da legislação respectiva. A adoção de embriões humanos consuma-se com a implantação no organismo materno. Os adotantes devem ser previamente informados das implicações jurídicas, sociais e éticas da adoção e expressar o seu consentimento livre, expresso e por escrito, perante um médico do centro autorizado. Prevê o estabelecimento da filiação em seu art. 19º: Às pessoas nascidas com recurso a técnicas de procriação medicamente assistida, inclusive após adoção de embriões, são aplicadas as regras gerais do estabelecimento da filiação, com as especialidades previstas no presente capítulo. As pessoas nascidas com recurso de técnicas de procriação medicamente assistida têm o direito a conhecer a sua história e identidade pessoais, direito que poderá ser exercido, pessoalmente, após a maioridade ou, antes disso, por intermédio do seu representante legal, junto da Comissão Nacional para a Procriação Medicamente Assistida, com base nos fundamentos definidos no seu regulamento, previsto na alínea 1 do nº 3 do artigo 26º Quanto à presunção de maternidade prevê em seu art. 20:Não é permitido o recurso às chamadas mães portadoras, sendo nulos os negócios jurídicos, gratuitos ou onerosos, de gestação uterina para outrem.Em caso de violação da proibição constante do número anterior, a filiação é estabelecida em relação à mãe portadora.

Em seu artigo 21º prevê a assunção da paternidade: A paternidade presume-se em relação ao cônjuge ou, nos casos de união de facto, em relação ao parceiro da mulher, não sendo permitida a sua impugnação com fundamento na utilização de técnicas de procriação medicamente assistida consentida. Veda em seu artigo 22º a Inseminação e fertilização *post- mortem:* É proibida a inseminação ou fertilização *post- mortem.* Os gametas devem ser destruídos após o conhecimento da morte de qualquer dos beneficiários, a qual deve ser comunicada ao centro autorizado.

E em seu artigo 23º a implantação *post-mortem:* se, tendo prestado o seu consentimento para o processo de procriação medicamente assistida, sobrevier a morte do cônjuge ou do parceiro com quem a beneficiária viva em união de fato, os embriões já criados podem ser implantados no organismo materno. A criança nascida nos termos do número anterior é tida, para todos os efeitos legais, como filha do falecido. Prevê ainda no artigo 24º a Salvaguarda do direito à saúde, tratando de que se existirem razões médicas devidamente comprovadas, pode o indivíduo nascido da adoção de embrião ou, durante a sua menoridade, o seu representante legal, solicitar por escrito à Comissão referida no artigo 26º informações objetivas sobre as características genéticas dos progenitores biológicos e ainda, se absolutamente imprescindível, a respectiva identificação.

Baseando-se nas palavras de Mario Emilio Bigote Chorão "onde está o corpo humano vivo, aí está a alma espiritual; onde está o produto da concepção, está o indivíduo humano; onde está o indivíduo humano, está a pessoa", podemos concluir que certa está a determinação da lei alemã que limita a produção de embriões ao número que será implantado- no máximo 2 – evitando-se assim questionamentos bioéticos gravíssimos, de difícil acomodação, com repercussão importante nocampo do direito civil.

6.1.2.3. A bioética e o nascituro anencéfalo

Em virtude do que anteriormente expusemos a respeito da definição da vida, as teorias que procuram estabelecer o exato momento em que essa vida se inicia, a aquisição de direitos personalíssimos por parte do nascituro e do embrião, entendemos que seria bastante profilático realizar uma breve exposição sobre a anencefalia e a problemática que atinge o feto anencéfalo, mormente no que tange a sua aquisição de direitos.

O direito brasileiro concede uma ampla proteção ao indivíduo, a Constituição Federal tutela em seu artigo 1º, III a dignidade da pessoa humana sem fazer nenhuma distinção sobre seu estágio embrionário ou condição clínica de saúde; promove em seu artigo 3º, IV o bem de todos, sem preconceitos de origem, raça, sexo, cor, idade e qualquer outra forma de discriminação; privilegia os direitos humanos em seu artigo 4º; protege também a vida, a liberdade, a segurança em seu artigo 5º. O Código Civil atribui proteção ao nascituro em seu art.2º. Ocorre que a aquisição de direitos, traz inúmeras ponderações bioéticas quando se procede a análise da situação do feto anencefálico. E isso, decorre basicamente dos avanços das técnicas médicas, que possibilita fazer um exame clínico do desenvolvimento embrionário do feto e consequentemente realizar o diagnóstico precoce desta anomalia neurológica adquirida por volta da 20ª semana gestacional.

Um importante questionamento bioético nasce então. Este feto adquire direitos? Em qual momento de sua existência os perderia? Adquiriria patrimônio após o nascimento com vida? Poderia ser adotado, receber herança ou doação? Teria direito aos alimentos? Aos cuidados pré-natais? Ou estaria condenado a uma morte precoce em virtude de sua circunstância? Estas questões ganham relevância ainda maior se for considerado que o Brasil possui a quarta maior incidência de gravidez de fetos anencefálicos do mundo, ficando atrás apenas do México, do Chile e do Paraguai, conforme dados fornecidos pela OMS.[249] Recebe proteção o nascituro anencéfalo à luz do art. 2º do Código Civil, que contém que "a personalidade civil da pessoa começa com o nascimento com vida; mas a lei põe a salvo, desde a concepção os direitos do nascituro".

Pela análise desse dispositivo podemos entender que a Lei Civil não faz menção ao estado embrionário em que se encontra o nascituro, nem tampouco estimula nenhuma forma de discriminação, pelo contrário, a norma prevista nesse artigo é de inclusão. Assim, podemos concluir que o feto anencéfalo, em virtude de sua carga genética humana, goza de direitos subjetivos, ínsitos à sua personalidade, desde a sua concepção, enquanto ser vivente, mesmo com a reduzida expectativa de vida que apresenta, entendemos, que essa característica não limita seus direitos, nem sua dignidade.

Mantém-se assim, seus direitos personalíssimos, devendo sua vida ser protegida com base na legislação pátria e nos Documentos interna-

[249] SANTOS, Marilia Andrade dos – A aquisição de direitos pelo anencéfalo e a morte encefálica. In. Jus Navigandi. Teresina, ano 10, n.982, 2006.

cionais. Faz jus outrossim, caso nasça com vida ao gozo de direitos da personalidade tais como o nome, o recato, a honra, o direito à sepultura, entre muitos outros. Questiona-se também se em face das alterações fenotípicas que apresenta, se o anencéfalo apresenta forma humana. Mas o que é forma humana? Podemos entender que todo ser produto da mistura genética de células germinativas humanas seja ser humano, e emnada obstaria essa característica a baixa viabilidade ou potencialidade reduzida queapresentasse, nem tornaria por outro lado esse feto mais ou menos digno da proteção do Estado e da aquisição de direitos. Consideremos ainda, que o natimorto possui direitos personalíssimos, no que tange ao direito ao nome, à sepultura, à honra, ao recato, entre outros.

6.1.2.4. Da anencefalia: conceito e etiologia embrionária

A anencefalia é uma má-formação congênita resultante de defeito de fechamento do tubo neural, estrutura embriológica precursora do Sistema Nervoso Central.[250] O sistema nervoso humano, inclui o sistema nervoso central, formado pelo tronco cerebral (medula espinal), telencéfalo (cérebro) e cerebelo; os nervos periféricos e os nervos autônomos e gânglios. Suas diferentes células especializadas possuem uma excitabilidade e condutividade extremamente desenvolvidas. Essas propriedades dos neurônios possibilitam que o sistema nervoso reaja a inúmeros estímulos internos e externos, iniciando, acelerando e integrando desta forma as respostas do organismo a esses estímulos.[251]

O tronco cerebral é a parte do encéfalo que está em contato com a medula espinal, o que denota que se localiza na parte posterior do encéfalo.É responsável pelas funções básicas do indivíduo, como respiração, batimentos cardíacos e pressão arterial. A parte que envolve o tronco cerebral é chamada de cerebelo e localiza-se na porção posterior do cérebro. É responsável pelos movimentos (atividade motora) e pelo equilíbrio do indivíduo. O encéfalo pode ainda ser dividido em telencéfalo ou cérebro, que preenche juntamente com o diencéfalo, quase toda cavidade craniana. É dividido em duas partes iguais, chamadas de

[250] SOUZA, Romeu Rodrigues de – Anatomia Humana, São Paulo, 1983, p. 117.

[251] FALLIS, Bruce D; ASHWORTH, Robert D – Histologia humana, São Paulo: Edart, 1976, p. 93.

hemisférios cerebrais: o direito e o esquerdo. Suas funções básicas são: coordenação dos movimentos e dos sentidos, o raciocínio, as emoções e a aprendizagem.

Das funções citadas, é importante destacar que as funções que integram as capacidades cognitivas, ou seja, as funções que fazem de um indivíduo um ser consciente são desenvolvidas em uma parte muito especial do cérebro: o córtex cerebral (que se encontra na parte externa do cérebro, com cerca de seis milímetros de espessura, e possui coloração acinzentada, chamada substância cinzenta). Verifica-se, portanto, que o encéfalo controla a vida do indivíduo e que sem seu funcionamento perfeito várias funções podem restar comprometidas, influenciando significativamente, por via de consequência, as interações do indivíduo, bem como determinar-lhe a existência da própria vida.[252]

Tal como ilustram Keith Moore e Persaud, este defeito de fechamento ocorre por volta do 16º ao 26º dia após a concepção, já que é neste período em que o tecido formado pelas células fetais, que se apresentava até então em uma forma plana, começam a formar um tecido que se invagina, forma pregas, e começa a fechar-se completamente, formando uma estrutura tubular. Ocorre que no anencéfalo, o tubo neural não se fecha completamente. O processo de fechamento do tubo neural se dá de forma incompleta e o indivíduo passa a ser portador do defeito da anencefalia.

Para Moore e Persaud, uma vez formada a placa neural, o primórdio do sistema nervoso central, durante a terceira semana gestacional, os distúrbios de neurulação podem resultar em graves anormalidades do encéfalo e da medula espinhal. Os defeitos de tubo neural estão entre as anomalias congênitas mais comuns. Note-se que o problema com o fechamento do tubo neural não ocasiona somente a anencefalia. Esta somente ocorrerá se o defeito atingir a extremidade distal do tubo neural. Se, ao contrário, o defeito ocorrer na extensão do tubo neural dará origem à espinha bífida,

[252] Souza, Romeu Rodrigues de – Anatomia Humana, p. 117 e 118; Santos, Marilia Andrade dos – A aquisição de direitos pelo anacéfalo e a morte encefálica. In. Jus navigandi.Teresina, n.982, ano 10, 2006.

má-formação na qual o feto tem a espinha exposta ao líquido amniótico ou separada deste por uma camada de pele.[253]

A ocorrência da anencefalia pode não ser ligada a uma causa específica: é um defeito multifatorial, donde se destacam a diabetes, a gravidez precoce ou tardia, deficiências nutricionais, notadamente no que tange à falta de ácido fólico (vitamina B6). Pelo alto índice de incidência que apresenta, a legislação brasileira determina que haja o enriquecimento da farinha com o ácido fólico. Também são fatores predisponentes: o alcoolismo, o tabagismo, o uso de drogas antiepiléticas, alterações cromossômicas, histórico familiar, exposição à altas temperaturas, entre outros. A anencefalia pode apresentar graus, que varia em virtude da intensidade da lesão, estendendo-se desde uma estrutura cerebral não formada, ou apresentando este tecido amorfo, sem formação dos hemisférios cerebrais ou córtex cerebral.

Vê-se nesse sentido, que "a anencefalia não se refere essencialmente à lesão de todo o encéfalo, mas somente de uma de suas partes – mesmo que a maior e mais importante delas – o cérebro. Disso resulta que as funções superiores do Sistema Nervoso Central, como "consciência, cognição, vida relacional, comunicação, afetividade e emotividade, restam inexistentes, persistindo apenas as funções inferiores, que controlam a respiração e as funções vasomotoras".

Quanto à extensão da lesão ao cérebro, esta pode ser classificada em anencefaliaholocrania ou holocefalia e merocrania ou meroanencefalia. Na primeira não há qualquer tipo de tecido nervoso cerebral no feto; na segunda, há um tecido cerebral remanescente, o que não implica em dizer que a má-formação esteja afastada ou que seja real a possibilidade de vida extrauterina. Para Moore e Persaud, apesar da presença da grave anomalia, um tronco encefálico rudimentar e um tecido nervoso funcionante sempre estarão presentes em crianças vivas. Essa anomalia ocorre numa proporção de 1/1000 nascimentos, sendo mais comum em mulheres do que em homens, e geralmente tem uma herança multifatorial, donde pode-se apontar um excesso de líquido amniótico, somado à falta de controle nervoso por parte do feto para deglutição.[254]

253 MOORE, Keith L; PERSAUD, TVN – Embriologia básica, p. 38 e ss; p. 260 e ss.
254 MOORE, Keith l; PERSAUD, TVN – Embriologia básica, p. 277.

O diagnóstico da anencefalia pode ser feito já a partir do terceiro mês de gestação (entre a décima segunda e a décima quinta semanas), através da realização de ultrassonografia. Isso porque o feto portador de anencefalia apresenta uma característica única e inconfundível: não possui os ossos do crânio (a partir da parte superior da sobrancelha não há osso algum), razão pela qual sua cabeça não possui o formato arredondado. É por este motivo que comumente o feto portador desta anomalia é chamado de feto-rã. No local (e apenas em alguns casos) há somente o couro cabeludo cobrindo a porção não fechada por ossos.[255]

Além do exame visual é possível a realização de exame biológico, através da análise dos níveis de alfa-fetoproteína no soro materno e no líquido amniótico. Estes níveis, da décima primeira até a décima sexta semana de gravidez, encontram-se sempre aumentados em gestações de anencefálicos. Desta forma, o diagnóstico da anencefalia é inequívoco e não existem possibilidades de erro. Quanto aos números, é difícil precisar a incidência de casos de anencefalia. Acredita-se que a proporção de anencéfalos seja de seis décimos para cada mil nascidos vivose de dois a cada mil gestações.

A gestação de um feto anencéfalo não costuma ser tranquila para a gestante.Além dos desgastantes efeitos psicológicos que uma gestação deste tipo acarreta, a gestação de um anencéfalo pode trazer maiores riscos à saúde da genitora, como o prolongamento da gestação além do período normal, o aumento da pressão arterial e do aumento do líquido amniótico, sendo que este último problema ocasionaria dificuldades de respiração e de funcionamento do coração da gestante, podendo levá-la ao óbito.[256]

6.1.2.5. A proteção jurídica do anencéfalo

A doutrina manifesta-se muito pouco acerca do status do feto anencefálico e da possibilidade ou não que ele possui de adquirir direitos. Fala-se mais com relação ao direito à vida, alguns lhe negando esse direito e outros lhe assegurando totalmente ou somente até determinado período,

[255] Souza, Romeu Rodrigues – Anatomia humana, São Paulo, 2. ed, 1983, p. 22 a 27.

[256] Santos, Marilia Andrade dos – A aquisição de direitos pelo anencéfalo e a morte encefálica. In Jus Navegandi, Teresina, ano 10, n.982, 2006.

sempre procurando a solução a respeito da possibilidade ou não de punição da gestante e dos médicos em caso de aborto. A discussão cinge-se, então, à esfera penal e diz com apenas um dos tantos direitos que podem ser concedidos a um nascituro anencéfalo.

A discussão levada a efeito no âmbito penal não é de todo inócua para o direito civil. Assim, dentro deste quadro de análise é possível a individualização de duas correntes. A primeira delas concede ao anencéfalo todos os direitos civis aos quais o feto normal tem acesso. A segunda entende que os anencéfalos não podem ser sujeitos de direito, dada a sua anomalia intrínseca, que lhe confere o status de natimorto cerebral. A primeira corrente entende que o feto portador de anencefalia seria titular de direitos de humanidade desde a concepção e, em caso de respiração após o parto, adquiriria os direitos advindos dessa condição. Assim, a anencefalia em nada alteraria o status do recém-nascido portador desta má-formação. Seriam estes seres vivos e seres humanos, inquestionável é a base jusfilosófica para tal.

Dependendo do grau de anencefalia, pode-se o feto não apresentar uma ausência total do cérebro ou da estrutura encefálica, pois apresenta o tronco cerebral funcionando. Pode ainda responder a estímulos auditivos, vestibulares e até dolorosos – apresentar quase todos os reflexos primitivos do recém-nascido (estando mais próximo do recém-nascido normal do que do adulto em estado vegetativo). Pode, nesse sentido, apresentar sinais vitais, já que em alguns casos o tronco cerebral, que é responsável pelas funções vitais do organismo humano, não é lesado pela anencefalia, ou apresenta uma lesão parcial, mantendo, principalmente, a função da respiração.

A segunda corrente entende que o feto anencefálico não pode ser declarado titular de direitos devido à inexistência de vida humana devido à forma física que os pacientes apresentam, pela ausência de racionalidade decorrente de ausência de formação cerebral e eminente ocorrência de morte. Em virtude da gravidade da patologia que apresenta.

Na ótica dos adeptos dessa corrente, o feto anencefálico não teria direito à proteção estatal, nem seria titular de direitos da personalidade. Podendo funcionar numa visão utilitarista como repositório de órgãos e tecidos humanos. Seria correto afirmar que os direitos ínsitos à sua personalidade ser-lhe-iam tirados apenas após o diagnóstico de má-formação do encéfalo? (consideremos as hipóteses não tão longínquas na realidade brasileira de gestações que chegam a termo sem que seja feito o exame pré-natal).

Parece-me incrível que as experiências contemporâneas envolvendo eugenia e xenofobia ainda permitam que se pense assim em relação a um ser humano, um ser portador de informação genética humana, que padece de uma anomalia que ocorreu em seu estado embrionário, retirando-lhe assim desde o início, o "direito a ter direitos"conceito tão importante e tão bem explorado por Hanna Arendt,em flagrante desrespeito aos direitos humanos.

Desta sorte entendemos que tal pensamento não apresenta respaldo legal em face do desenvolvimento legislativo pós-moderno que o mundo vem conhecendo, em flagrante coerência com a internacionalização dos direitos humanos, pois como se sabe, a vida humana passa a ser tutelada como direito fundamental desde a concepção da pessoa.

Razão passa a ter em meu pensamento Mario Emilio Bigote Chorão, para quem "onde está o corpo humano vivo, aí está a alma espiritual; onde está o produto da concepção, está o indivíduo humano; onde está o indivíduo humano, está a pessoa".[257] Questiona-se: o feto anencefálico é um feto vivo? Ou seria apenas um organismo que vive? Da mesma forma que um coração que está sendo transplantado vive. Então a pergunta: o direito à vida também existe para fetos que jurídica e tecnicamente estão mortos?

Este entendimento tem ganhado força nos últimos anos no Brasil, principalmente em razão do ajuizamento, em 2004, perante o Supremo Tribunal Federal, de uma Arguição de Descumprimento de Preceito Fundamental – ADPF n. 54. A ação pretende que o Supremo Tribunal Federal manifeste-se no sentido de não ser punível a conduta da mãe e da equipe médica em caso de antecipação do parto de um anencéfalo. Entendem, inclusive, que nestas hipóteses não haveria aborto, mas sim uma antecipação terapêutica do parto, já que o feto anencefálico não estaria vivo. A questão central que envolve o feto anencéfalo é a presença ou ausência de vida – abrindo-se assim espaço para a interrupção da gravidez. Aqueles que se filiam à corrente da existência da morte encefálica usam como argumento principal o fato de que o Conselho Federal de

[257] ALMEIDA, Silmara J. A. Chinelato e. Estatuto jurídico do nascituro: a evolução do direito do nascituro, p. 414.

Medicina, em sua Resolução nº 1.752/ 04, afirmou que os anencéfalos seriam "natimortos cerebrais". Em verdade, ao que parece, o Conselho Federal de Medicina, embora entenda que os anencéfalos já estão mortos dentro do útero materno, sendo desnecessária a declaração de morte clínica, não os classifica como mortos encefálicos. A Resolução n. 1949/10 do CFM revogou a referida Resolução, tendo em vista" a inviabilidade vital em decorrência da ausência de cérebro, do anencéfalo são inaplicáveis e desnecessários os critérios de morte encefálica".

Posicionamo-nos no sentido de entender que como o anencéfalo apresenta, em alguns casos – principalmente naqueles em que nasce com vida clínica – lesões totais apenas no cérebro, sendo que o cerebelo e, principalmente, o tronco cerebral, funcionam normalmente ou, ao menos, mantém um mínimo de atividade, seria descabido o diagnóstico de natimorte cerebral, pois para a declaração de morte encefálica primaz se faz que todo o encéfalo fique irreversivelmente lesionado, e não somente a sua parte principal – o cérebro. Além disso, para a declaração de morte encefálica é indispensável à ausência de capacidade respiratória sem o auxílio de respiradores mecânicos, o que ratifica a necessidade de lesão total de todo o encéfalo. No entanto, em alguns casos, dependendo do grau de lesão do tronco cerebral, os fetos portadores desta anomalia são capazes de respirar sem o auxílio de qualquer tipo de aparelho.

Nesse sentido é a lição de John Lorber quando questiona: O que então acontece quando um cérebro anencefálico se recupera a partir de uma fina camada delineando um crânio cheio de líquido para se tornar uma estrutura aparentemente normal quando liberada da pressão hidrostática? "A reconstituição desta fina camada, não resulta na reformulação de elementos perdidos, mas ao invés disto, na formação de uma cicatriz glial e possivelmente o retorno da função dos elementos remanescentes". Lorber argumenta que suas observações acerca da recuperação das crianças severamente afetadas que "os médicos não devem desistir em face de um caso aparentemente sem esperança; uma cirurgia de 'shunt' em um estágio precoce tem uma boa chance de produzir um indivíduo normal."[258]

[258] LORBER, John – Seu cérebro é mesmo necessário? In. Research News Science. http: //foruns.clix.pt/geral/show.flat.php.

Sinteticamente, podemos apontar o posicionamento de Bussamara Neme, para quem, a anencefalia em si não acarretaria em 100% dos casos distúrbios ou complicações de origem gestacional, podendo, conforme o caso, a referida gestação chegar a termo, e prolongar-se no tempo a vida do portador de anencefalia. Mas o caso pode também ser diverso, e assim, "dependendo do grau de comprometimento do encéfalo do feto, poderá existir indicação terapêutica de interrupção da gravidez, dada a intensidade dos gravames de ordem psíquica que é acometida não só a gestante, mas toda a família". Não questiona em momento nenhum o caráter de ser humano do anencéfalo, nem tampouco pode este, aos olhos da obstetrícia, ser considerado um feto morto. Sua gestação corre normalmente, chegando a termo (aduz inclusive que o desenvolvimento fetal fá-lo atingir parâmetros próximos à normalidade nos quesitos peso e altura – são estes ligeiramente menores e apresentam um ligeiro baixo peso em relação aos fetos sãos) deverão ser administrados os mesmos cuidados pré-natais de um feto não portador de anencefalia.

Assim, "o Estado deveria protegê-lo em seu quadro legislativo, e nunca puni-lo, relatando que o segredo do bom obstetra é "conversar com o feto" conhecendo assim, sua realidade, suas necessidades, suas emanações e potencialidades".[259] No Brasil, entretanto, pelo julgamento da ADPF 54 no STF em 13.4.2012, o feto sem cérebro, mesmo que biologicamente vivo, é juridicamente morto, não gozando de proteção jurídico penal, posto que não apresenta potencialidade de vida.

6.2. Bioética e reprodução humana assistida

A sociedade contemporânea, fruindo do extremo desenvolvimento científico que atingiu, pode proporcionar aos homens a cura de inúmeras patologias, ou problemas que os afligiam. Assim desenvolveram-se as diversas técnicas conhecidas para a reprodução artificial assistida. A importância da prole sempre foi uma constante nas sociedades familiares, desde a Antiguidade. Sendo a questão da reprodução uma constante nos documentos legislativos desde então. O Código de Hamurabi, 2000 a.C., ante a importância da procriação, previa a intervenção de terceiros

[259] Entrevista a mim concedida pelo Professor Bussamara Neme, em SP 14.3.2010.Professor Emérito de Ginecologia e Obstetrícia da USP e da Unicamp.

no lar conjugal, para saná-la. O Código de Manu, 1200 a.C., já se preocupava com a questão da descendência, possibilitando, ante a esterilidade do marido, que seu irmão se incumbisse da tarefa de inseminar sua esposa, garantindo-lhe assim, a prole.[260]

6.2.1. Conceito de reprodução assistida

A Reprodução Humana Assistida (RHA) é, basicamente, a intervenção do homem no processo de procriação natural, com o objetivo de possibilitar que pessoas com problemas de infertilidade e esterilidade satisfaçam o desejo de alcançar a maternidade ou a paternidade. Ressalta-se que a esterilidade e a infertilidade são doenças devidamente registradas na Classificação Internacional de Doenças – CID 10 (OMS) e, como tal, podem ser tratadas.

A infertilidade pode ser entendida como a impossibilidade de procriar quando há fecundação, mas o feto não chega a termos; já a esterilidade se configura como a ausência de concepção em dois anos. As causas para tanto podem ser masculinas ou femininas. Entretanto, ambos os termos são empregados como sinônimos na atualidade. São causas para a esterilidade: baixa espermogênese, ausência de ovulação, produção de óvulos resistentes à fertilização, bloqueio de trompas, o aparelho reprodutivo da mulher pode ser quimicamente hostil ao esperma. Qualquer desses problemas pode interromper o processo reprodutivo.[261]

Além destas, pode-se apontar como causas da esterilidade feminina: as malformações uterinas, as lesões nas camadas do útero – sendo as mais usuais o mioma uterino, a endometriose, a adenomiose, que altera a condição retractil do útero–, as malformações tubárias, lesões iatrogênicas, processos infecciosos. Além destas também patologias de origem endócrinas podem comprometer a capacidade reprodutiva da mulher, e logo, do casal. Estas manifestam-se na forma de anovulação crônica, hiperprolactinemia e foliculogênese anormal. A causa da infertilidade feminina pode ser ainda de natureza desconhecida, geralmente de origem psico-

260 SCALQUETTE, Ana Claudia Silva – Estatuto da reprodução assistida, São Paulo; Saraiva, 2010, p. 54

261 SILVER, Lee M – De volta ao Éden- engenharia genética, clonagem e o futuro das famílias, p. 83.

lógica; e masculina: a oligospermia – que indica uma baixa concentração de sêmen; astenozoospermia – que indica uma baixa concentração de espermatozoides com motilidade normal; teratozzospermia – que indica a baixa concentração de espermatozoides com morfologia normal; azoospermia, que indica a ausência de espermatozoides ejaculados; ciptozoospermia, que indica a ausência de espermatozoides mas que indica a presença destes após o processo de centrifugação; aspermia, que indica que não houve efetivamente ejaculação.[262]

As técnicas de reprodução assistida são indicadas "quando existem defeitos– adquiridos ou congênitos – no sistema reprodutor masculino, baixa espermogênese, pseudo-hermafroditismo, má formação congênita, e para a mulher, também problemas psíquicos.[263] O médico especialista em reprodução humana irá em face dos caracteres levantados, analisar o tratamento mais indicado para cada caso.

6.2.2. A reprodução assistida: aspectos clínicos

A reprodução humana assistida implica em um conjunto de técnicas: relação programada, inseminação artificial intrauterina e fertilização extra-corpórea que abrange a fertilização *in-vitro* clássica e a fertilização *in-vitro* por meio de injeção intracitoplasmática de espermatozoide. Uma equipe multidisciplinar tem participação estreita no acompanhamento do desenvolvimento folicular, detecção e indução da postura ovular ou até mesmo a realização do encontro dos gametas, assim como na otimização da fase lútea. As indicações dessas técnicas estão diretamente ligadas às causas de infertilidade.[264]

A taxa de sucesso para a avaliação resultados das técnicas de RHA implica na ocorrência de gravidez e o nascimento de uma criança viva. Tal como elencam Márcia de Freitas, Arnaldo A F Siqueira e Conceição A M Segre "a concepção por RHA é associada a um aumento da

[262] Fonseca, Ângela Maggio e outros – Esterilidade feminina. In. Tratado de ginecologia – Condutas de rotina de ginecologia da FMUSP, São Paulo: Ed. Revinter, 2005, p. 393 e 394

[263] França, Genival Veloso de – Direito Médico, p. 313.

[264] Freitas, Márcia de; Siqueira, Arnaldo AF; Segre, Conceição, AM – Avanços em reprodução assistida. In. Revista brasileira de Crescimento e Desenvolvimento Humano.2008(1): p. 93 a 97.

incidência de uma série de complicações obstétricas e perinatais: perda espontânea de gravidez pré-clínica; aborto espontâneo com uma incidência de 15,5% nas gestações; gravidez ectópica variável de 0,7 % a 2,2% dependendo do tipo de procedimento utilizado. Encontrou-se ainda um maior risco de placenta prévia, descolamento prematuro de placenta, além de um maior número de hipertensão arterial especifica da gravidez e diabetes gestacional. Outra complicação, embora rara, é a síndrome de superestimulação ovariana que se desenvolve na fase pós ovulatória de um ciclo induzido e envolve uma série de complicações potencialmente graves".

Aduzem também que "relativamente ao tipo de parto, verificou-se que o parto cesárea foi muito frequente entre as gestantes submetidas à RHA, principalmente em função da presença de fetos múltiplos. Há relatos de um possível risco aumentado do câncer ovariano e de mamas em mulheres que receberam a terapia com gonadotrofinas ou com clomifeno".[265] Quanto aos aspectos perinatais, podem ser destacados o nascimento de mais uma criança, considerado um problema de saúde pública, devido aos riscos causados às mães, às crianças e pelo alto custo gerado ao sistema público de saúde. O maior risco para as crianças é o da prematuridade, em especial a prematuridade extrema.

De acordo com os professores, esses recém-nascidos apresentam problemas de termorregulação, respiratórios, de alimentação, icterícia, infecção e complicações neurológicas e restrição de crescimento intrauterino. O índice de mortalidade perinatal aumenta quatro vezes para a gestação gemelar e seis vezes para a trigemelar. Há também uma elevação das taxas de anomalias congênitas resultado dos efeitos adversos dos nascimentos múltiplos. Importante se faz determinar precocemente se tais anormalidades epigenéticas estão presentes nas crianças concebidas por reprodução assistida, para considerar a saúde de gerações seguintes.

Quanto aos aspectos epidemiológicos e demográficos oriundos da intensiva utilização das técnicas de reprodução assistidas, que represen-

[265] Freitas, Márcia de; Siqueira, Arnaldo AF; Segre, Conceição, AM – Avanços em reprodução assistida. In. Revista brasileira de Crescimento e Desenvolvimento Humano.2008(1): p. 93 a 97.

taram uma verdadeira epidemia, principalmente nos países desenvolvidos, o que acarretou um "boom" de gestações múltiplas, temos que nos EUA de 1997 a 2000, a proporção de partos múltiplos atribuíveis à RHA aumentou de 11.2% para 13.6%, enquanto a proporção atribuível à concepção natural diminuiu de 69.9% para 64.5%. Considerando-se dados do IBGE, pode-se verificar que houve uma alteração na curva demográfica do Brasil em 9,5% no mesmo período.

No Brasil existem aproximadamente 117 centros de reprodução humana assistida, dos quais apenas 6 instituições oferecem tratamento gratuito, 3 oferecem tratamento semi-gratuito –com a medicação paga pelo casal, sendo ainda que a grande maioria desses centros localizam-se no Estado de São Paulo, não sendo o tratamento acessível a população como um todo.

Um fator preocupante no Brasi, é o fato de que a reprodução assistida não ter um regramento próprio, e ser regulamentada apenas pelas normas éticas definidas pela resolução do Conselho Federal de Medicina. Entre as considerações bioéticas que surgem com as novas técnicas reprodutivas, podemos apontar: a redesignação dos laços parentais, o acesso às mulheres solteiras às técnicas; o acesso aos homossexuais e transgêneros às técnicas, a viabilidade da reprodução heteróloga, a questão da reprodução assistida *post mortem*, entre os diversos temas de debates que acometem o embrião, já discutidos nessa obra. Devendo-se sempre ter por modelo basilar a dignidade da pessoa humana em face dos progressos científicos na área da saúde.

6.2.2.1. As técnicas de reprodução assistida

Basicamente a reprodução assistida consiste na orientação e assistência para a prática reprodutiva quando os métodos tradicionais não estão atingindo o resultado desejado. Pode a reprodução assistida ser homóloga ou heteróloga, quando for utilizado o material genético do casal – casado ou convivente – ou valer-se de material de doador. Pode ser também realizada *in vivo, in vitro* ou *post mortem,* decorrente da técnica reprodutiva indicada para cada caso específico, (feita diretamente no corpo da receptora, ou fora dele, em laboratório) bem como do momento em que sua realização tiver lugar.

Uma pequena diferença conceitual deve ser apontada em matéria de fertilização entre os termos, fecundação, inseminação e concepção muitas vezes empregados como sinônimos. A fecundação, oriunda do latim *fecundatio*, significa fertilizar, dá-se na fase de reprodução, que consiste na fertilização do óvulo pelo esperma. Comporta tanto a fecundação natural, quanto a artificial, decorrente de manipulação, a qual se dá pela fertilização *in vitro* ou pela inseminação no corpo da mulher. A inseminação, oriunda do verbo *inseminare*, significa a colocação do sêmen ou do óvulo fecundado na mulher.

A concepção ocorre no momento posterior ao da fecundação, representando o produto derivado da mistura de material genético entre os pais. As técnicas de reprodução humana artificial conhecidas são: a Inseminação artificial intrauterina – IIU; a fertilização in vitro convencional com transferência intrauterina de embriões – FIVETE –; a transferência intratubária de gametas – GIFT –; a transferência intratubária de zigoto-ZIFT – e a Injeção intracitoplasmática de espermatozoide – ICSI. A Inseminação artificial intrauterina é a mais simples de todas as técnicas de reprodução assistida e consiste na introdução artificial de espermatozoides no interior do canal genital feminino com o auxílio de um cateter. Esta técnica é indicada para os casos de incompatibilidade do muco cervical, deficiência seminal leve, alterações na ovulação ou na concentração espermática (volume seminal e motilidade dos espermatozoides).

A Fertilização *in vitro* convencional com transferência intrauterina de embriões(FIVETE) ocorre em laboratório com a posterior transferência de embriões. Geralmente a ovulação é estimulada por hormônios resultando na formação de vários folículos maduros, sendo os óvulos colhidos por punção guiada por ultrasonografia endovaginal. Após serem colocados juntamente com os espermatozoides num recipiente denominado placa de Petri, são finalmente fecundados. O processamento se dá em um ambiente com 5% de CO2 e temperatura de 37º, para depois de 24 a 48 horas serem transferidos para a cavidade uterina os embriões formados, contendo já de 4 a 8 células (blastômeros – estágio embrionário anterior ao de mórula).

A probabilidade de gravidez múltipla é maior nesse processo do que na reprodução normal, assim como a incidência de abortamento espontâneo. A técnica é indicada para mulheres com problemas nas trompas, anovulação crônica, endometriose ou ovários policísticos.[266] A Transferência intratubária de gametas, consiste na transferência de espermatozoides e oócitos, previamente captados, que são aproximados, para a tuba uterina, dando margem para a fertilização natural nessa região. Portanto, refere-se aqui á fertilização *in vivo*. É indicada para os casos em que a mulher tenha ao menos uma trompa saudável.[267] A transferência intratubária de zigoto, consiste na retirada do óvulo da mulher para fecundá-lo na proveta com sêmen do marido ou de doador, para depois introduzir o embrião diretamente em seu corpo, em seu útero ou em outra mulher. Nessa técnica, a transferência do zigoto para a tuba uterina ocorre quando a célula fusionada encontra-se no estágio embrionário de duas células – no início da clivagem –, o zigoto é transferido para a trompa em vez de ser colocado no útero.

A Injeção intracitoplasmática de espermatozoide, por sua vez, envolve a injeção de um espermatozoide diretamente no citoplasma de um ovócito maduro por meio de um aparelho especialmente desenvolvido, que contém micro agulhas para injeção. Essa técnica é inviável em casos de infertilidade resultante de tuba uterina bloqueada ou no caso de oligospermia (número reduzido de espermatozoides), porém é bastante eficaz quando combinada com outras técnicas reprodutivas, como a transferência de citoplasma, indicada para mulheres que óvulos fracos, na qual de 10 a 20% do óvulo de uma doadora são transferidos para o óvulo da paciente, visando assim originar embriões de melhor qualidade e com maior poder de implantação; ou para o tratamento de homens que possuem apenas espermátides – células precursoras dos espermatozoides –, que são resgatadas dos testículos, maturadas e inseridas no óvulo pela técnica aqui descrita.

A escolha da técnica de reprodução assistida a ser empregada, será escolhida em função da situação fática de cada paciente, em decorrência das diversas anomalias, deficiências ou incompatibilidades físicas que apresentar. Normalmente envolvem custos elevados dependendo da técnica a ser utilizada. Diversos são os resultados práticos decorrentes do emprego dessas técnicas, com grande repercussão para o debate

[266] MOORE, Keith L; PERSAUD, RVN – Embriologia básica, p. 26 e 27.
[267] DINIZ, Maria Helena – O Estado atual do biodireito, p. 543.

bioético, necessitando ser regulado pelo biodireito, pois importante é a sua posterior influência no direito de família. Podemos assim destacar: a fecundação de um óvulo da esposa ou companheira com esperma do marido ou convivente, transferindo-se o embrião para o útero de outra mulher; a fertilização *in vitro* com material de doador, por encomenda de um casal estéril, implantando-se o zigoto no útero de uma mulher ou no de outra; a fecundação com sêmen do marido ou companheiro, de um óvulo não pertencente à sua esposa ou companheira, mas implantado no seu útero; a fertilização com material de doador, do óvulo da esposa, implantando-se o zigoto no útero de outra mulher; a fertilização com material dos parceiros ou com material de doador seguido de gestação substituta nos casos de procriação entre pessoas do mesmo sexo ou nos estados intersexuais.

Inúmeras são as consequências jurídicas oriundas do emprego das práticas reprodutivas, que engendram pesados e atuais debates bioéticos, como: a confusão de papéis familiares no direito de família; a decadência das presunções *pater ist* e *mater sempre certa est*; o anonimato do doador que inibe o conhecimento da ascendência genética por parte do filho; o acesso à mulher solteira às práticas de reprodução assistida, gerando não só a família monoparental, mas a família unilinear – privando assim o filho do direito personalíssimo á biparentalidade biológica; poderá acarretar a interferência de um terceiro no lar conjugal. Por isso, pensamos que urge seja feita a regulação legal da reprodução assistida tal como no exemplo europeu, tendo em vista a dignidade do ser humano e o melhor interesse da criança.

O Código Civil brasileiro, que não regula o tema, apenas prevê duas formas de reprodução assistida quando do estabelecimento das presunções de paternidade em seu art. 1597: a homologa e a heteróloga, de acordo com a origem do material genético utilizado. Grande é a repercussão em matéria de família e filiação em face da técnica utilizada.

6.2.3. A reprodução assistida: aspectos bioéticos

Na lição de Paulo Otero, aplicação no âmbito da reprodução humana do progresso científico e técnico nos domínios da biologia e da genética conduziu o final do século XX a uma situação inovadora: a procriação antes dominada pela natureza, passou a ser comandada pelo homem, levando a uma dissociação entre a reprodução e a sexualidade.[268] Leciona António Carvalho Martins que apesar do sucesso da reprodução assistida, que gera grande interesse na população, esta deve ser vista com cautela, pois o uso de uma liberdade, constitucionalmente garantida, pode lesar interesses ou bens jurídicos fundamentais ao homem, a saber, a própria vida, a integridade física e moral, a privacidade, o conhecimento de sua origem biológica, o acesso à biparentalidade, entre outros.

Aduz ainda que as técnicas de auxílio da reprodução humana, foram desde sempre procuradas pelo homem, como garantia da perpetuação da espécie, chegou ao seu apogeu: através das descobertas científicas, o que antes "era conseguido" com orações, sucos de plantas, simpatias ou adultério, consentido ou não, fez-se realidade no mundo contemporâneo. O que não significa, entretanto, que o emprego das técnicas não deva conhecer nenhum limite normativo em face da preservação da dignidade humana ou mesmo da higidez da espécie, de todos os envolvidos no processo reprodutivo.

Surgem assim, inúmeros questionamentos: qual o melhor destino dos embriões não utilizados no processo de reprodução assistida (excedentários); qual o limite da prática de reprodução assistida? O que é moralmente aceitável? Qual a finalidade principal da técnica? Deve haver mesmo o sigilo do doador ou este pode ser quebrado? Essa quebra inviabilizaria a técnica? Há necessidade expressa de autorização do doador de material genético? E muitas outras.

De grande impacto na matéria é o debate ético jurídico que ela proporciona, que será sem dúvida cerceada pela atuação do legislador, "ainda que com isso não se resolva a questão de qual deve ser o alcance dessa intervenção, onde pressupõe –se o conhecimento profundo do sistema político-social de cada país, e não apenas o seu sistema jurídico".[269] No direito positivo vigente, deve-se considerar as normas que preveem os direitos, liberdades e garantias, tendo em vista a principiologia constitucional. Algumas praxis médicas tem intensa repercussão bioética, tal

[268] OTERO, Paulo – Personalidade e identidade pessoal e genética do ser humano: um perfil constitucional da bioética, Coimbra: Almedina, 1999, p. 12.
[269] MARTINS, António de Carvalho – Bioética e diagnóstico pré-natal, Coimbra: Coimbra Editora, 2003, p. 24 a 29.

como o acesso às mulheres sós/solteiras que não mantém nenhum vínculo afetivo à reprodução assistida, e a lei prevê o anonimato do doador, às viúvas em fazerem inseminação *post mortem* fecundadas com o sêmen previamente conservado de seu marido falecido, levando em ambas hipóteses a circunstância de o filho nascer com a ausência da figura social do pai, por prévia decisão da mulher.[270]

Também apresenta grande debate bioético o acesso das técnicas reprodutivas às pessoas do mesmo sexo e nos casos intersexuais.[271] Outro ponto de grande discussão bioética é o acesso às técnicas de reprodução assistida em portadores de HIV dada ao alto índice de contaminação que a patologia apresenta. Sabe-se que na gestação envolvendo soropositivos tanto a mãe quanto a criança podem ser infectados, mesmo se só o pai for soropositivo, devido à presença, controvertida, do vírus da AIDS no esperma humano. Quando a soropositividade for por parte materna, existe o risco de contaminação vertical (direta da mãe para o filho) ou pela amamentação. É sabido que através do uso das técnicas de reprodução assistida a possibilidade de infecção diminui, sendo comum a inseminação heteróloga, ou o emprego das técnicas de inseminação artificial e a fertilização in vitro com injeção intracitoplasmática.

Do ponto de vista bioético contrapõem-se dois direitos fundamentais nesses casos: o direito à procriação de um lado e o direito à vida e à saúde da criança de outro, protegida esta nos documentos legais nacionais e internacionais.[272] Entendemos que deve ser feito um rigoroso diagnóstico clínico que abrangerá a indicação, ou não da reprodução artificial no caso a caso, mesmo em pacientes portadores de outras moléstias que não a AIDS, como fibrose cística, leucemia ou doenças coronarianas, pelo risco de contaminação que importa ao novo ser que será gerado.

Podemos assim concluir que intensas são as repercussões bioéticas em matéria de família que advém da reprodução artificial. Quem poderia/

[270] MARTINS, António de Carvalho – Bioética e diagnóstico pré-natal, p. 51.

[271] MALUF, Adriana Caldas do Rego Freitas – Direito das famílias: amor e bioética, São Paulo/Rio de Janeiro: Elsevier, 2011, p. 444.

[272] NUNES, Adriane; BICHARA, Andréia Gil; DINIZ, Luciano – Reprodução assistida em portadores de HIV. In. CLEMENTE, Ana Paula Pacheco (Org.) – Bioética no início da vida, Petrópolis: Vozes, 2006, p. 231 e ss.

deveria ter acesso ás técnicas? Quantas vezes uma mulher sozinha ou um casal pode recorrer às técnicas de reprodução assistida? Pode-se escolher o sexo do bebê? Deve de fato esta prática ser gratuita? Quanto **às** modalidades, a inseminação artificial homóloga, se num primeiro momento não acarreta maiores conflitos, em outro, pode acarretá-los se realizada *post mortem*, como prevê entre tantas outras, a nossa legislação pátria.

No que tange à inseminação artificial heteróloga, que se apresenta basicamente em quatro formas: com material genético de um doador, sob a forma de cessão temporária de útero, acessível à mulher sozinha, acessível nos estados intersexuais; o conflito é emergente, pois pode acarretar a interferência de um estranho na vida do casal; o desconhecimento da origem genética, uma segregação social, a coisificação do homem, a contratualização da família, a confusão dos papéis familiares, o anonimato do doador que inibe o conhecimento da ascendência genética, ferindo-o em sua dignidade.[273]

Com Paulo Otero e Álvaro Dias, entendo que nessa nova dimensão que tomou a reprodução assistida, que o Estado, enquanto agente pacificador não deve ficar indiferente, pois encontram-se presentes relevantes questões sociais, de saúde, demografia, status jurídico dos nascidos e relações familiares, passando pela própria paz social.[274] Atenta ainda para o detalhe Paulo Otero que em termos constitucionais, ao lado de um inegável direito ou liberdade de procriação natural, inerente à condição humana enquanto expressão do direito de constituir família, existe o reverso, o direito a recusar a procriação natural, traduzido no direito à contracepção, à esterilização e ao aborto. Leciona também que por derradeiro vem o progresso técnico teria criado "o direito a recorrer à procriação medicamente assistida".

6.2.3.1. Diagnóstico pré-implantacional

Diagnóstico genético pré-Implantacional é um método de diagnóstico pré-natal utilizado em técnicas de reprodução medicamente assistida

[273] MALUF, Adriana Caldas do Rego Freitas Dabus – Direito das famílias: amor e bioética, p. 445.

[274] OTERO, Paulo – Personalidade e identidade pessoal e genética do ser humano: um perfil constitucional da bioética, p. 17.

e que visa prevenir a transferência de embriões portadores de graves doenças genéticas ou cromossómicas. Através desse método analisa-se o genoma do novo ser produzido, antes da implantação visando que ocorra a transmissão de genes indicadores de doenças genéticas. A técnica é recomendada, como aduz Mayana Zatz, "paracasais com alto risco de doenças genéticas, que já tem ou tiveram parentes com doenças graves e que recorrem a essa tecnologia para evitar o nascimento de mais um bebê afetado". A eficácia do exame possibilita identificar ganho ou perda de todos os cromossomos em um único exame. "No caso de doenças causadas por um único gene – por exemplo, distrofias musculares, atrofia espinhal, fibrose cística –, o diagnóstico só é possível se a mutação que causou aquela doença na família já for conhecida. É importante lembrar que ninguém pode garantir a um casal uma criança normal. O que se pode fazer é excluir algumas doenças genéticas".

As células necessárias a esse procedimento são obtidas geralmente no terceiro dia de desenvolvimento do embrião quando este possui entre seis e doze células. Destas são recolhidas por biópsia uma a duas células que se destinam a ser analisadas tendo como objetivo a transferência de embriões geneticamente normais no que tange à patologia estudada.

Com o uso dessa técnica pré implantacional, apenas os embriões geneticamente viáveis são transferidos para o útero materno, aqueles com alteração podem seguir dois destinos, dependendo sempre da decisão do casal: ou permanecem congelados ou podem ser doados para a pesquisa. A Lei de Biossegurança brasileira permite pesquisas com embriões inviáveis, e assim é possível a partir daqueles que têm mutações genéticas gerar qualquer linhagem celular, o dá a possibilidade única de estudar o efeito de uma mutação em qualquer tipo de célula: ósseas, sanguíneas, pele, músculo, neurônios. "Com isso, pode-se pesquisar os mecanismos patológicos responsáveis pelos erros genéticos, como os genes se expressam nos diferentes tecidos, e principalmente tentar diferentes abordagens terapêuticas para corrigir os defeitos. Por isso a colaboração dos centros de reprodução assistida e de pesquisas genéticas é tão importante".[275]

[275] Zatz, Mayana – Diagnostico pré-implantação: como ele pode ajudar a prevenir, entender e no futuro tratar as doenças genéticas. In. http: //veja.abril.com.br/genetica/tag/diagnosticopreimplantação. Acesso em 26.03.2012.

A Resolução 2.168/2017 do CFM dispõe sobre a técnica em seu item V, permitindo a seleção de embriões submetidos a diagnostico de alterações genéticas causadoras de doenças, podendo neste caso serem doados para pesquisa; as técnicas de RA também podem ser utilizadas para tipagem do sistema HLA do embrião, no intuito de selecionar embriões compatíveis com algum irmão já afetado; o tempo máximo para o desenvolvimento de embriões in vitro será de até 14 dias. O Convênio Europeu sobre os Direitos Humanos e Biomedicina, proclamou em seu art. 13 que toda intervenção sobre o genoma humano so poderia ser levada a efeito por razões preventivas, de diagnóstico ou terapêuticas e somente se não tiver por finalidade introduzir uma modificação no genoma da descendência.

Em Portugal foi promulgada a Lei n. 32 de 26.7.2006 que regula as técnicas de reprodução assistida. A lei segue as linhas do Convenio Europeu, mas permite, em caso de elevado risco de doença relacionada ao sexo ou para selecionar embrião que tenha HLA (antígeno) compatível para o tratamento, é possível o emprego da técnica nos caso de famílias que possuam em seu código genético a presença de alterações que causem morte precoce ou doença grave, quando existir risco elevado de transmissão aos descendentes. Na Alemanha, o Parlamento Alemão, Bundestag, aprovou a utilização da técnica de diagnostico pré implantacional quando houver alto risco de transmissão hereditária de anomalias genéticas ou malformações comprovadas, a possibilidade de aborto espontâneo ou natimorte do feto; havendo, entretanto, a necessidade da aprovação de uma comissão técnica sobre a indicação da técnica.

Esse procedimento, tem provocado muita polêmica e controvérsia, chegando mesmo a existirem países onde sua realização é ilegal sendo, entretanto, possível a realização daamniocentese para diagnóstico pré-natal e a eventual interrupção de gravidez. Discute-se no campo da bioética se a técnica não implicaria numa nova forma de eugenia, uma vez que só os embriões saudáveis seriam transferidos; como também é difícil, determinar com precisão, numa sociedade multicultural quais os caracteres da ida humana que devem ser prevalescentes. Esses contornos, são obviamente regados de intensa subjetividade, como o são os critérios de qualidade de vida, felicidade, sucesso e realização.

Há nesse sentido a concepção de que surgem riscos inevitáveis ou mesmo entraves em relação aos avanços biotecnológicos, que podem a seu turno travar eficazes ponderações legislativas, deixando resvalar para a ilicitude uma técnica que visa minimizar a transmissão de doenças genéticas e/ou cromossômicas. [276] Pode-se entender por eugenia, a seleção humana baseada em critérios biológicos. E assim, baseado na teoria evolucionista de Darwin, inspirou-se a formação do conceito de darwinismo social o que alicerçou a noção de aperfeiçoamento da raça humana. Na atualidade, algumas práticas biotecnológicas em matéria de reprodução assistida humana podem nortear a ideia de eugenia. São elas: a fertilização in vitro, o diagnostico pré implantacional, o diagnóstico pré-natal, o aborto terapêutico e a clonagem reprodutiva.

Seria assim permitido aos pais ou ao Estado a escolha dos futuros filhos segundo seus valores? Promoveria uma ideia utilitarista da vida? Segundo deliberação do Conselho da Europa, através da Recomendação 3 de 1992, os testes genéticos têm por finalidade diagnosticar e classificar doenças genéticas, identificar os portadores de genes defeituosos e aconselhá-los sobre o risco de terem descendentes afetados, a fim de possibilitar uma melhor qualidade de vida para a sociedade em geral. No que tange aos litígios emergentes no caso de reprodução assistida e diagnostico pré implanacional, podemos apontar o caso em que o médico atesta erroneamente que determinado embrião é saudável, ou quando não informa aos pais a presença de determinada patologia. Esses casos são denominados na doutrina americana de *wrongful birth* (nascimento injusto), uma vez que se considera que os pais foram privados da oportunidade de tomar

[276] Recentemente a mídia relatou o caso da menor que fruto de reprodução assistida, teve o seu genoma estudado previamente á implantação dos embriões que foram transferidos sem a informação de talassemia, doença que acomete vários membros de sua família, inclusive sua irmãzinha de cinco anos, e totalmente compatível geneticamente com esta para fins de transplante. A recém-nascida foi o 1º bebê dos pais a ser selecionado geneticamente em laboratório. No Brasil não há uma lei nesse sentido, diferente da Espanha cuja lei aprovada em 2006, permite a seleção de embriões compatíveis com filhos doentes, que atrai, entretanto, críticas da Igreja católica. Frente a estes casos pensamos que a dignidade humana é o limite para tal prática. In. "Nasce o 1º bebê brasileiro selecionado geneticamente para curar a irmã". OESP, 15.02.12, p. A 14.

a decisão de implantar ou não o embrião ou de continuar ou não a gravidez, tendo em vista o seu projeto parental.

Pode haver ainda o caso em que o próprio ser gerado pleiteie a indenização contra seus pais. São os casos de wrongful life (vida injusta). Quem determinaria a justiça ou a injustiça da vida? O apelo mercadológico consumerista? O costume? A cultura? Numa visão histórica, temos que o termo wrongful birth foi utilizado pela primeira vez nos Estados Unidos no caso Zepeda v. Zepeda, apesar de não se tratar de situação de erro de diagnostico pré-natal.Tratou-se na verdade de uma disputa entre o filho e o pai, em que o menor sugeria ter sofrido graves danos por ter nascido de uma relação ilegítima do pai. O pedido de indenização foi denegado pelo Tribunal de Illinois em 1963, por temer ser surpreendido com uma gama enorme de demandas no mesmo sentido.

O que poderia se ponderar no caso? O direito ao abortamento? A imposição do dever de amar por parte do pai? Já as questões que envolvem o wrongful birth são mais comuns em território norte americano. De um modo geral, os tribunais veem entendendo pela condenação de médicos ao pagamento de gastos extraordinários ocasionados pelo nascimento de uma criança enferma. No que tange ao wrongful life, poder-se-ia alegar que seria melhor não nascer uma criança doente? Existiria mesmo o direito a não nascer? O que aconteceria se os pais, por convicções religiosas, optassem em ter um filho doente? Poderia este pleitear indenização contra os pais?

No caso envolvendo o *wrongful birth*, ponderamos que embora haja um o médico, e este enseje a devida responsabilização, alguns parâmetros hão de ser considerados: pode não haver uma relação de causalidade entre o diagnóstico do médico e a enfermidade contida no genoma do paciente. Desta forma, o prejuízo estaria assentido na perda da chance dos pais de escolher implantar ou não o embrião portado de anomalia, que por via de consequência gerará seu futuro filho enfermo. Poder-se-ia defender o direito à implantação de embrião são sobre o direito à vida? Pleiteia-se ainda a indenização no campo material, pelos gastos excepcionais com o tratamento e a doença.

Vemos assim, que no momento em que a legislação de um país permite que esse tipo de escolha seja feita, por-se-ia falar na incidência de dano moral. Não podemos no olvidar, entretanto, que estaríamos diante de um caso de nítido pensamento eugênico onde seria preferível o não nascimento do filho doente. No caso de *wrongful life* não há obstáculo ao real exercício de autonomia da vontade, no caso de *wrongful birth*, operacionalmente não há como questionar o embrião se este preferia não ter nascido. Resta ao direito dirimir estes casos!

6.2.4. A reprodução assistida à luz das religiões

O posicionamento religioso é muito diverso em face da reprodução assistida. O catolicismo posiciona-se contrariamente às práticas envolvendo a inseminação artificial, salvo em casos especiais; **à** doação de embrião, **à** doação de material genético e mesmo quanto ao congelamento deste material genético. A partir do Documento do Vaticano "Instrução sobre o respeito à vida humana nascente e à dignidade da procriação – *Donum vitae* – a posição da Igreja católica é que a vida seja acolhida como um dom e benção de Deus, o filho não é objeto apropriável, e tem o direito de ser fruto do amor. Nesse sentido, do ponto de vista moral a Igreja Católica é em princípio contrária às práticas de reprodução artificial, mas por outro lado, observa a evolução científica, desde que tenham por princípio o respeito pela dignidade humana.[277]

O judaísmo e o islamismo, posicionam-se favoravelmente à inseminação artificial e ao congelamento de material genético, sendo contrários **á** doação de embriões e de material genético. Os Testemunhas de Jeová posicionam-se favoravelmente à inseminação artificial e ao congelamento de material genético, sendo contrários **à** doação de embriões e de material genético. Entre os ortodoxos, a posição é diferente: aceita-se mediante livre arbítrio a inseminação artificial, a fertilização in vitro e o congelamento de óvulos, mas são contrários **à** doação de embriões, a sua criopreservação e à doação de material genético. Mais liberal, dado o seu caráter reincarnacionista, o budismo e o espiritismo, são favoráveis à doação de embrião e de material genético. Também se posicionam favoravelmente o presbiterianismo, o anglicanismo e a Congregação cristã do

[277] BARCHIFONTAINE, Christian de Paul – bioética e reprodução medicamente assistida. In. PESSINI, Leo; BARCHIFONTAINE, Christian de Paul (Orgs) – Fundamentos da bioética, p. 164 a 167.

Brasil. O luteranismo posiciona-se favorável a maioria das práticas, com exceção da doação de material genético.[278]

Sintetiza Leo Pessini que o homem age de acordo com uma força maior que lhe norteia, independente da crença religiosa a qual se encontre ungido, e assim "o moralmente certo ou errado deriva da autoridade de uma fonte superior ao ser humano. Desta forma, o ser humano seria livre para utilizar a biotecnologia como melhor lhe aprouver, sem nenhuma proibição, salvo as autoimpostas pelas crenças e valores pessoais".[279]

6.2.5. Reprodução assistida: aspectos jurídicos

6.2.5.1. Principais projetos de lei

Apesar de o quadro legislativo nacional não contar com uma lei sobre reprodução assistida – que a seu turno necessita urgentemente ser regulada – diversos Projetos de Lei visaram regular o tema. Podemos entre eles, destacar: o PL 1184/2003; o PL 2855/1997; o PL 120/2003; o PL 2061/1993; o PL 90/1999 reapresentado em 2001; o PL 3638/1993. Cada um deles posiciona-se diferentemente sob diversos aspectos que se ligam à reprodução assistida.

O PL 1184/2003 prevê quanto ao destino do embrião que ele seja transferido a fresco; autoriza a doação de gametas; quanto á elegibilidade de acesso ás técnicas privilegia as mulheres solteiras ou casais; não autoriza a gestação de substituição nem a redução embrionária; prevê que o número máximo de embriões a serem produzidos como sendo dois e também visa possibilitar a quebra de sigilo do doador no caso de necessidade clínica, privilegiando assim a filiação social.

O PL 2855/1997 – apresentado pelo Dep. Confúcio Moura, prevê quanto ao destino do embrião que ele seja criopreservado autorizando ainda o descarte dos mesmos; autoriza a doação de gametas; quanto á elegibilidade de acesso ás técnicas privilegia as mulheres solteiras ou casais;

[278] Cambiaghi, Arnaldo Schizzi – O tratamento de fertilização e as religiões – o permitido e o proibido, p. 93 e ss; Maluf, Adriana Caldas do Rego Freitas Dabus – Curso de bioética e Biodireito, p. 205 e SS.

[279] Pessini, Leo – Bioética – um grito pela dignidade de viver, 3ºed., São Paulo: Paulinas/ São Camilo, 2008, p. 53.

autoriza a gestação de substituição mas não autoriza a redução embrionária; não menciona um número máximo de embriões a serem produzidos nem se posiciona quanto à possibilidade – ou não – da quebra de sigilo do doador no caso de necessidade clínica, privilegiando assim a filiação social.

O PL 120/2003 apresentado pelo Dep. Roberto Pessoa – Dispõe sobre a investigação de paternidade de pessoas nascidas de técnicas de reprodução assistida.Nada prevê quanto ao destino do embrião excedentário; autoriza a doação de gametas; não se posiciona quanto á elegibilidade de acesso ás técnicas reprodutivas, nem quanto à gestação de substituição ou quanto à redução embrionária; não menciona um número máximo de embriões a serem produzidos; prevê a possibilidade da quebra do sigilo do doador no caso de necessidade clínica, privilegiando assim a filiação social.

O PL 90/1999, atualmente arquivado, dispunha sobre a reprodução assistida e prevê a transferência de embriões, vedando o descarte; veda também a redução embrionária, entendendo-a crime; autoriza a doação de gametas; possibilita o acesso ás técnicas aos casais e conviventes; não autoriza a gestação substituta e ainda possibilita a quebra do sigilo do doador em caso de necessidade médica, como preveem os artigos 9º e 10º.[280]

6.2.6. Os bancos de células e tecidos germinativos

O emprego da reprodução assistida envolve uma série de elementos, que vão desde a saúde dos doadores e dos receptores, a escolha do método a ser empregado, e a segurança e higidez do material genética a ser utilizado. Os bancos que utilizam material genético são denominados Bancos de Células e Tecidos Germinativos, cujo funcionamento é supervisionado pela ANVISA, agencia nacional de vigilância sanitária, vinculada ao Ministério da Saúde, que visando a garantia dos padrões técnicos de qualidade em todo o processo – que inclui obtenção, processamento, registro e utilização de células e tecidos germinativos com fins terapêuticos instituiu algumas normativas para seu funcionamento. Tendo em

[280] MALUF, Adriana Caldas do Rego Freitas Dabus – Curso de bioética e Biodireito, p. 207 e ss.

vista a necessidade do controle de qualidade, adotou a Resolução n. 33 de 17.02.06 para instituir os procedimentos técnicos relativos aos bancos de células e tecidos germinativos, considerando a competência atribuída a esta Agência, a teor do art. 8º, § 1º, VIII da Lei n. 9.782 de 26 de janeiro de 1999; uma vez que também a Portaria n. 2.526, de 21 de dezembro de 2005,dispõe sobre a informação de dados necessários à identificação de embriões humanos produzidos por fertilização *in vitro*.

A Resolução criou o Banco de Células e Tecidos Germinativos - BCTG - que realiza a seleção de doadores, é responsável pela coleta de material, armazenamento, registro de dados, processamento, liberação do referido material para uso terapêutico do próprio doador e de terceiros; e necessita para funcionar de licença emitida pelo órgão regulador, a ANVISA.O serviço deve estar vinculado formalmente a um estabelecimento assistencial de saúde, especializado em reprodução humana legalmente constituído. Em seu art. 2º assim define o BTCG "Banco de células e tecidos germinativos (BCTG) é o serviço destinado a selecionar doador (a)s, coletar, transportar, registrar, processar, armazenar, descartar e liberar células e tecidos germinativos, para uso terapêutico de terceiros ou do (a) próprio(a) doador(a)". Parágrafo único. "Para o seu funcionamento, o serviço a que se refere o "caput" deste artigo deve estar formalmente vinculado a um estabelecimento assistencial de saúde especializado em reprodução humana assistida, legalmente constituído". A Resolução aprova o regulamento técnico para funcionamento de Bancos dispondo que estes devem ser revistos a cada dois meses e também estabelece o prazo de um ano para que os mesmos bancos se atualizem frente aos novos procedimentos técnicos, sob pena de sanção legal. É de competência dos bancos a triagem dos doadores, o registro da amostragem realizada - que envolve a coleta, o descarte, a utilização de embriões nas diversas técnicas de reprodução assistida, tendo em vista a necessidade de garantir a disponibilidade de células e tecidos germinativos provenientes de doação voluntária e anônima para fins terapêuticos de terceiros ou para manutenção da capacidade reprodutiva do próprio doador, com qualidade e segurança.

O Regulamento técnico para o funcionamento do banco de células e tecidos germinativos contém normas gerais para o seu funcionamento e impõe algumas terminologias e definições para o referido procedimento.

Assim, no que tange às normas gerais, Parte A, 3, e à terminologia e definições, em sua Parte B, 4,"De acordo com sua complexidade os Bancos de Células e Tecidos Germinativos podem ser classificados como: Tipo 1: aqueles que têm atividades exclusivas de banco de sêmen;Tipo 2: aqueles que além do sêmen, realizam atividades com oócitos, tecido testicular, ovariano e/ou pré-embriões".

Estipula a referida Resolução as competências do BCTG em sua parte C,5: "efetuar e garantir a qualidade do processo de seleção de candidato(a)s à doação de células e tecidos germinativos;obter Consentimento Livre e Esclarecido, conforme modelo padronizado pelo BCTG, de acordo com a legislação vigente;orientar, viabilizar e proceder à coleta, quando necessário;avaliar e processar as células ou tecidos recebidos ou coletados;responsabilizar-se pela realização dos exames laboratoriais necessários à identificação de possíveis contraindicações e condições especiais necessárias ao seu emprego; garantir a qualidade do processo de conservação dos tecidos e células que estejam sob a sua responsabilidade; liberar o material preservado, para a sua utilização conforme a legislação vigente; fornecer todas as informações necessárias a respeito da amostra a ser utilizada, respeitando o sigilo, cabendo ao médico do(a) paciente a responsabilidade pela sua utilização;manter arquivo próprio com dados sobre: o(a) doador(a), os respectivos documentos de autorização de doação, as amostras doadas, as amostras processadas, as amostras armazenadas, as amostras descartadas e o motivo do descarte, as amostras liberadas para uso terapêutico reprodutivo, respeitada a legislação vigente, dados do(a)s receptore(a)s e o resultado do procedimento;enviar, preferencialmente por meio eletrônico, um relatório semestral com os dados quantitativos de produção do BCTG ao Órgão Federal de Vigilância Sanitária, informando: o número de doadore(a)s triado(a)s; o número de amostras coletadas, por tipo de amostra; o número de amostras processadas, por tipo de amostra; o número de amostras/alíquotas descartadas, por tipo de amostra; o número de amostras/alíquotas armazenadas, por tipo, prontas para uso; onúmero de amostras/alíquotas, por tipo, utilizadas para fins terapêuticos; onúmero de amostras/alíquotas, por tipo, utilizadas para pesquisa; o número de pré-embriões produzidos e utilizados; o número de pré-embriões produzidos, não utilizados, por tempo de armazenamento; número de pré-embriões disponibilizados para pesquisa com células-tronco embrionárias, por serviço que a realizará"[281]

Regula ainda a referida Resolução 33/2006 a questão da doação de células, tecidos germinativos e pré-embriões que deve respeitar os preceitos legais e éticos sobre o assunto. RDC C, 11.1.2 "Os projetos de pesquisa envolvendo o uso de células, tecidos germinativos e pré-embriões somente podem ser desenvolvidos após aprovação pelo Comitê de Ética em Pesquisa da instituição, e após autorização do(s) doador(e)s, conforme legislação vigente". RDC, C, 11.1.3 "A doação de células, tecidos germinativos e pré-embriões deve garantir: o sigilo – assim, toda a informação relativa a doadore(a)s e receptore(a)s deve ser coletada, tratada e custodiada no mais estrito sigilo. Não pode ser facilitada, nem divulgada, informação que permita a identificação do(a) doador(a) ou do(a) receptor(a). Na doação anônima, o(a) receptor(a) não pode conhecer a identidade do(a) doador(a), nem o(a) doador(a) a do(a) receptor(a). Fica assegurado às autoridades de vigilância sanitária o acesso aos registros para fins de inspeção e investigação. Em casos especiais, por motivo médico ou jurídico, as informações sobre o(a) doador(a) ou receptor(a) podem ser fornecidas exclusivamente para o médico que assiste o(a) receptor(a), resguardando-se a identidade civil do doador"; a Publicidade – ressaltando os aspectos de ser um ato voluntário, altruísta e desinteressado, sendo proibida a publicidade para a doação em benefício de uma determinada pessoa física ou jurídica. Demais disposições devem observar regulamentos específicos; a Gratuidade e a necessidade do Consentimento Informado que deve ser obtido antes da coleta, por escrito, e assinado pelo(a) doador(a) e pelo médico, conforme legislação vigente.

Também deve conter a autorização para descartar as amostras que não atenderem aos critérios para armazenamento pelo BCTG ou seu uso posterior e a autorização para descartar as amostras, exceto pré-embriões, segundo condições pré-estabelecidas pelo doador, em caso de doação para uso próprio. A seleção do doador obedece à alguns critérios rigorosamente estabelecidos, como: ser capaz, assinar o Consentimento Livre e Esclarecido e concordar em realizar uma avaliação médico-laboratorial.

[281] Resolução n. 33/2006 da ANVISA.

À luz do disposto na referida RDC, 12,1,3, "se doador de sêmen, concordar em realizar os testes para doenças infectocontagiosas, conforme item 12.1.3 durante a triagem do doador e repeti-lo num prazo nunca inferior a seis meses, após a última coleta, para a liberação da amostra" e "se doadora de oócito, concordar em realizar os testes para doenças infecto-contagiosas, conforme item 12.1.3 durante a triagem e concordar em repeti-los seis meses após a data da coleta do oócito, inclusive nos casos de utilização imediata do oócito sem criopreservação".

Dispõe ainda que seja realizada uma triagem clínica, sorológica e microbiológica, para apurar além da idade, as condições clínicas dos doadores.[282] Após a realização dos procedimentos legais, e a coleta do material, esta deve ser armazenada identificada, e deve ainda, nos termos do item 1,4 acompanhar toda a documentação do(a) doador(a) e receptor(a), quando for o caso, e o material durante os testes, processamento, criopreservação, armazenamento, descongelamento e liberação, devendo, também, ser atribuída às alíquotas, permitindo a identificação de cada uma delas; devendo ainda ser arquivado no livro de registro todos os dados referentes a cada procedimento de amostra.

A ANVISA, visando regulamentar o funcionamento do sistema nacional de produção de embriões humanos disponíveis adotou a Resolução n. 29 publicada em 12.05.08 que indica os procedimentos relativos ao cadastramento nacional dos bancos de tecidos e células germinativas ali referindo as informações relativas á produção dos embriões não utilizados nas técnicas de fertilização *in vitro*. Institui, em seu art. 3º, o Sistema nacional de Produção de Embriões, denominada SisEmbrio, cujo preenchimento de dados é do bancos de células e tecidos germinativos.

[282] No que tange à triagem clínica, são critérios de exclusão: a idade – homens com mais de 45 anos e mulheres com mais de 35 anos; a presença de doenças genéticas familiares ou próprias; a presença de malformações congênitas: lábio leporino, espinha bífida, hipospádia, malformação cardíaca e luxação congênita de quadril; histórico familiar de doenças autossômicas recessivas (albinismo, hemofilia) ou dominantes (neurofibromatose, esclerose tuberosa); história de herpes genital, hepatite, condiloma genital e neoplasia maligna; f) história familiar de asma, diabete juvenil, epilepsia, psicose, artrite reumatóide, doença coronariana precoce e neoplasias malignas com característica familiar; a presença de sorologia anterior reagente para as seguintes doenças transmissíveis: sífilis, HIV 1, HIV 2, hepatite B, hepatite C ou HTLV I e II.

A ANVISA disponibilizará em seu site o resultado dessa estatística por Estado, num período de até 30 dias após o recebimento da informação dos bancos. Visa-se com isso analisar a dimensão da questão dos embriões excedentários. A título exemplificativo, podemos apontar que em 2008, 5539 foi o total de embriões que foram criopreservados no Brasil. Destes 449 foram inviáveis e 338 foram usados em pesquisas. Entretanto a eficácia do procedimento encontra-se comprometida, pois muitos BCTGs não estão cadastrados, o que compromete o cumprimento da legislação sanitária.[283]

6.2.7. A reprodução assistida e a formação da família

As técnicas reprodutivas nasceram visando a regulação do acesso à parentalidade aos casais inférteis. O direito ao planejamento familiar está previsto no art. 226, § 7º da Constituição Federal. A Lei n. 9.263/1996 impõe ao Estado disponibilizar o recurso às técnicas de reprodução assistida àqueles que desejam realizar o projeto parental, como vimos. Não conhece o quadro legislativo brasileiro, uma lei que regule a procriação artificial assistida. Normas deontológicas exaradas pelo Conselho Federal de Medicina o fazem. A Resolução 2.168/17 garante-lhe os parâmetros básicos visando solucionar o problema da infertilidade embasando-se nos preceitos bioéticos.

Institui a Resolução 2.168/17 em seu preambulo que as técnicas de reprodução assistida, podem ainda ser utilizadas na preservação social e/ou oncológica de gametas, embriões e tecidos germinativos; as técnicas de RA podem ser usadas desde que exista a possibilidade de sucesso e não incorra em risco de saúde para os pacientes ou para o possível descendente. Impõe ainda a referida resolução a idade máxima de 50 anos às candidatas à gestação por RA, podendo haver exceções baseadas em critérios técnicos e científicos fundamentadas pelo médico responsável quanto à ausência de comorbidades da mulher, o esclarecimento dos riscos envolvidos e o respeito a direito à autonomia do paciente e ainda, o consentimento livre e esclarecido é imprescindível para todos os envolvidos nas técnicas de RA. Determinou também que fica vedada a escolha

[283] Maluf, Adriana Caldas do Rego Freitas Dabus – Curso de bioética e Biodireito, p. 208 a 212.

do sexo do futuro filho, exceto para evitar doenças – ligadas ao sexo – do ser gerado; fica vedada a fecundação de oocitos humanos com outra finalidade que não a procriação; determina o número **máximo de embriões a serem transferidos:** para mulheres de até 35 anos são transferidos 2 embriões, para mulheres entre 36 e 39 anos são transferidos 3 embriões e para mulheres com 40 anos ou mais, são transferidos 4 embriões. Nas situações de doação de oocito ou embriões considera-se a idade da mulher no momento da coleta dos oocitos. Dispõe finalmente, que nos casos de gestação múltipla fica proibida a utilização de procedimentos que visem a redução embrionária.

Quanto aos pacientes que podem se valer das técnicas de reprodução assistida, a mesma Resolução dispõe que devem estes serem capazes, tenham indicação clínica para tanto, sejam plenamente esclarecidos conforme a legislação vigente. Estas técnicas são acessíveis para os relacionamentos homoafetivos, respeitado o direito de objeção por parte do médico, sendo inclusive permitida a gestação compartilhada mesmo em casos em que não exista a infertilidade. Dispõe ainda a referida Resolução sobre as clínicas, centros ou serviços que aplicam as técnicas de RA; sobre a doação de gametas ou embriões; sobre a criopreservação de gametas e embriões; sobre o diagnostico pré implantacional; sobre a cessão temporária de útero e sobre a reprodução assistida *post mortem.*

Na legislação civil, o Código Civil brasileiro prevê duas formas de reprodução artificial assistida: a homóloga e a heteróloga. A inseminação artificial homóloga é aquela realizada com o material genético dos próprios cônjuges ou conviventes. Não apresenta, nesse sentido, maiores conflitos no que tange ao estabelecimento das relações parentais. Quanto à presunção de paternidade, estabelece-lhe o art.1597, III, do CC: presumem-se concebidos na constância do casamento os filhos "havidos por fecundação artificial homóloga, mesmo que falecido o marido".

Descortina-se daí outra forma de reprodução: a *post mortem.* Esta é a modalidade de reprodução assistida realizada com embrião ou sêmen conservado por meio de técnicas especiais, após a morte do doador do material genético. A Resolução 2.168/17 do CFM prevê essa prática em seu item VIII, colocando como imperativo a presença da autorização prévia específica do falecido para uso de seu material biológico criopreservado. Tendo em vista a evolução do tema, há de se ampliar o entendimento na esfera civil e do Biodireito de que a mulher pode, ao falecer primeiro, deixar congelado seu ovulo, ou o embrião, e nesse sentido, caberia ao falecido a oportunidade da reprodução assistida homologa, no caso, através da utilização do recurso da gestação sub-rogada.[284]

Assim, embora o Código Civil não cite expressamente, a Resolução do 2.168/17 do CFM o fez em sua exposição de princípios: o consentimento das partes é sempre necessário. O consentimento informado da mulher capaz, nos termos da lei e de seu marido ou companheiro, se ungida ao casamento ou união estável.

Como a reprodução é um direito personalíssimo, assim como a doação de partes destacadas do corpo, entendemos ser imperativo o consentimento das partes. Um desdobramento polêmico em matéria de bioética é a fecundação artificial "*post mortem*", tanto em seus efeitos para a geração do filho que de antemão não conhecerá um dos seus genitores,fazendo-se chocar dois direitos personalíssimos: o direito à procriação e o direito à biparentalidade biológica e quanto da necessidade de autorização expressa de ambos os doadores, que deve ser irrevogável, para a utilização de seu material genético. Outro desdobramento dar-se-à em relação aos seus direitos sucessórios.[285] É silente a Lei Civil em duas consequências principais, admitidas a partir da análise do dispositivo em tela: quanto à autorização expressa dos genitores e quanto ao direito sucessório do ser assim gerado. No que tange à viabilidade desta forma de reprodução assistida, leciona pensamos que embora a biparentalidade seja ideal, na atualidade, não pode afastar a viabilidade da inseminação artificial post mortem, na hipótese de ter havido um projeto em vida nesse sentido.

O art.1597 do CC em seu inciso IV garante a presunção de paternidade do filho nascido a qualquer tempo, quando se tratar de embriões excedentários, decorrentes de concepção artificial homóloga – prazo este que se conflitua com os três anos impostos pelo art. 5º da Lei da

[284] MALUF, Carlos Alberto Dabus; MALUF, Adriana Caldas do Rego Freitas Dabus – Curso de direito de familia, 3.ed., São Paulo: Saraiva, 2018, p. 554 e SS.

[285] A Jornada de Direito Civil, levada a efeito pelo STJ em 2002, aprovou a posição de que para a utilização do material genético do marido morto para a inseminação post mortem deve a mulher permanecer na condição de viúva, devendo aonda haver para tantoexpressa autorização do marido, tendo em vista que a paternidade deve sempre ser consentida.

Biossegurança – Lei n. 11.105/2005 – para destinar à pesquisa o embrião excedentário. Grande debate travava-se quanto à segurança jurídica da técnica, acerca da necessidade da expressa declaração de vontade do doador em ter o seu material genético utilizado após a sua morte; posição agora consagrada pela Resolução 2.168/17 do CFM.[286]

Entendemos que "o permissivo legal não significa que a prática da inseminação ou fertilização *in vitro post mortem* seja autorizada ou estimulada. Ainda que o marido tenha fornecido o sêmen não há como presumir o consentimento para a inseminação *post mortem*. Somente com a expressa autorização do marido é que a fertilização pode ser feita após o seu falecimento. O princípio da autonomia da vontade condiciona a utilização do material genético ao consentimento expresso". Nesse sentido, "não pode a viúva exigir que a clínica lhe entregue o material genético que se encontra armazenado para que seja nela inseminado, por não se tratar de objeto de herança".[287]

Penso que deve ser estendido também ao marido o direito de utilização do material genético da mulher falecida. O Código Civil manteve-se silente no art. 1593, III quanto ao estado civil da mulher que deseja inseminar-se com o material genético criopreservado do marido já morto. O Enunciado n. 106 do centro de Estudos Judiciários do Conselho de Justiça Federal, aprovada por ocasião da I Jornada de Direito Civil, realizada em 2002, tentou dirimir a questão ao estabelecer quea mulher ao se submeter à uma das técnicas de reprodução assistida com o material genético do falecido, esteja na condição de viúva, sendo ainda obrigatória a autorização expressa do marido para que seja utilizado seu material genético após a sua morte. O intuito principal desse Enunciado é evitar que surjam dúvidas sobre a paternidade do filho, uma vez que o marido – e, portanto, o pai – já está falecido.

Ademais, me parece que não há vantagem em se gerar um filho com material genético de uma parte – já falecida – estando casada ou em

[286] Maluf, Carlos Alberto Dabus; Maluf, Adriana Caldas do Rego Freitas Dabus – Curso de direito de familia, 3.ed., p. 556.

[287] Dias, Maria Berenice – Manual de direito das famílias, 2.ed., São Paulo: Ed Revista dos Tribunais, 2010, p. 330; Almeida, Silmara J. A. Chinelato e. Comentários ao Código Civil, p. 55.

união estável com outra parte, uma vez que o vínculo que se estabelecerá entre o menor e o novo cônjuge da mãe será de socioafetividade. Não deveria este também anuir na inseminação de sua mulher, com o sêmen do marido anterior falecido? Os direitos familiares e identitários permanecem resguardados, porém no que tange aos direitos patrimoniais a questão pode se resolver de forma não tão favorável ao ser assim gerado.

Assim sendo, podemos elencar duas situações conflitantes: ou este filho já nasceria destituído do direito à herança do pai, visto que por força do art. 1798 "legitimam-se a suceder as pessoas nascidas ou já concebidas no momento da abertura da sucessão". A transmissão da herança, por força do princípio da saisine, ocorre no momento da morte do autor da herança. Entretanto, por força do art. 1.799, I, do Código Civil, há previsão do herdeiro eventual – prole eventual – ser beneficiada por testamento, vindo a ser esta a maneira juridicamente mais compatível com a transmissão hereditária de bens, desde que nasça nos dois anos subsequentes à abertura da sucessão como dispõe a regra do art. 1.800, § 4º do Código Civil, ou geraria um grande impasse no desenrolar do processo sucessório a fim de que este se habilite posteriormente na herança, podendo levar até mesmo a situação que seja refeita uma repartilha do montante da sucessão.

De acordo com a Resolução 2168/17 do CFM, não constitui ilícito ético a reprodução assistida *post mortem* desde que haja autorização prévia especifica do (a) falecido (a) para o uso de material genético criopreservado de acordo com a lei vigente. A inseminação artificial heteróloga, por outro lado, é aquela realizada com material genético de doador, podendo ser de apenas um deles – o homem ou a mulher – ou de ambos, havendo assim a transferência de embrião doado. Nesta modalidade de reprodução artificial residem os maiores conflitos notadamente no que tange à determinação das presunções de paternidade e maternidade; além de diversos questionamentos bioéticos, pois a separação do vínculo genético na parentalidade abalou a estrutura do instituto da filiação.[288]

O art. 1.597 em seu inciso V, estende a presunção de paternidade ao marido na inseminação artificial heteróloga, desde que tenha havido

[288] MALUF, Adriana Caldas do Rego Freitas Dabus – Direito das famílias: amor e bioética, p. 448.

sua prévia autorização.[289] No mesmo sentido é a previsão da Resolução 2168/17 do CFM, que embora não tenha força de lei, garante os princípios básicos de utilização das técnicas reprodutivas, às pessoas capazes, com indicação terapêutica e que estejam devidamente esclarecidos nos termos da legislação vigente. Assim, tratando-se de fecundação artificial homologa, a anuência do marido deve ser realizada em instrumento público ou testamento, e em se tratando de fecundação artificial heteróloga, este deve ser feito por escrito e irrevogável.[290] Além dessas práticas, que geram presunção de paternidade de acordo com o Código Civil pátrio, conhece também a biotecnologia a gestação sub-rogada para geração de prole. A cessão temporária de útero, também conhecida por "barriga de aluguel", "mãe de aluguel", "mãe hospedeira", "maternidade de substituição" entre outras, pode ser definida como a cessão de útero para a gestação de filho concebido pelo material genético de terceiro – contratante – a quem a criança gerada deverá ser entregue logo após o nascimento, assumindo a fornecedora a condição de mãe, possibilitando assim à mãe de conceber um filho biológico fora de seu ventre.

Essa prática representa um último recurso na cura da infertilidade de casais cuja mulher apresenta qualquer anomalia uterina que lhe impeça a gestação normal ou mesmo sofra ou tenha sofrido revezes de saúde que lhe desaconselhe a gestação. Envolveu incialmente, questões bastante delicadas acerca da determinação da maternidade e da paternidade do novo ser gerado, gerando conflitos em relação aos papéis familiares, além de conflitos bioéticos e religiosos.[291]

A confusão dos papéis parentais ocorre como resultado do mesmo problema que encontramos para definir o que é a vida. "Assim como esta pode tanto ser entendida ao nível celular quanto ao consciente, as palavras mãe e pai, também podem ser atribuídas aos indivíduos que deram uma contribuição biológica quanto social". Nesse sentido todas as pessoas envolvidas no processo reprodutivo seriam mães e pais de verdade,

[289] Maluf, Carlos Alberto Dabus; Maluf, Adriana Caldas do Rego Freitas Dabus – Curso de direito de família, 3.ed., p. 559.

[290] Diniz, Maria Helena – O Estado atual do biodireito, p. 550 e ss.

[291] Maluf, Adriana Caldas do Rego Freitas Dabus – Direito das famílias: amor e bioética, p. 449.

mas com um espectro diferente. John Robertson tratou a questão como "gestação colaborativa", unindo o aspecto biológico e social envolvido naturalmente no processo de reprodução.[292]

No Brasil a única exigência normativa sobre o tema provém da Resolução 2.168/17do CFM a obrigatoriedade do vínculo familiar entre a mãe social e a mãe portadora até o 4ºgrau – e pensamos que esse parentesco pode ser natural ou civil, embora a Resolução seja silente quanto a isso, visando assim, descaracterizar a relação comercial, e dar certa segurança jurídica a prática. Casos específicos que representem uma exceção à essa regra podem ser analisados perante o Comitê Médico, que poderá autorizar a gestação sub-rogada não relacionada.

Para a elaboração da fecundação sub-rogada deve estar presente no prontuário médico da paciente: o Termo de Consentimento Informado dos partícipes devidamente assinado: a mulher fornecedora do óvulo, o marido desta, a mulher receptora do material genético, ficando inviabilizado qualquer pedido de impugnação da paternidade em face da lei. Faz-se necessário, não apenas o mero consentimento das partes, mas a plena conscientização dos envolvidos sobre seu papel na geração do novo ser; o relatório com o perfil psicológico, atestando a adequação clínica e emocional dos envolvidos; o Termo de Compromisso entre o paciente e a cedente do útero estabelecendo claramente a questão da filiação da criança; compromisso, por parte do paciente contratante de serviços de RA, de tratamento e acompanhamento médico à mae que cederá temporariamente o útero, até o puerpério; Compromisso de registro civil da criança pelos pacientes (pai, mãe ou pais genéticos) devendo essa documentação ser providenciada durante a gravidez; aprovação do cônjuge ou companheiro, apresentada por escrito, se a cedente do útero for casada ou viver em união estável.

Dos diversos Projetos de Lei em tramitação sobre reprodução assistida, nenhum disciplinou as implicações provenientes desta prática. Pensamos ser imperativa a regulamentação do tema. A interpretação restritiva do art. 1.597, V do CC não faz presumir como concebido na constância do casamento os filhos oriundos de fertilização homóloga ou heteróloga por

[292] SILVER, Lee M – De volta ao Éden, São Paulo: Mercuryo, 2001, p. 143 a 146.

gestação de substituição, esquecendo-se, nesta hipótese, a possibilidade da paternidade ser certa, nos casos em que o doador do esperma, for o marido da mulher infértil. Alguns autores entendem que esse procedimento se assemelharia a uma adoção pré-natal. Outros a equiparam a uma doação temporária de órgãos.[293] A cessão temporária de útero revolucionou o tema jurídico da filiação, cuja doutrina vem insistindo de que esta não é fundada sobre os laços de sangue, mas sim num laço fundado sobre a vontade da aceitação dos filhos. A vontade individual é a sequência ou o complemento necessário ao vínculo biológico.Para Eduardo de Oliveira Leite a questão crucial que atormenta os estudiosos do tema é saber se a vontade de ter um filho é suficiente, ou o único fundamento do vínculo da filiação.[294]

Segundo o entendimento do Superior Tribunal de Justiça, a pessoa tem o direito de conhecer sua verdade biológica. Em apoio a essa posição do STJ, vem a doutrina de Giselda Maria Fernandes Novaes Hironaka, para quem mesmo a pessoa que já possui um pai afetivo, pode exercer essa pretensão de buscar sua verdade biológica, compreendendo essa busca com o direito a biparentalidade biológica – incluído no rol dos direitos da personalidade.[295]

Tal como já referido, na relação da maternidade substituta, ou subrogada, são partes: aqueles que desejam estar ungidos ao projeto parental (homem ou mulher independente de rientação sexual ou identidade de gênero) fornecedores ou não do material genético e a outra mulher que por dinheiro (em alguns países do exterior) ou altruísmo (no Brasil) cederá seu útero para que nele seja desenvolvida a criança até o parto, entregando-lhe àquela. Diversas questões de caráter ético jurídicos podem ser suscitadas: quem pode participar? Qual o tipo de supervisão médica deve ser efetuada? É necessária a anuência do marido ou do com-

293 MENDES, Christine Keller de Lima – Mães substitutas e a determinação da maternidade: implicações da reprodução medicamente assistida na fertilização in vitro heteróloga. http: //www.boletim jurídico.com.br/doutrina/texto.asp?id=1310, p. 15.

294 LEITE, Eduardo de Oliveira – Procriações artificiais e o direito. São Paulo, Ed. Revista dos Tribunais, 1995, p. 203; MALUF, Carlos Alberto Dabus; MALUF, Adriana Caldas do Rego Freitas Dabus – Curso de direito de familia, 3.ed., p. 560 e ss.

295 HIRONAKA, Giselda Maria Fernades Novaes.Direito Cicil: estudos. Belo Horizonte: Del Rey, 2000, p. 75 .

panheiro? Quais os direitos e obrigações das partes durante a gravidez? E após o parto?

Na esfera do direito obrigacional, que tipo de obrigação assume a mãe de gestação? Seria uma obrigação de dar na medida em que deve entregar a criança ao nascer ou uma obrigação de fazer, tendo em vista que cabe a ela cuidar de si, de seu corpo e de sua gravidez para evitar danos ao bebê? E se por um descuido, por uma atitude imprudente ou negligente, como ignorar uma dor ou ingerir drogas ou álcool a mãe substituta ocasionar um dano ao feto. Caberá indenização aos pais biológicos? Caberá indenização ao menor tendo em vista os conceitos de *wrongful life* e *wrongful birth*?

Na legislação alienígena podem ser encontrados diversos posicionamentos. No direito francês mãe é a mulher que deu à luz, a mulher que cedeu o material genético passará a ser a mãe somente se adotar a criança. Desta sorte, o parto é um fator determinante da paternidade. O Conselho de Estado Francês tem proferido decisões considerando ilegais as empresas que prestavam serviços de favorecimento de gestação de substituição, assim como a comercialização de produtos ou partes do corpo humano. A prática é punida criminalmente, à luz do art. 227-12 do Código Penal com a redação da Lei 9.4653/1994, que em seu art. 4º adicionou a interdição da intermediação entre casais e eventual mãe portadora.[296]

No modelo italiano, o Comitê de Bioética expressou sua posição contrária à maternidade sub-rogada, aderindo ao princípio comum que deslegitima toda forma de comercialização do corpo humano, e valorizando ainda o bem do nascituro, ao seu desenvolvimento psicológico face ao profundo liame que se instaura entre o feto, a mãe e posteriormente entre a nutriz e o recém- nascido.[297] Para Maria Berenice Dias "a maternidade de substituição é vedada constitucionalmente no art. 199 §4º da CF, representa um negócio jurídico de comportamento, compreendendo para a mãe de aluguel obrigações de fazer e não fazer, culminando com a obrigação de dar, consistente na entrega do filho". Como uma criança

[296] Cornu, Gerard – La famille, Paris, Montchrestien, 7ºédition, p. 448 a 453; Conseil D'État – Lês lois de bioéthique: cinq ans après – Lês études du Conseil d'Ètat Documentation Française, p. 74.

[297] Lima Neto, Francisco Vieira – A maternidade de substituição, p. 130.

não pode ser objeto de contrato, o negócio seria nulo por ilicitude do seu objeto, conforme disposição do artigo 104, II do Código civil. Também poderia ser configurado ilícito penal, que pune dar parto alheio como próprio e registrar em seu nome filho de outrem, conforme Código Penal artigo 242.[298]

A maternidade de substituição, por sua vez, tem o condão de desestruturar o conceito de filiação, no sentido que permite uma total dissociação das etapas do processo de procriar que engloba: conceber, gerar e ser mãe. Convivem de forma antagônica duas figuras potenciais para a maternidade: a mãe biológica – que forneceu o aparato genético para a geração do embrião e a mãe portadora – que fornece o aparato orgânico para que esse embrião se desenvolva: o útero, os hormônios, o calor, o aconchego, a nutrição, entre outros. Instaura-se assim um poderoso conflito: qual das duas será a "verdadeira" mãe do novo ser que está sendo gerado?

O Código Civil tratou a questão da presunção de filiação nas diversas modalidades de reprodução assistida: tratou da presunção da filiação decorrente de concepção homóloga, onde a mulher é inseminada com seu próprio material genético bem como do seu marido e também da inseminação heteróloga onde a mulher é inseminada com espermatozoides de uma terceira pessoa, desde que com o consentimento do seu marido, sendo neste caso, imprescindível o consentimento do marido para a realização da prática e o consequente estabelecimento da paternidade.

Não considerou, porém, a hipótese da fertilização *in vitro* e consequente maternidade de substituição, levando-se em consideração ser este o procedimento que mais traz dissentimentos na ordem jurídica em matéria de direito de família. Nesse processo de reprodução que envolve duas mães, uma biológica e outra hospedeira, são constantes as indagações de ordem ética, moral e, principalmente muitos são os questionamentos a respeito do estabelecimento da filiação. De acordo com o disposto pelo artigo 1.597 do Código Civil, todo e qualquer filho gerado na vigência do casamento, ou união estável (ou ainda quando observados os prazos estabelecidos em lei quando da separação), seja por meio

[298] Dias, Maria Berenice – Manual de direito das famílias, p. 332.

natural ou artificial, será considerado como de ambos os cônjuges, não havendo distinção entre a técnica homóloga ou heteróloga. Diante do exposto, como compreender que o fato de uma criança ter sido gerada por uma das técnicas de reprodução assistida, altera sua condição filial pois, havendo o casamento ou a união estável, toda e qualquer criança gerada na sua constância será presumida como descendente de ambos os integrantes dessa relação.

A legislação brasileira determina a maternidade pela gestação e pelo parto como dispõem os artigos 7º da Constituição Federal e 242 do Código Penal. É importante ressaltar, em nosso entendimento, que a tendência contemporânea em matéria de filiação pauta-se no princípio da socioafetividade em detrimento da parentalidade biológica, além do precípuo interesse do menor, assim como a supremacia do seu bem-estar.

No campo específico da gestação de substituição, urge valorizar-se o princípio do respeito à dignidade da pessoa humana, cânone constitucional, art. 1º, III, do qual decorre que o corpo não pode ser objeto de comércio ou ser reduzido a um item patrimonial; do princípio da preservação do patrimônio genético humano e da biodiversidade, art.225,II da Constituição Federal; princípio da regulação estatal, à luz do art. 225,V da Carta Constitucional e do princípio da responsabilidade por danos.[299]

Por via de consequência, qual seria no direito pátrio a viabilidade de estabelecimento de um contrato de gestação visando sedimentar os tramites para a realização da maternidade substituta? Teria alguma eficácia? Realizado em muitos casos de maternidade substituta, se contar com compensação financeira não terá validade, sendo nulo, por ser nulo o seu objeto? Seria correto defini-lo como um contrato de locação de coisa ou de serviços? Para Pedro Belmiro Welter tendo em vista o referido princípio constitucional da dignidade da pessoa humana, não se pode admitir que a cessão temporária de útero seja comparada ao contrato de locação, seja porque o ser humano não pode ser objeto de contrato, seja pela coisificação do homem, da exploração do hiposuficiente, seja pela possibilidade de rejeição do menor quando portador de alguma patologia indesejada; mas aponta outrossim quehá quem entenda que a gestação

[299] Lima Neto, Francisco Vieira – A maternidade de substituição, p. 132.

sub-rogada possa ser objeto de contrato em se considerando que se trate de prestação de serviços e que garanta a obrigatoriedade da assunção do menor nos casos de problemasde saúde.

Discute-se ainda acerca da validade dos contratos de gestação, considerando-se tratar-se de compra e venda de menor; possibilidade de gerar um consentimento viciado por parte da gestante baseado em ganância; trata-se de procedimento ilegal o contrato oneroso de gestação substituta. Para os adeptos da validade desses contratos, aponta que entendem tratar-se de contratação de um serviço pessoal; não ser possível aferir-se até que ponto o consentimento é isento de vícios, além de considerar-se o contrato de gestação uma modalidade autônoma de contrato sem correlação com outras formas definidas como os transplantes.[300] Entende, posição com a qual compactuamos que se deve valorizar os princípios constitucionais da dignidade da pessoa humana e da prevalência do interesse do menor sobre qualquer outro, desestimulando assim a prática de contratos de gestação devido ao caráter ético que resguarda, tendo em vista a prática predatória do homem no sentido de coisificar o seu semelhante.

No direito alienígena, encontramos o seguinte posicionamento: na França, a mãe legal é aquela que deu à luz ao recém-nascido. O parto é um dos elementos determinantes da filiação. Desta forma, o pai será seu marido ou companheiro. À luz do art. 2º da lei francesa de n. 94-653 de 22.7.1994, que nega validade aos pactos de gestação de substituição, tendo adicionado ao art 16 do Código Civil francês "toda convenção sobre a procriação ou gestação em terceiros é nula". Na Alemanha, todos os contratos de gestação de substituição são nulos, assim como se proíbe o procedimento médico que leva à gestação subrogada. Caso nasça a criança a mãe será sempre a que deu à luz.

Na Inglaterra, não há proibição expressa dos contratos de gestação, mas a mulher que deu à luz é considerada mãe e a que forneceu o material genético será somente mãe por adoção. Aqui foi realizado o relatório Warnock em 1982, fruto do comitê de inquérito sobre fertilização humana e embriologia, que veda a realização comercial dos pactos de

300 Welter, Pedro Belmiro – Igualdade entre as filiações biológica e socioafetiva, São Paulo, Ed. Revistados Tribunais, 2003, p. 241.

gestação, bem como a negociação e a facilitação desses acordos, sendo vedada a divulgação de oferta desses pactos.

A Espanha regulamentou a matéria de reprodução assistida por meio da lei 35 de 22.11.1998, entendendo nulo o contrato de gestação, com o sem preço, a mãe será também a que deu à luz, permite, porém, a doação voluntária e altruísta de células germinativas.

Segundo os ditames do direito português, mãe é a que deu à luz, conforme disposição do art. 1.796 do Código Civil. Entende-se nulo o contrato de gestação por ser ofensivo à ordem pública e aos bons costumes, a transferência de domínio do filho a ser gerado é atentatória à dignidade da pessoa humana, à luz do artigo 280, n.2º do Código Civil português poderia, entretanto, a mãe portadora entregar o filho em adoção ao casal detentor do patrimônio biológico após o decurso de um mês após o parto. Mostram-se desfavoráveis aos acordos de gestação em Portugal, sobretudo quando envolve uma contraprestação pecuniária, devendo ser objeto de regulamentação legal os limites das intervenções sobre o patrimônio genético, como bem retrata António Carvalho Martins.[301]

A legislação italiana não trata especificamente do tema, embora o projeto de Lei 3801 em seu art. 12 defina que a mulher que deu à luz será considerada mãe.[302] A Resolução do Parlamento Europeu de 16.3.1989, n.11, pune e rejeita toda e qualquer forma de maternidade de substituição, proibindo inclusive, empresas exerçam tal atividade.[303] Nos Estados Unidos o posicionamento legal dá-se em outras bases. A maioria dos estados americanos entende ser a mãe a mulher que deu à luz, em apenas alguns casos vem considerando válido o contrato de gestação atribuindo à mãe biológica a maternidade, como os estados de Arkansas, Califórnia e Nevada.

Entende-se ainda em sua maioria como sendo nulo e não executável esse tipo de contrato, como nos Estados de Arizona, Indiana e North Dakota, Kentucky, Louisiana, Nebraska, Utah e Washington; crimina-

[301] Martins, António Carvalho – Bioética e diagnóstico pré-natal – aspectos jurídicos, Coimbra, Coimbra editora, 1996, p. 61 a 70.

[302] Lima Neto, Francisco Vieira – A maternidade de substituição e o contrato de gestação por outrem, p. 141.

[303] Diniz, Maria Helena – O Estado atual do biodireito, p. 554.

lizando ainda quando da presença do elemento pecuniário na questão, como no Estado de Michigan. O Estado da Califórnia, numa interpretação extensiva do Uniform Parentage Act, alargou as possibilidades de parentalidade para ali incluir o contrato de gestação.

No caso concreto, algumas decisões foram proferidas quando duas mulheres podem provar a maternidade, o conflito é resolvido em favor da mulher que teve a intenção de ser mãe conforme o expresso no contrato de gestação, tendo em vista o precípuo bem estar do menor, observada, entretanto, a força do vínculo contratual.

No direito americano, o caso Stern X Whitehead, o Tribunal adotou o critério do melhor para a criança e reconheceu a força do estado familiar em detrimento do princípio da obrigatoriedade da convenção contratual. Embora jamais tenha sido extraída da mãe hospedeira o direito à maternidade, concedeu-se a guarda do menor aos pais biológicos, que melhor teriam condições de cuidar do menor. Outro caso interessante da Corte Americana foi o Caso Buzzanca X Buzzanca, onde privilegiou a Corte o direito à maternidade socioafetiva em detrimento do vínculo gestacional ou biológico. [304] Vincula-se em face do exposto, a maternidade e suas consequências em matéria de filiação à mãe que gestou e deu à luz à criança, independente de carga genética. Entende-se por verdadeira mãe é aquela que deu à luz, assim, a que forneceu o material genético, ficará com a criança apenas se a que gestou voluntariamente entregá-la em adoção. A contratante, não poderá valer-se da convenção para obrigar a contratada a entregar a criança, porque o objeto do acordo é ilícito, contraria a moral e os bons costumes, pois trata a pessoa como um objeto, ferindo o princípio da dignidade da pessoa humana.[305]

Nesse sentido, inócuo se demonstraria a realização desse procedimento como curativo da infertilidade do casal bem como nulo o contrato

[304] Welter, Pedro Belmiro – Igualdade entre as filiações biológicas e sociofetiva, p. 241 e 242; Lima Neto, Francisco Vieira – A maternidade de substituição e o contrato de gestação por outrem. In. Biodireito – ciência da vida, os novos desafios. Org Maria Celeste Cordeiro Leite dos Santos, São Paulo, Ed Revista dos Tribunais, 2001, p. 126 a 140; Martins, António Carvalho – Bioética e diagnóstico pré-natal, p. 65 a 69.

[305] Lima Neto, Francisco Vieira – A maternidade de substituição e o contrato de gestação por outrem. In. Biodireito – ciência da vida, os novos desafios. p. 128.

que disponha sobre bens da personalidade por serem estes indisponíveis. A cessão temporária de útero altera a aplicações das presunções de paternidade e maternidade. Até recentemente, poder-se-ia afirmar, com relativa segurança, ser a identidade da mãe sempre certa enquanto a do pai era presumida, ou seja, esta identidade baseava-se nos princípios "*mater semper certa est*" e "*pater semper incertus est*".

Ao contrário da paternidade, a maternidade era passível de provas diretas, como por exemplo, a gestação e o parto, onde o Princípio "*mater semper certa est*" era estabelecido simplesmente com a prova do parto ocorrido na vigência do casamento. Com o surgimento das técnicas de reprodução assistida e o uso da prática da "mãe de substituição", o princípio "*mater semper certa est*" foi colocado em dúvida. Para Maria Berenice Dias "a possibilidade de uso de útero alheio elimina a presunção *mater semper certa est*, que é determinada pela gravidez e pelo parto. Em consequência também cai por terra a presunção *pater est*, que deriva do fato de que o pai é o marido da mãe".[306]

"Há que se esclarecer que a prática de maternidade de substituição pode dar ensejo a dois tipos de conflitos: positivo e negativo, neste tanto a mãe biológica, quanto a mãe gestacional, se dizem mães da mesma criança; naquele nenhuma delas tem interesse na maternidade. Segundo alguns doutrinadores, a problemática se torna maior quando o conflito é negativo, pois a ausência de interesse de qualquer das partes levará à necessidade de, inicialmente, atribuir-se a guarda da criança a uma terceira pessoa, enquanto aguarda-se a decisão judicial da maternidade. Mas, não menos desafiador, seria decidir a guarda da criança no conflito positivo, visto que de um lado existe a mãe biológica, que além de fornecer o elemento gerador, o óvulo, passa nove meses alimentando o desejo da maternidade, e muitas chegam a desenvolver todos os sintomas de uma gravidez normal – gravidez psicológica. Do outro lado, está a mãe gestacional, por nove meses se empenha na criação e proteção do novo ser. Posiciona-se assim o direito diante de uma difícil questão que envolve direitos fundamentais contrapostos".[307]

[306] DIAS, Maria Berenice – Manual de direito das famílias, p. 332 e 333.

[307] WELTER, Pedro Belmiro – Igualdade entre as filiações biológica e sócioafetiva. São Paulo, Ed.Revista dos Tribunais, 2003, p. 237.

De acordo com a visão contemporânea da família e da filiação, que privilegiam a socioafetividade, as conquistas obtidas pela verdade biológica foram preteridas nos processos de reprodução assistida. A filiação não é somente fundada em laços de sangue, a vontade individual de aceitação da prole. A vontade individual é a sequência ou o complemento necessário do vínculo biológico.

Para Eduardo de Oliveira Leite "O direito da filiação não é somente o direito da filiação biológica, mas é também o direito da filiação querida, da filiação vivida, tendo em vista sobretudo o interesse da criança".[308] Este também é o posicionamento de Guilherme Calmon Nogueira da Gama para quem a vontade, inserida no projeto parental do casal, aliada à contribuição de outras pessoas é agente fundamental para o estabelecimento do elo parental. Sendo o momento importante para o estabelecimento da paternidade, maternidade e filiação o momento da concepção do feto, suplantando- se estes à gestação e ao parto, por decorrerem estes da concepção.[309]

Para Maria Helena Diniz urge que haja norma privilegiando a maternidade socioafetiva, pois independente da origem genética ou gestacional, mãe seria aquela que manifestou a vontade de procriar, recorrendo para tanto a terceiros para que esta se concretizasse.[310] A proteção do menor possui respaldo constitucional sendo as crianças e adolescentes-prioridades absolutas no que tange à salvaguarda de seus direitos fundamentais, cabendo a família, sociedade e ao Estado assegurar seus direitos fundamentais.

O Simpósio Internacional sobre a Bioética e os Direitos das Crianças, organizado pela Associação Mundial dos Amigos das Crianças – AMADE e a UNESCO, realizado em Mônaco, de 28 a 30 de abril de 2000 ao considerar que "quando houver diferença de interesses, o interesse da criança

308 Leite, Eduardo de Oliveira – Procriações artificiais e direito: aspectos médicos, religiosos, psicológicos e jurídicos. São Paulo, Ed.Revista dos Tribunais, 1995, p. 203.

309 Gama, Guilherme Calmon Nogueira da – O biodireito e as relações parentais, Rio de janeiro/São Paulo, renovar, 2003, p. 747 a 749.

310 Diniz, Maria Helena – O Estado atual do biodireito, p. 555.

deve, em princípio, prevalecer sobre o do adulto".[311] Entendemos finalmente que a maternidade de substituição em si encerrada em um pacto, não fere em nome dos nobres objetivos que a motivaram, a moral e os bons costumes. Entretanto, nula seria a convenção firmada, pois o objeto do contrato ultrapassa em sua essência os limites interpostos pela lei. Em face dos princípios constitucionais atinentes a dignidade da pessoa humana e da paternidade responsável, e admitindo-se que à luz da lei civil, mãe é aquela que gera, como dispõem os artigos 10, 24 do ECA, não podendo por força contratual ser-lhe retiradoesse status, por ser este um direito personalíssimo e como tal imprescritível, indisponível, inestimável, irrenunciável por força de lei, nem sofrer o seu exercício limitação voluntária, tal como dispõe o artigo 11 do Código Civil.

Assim, torna-se inócuo o contrato de gestação, pelo objeto ilícito. A identidade genética, embora também um direito personalíssimo, tem ficado relegada em segundo plano em matéria de filiação medicalmente assistida por maternidade subrogada, tendo em vista a crescente valorização da sócio-afetividade e do bem-estar do menor nas sociedades contemporâneas.

Uma solução intermediária adotou o direito brasileiro, transferindo para o parentesco preexistente a viabilidade dessa forma de filiação, mediante a obrigação de gratuidade do pacto de gestação e anterior vínculo parental até segundo grau, entendendo nessa prática uma intervenção curativa da infertilidade do casal que não ferirá a moral e os bons costumes. Além dos dilemas emocionais que envolvem a gestação subrrogada, também a falta de legislação especifica dificulta o registro das crianças geradas nesse processo. Entendemos também que se faz necessária uma alteração na lei dos registros publicos para regular essas questões. Via de regra o processo registral deverá vir acompanhado com o laudo médico de indicação terapêutica para o procedimento, parecer do órgão de classe subjacente, cópia do termo de consentimento informado do doador de material genético e da cedente do útero e de seu marido ou companheiro, se for casada ou viver em união estável, declaração de

[311] Mendes, Christine Keller de Lima – Mães substitutas e a determinação da maternidade: implicações da reprodução medicamente assistida na fertilização in vitro heteróloga. http://www.boletim jurídico.com.br/doutrina/texto.asp?id=1310, p. 22.

nascido vivo do bebê, além dos documentos identitários dos pais – documentos que devem ser preparados durante a gestação.

A Corregedoria Nacional de Justiça, CNJ, editou o Provimento 52 em 15.3.2016, dispondo sobre o registro de nascimento e emissão da respectiva certidão dos filhos havidos por reprodução assistida. Posteriormente, editou o Provimento 63 em 17.11.2017, considerando a necessidade de uniformização dos registros de nascimento eda emissão da certidão de nascimento para filhos havidos por tecnica de reprodução assistida de casais homoafetivo ou heteroafetivos, estabeleceu a regra contida no art. 17,III § 1º "na hipotese de gestação por substituição não constará do registro o nome da parturiente, informando na declaração de nascido vivo, devendo ser apresentado termo de compromisso firmado pela doadora temporária do utero, esclarecendo a questão da filiação.

Não há necessidade de autorização judicial. O ato poderá ser realizado perante o cartório de registro civil das pessoas naturais de todo o país, bastando somente a presença dos pais munidos da documentação exigida pelo Provimento. Este representa o exemplo típico de instrumentos legais que dialogam entre si com a finalidade específica de proporcionar ao homem a solução mais adequada para resolver os entraves entre a cessão temporária de útero e o registro da prole. O tema carece de regulamentação legal a fim de que a prática tenha garantia jurídica, uma vez que a cessão temporária de útero de perfaz como uma das formas de planejamento familiar.

O contrato de gestação de substituição, ainda que procure uma classificação dentre as modalidades contratuais previstas na legislação civil, é um contrato que deve ser analisado sob a ótica do biodireito e do direito de família, tendo por base o princípio da dignidade da pessoa humana. Assim, um indivíduo ou um casal celebra um contrato que a meu ver, em muito se assemelha ao contrato de prestação de serviços com o encargo de nortear-se por determinada conduta, como boa alimentação, repouso, abstensão do uso de drogas e alcool, cuidados adequados de higiene e realização de exame pré-natal.

Subsistem nessa relação quatro elementos previstos na relação contratual: a bilateralidade, a onerosidade, a consensualidade e a comutatividade. Oriundo daí, parte da doutrina mais moderna vem defendendo a possibilidade de remuneração dessa prática, como ocorre entre alguns países do mundo, como os EUA ou a India. Entretanto, essa pratica remuneratória feriria diretamente a regra contida no art. 194 § 4º da Constituição Federal, que impede o comércio do corpo. Pondera-se na atualidade se de fato a onerosidade do contrato de cessão de útero violaria a dignidade humana do ser gerado, posto que o preço avençado não seria pela criança (a qual recairia o preço), mas uma compensação pelos infortúnios da gestação – que podem inclusive levar a uma baixa laborativa da gestante. O objeto do contrato seria assim, a capacidade reprodutiva, e o preço seria avençado para gestar o filho de outrem.

Além destas práticas, a formação da família na sociedade biotecnológica conhece uma outra modalidade: a familia unilinear, onde a mulher solteira, tendo acesso às técnicas de reprodução assistida procria, dando à luz um ser que contará apenas com o parentesco estabelecido pelo lado materno, pois a Resolução n. 2.168/17 do CFM e a RDC n. 33 da ANVISA, prevêm o anonimato do doador de material genético. Há também a possibilidade de as viúvas que pretendem ser fecundadas com o sêmen previamente conservado de seu marido morto darem origem à prole . É válido ressaltar que em qualquer dos casos o resultado pretendido traz a circunstância comum de o filho nascer com a ausência da figura social do pai, por decisão unilateral da mulher.[312] O reconhecimento do princípio da igualdade não admite negar à mulher solteira o acesso às técnicas de reprodução assistida, assim como o planejamento familiar é um direito protegido constitucionalmente no artigo 226, § 7º do nosso Diploma Maior, desde que o interesse do menor seja protegido e o genitor possa fornecer ao menor as condições necessárias ao seu desenvolvimento.[313] No Brasil a única norma existente para regular a reprodução assistida é a Resolução n. 2.168/17 do CFM que permite que qualquer mulher capaz, de livre e espontânea vontade, pode submeter-se às técnicas reprodutivas. Essa resolução assegura o sigilo do doador e obriga a instituição que promove a inseminação a armazenar os dados referentes aos aspectos clínicos e genéticos deste. Da mesma forma assegura o sigilo da identidade da receptora e do nascituro; pois analogamente à adoção que

[312] MALUF, Adriana Caldas do Rego Freitas Dabus – Novas modalidades de família na pós-modernidade, p. 113 a 115.
[313] DIAS, Maria Berenice – Manual de direito das famílias, p. 195 e 196.

rompe todos os vínculos com a família biológica em nome do princípio da segurança da família constituída, também nas hipóteses de gravidez por inseminação heteróloga o mesmo princípio está em jogo, ficando o doador distante da relação familial por que desta não faz parte. Existe ainda outra prática que envolve o emprego das técnicas de reprodução assistida: a inseminação artificial de pessoas do mesmo sexo e nos estados interssexuais.

A Resolução 1.957/10 do CFM possibilitava a mais pessoas se beneficiarem com as técnicas independente de sua orientação sexual ou estado civil, tal como prevê seu art. 1º, II, 1. A atual Resolução 2.168/17 do CFM reproduziu a regra. No que tange à reprodução artificial dos homossexuais masculinos esta poderia dar-se de duas formas: através da utilização do material genético de um dos parceiros com óvulo de doador e útero subrogado (o óvulo e o útero podem ou não pertencer à mesma mulher). A questão ficaria pautada nos seguintes termos: a mãe seria a gestatrix e o pai o doador de material genético, ao outro parceiro a filiação poderia ser estabelecida por adoção – conforme o caso. Fala-se ainda na gestação masculina – ectópica- com utilização de óvulo de mulher doadora. Suscita esta prática íntimos debates nas ciências médicas devido ao fato desta modalidade gestacional dificilmente chegar a termo e importar grandes riscos para o homem gestante.

Quando as parceiras forem mulheres, o panorama altera-se um pouco devido ao fato da possibilidade de gestação. Uma técnica viável do ponto de vista clínico é a mistura do DNA do núcleo de ambas in vitro e a consequente fertilização da outra, que será a mãe aos olhos da lei. A companheira doadora não gestante deverá socorrer-se da adoção para estabelecer o vínculo parental. A Resolução 2.168/17 do CFM trouxe à baila a gestação compartilhada, para os casos de união homoafetiva feminina. Assim, os embriões obtidos a partir da fecundação dos óvulos de uma mulher é transferido para o útero de sua parceira, ainda que não exista diagnostico de infertilidade. No caso do acesso às técnicas de reprodução artificial por indivíduos transexuais, estas apresentam algumas peculiaridades: O transexual que doa seu material genético para posterior fecundação perderá seus efeitos parentais, dado o anonimato do doador previsto em lei, exceção feita para o casal transexual casado ou convivente que tenha doado seu material genético para que fosse realizado sua fecundação *post mortem*. Neste caso, teria o filho direito ao nome do pai segundo seu sexo originário.[314]

Diante da modernidade do tema e da inesgotável gama de situações que suscita, fala-se já na atualidade na flexibilidade do anonimato do doador, pois o desenvolvimento biotecnológico proporcionou o acesso a técnicas modernas em matéria de transplantes, transfusão e outras práticas médicas que impõe compatibilidade histológica. A Resolução n. 2168/17 do CFM prevê esta hipótese quando refere "em situações especiais as informações sobre doadores, por motivação médica podem ser fornecidas exclusivamente para médicos, resguardando-se a identidade civil do doador".

Vemos assim, que a evolução político, social e costumeira que conheceu a humanidade, atendendo a uma multiplicidade de valores emergentes, vem valorizando cada vez mais a possibilidade da realização pessoal na reprodução humana.[315] Além das inúmeras e complexas situações jurídicas que defluem das técnicas de reprodução assistida, e também da dinâmica da filiação na pós-modernidade, outra se descortina: como se atribui a identidade genética na filiação socioafetiva, seja oriunda da adoção ou das técnicas de reprodução assistida? Inicialmente vemos que o conceito de parentalidade ampliou-se da esfera biológica para a socioafetiva, onde o afeto e o *animus* se justapõem ou se sobrepõem à carga genética do indivíduo. Independente da forma de sua aquisição, via de regra, o vínculo da filiação é indissolúvel, salvo hipóteses especificas onde se tutela o melhor interesse do menor, havendo previa desconsideração do vínculo parental. Entretanto, persiste o direito à busca da origem genética ao interessado.

A adoção é um ato solene, irrevogável, pelo qual se cria entre o adotante e o adotado uma relação fictícia de paternidade e filiação, resultante da explicita manifestação de vontade de uma das partes ou de ambas, dependendo do caso concreto, visando o amparo familiar. O direito ao conhecimento da identidade genética é um direito imprescritível, posto

[314] Perona, Javier López-galiacho – la problemática jurídica de la transexualidad, Madrid: Mac Graw Hill, 1988, p. 306 e ss.

[315] Maluf, Adriana Caldas do Rego Freitas Dabus -Novas modalidades de família na pós-modernidade, São Paulo: Atlas, 2010, p. 203e 204.

tratar-se de direito da personalidade, previsto no art. 12 do Código Civil. Sob a ótica processual, a ação cabível para o conhecimento da parentalidade genética, seria a ação de investigação de paternidade. Nessa ação, o investigante deverá comprovar que o investigado é seu pai ou mãe biológico, a partir da realização do exame de DNA, e ainda, deverá comprovar que inexistem efeitos modificativos da sentença, ou seja, que não tem o estado de filho afetivo; desta sorte, a sentença teria natureza declaratória, e não constitutiva de direitos, posto que embora persista o direito personalíssimo de busca de sua identidade genética. Assim, a sentença não terá o condão de alterar a parentalidade pré-constituída, e nem de constituir nova parentalidade, via socioafetividade.Desta forma, não se materializam direitos como: direito ao nome, à herança, ao convívio social, aos alimentos, entre outros.

O direito de conhecer a verdadeira identidade genética é um direito personalíssimo do cidadão alicerçado no princípio da dignidade da pessoa humana. No entanto, uma vez gerada a parentalidade socioafetiva, seja via adoção, seja via reprodução assistida heteróloga, a declaração de parentalidade não surtirá efeitos registrais o que impede a aquisição de quaisquer benefícios de ordem material. Assim, é possível obter a declaração de paternidade genética sem desconstituir a filiação socioafetiva gerada.

Quanto à posição do direito alienígena frente ao tema, temos que de acordo com a Constituição Federal Portuguesa, o direito do ser humano saber a sua origem biológica é reconhecido à luz dos artigos 25 e 26 da Lei Fundamental Portuguesa que consagram esse direito como um direito fundamental da pessoa. Já a Constituição Federal Alemã não dispõe de forma expressa sobre o direito à ascendência genética. Entretanto, posiciona-se a jurisprudência alemã: que saber a origem genética não acarreta efeitos na relação de parentesco. Diferente é o posicionamento do direito francês, que no artigo 334-9 do Código Civil estabelece que a investigação de paternidade é considerada inadmissível quando for estabelecido o estado de filho afetivo.

Assim, embora a filiação afetiva seja irrevogável da mesma forma que a filiação biológica, não pode o filho ser privado de investigar sua parentalidade biológica e nem de manter, se for o caso, ao mesmo tempo, a paternidade socioafetiva. Nesse sentido, torna-se essencial diferenciar a filiação – enquanto relação paterno-filial da ascendência genética. A filiação é tida como o relacionamento entre pais e filhos, do qual decorrem direitos e deveres previstos em lei, tendo por origem o vínculo biológico, ou não. Representa um instrumento de formação da família que a seu turno pode advir do vínculo biológico, da adoção, da reprodução assistida heteróloga, ou da socioafetividade. Já a ascendência genética, refere-se ao conhecimento da origem biológica, da consanguinidade do indivíduo. Assim sendo, a lógica nos induz a concluir que aquele que busca a investigação da paternidade/maternidade, visa estabelecer um estado de filiação, com todos os efeitos decorrentes do estabelecimento do parentesco. Por outro lado, ao se perquirir o conhecimento da ascendência genética, pura e simples, já estando inserido num projeto parental prévio – como através da adoção – visa-se o conhecimento sobre a origem biológica, apenas, seja por motivos particulares, seja por necessidade médica.[316]

À luz do disposto no art. 48 do ECA é possível a investigação da origem genética em favor de pessoa adotada – sem qualquer alteração no parentesco – principalmente em situações nas quais, por motivos de saúde, há necessidade de buscar o vínculo genético. O pedido judicial para a averiguação da ascendência genética será formulado no sentido de se exigir uma prestação de fazer, para a realização de exame genético de DNA, sendo descabida a presunção legal da parentalidade.

Subsistem ainda algumas peculiaridades distintivas entre a ação e investigação de paternidade/maternidade e a ação de conhecimento de origem genética: a ação de investigação de paternidade pode ser proposta pelo Ministério Público, como substituto processual. A ação de investigação da ascendência genética, não, sendo, portanto, personalíssima; a decisão judicial em ação de investigação de paternidade tem por consequência a averbação em certidão de nascimento, com a inclusão do nome do pai ou da mãe. A decisão judicial relativa à ascendência genética, não induz modificações registrais; a decisão reconhecendo ou declarando a paternidade gera efeitos para o filho, tais como inclusão do sobrenome,

[316] "caracteriza violação ao princípio da dignidade da pessoa cercear o direito de conhecimento da origem genética, respeitando-se, por conseguinte, a necessidade psicológica de se conhecer a verdade biológica" (STJ, Ac.unân. 3ªT., REsp nº 833.712/RS rel. Min. Nancy Andrighi, j. 17.5.07, DJU 4.6..07, p; 357).

alimentos e herança. A decisão no que diz respeito à ascendência genética não produz efeitos.

Quanto ao direito ao conhecimento da identidade genética para o adotado, a Lei 12.010/2009, deu nova redação ao artigo 48 do ECA, garantindo ao adotado o direito de conhecer sua origem biológica. "A norma assegura o exercício do direito da personalidade do adotado, mas sem qualquer reflexo na relação de parentesco. O conhecimento da origem biológica não importa desfazimento da adoção, que é irreversível". O conhecimento da origem genética não acarreta a anulação da relação paterno-filial. Como vimos, genitor biológico e pai são figuras totalmente diferenciados. O primeiro encontra-se adstrito à doação de material genético o segundo adentra a esfera da afetividade.

Entretanto, aduz Paulo Lobo que "As questões que frequentemente demandam decisões judiciais são relativas à posse de estado de filiação, cuja relação de parentalidade, emergente de fatos, não ostentam o mesmo grau de cognoscibilidade da adoção ou da inseminação artificial heteróloga". "Quando o Judiciário confirma a existência da posse de estado de filiação e sua consequente imutabilidade, emergem insatisfações acerca das pretensões econômicas que normalmente estavam subjacentes, notadamente alimentos e sucessão hereditária".[317] Leciona Paulo Lobo que "para harmonizar o princípio da imutabilidade do estado de filiação, decorrente da posse de estado, com a possível pretensão patrimonial, pode-se encontrar solução dentro do sistema jurídico existente, com recurso à reparação civil"."Estabelece o art. 229 da CF que os pais têm o dever de criar, educar e assistir os filhos menores. A não assunção da parentalidade do descendente biológico (salvo no caso de dação de sêmen), cuja filiação foi assumida apenas pela mãe e, depois, pelo pai socioafetivo, implica inadimplemento de dever jurídico, que se resolve com a reparação civil correspondente". Assim sendo "se o genitor biológico for vivo, deve responder pelo equivalente ao valor que teria de arcar com a criação, educação e assistência do filho não reconhecido, de acordo com suas condições econômicas, até sua maioridade. Se morto

[317] LOBO, Paulo – Direito ao conhecimento de ascendência genética difere-se de filiação. In: http: //www.conjur.com.br. Acesso em 19.4.2019.

for, o mesmo valor pode consistir em crédito contra a herança, pois significa dívida deixada pelo *de cujus*".[318]

6.3. Biodireito e a experimentação científica em seres humanos

O século XX trouxe consignado uma série de mudanças paradigmáticas oriundas do desenvolvimento tecnológico e dos costumes.As pesquisas biotecnológicas realizadas têm por objetivo principal o desenvolvimento do conhecimento científico, a cura de diversas patologias, enfim, terapêutico. Assim, toda experimentação científica envolvendo seres humanos em qualquer estágio de seu desenvolvimento, os animais e o meio ambiente, deve pautar-se nos princípios da bioética e do Biodireito, buscando-se assim, a autonomia, a beneficência, a justiça entre outros. Como experimentos envolvendo seres humanos além do genoma, já referido anteriormente, vamos tratar da clonagem e da utilização das células-tronco.

6.3.1. Biodireito e a clonagem humana

A clonagem pode ser definida como um processo de produção de organismos geneticamente idênticos através da reprodução assexuada. Funciona como um mecanismo comum de propagação da espécie em plantas ou bactérias. É a produção de indivíduos geneticamente iguais a um outro mesmo ser vivo, seja ele um microorganismo,vegetal ou animal.[319] É ainda o processo natural ou artificial em que são produzidas cópias fiéis de outro indivíduo, geneticamente iguais e oriundo de uma única célula somática diferenciada, conhecido por clone. A palavra "clone" (do grego klon, significa "broto") é utilizada para designar um conjunto de indivíduos que deram origem a outros por reprodução assexuada. O termo foi criado em 1903, pelo botânico norte-americano Herbert J. Webber, e segundo ele, o clone é basicamente um descendente de um conjunto de células, moléculas ou organismos geneticamente iguais à de uma célula matriz originária. Assim, os indivíduos criados por meio da técnica da

[318] Lobo, Paulo – Direito ao conhecimento de ascendência genética difere-se de filiação. In. http: //www.conjur.com.br < acesso em 19.4.2019>

[319] Kelch, Rita – Direitos da personalidade e clonagem humana, p. 49.

clonagem terão as mesmas características genéticas do fornecedor do material genético utilizado.

O processo de clonagem natural ocorre em alguns seres, como as bactérias e outros organismos unicelulares que realizam sua reprodução pelo método da bipartição. Quanto aos seres humanos, os clones naturais são os gêmeos univitelinos, ou seja, são seres que compartilham do mesmo material genético (DNA), sendo originado da divisão do óvulo fecundado.

No processo de clonagem artificial existem várias técnicas a serem empregadas, uma delas permite clonar um animal a partir de óvulos não fecundados, sendo este processo conhecido desde o século XIX. Entre seres humanos a discussão gira em torno da produção de uma cópia de si mesmo e as efetivas vantagens para tanto, além da segurança (ou insegurança) jurídica e científica que essa técnica acarretaria. A tecnologia da clonagem sedimentou-se desde meados do século XX, sendo o no que tange à suas células, tecidos ou órgãos.[320]

[320] A grande descoberta científica em matéria de clonagem, foi justamente a questão de que uma célula somática de mamífero, já diferenciada, poderia ser reprogramada ao estágio inicial e voltar a ser totipotente. Isto foi conseguido através da transferência do núcleo de uma célula somática para um óvulo enucleado. Surpreendentemente, este começou a comportar-se como um óvulo recém-fecundado por um espermatozóide. Isto provavelmente ocorreu porque o óvulo, quando fecundado, tem mecanismos, para nós ainda desconhecidos, para reprogramar o DNA de modo a tornar todos os seus genes novamente ativos, o que ocorre no processo normal de fertilização.Um exemplo paradigmático de clonagem é o daovelha Dolly (05 .07.96 a 14.02 2003) foi o primeiro mamifero a ser clonado com sucesso a partir de uma célula adulta. Dolly foi criada por investigadores do Instituto Roslin, na Escócia, onde viveu toda a sua vida. Os créditos pela clonagem foram dados a Ian Wilmut, mas este admitiu, em 2006, que Keith Campbell seria na verdade o maior responsável pela clonagem. Foi clonada a partir das células da glândula mamária de uma ovelha adulta com cerca de seis anos, através de uma técnica conhecida como transferência somática de núcleo.Apesar das suas origens, Dolly teve uma vida comum de ovelha e deu à luz dois filhotes, sendo cuidadosamente observada em todas as fases. Em 1999 foi divulgado na revista Nature que Dolly poderia tender a desenvolver formas de envelhecimento precoce, uma vez que os seus telômeros eram mais curtos que os das ovelhas normais. Esta questão iniciou uma acesa disputa na comunidade científica sobre a influência da clonagem nos processo de envelhecimento.que está ainda hoje por resolver. Posteriormente em 2002 foi anunciado que Dolly sofria de um tipo de artrite degenerativa, o que foi interpretado por alguns sectores como sinal de envelhecimento. Dolly

Duas são as técnicas de clonagem conhecidas na literatura médica que poderiam ser utilizadas por seres humanos: a clonagem por divisão

foi abatida em Fevereiro de 2003 (viveu apenas metade do tempo das ovelhas comuns) para evitar uma morte dolorosa por infecção pulmonar incurável. O seu corpo empalhado está exposto no Royal Museum, em Edimburgo, Escócia. A técnica de clonagem produziu também a ovelha Polly, em 1997, clonada com material genético humano. Desenvolvida pelo laboratório escocês PPL Therapeutics, responsável pela clonagem da ovelha Dolly. Examinando-se de perto o DNA no núcleo de suas células, no entanto, descobre-se entre dezenas de milhares de genes um que só existe em seres humanos. Isso faz de Polly um animal transgênico. Tem um pouco de duas espécies diferentes (o laboratório produziu a clonagem de cinco ovelhas diferentes, além de criar ratos e porcos transgênicos). Mas Polly e suas "irmãs" são o primeiro fruto da união das duas técnicas. Como matéria-prima, os biólogos usaram uma célula tirada de um feto de ovelha. No núcleo desta, enxertaram um gene humano que não revelaram qual era, pois consideram esta informação um segredo industrial. A seguir, pegaram um óvulo de outra ovelha, jogaram fora seu núcleo e puseram no lugar o núcleo da célula geneticamente modificada. Criaram assim uma célula clonada do feto original, que foi introduzida no útero de uma mãe hospedeira. De acordo com as pesquisas, os cientistas informaram que três das crias foram modificadas para produzir a proteína sanguínea alpha-1-antitripsina, usada no tratamento da fibrose cística. É uma doença genética incurável que afeta uma em cada 1.600 crianças de origem caucasiana, aumentando o tecido mucoso do organismo, especialmente no pâncreas e nos pulmões. Sem tratamento, a criança morre antes dos cinco anos. Com terapia intensiva, sobrevive até os 20 anos. As ovelhas também foram programadas para produzir fibrinógeno e proteína ativada C, drogas usadas para impedir a coagulação do sangue (Ron James, do laboratório experimental, afirma que o PPL não vai criar rebanhos clonados nem ministrar as substâncias extraídas de Polly em doentes. Como segurança, as células geradoras das ovelhas transgênicas foram colhidas do rebanho da empresa com suspeita de infecção pela síndrome de Creutzfeldt-Jakob, a doença da vaca louca que ataca o gado do Reino Unido. Isso não quer dizer que, no futuro, o PPL deixará de clonar ovelhas saudáveis para fazer remédios. Foi produzido também o primeiro bezerro clonado, chamado Gene, em 1997.Como exemplos históricos de feitos de clonagem podemos apontar que em 14 de fevereiro 2002 – A Universidade A & M do Texas apresenta a gatinha Cc, o primeiro clone de um animal de estimação. Ela nascera em dezembro de 2001, após 188 tentativas. Em 11 de abril de 2002 a empresa Clonaid diz já ter implantado no útero várias mulheres embriões produzidos a partir de clonagem. Em 28 de maio de 2002 – Cientistas do Museu Australiano anunciam um projeto para criação do primeiro clone de um animal extinto – o tigre da Tasmânia – e dizem já ter DNA de um exemplar em boas condições para lançar a empreitada. Em 11 de julho de 2002nasce a bezerra Penta, o primeiro clone de um animal adulto produzido no Brasil. Ela morreu de infecção generalizada, cinco semanas depois. Fonte: http: //pt.wikipedia. Org < acesso em 26.03.12>; VIEIRA, Tereza Rodrigues – Bioética e Biodireito, São Paulo: Juridica brasileira, 2003, p. 25 a 27.

embrionária e a clonagem por transferência de núcleo. A clonagem por divisão embrionária pode ocorrer espontaneamente na natureza, como no caso dos gêmeos univitelinos (geneticamente idênticos), ou ser produzidos em laboratório. A clonagem por transferência nuclear possibilita a obtenção de organismos idênticos geneticamente, utilizando-se para isso de apenas um gameta por meio da transferência do núcleo de uma célula somática (embrionária ou adulta qualquer de um indivíduo já nascido, ou morto), a um óvulo previamente desnucleado, ao qual mediante emprego de impulsos elétricos dá-se a fecundação, mesmo sem a participação do gameta masculino. Será obtido então um organismo embrionário clônico.[321]

Existem duas formas de clonagem: a reprodutiva e a terapêutica.

No caso da clonagem humana reprodutiva, a ideia principal é permitir a reprodução de casais estéreis. Assim, retira-se o núcleo de uma célula somática, que pode ser de qualquer tecido, inserir este núcleo em um óvulo e implantá-lo em um útero. Se este óvulo se desenvolver teremos um novo ser com as mesmas características físicas daquele de quem foi retirada a célula somática. Seria como um gêmeo idêntico nascido posteriormente. [322] Ofende, entretanto, a clonagem reprodutiva direitos da personalidade como: identidade genética, a dotação genética diferenciada da humanidade (seu patrimônio genético). E assim, tendo em vista o posicionamento bioético questionamos a validade dessa prática por ofender o patrimônio genético da humanidade, os direitos personalíssimos do ser humano, além da confusão dos papéis sociais e familiares que acarreta.[323]

Na comunidade internacional está vetada a clonagem reprodutiva nos países: Alemanha, Espanha, França, Inglaterra; assim como coíbe expressamente a prática o Conselho da Europa em sua Recomendação n.

[321] Souza, Paulo Vinicius sporleder de – crimes genéticos, genoma humano e direitos humanos de solidariedade. In. Sarlet, Ingo W.; Leite, George Salomão – Direitos fundamentais e biotecnologia, São Paulo: Método, 2008, p. 270.

[322] Zatz, Mayana – Clonagem e células tronco, Revista de Estudos Avançados, SP, v.18, n. 51, 2004, p. 249 e ss.

[323] A clonagem reprodutiva foi condenada pela ONU, pela UNESCO, pela Convenção Europeia sobre os Direitos do Homem e da Biomedicina.

1046/1986, n.14, bem como diversas Convenções internacionais como a Declaração Universal sobre o Genoma Humano e os Direitos Humanos de 1997, art.11; a Declaração sobre Clonagem de Seres Humanos de 2005. No Brasil, a clonagem humana reprodutiva está prevista no art. 26 da Lei 11.105/2005 – Lei de Biossegurança – inserida no capítulo VIII – dos crimes e das penas–, com imposição de pena de reclusão de dois a cinco anos, e multa.[324]

Como críticas à clonagem reprodutiva pode-se apontar: em relação aos direitos da personalidade, fere o direito à vida, à saúde, à identidade pessoal, à identidade genética dos ser humano, à integridade física, à intimidade, à imagem, à identidade psicofísica do ser humano, revoluciona os papéis familiares- identitários da pessoa humana, no sentido em que fica difícil determinar o pertencimento do clone na estrutura familiar bem como o seu papel nessa possível estrutura familiar, pois se encontraria este, destituído de ambos os genitores.[325] Um questionamento do direito de família com grande repercussão na bioética seria: com o nascimento de um clone, inquestionável seria a natureza de ser humano. Assim, quem seriam os seus pais? O clone seria filho ou irmão gêmeo de seu genitor? Nasceria o clone privado de estrutura familiar? Seria estabelecida uma nova categoria de seres humanos em face de sua origem?

Pensamos que os fornecedores do material genético que formou o clone seriam legalmente seus pais, atribuindo-se a maternidade à mulher que gestou o clone, independente de sua reprodução assexuada, cabendo-lhe inclusive as regras de presunção de paternidade contida no art. 1.597 e incisos do Código Civil. Acredita-se ser esta prática perigosa ao próprio clone, que chegaria ao mundo como cópia de outro ser, marcando-o mais como um objeto do que como um ser humano, mais como uma cópia do que como um ser portador de intrínseca individualidade. Atenta contra o princípio da dignidade humana. Além disso, seria fruto

[324] Maluf, Adriana Caldas do Rego Freitas Dabus – Curso de bioética e Biodireito, p. 243.

[325] Maluf, Adriana Caldas do Rego Freitas Dabus – Direito da personalidade no novo Código Civil e os elementos genéticos para a identidade da pessoa humana, p. 89; Otero, Paulo – Personalidade e identidade pessoal e genética do ser humano: um perfil constitucional da bioética, p. 65; Kelch, Rita – Direitos da personalidade e clonagem humana, p. 144.

da reprodução de um DNA já antigo, cujas consequências desse ato, não podem ser mensuradas. Quem garantiria que o clone de um indivíduo de 60 anos, não nasceria com os problemas e disfunções característicos dessa fase? A título de ilustração, a ovelha Dolly, pioneira em casos de clonagem (e que veio ao mundo como gêmea da outra ovelha que lhe cedeu o material genético), já apresentava sinais de doença, de artrite, um mal precoce para sua idade – veio a falecer tempos depois.

Tal como aduz Maria Helena Diniz "com isso passou-se a ter certeza de que as células somáticas adultas ou diferenciadas – como as da pele, do cérebro, dos músculos, entre outras, fossem totipotentes e retivessem a capacidade de exprimir a totalidade da informação genética que caracteriza o indivíduo". As células somáticas sofrem agressões ao longo do tempo, que termina por danificar-lhe o material genético. Desta forma, como garantir a integridade dos genes da célula e, por conseguinte, do próprio clone?[326]

Como razões favoráveis para a criação do clone humano aponta Rita Kelch: funcionar como repositório de tecidos, solução de problemas de esterilidade, desejo de autoreproduzir-se.[327]Outra importante discussão bioética finca-se no status jurídico do embrião clônico, ou seja, teria ele o mesmo status jurídico do embrião gamético, que apresenta carga genética diferenciada?Apresentaria este potencialidade humana, uma vez que sua produção não teria a participação masculina, sendo produzido apenas por uma única célula feminina?

Se for aceita a tese de que o embrião clônico somático também pertence à espécie humana, entendemos que poderia este ser titular de bens jurídicos, como o direito à vida, à dignidade humana, à integridade física, entre outros. Em relação à clonagem humana não reprodutiva, denominada clonagem terapêutica, que consiste na remoção do núcleo de um ovo doado que é reprogramado com uma pequena porção de material genético do receptor. Depois, ao invés de se implantar esse ovo modificado no útero materno, ele vai se desenvolver em laboratório, havendo a possibilidade de se usar essas células, que na fase de blastocisto são pluripotentes, para fabricar diferentes tecidos. Assim, são criados tecidos em

326 DINIZ, Maria Helena – O estado atual do biodireito, p. 505.

327 KELCH, Rita – Direitos da personalidade e clonagem humana, p. 100.

laboratório. A técnica teria a vantagem de evitar a rejeição se o doador fosse o próprio paciente.[328]

Entretanto, o atual estado da arte não permite que sejam criados tecidos completos através da clonagem em laboratório. A grande questão bioética esbarra na continuidade das pesquisas utilizando embriões humanos extranumerários. Visa a clonagem terapêutica, a partir das células-tronco, que apresentam grande capacidade de autorreplicação e com potencialidade de diferenciarem-se em vários tipos de tecidos, desenvolver novas terapias na medicina regenerativa para a realização de transplantes de tecidos, e futuramente, de órgãos.

Segundo esta técnica poderiam ser produzidos embriões *in vitro* para posterior extração de suas células-tronco para fins terapêuticos, sem intuito de procriação. Essa técnica é discutível do ponto de vista ético e jurídico, pois, acarreta a destruição do embrião e choca-se com deliberações da lei de Biossegurança que proíbe a experimentação científica (além de contrariar as deliberações da Resolução 2.168/17 do CFM que trata da reprodução assistida). Como críticas à clonagem terapêutica, apontamos: ofensa à dignidade humana, à vida embrionária, à dignidade reprodutiva do homem, possível comercialização da pessoa humana, além de incentivar o desenvolvimento das pesquisas produzindo seres híbridos, selecionados ou deformados. Para tanto, a Convenção sobre Direitos Humanos e Biomedicina/1996 adotada pelo Conselho da Europa proíbe a produção de embriões humanos para fins de investigação em seu art.18.2, sendo em muitos países da Europa punido criminalmente a experimentação com embriões.[329]

Quanto ao tratamento legal que recebe a prática da clonagem na Constituição Federal temos: em seu art. 225, visa proteger o meio ambiente, tutela para tanto a diversidade e integridade do patrimônio genético do país e fiscaliza as entidades dedicadas à pesquisa e à manipulação do

[328] NAMBAM Edson T – Manual de bioética e Biodireito, p. 63; LOUREIRO, Claudia Regina M – Introdução ao Biodireito, p. 155; MALUF, Adriana Caldas do Rego Freitas Dabus – Curso de bioética e Biodireito, p. 242.

[329] SOUZA, Paulo Vinicius sporleder de – crimes genéticos, genoma humano e direitos humanos de solidariedade. In. SARLET, Ingo W.; LEITE, George Salomão – Direitos fundamentais e biotecnologia.

material genético; tutela a saúde no art.6º, a dignidade humana no art. 5º. Desta forma, entendemos como inconstitucional a clonagem por ferir a norma constitucional. A Instrução Normativa 8 da CTNbio de manipulação genética em humanos e clonagem em humanos, foi o primeiro diploma pátrio a tratar do tema, proibindo experimentos de clonagem através de qualquer técnica. A Instrução Normativa 9 da CTNbio reafirma os princípios da Resolução 466/12 (que estabelece normas e diretrizes para pesquisas em seres humanos) do CNS no que refere à obrigatoriedade de respeito aos princípios básicos da bioética.O Código Civil de 2002 foi silente em relação às repercussões da clonagem notadamente no que toca ao direito de família e das sucessões. A Lei de Biossegurança, Lei n. 11.105/2005, define a clonagem reprodutiva e terapêutica em seu art. 3º, VIII a X em seu art. 6º, IV proíbe a clonagem humana.

6.3.2. Principais projetos de lei sobre a clonagem

Esses são os principais projetos de lei sobre a clonagem apresentados no Congresso Nacional: PL n. 2811/1997 – que proíbe experiências e clonagem de animais e seres humanos, PL n. 1499 – que proíbe a manipulação de células ou embriões humanos para fins de experiências científicas, PL n. 4633/2001 – proíbe a experiência com seres humanos para fins de clonagem, entre outros: PL n. 5127/2001, PL n. 5323/2001, PL n. 2855/1999.[330]

6.4. Biodireito e a utilização de células-tronco

As células-tronco, são também conhecidas como células-mãe ou células estaminais e são células que possuem a melhor capacidade de se dividir dando origem a células semelhantes às progenitoras. O principal objetivo das pesquisas com células-tronco é usá-las para recuperar tecidos danificados por essas doenças ou traumas. São encontradas em células embrionárias e em vários locais do corpo, como no cordão umbilical, na medula óssea, no sangue, no fígado, na placenta e no líquido amniótico e em células adultas. Recebem essa denominação pois participam de um processo de diferenciação e especialização celular, que "entronca" em células pluripotentes e se ramifica em células progressivamente unipotentes.

330 Maluf, Adriana Caldas do Rego Freitas Dabus – Curso de bioética e Biodireito, p. 246.

6.4.1. Tipos de células-tronco

As células-tronco podem ser classificadas de acordo com o tipo de células que podem gerar: totipotentes: podem produzir todas as células embrionárias e extra embrionárias; pluripotentes: podem produzir todos os tipos celulares do embrião, menos placenta e anexos; multipotentes: podem produzir células de várias linhagens; oligopotentes: podem produzir células dentro de uma única linhagem e unipotentes: produzem somente um único tipo celular maduro.

São células diferenciadas, específicas em função, altamente especializadas, porém incapazes de dividirem-se por si mesmas. A proliferação destas se dá através de células precursoras (menos diferenciadas), as quais derivam de um pequeno número de células-tronco em lenta divisão (células pluripotentes). A divisão de uma célula-tronco pode gerar outra célula-tronco, ou esta pode seguir uma via irreversível de diferenciação (especialização em alguma função) e vir a tornar-se terminalmente diferenciada. A linhagem de células mais indiferenciadas com potencial de desenvolvimento irrestrito são as células-tronco embrionárias, que se dividem em totipotentes (podem se diferenciar em qualquer célula do organismo) ou pluripotentes (podem se diferenciar em qualquer tecido, exceto placenta e anexos embrionários). Apesar de o DNA das células-tronco serem idênticos ao DNA de células totalmente diferenciadas, a expressão dos genes desses tipos celulares é diferente. O entendimento dos mecanismos de diferenciação celular nos permitiria formar novos tecidos, a fim de reparar danos causados por algum acidente ou doença. Estudos nessa área estão sendo realizados em várias partes do mundo.

Além destas caracteríticas, podem-se somar mais duas: possuem a enorme capacidade de se autoperpetuar ou auto-replicar, dividindo-se a partir delas mesmas, dando origem a outras células com identicas características somáticas e possuem grande capacidadede de se transformar em outros tipos celulares especializados com habilidade de produzir os diversos tipos de órgãos humanos.[331] Basicamente há duas fontes deextração de células-tronco: em células adultas ou embrionárias.

[331] Rocha, Renata da – O direito à vida e a pesquisa com células-tronco, São Paulo: Campus, 2008, p. 4.

6.4.1.1. As células-tronco embrionárias

As células-tronco embrionárias são encontradas no embrião humano e são classificadas como totipotentes ou pluripotentes, devido ao seu poder de diferenciação celular de outros tecidos, demonstram-se com as grandes precurssoras daformação orgânica do indivíduo. A utilização de células estaminais embrionárias para fins de investigação e tratamentos médicos varia de país para país, em que alguns a sua investigação e utilização é permitida, enquanto em outros países é ilegal. Atualmente no Brasil, o Supremo Tribunal Federal autorizou tais pesquisas, e a lei de Biossegurança regulou a sua prática. A pesquisa científica com células-tronco-embrionárias humanas vem despontando como a grande promessa da biomedicina por um lado, quando se demonstra bastante favorável á cura de diversas patologias, mas por outro acarreta a destruição da vida do ser humano em estágio inicial – embrião pré-implantatório, à instrumentalização do ser humano, além de outos questionamentos bioéticos.[332]

As células-tronco embrionárias são retiradas na fase de blastocisto, e apresentam a capacidade de se transformar, num processo também conhecido por diferenciação celular, em outros tecidos do corpo, como ossos, nervos, músculos e sangue. Devido a essa característica, são importantes ferramentas na aplicação terapêutica, sendo potencialmente úteis em terapias de combate a doenças cardiovasculares, neurodegenerativas, diabetes tipo-1, acidentes vasculares cerebrais, doenças hematológicas, traumas na medula espinhal e nefropatias. Uma característica especial dessas células é que elas podem originar células de todos os tecidos de um animal adulto, mesmo as germinativas (óvulos e espermatozoides).

As primeiras pesquisas com células-tronco foram realizadas na década de 60, sendo seus estudos aprofundados a seguir. Em 1998, o biólogo James Thomson e sua equipe conseguiram, na Universidade de Wisconsin (Estados Unidos), imortalizar células de embriões humanos. No mesmo ano, também foram imortalizadas células embrionárias germinativas humanas derivadas das células reprodutivas primordiais de fetos, pelo embriologista John Gearhart, da Universidade Johns Hopkins

[332] ROCHA, Renata da – O direito à vida e a pesquisa com células-tronco, p. 1; MALUF, Adriana Caldas do Rego Freitas Dabus – Curso de bioética e Biodireito, p. 247 e ss.

e equipe. Apresentam-se como células pluripotentes, que podem gerar qualquer célula do organismo adulto.

Aduz José Carlos Teixeira Giorgis que as experiênciasterapêuticas com estas células para tratamento não tem sido felizes, pois ela conservam o seu código genético original, ocasionando muitas vezes rejeição, que leva o paciente a indicação de utilização de drogas imunossupressoras para toda a vida.[333] No mesmo sentido é o entendimento de Lilian Piñero Eça, para quem, a velocidade de transformação – visando a especificação – da células embrionárias é enorme, nesta fase que vai até o 3º mês de gestação;fazendo com que a formação tumoral no paciente receptor torne ineficaz o tratamento; diferente da fase adulta, onde a velocidade de reprodução celular é bem mais lenta.[334]

Daí advindo, podemos concluir que estariamos "misturando" células com diferentes e possívelmente incompativeis velocidades de autoreprodução e consequente formação tecidual.O incetivo dapesquisa e utilização de células-tronco embrionárias poderia levar ao incentivo ao comércio ilegal de fetos humanos, á coisificação do homem que transforma o embrião em cobaias humanas, à comercialização de ógãos e partes do corpo humano, gerando por conseguinte um total desrespeito á vida humana, em todas as suas fases e potencialidades, ferindo os princípios e ideiais da bioética.

O grande questionamento bioético de tema centra-se na viabilidade de utilização destas células em virtude da aniquilação do embrião. Perguntamo-nos então se o progresso científico poderia se sobrepor aos preceitos éticos, morais ou mesmo religiosos da população. Essas questões bioéticas impulsionaram a pesquisa e o trabalho com as células-tronco de potência induzida, denominada IPS, que são idênticas às células-tronco embrionárias, mas não são obtidas através da utilização do embrião, e sim por meio de reprogramação genética de células-tronco adultas. Células virais são utilizadas como vetores para introduzir genes de reprogramação no DNA de células adultas, a partir daí os genes reformatam a célula

[333] Giorgis, José Carlos Teixeira – A paternidade fragmentada, p. 145.

[334] Eça, Lílian – Experimentação em embriões : evolução da ciência e respeito à vida. Palestra proferida no Simpósio Dignidade da Vida, organizado pela Comissão de Bioética, Biodireito e Biotecnologia da OABSP, set 2009.

adulta que voltam à informação similar a contida em seu estágio embrionário, passando a seguir a formar os diversos tecidos. Funcionam, assim, como "um software" genético que reformata a célula. Pesquisas nesse sentido são realizadas no Japão, na China, nos EUA, na Alemanha.

O art. 5º, § 2º da Lei de Biossegurança prevê que "as instituições de pesquisa e serviços de saúde que realizem pesquisa ou terapia com células-tronco embrionárias humanas deverão submeter seus projetos à apreciação e aprovação dos respectivos comitês de ética em pesquisa (CEP)"; e o § 3º do mesmo artigo "é vedada a comercialização do material biológico a que se refere este artigo e sua pratica implica o crime tipificado".[335]

As pesquisas com células-tronco embrionárias suscitaram inúmeros debates bioéticos, nesse sentido, foi proposta a ADIN 3510 pelo Procurador geral da República Cláudio Fontelles que defendia a tese de que o art. 5º da Lei de Biossegurança era inconstitucional por ferir o art.5º da Constituição Federal, que tem a vida como principal direito. Em 29.05.08, foi julgada improcedente por maioria de votos. A principal questão girou em torno do conceito de vida e do momento em que a vida passa a ser tutelada pelo direito, sendo o ponto nevrálgico da discussão, o estabelecimento do status jurídico do embrião: se tem personalidade jurídica ou não; se é pessoa, coisa ou o quê? Teria os mesmos direitos que o nascituro? O STF prestigiou o legitimo interesse da pesquisa no desenvolvimento do conhecimento cientifico e consequente cura de doenças através da biotecnologia moderna. Não definiu, entretanto, em que momento tem início a vida humana.

6.4.1.2. As células-tronco adultas

As células-tronco adultas são encontradas em diversos tecidos, como a medula óssea, sangue, fígado, sangue do cordão umbilical, gordura e polpa dentária. Estudos recentes mostram que esta modalidade de células-tronco têm uma limitação na sua capacidade de diferenciação, o que dá uma limitação na obtenção de tecidos a partir delas. Por outro lado, são também potentes para produzir determinadas modalidades teciduais, pois como utilizam-se do mesmo DNA do paciente, transformam-

335 No Estado de São Paulo, a FAPESP não concede auxílio de pesquisa na área de saúde sem essa aprovação.

-se em hybrid cells,que apreentam melhor aplicabilidade e eficácia no tratamento da doenças de Parkinson, esclerose multipla,cardiopatias, problemas de coluna entre outros, pois forma células totipotentes.

A grande vantagem da utilização das células-tronco adultas é a inexistências de rejeição ea inexistência de conflitos bioéticos nas pesquisas. Tendo em vista suas intrinsecas limitações estruturais, os cientistas vem desenvolvendo, como já referido as células-tronco de potencia induzida, IPS, aumentando-lhes assim o potencial de diferenciação das células adultas. Basicamente são três as formas de produção de IPS: por transferência de núcleo, por fusão celular (de célula tronco somática e célula tronco embrionária) e reprogramação da célula soma´tica com genes especificos.[336]

O grande desafio da medicina é produzir células IPS com eficiência terapêutica, pois ainda não se sabe se a IPS é igual á célula tronco embrionária em matéria de diferenciação celular (pode haver a formação do clone a partir das células IPS).[337] O atual estado da arte em matéria de pesquisa de diferenciação celular foca-se na analise do tipo de vetor que irá induzir a célula à totipotência – se retrovius (tido como o melhor), se adenovirus (demonstra pouca eficiência), se plasmidio (demonstra baixa eficiência), se RNAm (promessa de eficiência).[338]

Em 1998 a equipe italiana liderada pela bióloga Giuliana Ferrari, do Instituto San Rafaelle-Tellethon, apresentou o primeiro relatório sobre as propriedades das células-tronco adultas. Os pesquisadores estabeleceram que células-tronco de medula óssea podem dar origem a células musculares esqueléticas e podem migrar da medula para regiões lesadas

[336] MALUF, Adriana Caldas do Rego Freitas Dabus – Curso de bioética e Biodireito, p. 251 e ss.

[337] CASTRO, Virginia Picanço e – Protocolo inovador na geração de IPS. Perspectivas em terapia celular. In. V Congresso brasileiro de engenharia de tecidos, estudos das células tronco e terapia celular. Realizado 19 e 20.11.10.no Hospital Santa Catarina. Coordenação ABRATRON.

[338] Essas pesquisas estão em fase experimental, não tendo sido ainda utilizado em seres humanos. KERKIS, Irina – Células tronco adultas versus pluripotentes: origem, potencial de diferenciação e uso terapêutico. In.VI Congresso brasileiro de engenharia de tecidos, estudos das células tronco e terapia celular. Realizado 25 e 26.11.11. no Hospital Santa Catarina. Coordenação ABRATRON.

no músculo. Estudos recentes constataram que além da pele, do intestino e da medula óssea, outros tecidos e órgãos humanos – fígado, pâncreas, músculos esqueléticos (associados ao sistema locomotor), tecido adiposo e sistema nervoso – têm um estoque de células-tronco e uma capacidade limitada de regeneração após lesões.

Mais recente ainda é a ideia de que essas células-tronco adultas são não apenas multipotentes (capazes de gerar os tipos celulares que compõem o tecido ou órgão específico onde estão situadas), mas também pluripotentes (podem gerar células de outros órgãos e tecidos). A pluripontecialidade foi demonstrada tendo em vista que uma célula-tronco adulta derivada de um tecido altamente diferenciado e com limitada capacidade de proliferação pode seguir um programa de diferenciação totalmente diverso se colocada em um ambiente adequado. Ou seja, o potencial de diferenciação das células-tronco adultas não é limitado por sua origem embriológica: células neurais têm origem no ectoderma e células sanguíneas vêm do mesoderma embrionário. Essa pluripotencialidade das células-tronco adultas elimina não só as questões ético-religiosas, envolvidas no emprego das células-tronco embrionárias, mas também os problemas de rejeição imunológica, já que células-tronco do próprio paciente adulto podem ser usadas para regenerar seus tecidos ou órgãos lesados.

As células-tronco autólogas (do próprio indivíduo) de qualquer fonte não curam as doenças, pois não corrigem as causas da doença seja ela infecciosa, ambiental ou genética, permitem apenas regenerar órgãos afetados. Sendo assim, é importante que se possa conjugar as terapias celulares com a gênica, por exemplo, na cura de doenças de origem genética. Isto requer a manipulação genética das células-tronco do indivíduo para corrigir o defeito genético antes de injetá-las no paciente. Se a doença for de causa infecciosa ou ambiental é preciso que além da terapia celular se remova o agente infeccioso ou ambiental causador da doença. Estuda-se assim, a possibilidade da utilização de células-tronco heterólogas, cujos problemas apresentados foram os graves problemas de rejeição imunológica com estas células.

6.4.2. A terapia clínica baseada na utilização de células-tronco

A terapia com utilização de células-tronco baseia-se no estudo da genética e da biologia, tendo em vista a compreensão do desenvolvimento celular normal e anormal; o estudo das doenças humanas em modelos animais (células-tronco de ratos poderiam incorporar genes humanos mutados – portadores de erros genéticos- levando ao aparecimento dedeterminadas doenças em particular;cultura de linhagens celulares especializadas a serem utilizadas em estudos de farmacologia e toxicologia; terapia gênica (as células poderiam ser usadas como vetores para entrega de genes. Uma aplicação prática em estudos clínicos é o uso da célula-tronco hematopoiética modificada geneticamente para torná-la resistente ao HIV); produção de linhagens celulares específicas para transplantes – esta é a aplicação terapêutica mais promissora das células-tronco.

O objetivo maior das pesquisas é dirigir a diferenciação da célula-tronco pluripotente para produção de populações puras e saudáveis de tipos celulares a serem usados para reparar tecidos doentes ou injuriados, por exemplo, células do músculo cardíaco, células pancreáticas para produção de insulina, células hepáticas, células neurais e mesmo células para tratamento de algumas formas de câncer. Este é o caminho que vem sendo percorrido pela Medicina Regenerativa. [339] O tratamento com células-tronco é altamente individualizado, e ainda não se conhecem na plenitude os efeitos colaterais de um tratamento mais prolongado. Para tanto é necessário o consentimento esclarecido e informado do paciente para a prática.[340]

6.4.2.1. A utilização da terapia com células-tronco na medicina

As pesquisas clínicas com células-tronco vêm se desenvolvendo muito na atualidade passando a abranger, áreas menos exploradas. Na engenharia de tecidos busca-se a construção de pele – importante para a clínica de queimados; na cura do efisema. Na neurologia, que trata da regeneração medular, a recuperação funcional é o grande desafio, mas os resultados ainda são uma promessa. Busca-se o tratamento da esclerose múltipla, uma doença inflamatória crônica do sistema nervoso central, de natureza autoimune, com déficit neurológico progressivo;doenças cérebro-vasculares, busacando–se a redução da morbidade após o acidente vascular cerebral.

[339] Fonte: Patient Handbook on stem cell therapies. http: //www.isscr.org/2008.
[340] Fonte: Patient Handbook on stem cell therapies. http://www.isscr.org.

As células-tronco parecem ser um campo promissor também no tratamento de doenças autoimunes, tais como a artrite reumatoide, o lúpus eritematoso sistêmico e a nefrite lúpica. Entre as doenças autoimunes nas quais o tratamento com células-tronco está sendo testado, encontra-se também o diabetes melito. Na cardiologia, na formação do músculo cardíaco, na angina refratária, na modulação da resposta inflamatória. O desenvolvimento da técnica será muito bom para os casos de doença de Chagas (que envolve pacientes graves em fila de transplantes); em terapias para pacientes sem recuperação cirúrgicas – com stentes, entre outros. As novas terapias para pacientes cardiopatas incluem a terapia gênica e a celular. O uso de modelo animal de experimentação não traz resultados positivos devido às peculiaridades regeneratórias diferentes entre as espécies.[341]

Em oftalmologia também poderá ser empregada a terapia com células-tronco, principalmente no que tange à busca de cura para a retinose pigmentar, à degeneração macular, ao glaucoma, catarata, retinoplastia diabética.[342] Na otorrinolaringologia, a aplicação prática ainda é restrita, visa-se a recomposição de estruturas auditivas perdidas – regeneração do nervo cocliar e diferenciação das células da cóclea e aprimoramento da regeneração crânio facial; recomposição da traqueia e do nervo facial. A prática envolve ainda muitos riscos, como o descontrole celular, a transmissão de vírus, a rejeição, a transmissão de doenças, além da sobrevida celular ser muito curta. São realizados experimentos em camundongos. Podemos assim concluir pela importância do desenvolvimento das pesquisas e da utilização de terapias com células-tronco nos diversos ramos das ciências médicas.

341 LIGUORI, Thiago – Experiencia do Texas Hart Institute em terapia celular cardiaca. In. V Congresso brasileiro de engenharia de tecidos, estudos das células tronco e terapia celular. Realizado 19 e 20.11.10.no Hospital Santa Catarina. Coordenação ABRATRON.

342 GOMES, José Álvaro Pereira – Terapia celular em oftalmologia. Avanços nos últimos cinco anos. In. V Congresso brasileiro de engenharia de tecidos, estudos das células tronco e terapia celular. Realizado 19 e 20.11.10.no Hospital Santa Catarina. Coordenação ABRATRON.

6.4.2.2. A utilização da terapia com células-tronco na odontologia

Também na odontologia está crescendo a utilização de células-tronco, devido à importância de sua utilização na regeneração dos tecidos dentais humanos, através da produção dos denominados biodentes que são empregados em substituição ao uso de restaurações, próteses ou implantes; assim como para a reposição de tecidos dentários perdidos devido à lesões oriundas de cáries ou doenças periodontais.[343]

De acordo com os pesquisadores do Instituto Hanson, do Hospital Real de Adelaide, a polpa dos primeiros dentes humanos possui grande quantidade de células-tronco, semelhantes às células mesenquimais – apresentam os mesmos marcadores. "As células-tronco de tecidos adultos podem ser de difícil extração e, muitas vezes, estão presentes em pequenas quantidades", disse Howard Morris, diretor do instituto. Segundo Morris, as células dos dentes-de-leite ainda são mais fáceis de extrair do que as de embriões, algo que ajuda a resolver uma controversa questão ética. Células-tronco são como coringas, ou seja, células neutras que ainda não possuem características que as diferenciem como uma célula da pele ou do músculo, por exemplo.[344]

As células-tronco adultas têm sido isoladas de vários tecidos do corpo humano, incluindo células que constituem os dentes. Células semelhantes à da medula óssea tem sido obtidas da polpa de dentes decíduos (de leite) humanos, possuindo a capacidade de transformação em diferentes tipos de células, como células ósseas (osteoblastos), células de gordura (adipócitos), células musculares e nervosas (neurais). Pesquisas utilizando a polpa dentária extraída de terceiros molares humanos detectaram a presença de células-tronco, as quais foram capazes de se transformar em células dentais (odontoblastos) produtoras de dentina e células não dentais. Com a intenção de desenvolver métodos de reposição de dentes humanos extraídos, Duailib e colaboradores em 2004, conseguiram regenerar coroas dentárias de ratos utilizando técnicas de engenharia tecidual. As células foram cultivadas em laboratório, coloca-

343 Sharpe, Paul – Tooth tissue engineering. In. Craniofacial developmentandsteam –cell biology. Kings College program, London. In. http: //www.kcl.ac.uk/schools/dentistry/research/cell/. Acesso em 23.4.2010.

344 Fonte: www.odontologia.com.br/.

das em moldes com formato de dentes de rato, e implantadas no abdômen desses animais. Após 12 semanas, contatou-se que os moldes haviam sido absorvidas pelo organismo e formado dentes.O passo seguinte será induzir o crescimento de dentes em seu devido lugar. Com o progredir das pesquisas nesta área, num futuro próximo, a reconstrução e construção de dentes vivos e gengiva a partir de células-tronco será plenamente possível.[345]

Na odontologia um trabalho realizado por pesquisadores da Unifesp em parceria com o Forsyth Institute de Harvard provou ser possível a proliferação de tecidos dentais através da diferenciação de células-tronco adultas em laboratório, e sua posterior implantação na camada abaixo do epitélio de cobaias. Embora tenha havido a proliferação dos tecidos, ainda existem problemas tanto em relação à organização destes, quanto ao meio de cultura utilizado. Células-tronco retiradas da medula óssea também se mostraram efetivas no protocolo de osteointegração de implantes, reduzindo o espaço de tempo entre a realização do implante e a colocação da prótese sobre este. Apesar de serem estudos recentes, os pesquisadores demonstram-se otimistas quanto à aplicação das células-tronco em várias áreas da odontologia. Espera-se que em um futuro relativamente próximo seja possível restaurar dentes, restabelecer saúde gengival e até mesmo criar novos dentes utilizando essa tecnologia.[346]

As pesquisas com células-tronco na odontologia também abrangem a reconstituição de tecido ósseo bucal. Debruçam-se os pesquisadores no procedimento, que se destina a acelerar o processo de integração entre implante dentário e osso maxilar. A expectativa é de que, após a cirurgia, o crescimento ósseo se complete emaproximadamente 90 dias; sem o uso das células mesenquimais, esse prazo costuma chegar a 270 dias. A técnica empregada tem duas finalidades possíveis: unificar osso e implante em uma mesma estrutura ou promover o crescimento do maxilar antes

345 Spaniol, Simone – Células-tronco em odontologia. In: http://odontologika.uol.com.br. Acesso em 22.4.10; Mantesso, Andréa – Células tronco em odontologia. In. V Congresso brasileiro de engenharia de tecidos, estudos das células tronco e terapia celular. Realizado 19 e 20.11.10 no Hospital Santa Catarina. Coordenação Abratron.

346 Aloise, João P – Células –tronco em odontologia. In: http: //www.institutosmile.com.br. Acesso em 22.4.10.

do implante. Há, entretanto a necessidade de o paciente apresentar um volume mínimo de osso na região, caso contrário o implante se torna praticamente inexequível. Já se estuda também a possibilidade de transformar as mesmas células-tronco em tecido epitelial da gengiva, bem como a construção de dentes em laboratório. O custo de um implante convencional tende a diminuir com o uso de células-tronco mesenquimais, devido à diminuição do tempo do tratamento decorrente da redução no tempo de crescimento do tecido ósseo. [347]

Assim, é importante o desenvolvimento das pesquisas com células-tronco para a odontologia, notadamente em matéria de reconstrução óssea em cirurgias craniofaciais, decorrentes de traumas, deformidades da face, patologias diversas e implantodontia. Pode nesse sentido, ser reconstruída a mandíbula para posterior realização de implantes bucais com doadoras externas como a calota craniana, onde se realizam enxertos ósseos. Logo, como aduz o cirurgião bucomaxilofacial Sergio Queiroz Zaher "para reconstruir as unidades de crescimento depende da estrutura do paciente, seu estado clínico, da extensão da lesão e da estrutura de sua cartilagem. O osso é imprevisível".[348]

Para tais tratamentos pode-se utilizar o transplante de ossos recorrendo-se aos bancos de ossos e também o enxerto heterógeno, com a utilização de osso bovino inorgânico. No futuro o biomaterial irá substituir o osso nos casos de enxertos ósseos decorrentes de patologias craniofaciais.[349] Outra perspectiva é a regeneração periodontal. A bioengenhariaassociada àscélulas-tronco e à morfogênese dental sinaliza um futuro promissor na odontologia, pois o transplante autólogo representará uma alternativa para os pacientes que apresentam dificuldade de adaptação às próteses removíveis.[350] A polpa do dente decíduo pode também formar colágeno, importante elemento para o desenvolvimento, no futuro, da

[347] Fonte: patients Handbook os stem cell therapies. http: //www.isscr.org/2008.

[348] Entrevista a mim concedida pelo cirurgião bucomaxilofacial Sérgio Queiroz Zaher.

[349] PEREIRA Fº, Valfrido Antonio – Enxertos e biomateriais em cirurgia bucomaxilofacial. In: V Congresso brasileiro de engenharia de tecidos, estudos das células tronco e terapia celular. Realizado 19 e 20.11.10. no Hospital Santa Catarina. Coordenação ABRATRON.

[350] SMITH, A J; LESOT, T – Introduction and regulation of crown dentinogenesis: embryonic events as a template for a dental tissue repair? Critical Review. In: Oral Biology and Medicine, USA, v.12, n.8, 2001, p. 425 a 436.

medicina estética. Podemos assim concluir pela importância do desenvolvimento das pesquisas e da utilização de terapias com células-tronco nos diversos ramos das ciências médicas.

6.4.3. Os bancos de tecidos

Diversos tecidos já especializados são potenciais fornecedores de células-tronco. Entre eles podemos destacar: o tecido hematopoiético (sangue), o sangue do cordão umbilical, entre outros. O tecido hematopoiético apresenta uma célula-tronco multipotente – apresenta potencial para diferenciar-se em qualquer célula hematopoiética e pode ao longo prazo gerar outras células-tronco e um potencial bastante grande de produção constante de novas células sanguíneas.

O sangue presente no cordão umbilical e placentário apresenta grande potencial terapêutico, por apresentarem grande quantidade de células-tronco, que se mostraram capazes de se transformar em sistema nervoso e músculo cardíaco.[351] No Brasil são feitos anualmente cerca de 2,5 transplantes de medula por milhão de habitantes contra uma média de 7 a 10 nos países desenvolvidos. As limitações são os custos do procedimento e a baixa disponibilidade de doadores compatíveis. A consequência para o paciente é um tempo de espera em torno de um ano, infelizmente longo demais em muitos casos. Uma alternativa para aumentar a disponibilidade de doadores, e reduzir o custo do transplante, é o uso de sangue de cordão umbilical, rico em células-tronco e que pode ser usado para reconstituição hematopoética. Suas células são menos imunorreativas que as da medula óssea, permitindo o uso em transplantes não-aparentados idênticos ou parcialmente idênticos com menos complicações;podem ser criopreservadas e bancos públicos dessas células existem em vários países, destacando-se a iniciativa pan-europeia Eurocord. Em 2003 esses bancos já dispunham de 130.000 unidades de utilização de sangue do cordão umbilical disponíveis para transplante e 3.000 transplantes já haviam sido feitos desde 1998, com alta taxa de sucesso.

Os bancos de tecidos foram criados com o escopo de armazenar amostras de materiais humanos que serão utilizados nas terapias clínicas.

[351] Kelch, Rita – Direitos da personalidade e clonagem humana, p. 99.

Assim, identifica-se o material doado que terá seus componentes separados (o plasma das hemáceas) e arquivado. O bioarquivo faz sozinho o congelamento programável.[352] A importância do armazenamento de material nos bancos de criogenia de células de cordão umbilical é enorme, pois diminuem expressivamente as chances de rejeição, aumenta a facilidade da coleta. Apresentam uma parte de seus componentes que não sofreram manipulação.[353]

O banco público possui importantes vantagens sobre o congelamento privado. A mais importante é que o transplante autólogo (com células do próprio paciente) tem resultado pior do que o alogênico (com células de um doador, aparentado ou não) em casos de leucemia, imunodeficiências e anemia aplástica. Além disso, a probabilidade de que uma criança vá precisar de suas próprias células é, segundo a maioria dos estudos, muito baixa não justificando os custos do depósito para uso próprio.[354] O cordão, que hoje em dia é tratado como um lixo hospitalar, é uma fonte viável para o tratamento de muitas doenças. Nele se encontra um grande número de células-tronco hematopoiéticas, fundamentais no transplante de medula óssea. Se houver necessidade do transplante, essas células de cordão ficam imediatamente disponíveis e não há necessidade de localizar o doador compatível e submetê-lo à retirada da medula óssea. Com o sangue do cordão umbilical congelado, as células-tronco ficam disponíveis para necessidades futuras, como no caso do surgimento de doenças, durante pelo menos quinze anos após a coleta. Além dessa vantagem, não há risco de rejeição quando essas células forem implantadas no paciente, uma vez que elas foram retiradas dele mesmo. A terapia com células-tronco superou e muito as demais formas de transplante.

Portanto investir em bancos de sangue de cordões umbilicais e placentários em todo o Brasil deveria ser uma prioridade do Ministério da Saúde, porque poderão tratar doenças como a leucemia, obedecendo nesse sentido aos ditames bioéticos, notadamente de beneficência e jus-

352 Maluf, Adriana Caldas do Rego Freitas Dabus – Curso de bioética e Biodireito, p. 259 a 261.

353 O índice de compatibilidade de SCUP aponta para: 35% quando for irmão; 5% quando for não aparentado, tendo em vista a diversibilidade étnica encontrada no pais.

354 Fonte: http: //www.isscr.org/.

tiça. A ANVISA normatiza a operação do Banco de Tecidos em sua RDC n. 33/2006 e RDC 19/12 (de 23.03.12), que altera a Resolução RDC n. 56, de 16 de dezembro de 2010, que dispõe sobre o regulamento técnico para o funcionamento dos laboratórios de células progenitoras hematopoéticas (CPH) provenientes de medula óssea e sangue periférico e bancos de sangue de cordão umbilical e placentário, para finalidade de transplante convencional e dá outras providências. Em 2004 a Portaria n.2381/2004 criou a Redecord, instituindo uma rede de 13 bancos públicos no país.[355] Podemos concluir que o potencial terapêutico das células-tronco e grande e sua perspectiva de sucesso é promissora frente a caracterização cada vez mais detalhada de novos tipos de células-tronco em tecidos maduros e a exploração de fontes alternativas, como o sangue de cordão umbilical, visando a implementação da medicina regenerativa.

Muito embora saibamos das promessas extraordinárias oriundas dos tratamentos com células-tronco para as diversas moléstias, sabemos também que muito empenho nas descobertas científicas e nas pesquisas devem ser obtidos até que a prática se torne completamente eficiente e segura.

6.4.4. Utilização de células-tronco no cenário internacional

Não há um consenso mundial sobre a liberação das pesquisas com células humanas. Dos países que integram a União Europeia. A Inglaterra foi o primeiro país a liberar, em agosto de 2000, os experimentos com células-tronco de seres humanos. Neste País é legal a utilização de embriões humanos na investigação médica, conforme Lei de Fertilização Humana e Embriologia, desde 1990, com alterações. a partir de 2001 para investigação de doenças genéticas. Os embriões devem ser eliminados a partir

355 O Ministério da Saúde anunciou a implantação no país da rede BrasilCord, um banco de sangue público de cordões umbilicais. No Brasil os tratamentos com células-tronco são feitos apenas em grandes centros de pesquisa. Dados apontam para 20 mil o número de transplantes realizados com sangue de cordão no Brasil. Podem-se inclusive como técnica apresentada utilizarem-se material de duas unidades de cordão – que geralmente são compatíveis com o paciente, mas não necessariamente compatíveis entre si. Os bancos de sangue estão conectados com os bancos do exterior. A demora para encontrar um doador compatível é de aproximadamente 4 meses. Estima-se que em dez anos os bancos públicos estarão operando normalmente no país.

do 14º dia após a fertilização. É legal a produção de embriões para fim de pesquisa após o consentimento dos doadores. A clonagem terapêutica tornou-se legal em 2001, após a alteração na Lei de Fertilização Humana e Embriologia, a produção de embriões para obtenção de células estaminais. Quanto à clonagem reprodutiva, a lei sobre clonagem reprodutiva entrou em vigor em dezembro de 2001. Esta Lei considera crime a implantação de embriões clonados em útero humano, com pena de prisão. Na atualidade, apenas Finlândia, Grécia, Suíça e Holanda seguiram seu exemplo.[356]

A Alemanha não permite a pesquisa com linhagens de células-tronco existentes e sua importação, mas proíbe a destruição de embriões, é ilegal a utilização de embriões humanos na investigação médica. Existe a "Lei de Proteção do Embrião", em vigor desde janeiro de 1991 que proíbe a fabricação ou a utilização de embriões para fins de investigação médica, salvo em benefício do próprio embrião. A clonagem terapêutica está proibida conforme interpretação da Lei de Proteção do Embrião assim como a reprodutiva.[357]

Na França é ilegal a investigação médica em embriões humanos, exceto quando em benefício do próprio embrião, conforme prescreve a Lei sobre Bioética, de julho de 1994.Quanto à clonagem terapêutica a nova Lei, aprovada em 2004, proíbe a clonagem terapêutica, a clonagem reprodutiva, pois a Lei sobre Bioética proíbe a produção de embriões. A nova Lei aprovada em 2004 proíbe a técnica da clonagem. Em território francês a proibição sobre pesquisa com células-tronco a partir de embriões humanos foi suspensa por cinco anos.[358]

A Itália proíbe totalmente qualquer tipo de pesquisa com células-tronco embrionárias humanas e sua importação. Não há legislação específica que regule pesquisas com embriões humanos e com células-tronco. Embora o país não tenha ratificado a Convenção sobre Direitos Humanos e Biomedicina e o Protocolo Adicional que veda a clonagem

[356] Fonte: http: //www.bionet.org.

[357] Fonte: http: //www.bionet.org.

[358] Fonte: Le Monde.fr; BOUÉ, André – Les pratiques de recherches sur l'embryon humain.In. LE – Mintier, Brigitte Feuillet (Org)L'embryon humain – approche multidisciplinaire, Paris: Econômica, 2006, p. 131 e ss.

de seres humanos, o país adotou sua orientação e por determinação do Ministério da Saúde em 1997, foi banido todo tipo de clonagem até junho de 2002. A Corte de Verona em 1999 decidiu que uma mera ordem, sem embasamento legal não pode proibir pesquisas científicas. Dessa forma, pesquisas como a clonagem humana poderia ser realizada sem infringir a lei.A clonagem Terapêutica recebe vedação normativa do Ministério da Saúde, assim como a clonagem reprodutiva.

O Comitê Nacional de Bioética se opõe a criação de embriões unicamente para fins de pesquisas e considera a clonagem terapêutica e reprodutiva moralmente inaceitáveis. O Comitê Nacional de Bioética emitiu as seguintes determinações: utilização de tecidos de embriões abortados ou fetos para derivação de células-tronco, desde que de abortos espontâneos; utilização de células-tronco embrionárias para fins terapêuticos derivadas dos tratamentos de fertilização in vitro, dos embriões inviáveis à implantação; veda a criação de embriões com finalidade única de pesquisas.[359]

Em Portugal é ilegal a utilização de embriões humanos na investigação médica. O Decreto n. 135/VII (1997), publicado pelo Conselho de Ministros proíbe a "criação ou a utilização de embriões para fins de investigação". Entretanto, aceita a investigação que beneficie o próprio embrião. A clonagem terapêutica está proibida por força do Decreto n. 135/VII-1997 assim como a reprodutiva por força da Lei sobre Procriação Assistida, promulgada pelo Parlamento em julho de 1999 proíbe a clonagem reprodutiva e criminaliza sua utilização.

Na Espanha é ilegal a produção de embriões para fins de pesquisa, porém é permitida a investigação em embriões inviáveis até 14 dias. Existem no País as leis n. 35 de novembro de 1988, de Reprodução Assistida; n. 42 de dezembro de 1988, de Doação, uso de embriões humanos, fetos ou das células tecidos e órgãos e a Convenção dos Direitos Humanos e Biomedicina do Conselho Europeu, a qual integra o ordenamento jurídico da Espanha. A clonagem terapêutica é legal a partir de embriões excedentários; a clonagem reprodutiva é proibida pela Lei de Reprodução Assistida e criminalizada pelo Código Penal Espanhol de 1995, tam-

[359] Fontes: Ministery of Health: http: //ministerosalute.it; National Bioethics Committee: www.palazzochigi.it/bioetica ou www.governoit/bioetica; Parliament: www.camera.it.

bém tendo sido banida no protocolo adicional da Convenção dos Direitos Humanos e da Biomedicina. É possível a utilização de embriões para pesquisa desde que haja autorização específica pela Comissão Nacional para Reprodução Assistida, porém o governo conservador se opõe.[360]

No continente americano, o Brasil – permite a utilização de células--tronco produzidas a partir de embriões humanos para fins de pesquisa e terapia, desde que sejam embriões inviáveis ou estejam congelados há mais de três anos, sendo necessário o consentimento dos pais. A comercialização do material biológico é crime.A Lei de Biossegurança incluiu a questão da pesquisa em células- tronco em seu art. 5º. De sua interpretação advém que é possível utilizar embriões produzidos para fins reprodutivos e que já estavam congelados anteriormente a 2005.Em 29 de maio de 2008 o Supremo Tribunal Federal confirmou que a lei em questão é constitucional.

Nos Estados Unidos a utilização não é totalmente proibida e uma nova lei federal sobre o assunto está sendo debatida no Congresso. No entanto, os recursos federais para esse tipo de pesquisa são bastante controlados. Apenas dois estados, Califórnia e New Jersey possuem leis permitindo a utilização de células-tronco embrionárias derivadas de reprodução assistida – e que seriam descartadas.

A China permite todas as pesquisas com embriões, inclusive a clonagem terapêutica. Cingapura permite todas as pesquisas com embriões, inclusive a clonagem terapêutica. A Coreia do Sul permite todas as pesquisas com embriões, inclusive a clonagem terapêutica. A Índia proíbe a clonagem terapêutica, mas permite as outras pesquisas. O Japão permite todas as pesquisas com embriões, inclusive a clonagem terapêutica. No Oriente Médio a legislação de Israel permite todas as pesquisas com embriões, inclusive a clonagem terapêutica, sendo esta lei bastante avançada. No continente africano a África do Sulpermite todas as pesquisas com embriões, inclusive a clonagem terapêutica. É o único país africano com legislação a respeito.[361] A pesquisa com células-tronco é polêmica. Quando se trata do uso de células-tronco adultas, a legislação costuma ser a mesma dos transplantes de órgãos. A grande discussão gira em torno

[360] Fonte: http: //bionet.org.

[361] Fonte: http: //pt.wikipedia.org/wiki – acesso em 22.4.2010.

das células-tronco embrionárias obtidas, normalmente, de embriões descartados em clínicas de fertilidade. [362]

6.5. Bioética, biodireito e aborto

O aborto é um tema que dispende grandes debates no cenário jurídico, político, social e bioético no mundo todo. Pode ser entendido como a remoção ou expulsão prematura de um embrião ou feto do útero, resultando na sua morte ou sendo por esta causada. "É a interrupção da gravidez antes da 20º semana de gestação ou do feto com menos de 500g. Cerca de 80% dos abortamentos são precoces, ou seja, nas primeiras semanas de gestação".[363] Várias são as formas que podem ocorrer o aborto: de forma espontânea ou induzida, provocando-se o fim da gestação, e consequente fim da atividade biológica do embrião ou feto, mediante uso de medicamentos ou realização de cirurgias. O aborto vem sendo provocado por vários métodos diferentes e seus aspectos morais, éticos, legais e religiosos são objeto de intenso debate em diversas partes do mundo.Após seis meses de gestação, quando o feto já é considerado viável, o processo tem a designação médica de parto prematuro.

Dada a gravidade da prática, a interrelação entre os direitos humanos, direitos da personalidade e análise dos princípios bioéticos, a comunidade científica, a comunidade jurídica e a sociedade debatem se o aborto deve ser legalizado ou reprimido. Nesse sentido, há os que defendem a total liberação da prática abortiva, por entender ser esta uma liberalidade da mulher sobre seu próprio corpo; há os que afirmam que o ser gerado tem vida própria, decorrendo daí a inviolabilidade de seus direitos, onde se destaca entre eles o direito à vida; há os que compõem uma corrente intermediária, valorizando a dignidade da gestante, trazendo por isso à baila as opções legais para a realização da prática abortiva.

O chamado aborto legal previsto na legislação pátria, no art. 128 do Código Penal, dispõe sobre a hipótese do aborto seguido de estupro, sobre o aborto terapêutico, a ser realizado quando imponha risco à segu-

[362] MALUF, Adriana Caldas do Rego Freitas Dabus – Curso de bioética e Biodireito, p. 262 e ss.

[363] SANCOVSKI, Mauro – Obstetrícia: a gravidez, o parto e o puerpério. In. HELITO, Alfredo Salim; KAUFFMAN, Paulo (Org) – Saúde, São Paulo: Nobel, 2007, p. 126.

rança da vida da mãe, e sobre o aborto do feto com má formação que o torne inviável amparando-se nestes casos no tripé bioético, valorizando os princípios da autonomia, beneficência, não maleficência e justiça.Sob a ótica do biodireito, "existe certa maleabilidade em algumas situações permitindo-se o aborto".[364] Assim, temos que em relação à tipificação do aborto, primeiramente irá ser detectado os tipos de aborto contidos no Código Penal, onde essas modalidades se classificam em auto aborto (art.124 do Código Penal), aborto provocado sem o consentimento da gestante (art.125 do Código Penal), aborto provocado com o consentimento da gestante (art.126 do Código Penal), aborto qualificado (art.127 do Código Penal), onde estão classificados quanto aos meios empregados para provocar o aborto ou quando desse aborto resultar a lesão corporal grave ou gravíssima ou ainda quando resultar na morte da gestante. O último tipo de aborto tipificado no Código Penal, será a modalidade do aborto necessário ou legal (art.128 do Código Penal), neste caso essa exceção que não constitui crime será obtida pelo médico se não houver outro meio de salvar a vida da gestante (denominado de aborto necessário), ou então quando o aborto no caso de gravidez resultante de estupro (denominado de aborto sentimental ou Humanitário).

Porém ainda existem outras modalidades de aborto que não estão tipificadas no Código Penal, mais sim nas doutrinas existentes em relação aos crimes contra a vida no que tange ao tema do aborto, existindo ai o aborto eugenésico ou piedoso, neste caso, esta modalidade de aborto será realizada para impedir que a criança nasça com deformidade ou enfermidade incurável, não é permitido à luz da legislação brasileira e configura crime. A expressão eugenia, que significa purificação das raças, e a análise minuciosa do tema será o fundamento primordial para a compreensão do aborto do anencéfalo, uma vez que o que realmente se visa privilegiar é a preservação da vida da gestante, seu equilíbrio psíquico, e de sua família, sendo para tanto vital o diagnóstico de anencefalia e o laudo do médico indicando a antecipação terapêutica do parto, decorrente da baixa condição de sobrevida do feto.

[364] Namba, Edison Tetsuzo – Manual de bioética e biodireito, p. 38 e 39; Sancovski, Mauro – Obstetrícia: a gravidez, o parto e o puerpério. In. Helito, Alfredo Salim; Kauffman, Paulo (Org) – Saúde, p. 126.

Há outra modalidade de aborto não tipificada na legislação pátria que é o aborto social ou econômico, praticado por conveniência social. Sob o ponto de vista do debate bioético, a questão da interrupção da gestação de um feto anencéfalo, pode ser defendida pela natureza axiológica (teoria de valores) partindo do pressuposto dos danos psicológicos causados na gestante, e pela natureza teleológica (teoria dos fins) sob o ponto de vista de que a interrupção da gravidez trará não só o fim do massacre psicológico aos entes envolvidos, como também se evita o risco de vida eminente que sofre a mãe ao dar progressão a gestação.

Na lição de Maria Helena Diniz, o aborto obedece a uma classificação bastante apurada: Quanto ao seu objeto, o aborto pode ser definido como a interrupção de gravidez, com a morte do produto da concepção, seja ele o ovo ou zigoto (quando se der até a 3ª semana de gestação), do embrião (quando se der entre a 3ª semana e o 3º mês de gestação), ou do feto (após o 3º mês gestacional). Quanto à causa, pode ser natural ou espontâneo – com a dissolução, reabsorção do *conceptus* pelo organismo da mulher, ou mesmo ocorrer mumificação; acidental ou provocado, realizado por intervenção do médico, obedecendo ou não às previsões legais.[365] Tal como aduz Bussamara Neme, a obstetrícia difere o aborto e a antecipação do parto em função do estado gestacional em que o evento ocorra (6 meses de gestação).[366] Para os olhos da medicina legal, ocorre o aborto, a qualquer tempo, quando ocorre a morte do produto gestacional.

Quanto ao elemento subjetivo, pode ser sofrido, se ocorrer sem o consentimento da gestante ou consentido, com o consentimento daquela. Quanto à finalidade, poderá ser terapêutico que visa salvar a vida da gestante; sentimental, derivado de estupro; eugênico ou piedoso efetuado quando o feto apresentar graves deformidades físicas, doenças congênitas irreversíveis, e em alguns casos, não pertencer ao sexo desejado interna ou socialmente (aqui visto num contexto cultural); econômico, decor-

[365] MIRABETE, Julio Fabbrini – Manual de direito penal, 3. ed., São Paulo: Atlas, 2003, p. 73.
[366] Entrevista a mim concedida em 14.3.2010, pelo Prof. Dr. Bussamara Neme. Prof. Emérito de Ginecologia e Obstetrícia da USP e da Unicamp.

rente da hipossuficiencia dos pais; estético, decorrente da vaidade da mãe ou *honoris causa*, se advier de relação ilícita socialmente não aceita.[367]

À luz do direito pátrio, protege-se a vida em qualquer tempo. A Constituição Federal tutela a vida em seu art. 5º, caput; o Código Civil em seu art. 2º, entre outros já citados, protegendo os direitos do nascituro; o Código penal, tipifica a conduta como crime contra a pessoa em seus artigos 124 a 127 – cujo processamento é feito perante o Tribunal do Júri. A ilicitude penal é excluída, entretanto, nas hipóteses supra avençadas.

Na literatura médica encontramos o aborto induzido: aborto causado por uma ação humana deliberada. Possui as seguintes subcategorias: aborto terapêutico: aborto provocado para salvar a vida da gestante; para preservar a saúde física ou mental da mulher; para dar fim à gestação que resultaria numa criança com problemas congênitos que seriam fatais ou associados com enfermidades graves;para reduzir seletivamente o número de fetos para diminuir a possibilidade de riscos associados a gravidezas múltiplas ou aborto eletivo, quando provocado por qualquer outra motivação.

Quanto ao tempo de duração da gestação, este pode ser: aborto subclínico: abortamento que acontece antes de quatro semanas de gestação; aborto precoce: entre quatro e doze semanas de gestação ou aborto tardio: após doze semanas de gestação. Clinicamente pode-se encontrar ainda oaborto induzido, também denominado aborto provocado ou interrupção voluntária da gravidez, ocorre pela ingestão de medicamentos ou por métodos mecânicos. A ética deste tipo de abortamento é fortemente contestada em muitos países do mundo mas é reconhecido como uma prática legalmente reconhecida em outros locais do mundo, sendo inclusive suportada pelo sistema público de saúde. Os dois polos desta discussão passam por definir quando o feto ou embrião se torna humano ou vivo (se na concepção, no nascimento ou em um ponto intermediário) e na primazia do direito da mulher grávida sobre o direito do feto ou embrião.[368]

367 VIEIRA, Tereza Rodrigues – Bioética e direito, p. 61; DINIZ, Maria Helena – O Estado atual do biodireito, p. 33.

368 SANCOVSKI, Mauro – Obstetrícia: a gravidez, o parto e o puerpério. In. HELITO, Alfredo Salim; KAUFFMAN, Paulo (Org) – Saúde, p. 126.

Há controvérsia na comunidade médica e científica sobre os efeitos do aborto. As interrupções de gravidez feitas por médicos competentes são normalmente consideradas seguras para as mulheres, dependendo do tipo de cirurgia realizado.Entretanto, um argumento contrário ao aborto seria de que, para o feto, o aborto obviamente nunca seria "seguro", uma vez que provoca sua morte sem direito de defesa, ferindo assim seus direitos personalíssimos em flagrante oposição aos direitos humanos. Os métodos não médicos (uso de certas drogas, ervas, ou a inserção de objectos não-cirúrgicos no útero) são potencialmente perigosos para a mulher, conduzindo a um elevado risco de infecção permanente ou mesmo à morte, quando comparado com os abortos feitos por pessoal médico qualificado. Segundo a ONU, pelo menos 70 mil mulheres perdem a vida anualmente em consequência de aborto realizado em condições precárias,[não há, no entanto, estatísticas confiáveis sobre o número total de abortos induzidos realizados no mundo nos países e/ou situações em que é criminalizado.

Existem, com variado grau de probabilidade, possíveis efeitos negativos associados à prática abortiva, nomeadamente a hipótese de ligação ao câncer de mama, a dor fetal, o síndroma pós-abortivo. Possíveis efeitos positivos incluem redução de riscos para a mãe e para o desenvolvimento da criança não desejada.[369] Quanto à dor fetal, a existência ou ausência de sensações fetais durante o processo de abortamento é hoje matéria de interesse médico, ético e político. Diversas provas entram em conflito, existindo algumas opiniões defendendo que o feto é capaz de sentir dor a partir da sétima semana enquanto outros sustentam que os requisitos neuro-anatómicos para tal só existirão a partir do segundo ou mesmo do terceiro trimestre da gestação.

Os receptores da dor surgem na pele na sétima semana de gestação. O hipotálamo, parte do cérebro receptora dos sinais do sistema nervoso

[369] A teoria é que no início da gravidez, o nível de estrogénio aumenta, levando ao crescimento das células mamárias necessário à futura fase de lactação. A hipótese de relação positiva entre câncer de mama e aborto sustenta que se a gravidez é interrompida antes da completa diferenciação celular, então existirão relativamente mais células indiferenciadas vulneráveis à contração da doença. SANCOVSKI, Mauro – Obstetricia: a gravidez, o parto e o puerpério. In. HELITO, Alfredo Salim; KAUFFMAN, Paulo (org) – Saúde, p. 126 e ss.

e que liga ao córtex cerebral, forma-se à quinta semana. Todavia, outras estruturas anatómicas envolvidas no processo de sensação da dor ainda não estão presentes nesta fase do desenvolvimento. As ligações entre o tálamo e o córtex cerebral formam-se por volta da 23ª semana.Existe também a possibilidade de que o feto não disponha da capacidade de sentir dor, ligada ao desenvolvimento mental que só ocorre após o nascimento. Novos estudos do Hospital Chelsea, realizados pela Dra. Vivette Glover em Londres sugerem que a dor fetal pode estar presente a partir da décima semana de vida do feto. O que justificaria, segundo os proponentes do aborto, o uso de anestésicos para diminuir o provável sofrimento do feto. A Síndrome pós-abortiva, é apontada como um problema muito sério que acomete as gestantes que praticaram um aborto voluntário. Poderia ser definida como uma série de reações psicológicas apresentadas ao longo da vida por mulheres após terem cometido um aborto. Há vários relatos de problemas mentais relacionados direta ou indiretamente ao aborto.

Há médicos portugueses, porém, que questionam a existência da síndrome. Entretanto nos Estados Unidos, Reino Unido e mesmo no Brasil, essa possibilidade já é bastante discutida, com resultados contrastantes. Há também inúmeros riscos diretos para a mulher que pratica o aborto. Segundo relatório elaborado pela UNICEF o Brasil tem uma taxa mortalidade materna de cerca de 260 mortes por cada 100.000 nascimentos e 1 em cada 140 mulheres corre o risco de morrer em consequência de uma gravidez; em Portugal a estimativa é de cerca de treze mulheres que morrem em cada cem mil nascimentos, e uma em cada 11.000 mulheres corre o risco de falecer em consequência de uma gravidez. Mundialmente, cerca de 13% da mortalidade maternal é atribuída a abortos inseguros.

Pesquisas apontam para o fato de que crianças não desejadas terem um nível de felicidade inferior às outras crianças incluindo problemas que se mantêm mesmo quando adultas, tais como: doença e morte prematura, pobreza, problemas de desenvolvimento e aprendizado, delinquência juvenil, instabilidade emocional, problemas de auto-estima seguida de necessidade de apoio psiquiátrico, instabilidade familiar e aumento do número de divórcios. Como consequências para a sociedade, o a legalização do aborto traz muitos questionamentos. Por um lado,como consequencias positivas, estudos realizados em Universidades americanas, canadenses e australianas, apontariam para uma redução da criminalidade.

O recurso a abortos ilegais, segundo os defensores da legalização, aumenta a mortalidade materna. Tanto a mortalidade quanto outros problemas de saúde seriam evitados, segundo seus defensores, quando há acesso a métodos seguros de aborto (o aborto induzido ou interrupção voluntária da gravidez tem um risco de morte para a mulher entre 0,2 a 1,2 em cada 100 mil procedimentos com cobertura legal realizados em países desenvolvidos. Este valor é mais de dez vezes inferior ao risco de morte da mulher no caso de continuar a gravidez. Pelo contrário em países em desenvolvimento em que o aborto é criminalizado as taxas são centenas de vezes mais altas atingindo 330 mortes por cada 100 mil procedimentos).

Se por um lado a descriminalização do aborto poderia ser tratada como problema de saúde pública,pois a ação abortiva clandestina provoca 25% dos casos de esterilidade, 9% dos óbitos maternos, gerando uma média de 600 internações/dia por motivos de complicações decorrentes, por outro lado, diversas consequencias negativas se destacam:a banalização de sua prática, a iatrogenia para a mulher, o abalo psicologico para a familia ou para a mulher, o desequilibrio demográfico regional, a desvalorização generalizada da vida, o aumento de casos de síndromes pós-aborto.

A prática do aborto além de um caráter individual, abrange um caráter global, representando um problema de saúde pública na sociedade global. Inúmeros são os problemas que advém à mulher da prática abortiva, tais como a possibilidade de perfuração uterina, hemorragia, infecções, o aumento da ocorrência de placenta prévia em futuras gestações (que pode levar ao abortamento espontâneo) e de partos prematuros, presença de estados depressivos, tendências suicídas.[370] Há de se considerar que representa uma interrupção abrupta de um estágio de formação de outro ser, onde a progesterona secretada no inicio do estado gestacional altera a ação dos gens maternos, fazendo-o conhecer outra dinâmica fisiológica, pois o embrião dialoga intimamente como todas as

[370] Eça, Lílian Piñero – Experimentação em embriões: evolução da ciência e respeito à vida. Palestra proferida no Simposio Dignidade da Vida, OABSP, set 2009.

células do corpo da mãe, representando assim, uma violência cometida contra o corpo da mulher e contra a vida do novo ser.

Aí reside em meu ponto de vista a importância do debate bioético sobre o tema do aborto. Sob o enfoque do biodireito, não se permite a realização da prática abortiva na legislação pátria brasileira. No cenário internacional o tratamento da matéria é outro. Existem tanto países que proíbem a prática do aborto sob qualquer condição, quanto os que permitem em certas condições especiais, quanto os que liberaram a prática em qualquer condição.[371]

Proíbem a prática do aborto: Chile, El Salvador, a maioria dos países africanos, algumas regiões da Austrália. Aceitam a modalidade de aborto em certas condições: Nicarágua (aborto terapêutico), Afeganistão (risco de vida da gestante), Portugal (desde 2007 sendo permitido até a 10ª semana de gravidez a pedido da mulher independentemente das razões; permitida até às vinte e quatro semanas em caso de malformação do feto; em qualquer momento em caso de risco para a grávida, ou no caso de fetos inviáveis), França (legalizado em 1975 – até 12 semanas em caso de risco de vida para a mulher), Finlandia (legalizado em casos de estupro, risco de vida para a mãe, defeitos do feto).

Países onde o aborto é liberado: Canadá, EUA, algumas regiões da Austrália, África do Sul, na Espanha (até a 22º semana em lei recentemente aprovada). No continente asiático, Japão, onde é legal para casos de estupro, saúde da mãe, defeitos do feto e questões sociais, a prática foi usada largamente como método contraceptivo como medida protetiva contra a superpopulação que assola o país. A lei de proteção eugênica no

[371] O aborto é vetado totalmente ou permitido em casos de estupro ou quando importar risco de vida para a mãe em 69 países da comunidade global, o que corresponde a 26% da população mundial; é também permitido além das condições supracitadas, visando salvaguardar a saúde psíquica da mulher em 34 países, o que representa 9, 4% da população mundial; o aborto é permitido quando a gravidez provocar abalo emocional na mulher em 23 países ou 4% da população mundial; o aborto é permitido também por razões socioeconômicas em 14 países ou 21% da população mundial; o aborto é permitido sem nenhuma restrição em56 países ou 39, 3% da população mundial. Dados da ONU apontam para o fato de que nações com leis mais flexíveis são em geral as que resolveram melhor seus problemas sociais e econômicos, aumentando assim o bem-estar da população; ajuda a promover a igualdade de gênero. In.http: www.un.org.

país permitiu o aborto quando praticado por motivos médicos, terapêuticos, eugênicos, humanitários e socio médicos. A prática sedimentou-se, e foi amplamente amparada pelas instituições públicas.

Na China o aborto é legal sendo inclusive incentivado para conter a explosão demográfica no país, que aliás recebe outras influências, como: relaxamento das leis contra o infanticídio das meninas – estimulando sua prática de forma massiva, o que gerou em algumas regiões um verdadeiro desequilíbrio ecológico em face da discrepância numérica de meninos e meninas nascidos na região; proíbe-se o recasamento das viúvas; distribui-se legalmente drogas esterilizantes; incentivo da abertura de mosteiros; criaram-se impostos sobre as famílias com mais de um filho; incentiva-se a infanticídio. Em algumas regiões, em face da lei do filho único as mulheres que estejam gestando um segundo bebê são submetidas ao aborto forçado, independente de seu estado gestacional.

Logo, a prática abortiva de fetos femininos ou de infanticídio de meninas recém-nascidas, tradicionalmente elevadas, registrou níveis altíssimos sobretudo a partir da década de 80, gerando um grande desequilíbrio de gênero – um déficit de 25 milhões de homens a mais em idade de se casar.[372] Na Índia, onde o aborto é legal em casos de estupro, perigo para a vida da mãe, defeitos do feto e questões socioeconômicas, também pratica-se o aborto eugênico e a sexagem. Grande é o número de infanticídio praticado contra meninas recém-nascidas, por motivos culturais vigentes na região.[373] A prática do aborto inseguro é largamente disseminada em algumas regiões do mundo, notadamente na África e na Ásia. Esta prática demonstra o extremo grau de desrespeito aos direitos humanos na região, em virtude da exploração e violação de direitos inatos da mulher e da criança – presentes nos Tratados e Convenções inter-

[372] MALUF, Adriana Caldas do Rego Freitas Dabus; MALUF, Carlos Alberto Dabus – Gênero e direitos humanos: a proteção da mulher no direito contemporâneo. In. FERRAZ Jr., Tércio Sampaio; BAPTISTA, Luiz Olavo (Coord) – Revista Brasileira de filosofia, São Paulo: Editora Revista dos Tribunais, ano 60, v. 236, jan/jun 2011, p. 202 e 210.

[373] MALUF, Adriana Caldas do Rego Freitas Dabus; MALUF, Carlos Alberto Dabus – Gênero e direitos humanos: a proteção da mulher no direito contemporâneo. In. FERRAZ Jr., Tércio Sampaio; BAPTISTA, Luiz Olavo (Coord) – Revista Brasileira de filosofia, São Paulo: Ed. RT, 2012, p. 202 e 210.

nacionais – em face dos costumes adotados numa determinada região ou em virtude de crença cultural ou religiosa.[374]

Questão que envolve diretamente a saúde da mulher, o aborto passou a ser tema de inúmeras Conferências internacionais. O programa da Ação da Conferência Internacional sobre população e desenvolvimento – realizada no Cairo em 1994- levantou que a cada ano morrem 585 milhões de mulheres em decorrência de complicações na gravidez (sendo que destas 175 milhões são indesejadas ou não planejadas e 350 milhões de mulheres não têm acesso à métodos contraceptivos eficazes). Tratou assim, o Plano de Ação do Cairo sobre a saúde, mortalidade e morbidade feminina das medidas que devem ser adotadas pelos governos para evitar que o abortamento, com todas as suas nuances e derivativos, seja utilizado como prática corrente de planejamento familiar. Ficam os governos e as organizações não governamentais instados a reforçar seus compromissos com a saúde das mulheres considerando os efeitos do aborto inseguro como um problema crucial de saúde pública.

A ONU vem debatendo fortemente a questão do aborto inseguro realizado pela mulher, inserindo essa prática como legitima questão dos direitos humanos.[375] Em face ao exposto podemos afirmar que nossa posição sobre o tema se assenta nas seguintes bases: deve-se sempre privilegiar a vida em todas as situações, tanto pelo seu caráter sagrado, quanto pela dignidade pessoal de cada ser humano envolvido. Entendemos, entretanto que goza o ser humano de plena autonomia para tomar suas próprias decisões. Assim, entendendo pessoalmente que a vida é basicamente inserção, pertencimento, preferimos deixar ao arbítrio dos envolvidos a continuação ou interrupção do estado gestacional, tendo sempre em vista que pela violência psíquica, e fisiológica que acarreta

[374] MACKINNON, Catherine A – Are woman human? USA: Harvard University Press, 2006, p. 91 a 107.

[375] Reconheceu-se em 1994 na Conferência Internacional de População e Desenvolvimento realizada no Cairo – que o aborto inseguro é um grave problema de saúde pública; em 1995, na Conferência Mundial sobre a Mulher realizada em Pequim – elaborou-se recomendação de que os países signatários revisassem as leis que punem as mulheres submetidas a aborto ilegal. Vem ocorrendo então uma crescente descriminalização do aborto no mundo, sendo este encarado como uma legítima questão de direitos humanos. Fonte: Ipas – www.ipas.org.br, p. 3.

à gestante e/ou familiares. Da mesma forma que não deve em hipótese alguma ser entendida e nem tampouco adotada como prática contraceptiva nem como variável a ser aplicada em casos de planejamento familiar.

6.5.1. O aborto por má-formação fetal

No Brasil muito se discute o tema da interrupção da gravidez: deveriam as hipóteses legais de interrupção da gravidez serem ampliadas em face da má formação fetal? Outras formas de má-formação também poderiam ensejar a interrupção da gravidez nos termos da lei penal? Deveria o abortamento ser legalizado de vez no país? Enfrentaremos essas duas hipóteses. É sabido que a gravidez importa na mulher e na família uma série de alterações de cunho hormonal, psicológico, entre ouras. É uma fase de muita ansiedade, de conflitos, de dúvidas, alegrias, ou até de tristezas. Aduz Mauro Sancovski que "considera-se gravidez de alto risco aquela em que ocorrem condições desfavoráveis à evolução normal da gestação, seja por alterações maternas, placentárias, fetais, podendo resultar em pior prognóstico para a mãe e/ou para o feto. Assim, para se ter uma gestação saudável é importante manter o equilíbrio físico, emocional e ambiental. A classificação do alto risco pode ser realizada antes da gravidez ou durante a primeira consulta de pré-natal".

A obstetrícia moderna já oferece muitos recursos tecnológicos que permitem avaliar, quase com 100% de precisão, as condições anatômicas e funcionais do feto".[376] Nesse sentido, tem lugar a interrupção da gestação do feto anancéfalo e também de fetos portadores de outras anomalias congênitas que lhes tornaria não viáveis e imputam dor e sofrimento aos familiares. A anencefalia representa uma malformação do sistema neurológico de grande invergadura, sendo mesmo incompatível com a vida. Estatísticas médicas apontam para o fato de que apenas 25% dos anencéfalos apresentam sinais vitais na 1ª semana após o parto. A incidência é de cerca de 2 a cada 1.000 nascidos vivos. O seu diagnóstico pode ser estabelecido mediante ultrassonografia por volta da 15ª semana de ges-

[376] Sancovski, Mauro – Obstetrícia: a gravidez, o parto e o puerpério. In. Helito, Alfredo Salim; Kauffman, Paulo (Org) – Saúde, São Paulo: Nobel, 2007, p. 132 e ss.

tação e pelo exame da alfa-feto proteína no soro materno e no líquido amniótico, que está aumentada em 100% dos casos em torno da 11ª a 16ª semana de gestação.

A gravidez do feto anencéfalo, embora possa correr normal, também pode importar em inúmeros problemas para a gestante, como a eclâmpsia, a embolia pulmonar, o aumento do volume do líquido amniótico e até mesmo a morte. Pode ocorrer também, além da antecipação do termo do parto, um prolongamento da gestação para além das 40 semanas que atinge a gestação normal; desconforto respiratório; problemas hipertensivos e principalmente, pode gerar à gestante e à família um grande stress psicológico. Que acarretaria para a mãe a necessidade de apoio psicoterapêutico no pós-parto. Além desses problemas supra elencados, tem-se que cerca de 15 a 33% dos anencéfalos apresentam outras malformações congênitas graves, incluindo defeitos cardíacos como hipoplasia de ventrículo esquerdo, coarctação da aorta, persistência do canal arterial, atresia pulmonar e ventrículo único, ou seja, apresentam outras complicações. A Resolução n. 1949/10 do CFM revoga a anterior (Resolução 1752/2004 do CFM) considerando que para os anencéfalos, por sua inviabilidade vital em decorrência da ausência de cérebro, são inaplicáveis e desnecessários os critérios de morte encefálica e também considerando os precários resultados obtidos com os órgãos transplantados de anencéfalos em pacientes – pois seus órgãos são via de regra mal formados.

A questão abrangendo a anencefalia, e outras malformações fetais, transcende essas duas posições, fincando-se no momento em que a vida passa a ter existência moral. O que é a vida e a morte sob o ponto de vista moral e de inserção do ser humano no seu núcleo social? Parece-nos nesse sentido, bastante relevante a incompatibilidade entre a vida e a anencefalia e outras formas de malformação fetal. Amparada no pensamento de Miguel Reale em sua teoria tridimensional do direito, podemos antever que "nenhuma teoria jurídica é válida se não apresentar pelo menos dois requisitos essenciais, intimamente relacionados: atender às exigências da sociedade atual, fornecendo-lhe categorias lógicas adequadas à concreta solução de seus problemas, e à sua inserção no desenvolvimento geral das ideias, ainda que os conceitos formulados possam constituir profunda inovação em confronto com as convicções dominantes".

A esse conceito, juntamos o pensamento de Staurt Mill quando de suas considerações sobre o utilitarismo.[377]

Portanto, a questão da legalidade do aborto, da gravidez do feto anencéfalo, é um fato social que está sendo muito debatido perante a sociedade e encontra-se na ânsia da regulamentação de uma norma que a ampare juridicamente. Normatização esta que irá beneficiar muitas famílias ao se depararem diante de quadro tão polêmico e angustiante. Na lição de Alexandre de Moraes: "entendemos em relação ao aborto que, além das hipóteses já permitidas pela lei penal, na impossibilidade do feto nascer com vida, ou se comprovada a total inviabilidade de vida extrauterina, por rigorosa perícia médica, nada justificaria sua penalização, uma vez que o direito penal não estaria a serviço da finalidade constitucional de proteção à vida, mas sim estaria ferindo direitos fundamentais da mulher, igualmente protegidos: liberdade *e* dignidade humanas. Dessa forma, a penalização nesses casos seria de flagrante inconstitucionalidade".[378]

Também no que se refere à proteção constitucional do direito à vida, André Ramos Tavares observa a dimensão dúplice do conteúdo desse direito: "O conteúdo do direito à vida assume duas vertentes. Traduz-se, em primeiro lugar, no direito de permanecer existente, e, em segundo lugar, no direito a um adequado nível de vida. A falta de um "adequado nível de vida" já seria, ao menos para alguns, suficiente para se justificar a prática abortiva no caso de anencefalia". [379] E também em outros casos, penso eu.

Para Guilherme de Souza Nucci, o aborto do feto anencéfalo, representa uma excludente de culpabilidade, pois resta patente para a mãe a impossibilidade de conduta diversa da prática abortiva. Sob a ótica do biodireito penal, seria justo exigir-se da mãe conduta diferente da adoção do aborto diante da ciência de que seu filho é um anencéfalo? E no caso dessa mãe ter abortado, é justo condená-la por isso? O que deve se enten-

[377] Reale, Miguel – Lições preliminares do direito, São Paulo: Saraiva, 27ªed, 2005, p. 65.

[378] Moraes, Alexandre de – *Direitos Humanos Fundamentais: Teoria Geral.* 5 ed. São Paulo: Atlas, 2003, p. 50 e ss.

[379] Tavares, André Ramos -*Curso de Direito Constitucional.* São Paulo: Saraiva, 2002, p. 22 e ss.

der por exigibilidade de conduta diversa?[380] Necessário se mostra atentar para o fato de que, ao se possibilitar a interrupção da gravidez de feto portador de anencefalia, não foi criada norma impositiva para qualquer gestante nessa condição, mas sim, foi permitida pelo Estado uma opção não incriminadora para aquelas gestantes que optassem pela interrupção da gestação, posição esta tomada a partir de uma perspectiva laica, garantia essencial para o exercício pleno dos direitos humanos.

Uma das primeiras benesses de se retirar a questão da interrupção da gestação dos fetos com ma formação do âmbito do crime, é permitir-se atendimento ético e médico competente, garante-se internação hospitalar adequada com a utilização do SUS ou seguro privado.E mais, presta-se a cumprir o princípio fundamental do art. 1º da Carta Magna, respeitando "a dignidade da pessoa humana", na medida em que assegura à gestante a liberdade de prosseguir ou interromper a gravidez na hipótese de anencefalia (ou outra má-formação fetal) bem utilizando a equidade para responder a uma necessidade social emergente. Em atenção ao disposto no art. 5º, I da CF, poderiam estar as gestantes submetidas a um tratamento cruel, desumano e degradante equiparado à tortura, pela criminalização da conduta abortiva no caso concreto de envolver fetos não viáveis. Podemos concluir que a dignidade humana deve prevalecer sobre uma vida meramente orgânica que se desenvolve. Entendemos nesse sentido, que além da anencefalia, outras formas não viáveis deveriam ser prestigiadas com a alteração da norma penal.

Nesse sentido, percebemos que as mais prejudicadas com a medida estatal são as gestantes de baixa renda, usuárias da rede pública hospitalar, pois as mais abastadas gozam da solidariedade de seus médicos particulares e interrompem a gestação anencefálica, ferindo assim o princípio bioético da justiça. Assim sendo, nos dias 10 e 11 de abril de 2012, após oito anos, o STF retomou o julgamento da ADPF 54 proposta pela Confederação nacional dos Trabalhadores na Saúde (CNTS) em 2004, tendo decidido pela maioria de votos 8 a 2, que é possível a interrupção da gestação de feto anencéfalo desde que observados os laudos de 2 médicos diferentes ao terceiro que executará o procedimento, em decorrência do

[380] Nucci, Guilherme de Souza – *Manual de Direito Penal. Parte Geral, Parte Especial.* 3 ed. São Paulo: RT, 2007, p. 90 e ss.

fato de que não existe vida naquele feto então gestado. Manifestaram-se favoravelmente à antecipação terapêutica do parto de fetos anencéfalos os Ministros: Marco Aurélio de Mello; Rosa Weber; Joaquim Barbosa; Luiz Fux; Carmen Lucia; Ayres Brito; Gilmar Mendes e Celso de Mello. Posicionaram-se desfavoravelmente os Ministros: Cezar Peluso e Ricardo Lewandowski.

"Para o CFM, "a sentença contribui para o aperfeiçoamento das relações éticas na sociedade, estabelecendo uma ponte sólida entre a Medicina e o Poder Judiciário no debate e na deliberação acerca de temas de grande interesse para a assistência em saúde".[381] Além da anencefalia, entendemos que deve a lei fazer atenção a outras graves patologias que poderia ensejar a antecipação terapêutica do parto, como a síndrome de Edwars, ou trissonomia do cromossomo 18, que acarreta inúmeras complicação ao feto como: crânio disformico, micrognatia, pés tortos, orelhas baixas, deformidade dos membros inferiores e superiores, doença cardíaca congênita, fraqueza muscular, baixo peso ao nascer, rigidez muscular extrema, fraqueza ao comer, hérnia inguinal e umbilical, estonose aórtica, anomalias vertebrais e outras. Assim, com esse quadro, aproximadamente 50% das crianças que nascem não sobrevivem às primeiras horas de vida, podendo em outros casos sobreviver semanas, meses ou anos apesar das claras limitações de saúde que possuem.[382]

Também a síndrome de Patau, ou trissonomia do cromossomo 13 que leva à baixa sobrevida do paciente – no máximo 10 anos de vida – e são necessários cuidados intensivos para controlar os sintomas e garantir a sobrevivência. Parte do tratamento do paciente inclui treinamento dos pais para que estejam habilitados para cuidar do recém-nascido. Trata-se de rara síndrome que acomete menos de 15 mil fetos por ano no Brasil. As dificuldades e limitações de vida são muitas nas crianças afetadas pela síndrome de Patau, todas associadas a problemas cardíacos, neurológicos e motores. A maioria das crianças (90%) não anda, não fala sem ajuda

[381] Fonte: http://noticias.uol.com.br.

[382] Fonte: www.scielo.br.pdf.rpp. Acesso em 23.3.2019; KEITH, L Moore; PERSAUD, TVN – Embriologia básica, p. 315 e ss.

de aparelhos.[383] Recomenda-se a título de exemplo que os pais e demais familiares recorram à ajuda psicológica para conviver com a criança portadora da síndrome.

Motivada pelos avanços sociais, o Brasil enfrenta a polêmica da liberação (ou não) da liberação do aborto no país. Assim, o STF realiza audiência pública para discutir a descriminalização do aborto até a 12º semana de gestação. O PSol protocolouem 8.3.2017 no STF a ADPF 442 para questiona os arts. 124 e 126 do CP, que criminaliza a interrupção da gravidez. Os favoráveis à descriminalização aduziram que a gestação não pode ser uma imposição à mulher, que acaba recorrendo a procedimentos clandestinos para realizar sua vontade/necessidade (fere-se, portanto, o direito a autonomia pessoal da mulher); impede o livre exercício da medicina (federação brasileira das associações de ginecologia e obstetrícia). O aborto insere-se, sem sombra de dúvida, inserido no contexto da saúde pública.

6.5.2. O aborto por má-formação fetal no cenário internacional

Em diversos países do mundo o aborto é liberado pela lei, mormente quando se refere à má formação do feto. Nos EUA em muitos estados aceita-se o aborto sócio econômico; o Canadá tem o aborto liberado desde 1973; a Suécia tem o aborto liberado desde 1938 desde que realizado até a 22º semana gestacional; no Reino Unido o aborto é permitido por lei desde 1967 até 24 semanas de gestação, após essa data só se houver risco de vida para a mãe ou má formação do feto; Até 1984, o aborto era proibido em Portugal em todas as situações. ALei n. 6/1984 veio permitir a liberação do aborto até a 16º semana gestacional no caso de estupro e /ou perigo de vida para a mulher, até 24º semana no caso de má formação fetal. Com a entrada em vigor da Lei n. 16/2007, a interrupção da gravidez pode, hoje, ser feita por opção da mulher até à 10º semana de gestação. Assim prevê o art. 142 do Código Penal Português.

Na Espanha, a aprovação da Lei Orgânica 9/1985 da alteração do Aborto, alterou o Código Penal, descriminalizando o aborto. Existe na

[383] Fonte: Hospital israelita Albert Einstein. Acesso em 23.3.2019; Keith, L Moore; Persaud, TVN – Embriologia básica, p. 316 e ss.

Espanha uma Lei de Interrupção Voluntária da Gravidez. Assim, não será punível o aborto: praticado por um médico ou sob sua direção, em centros ou estabelecimentos de saúde públicos ou privados, reconhecidos e com o consentimento expresso da mulher grávida, quando ocorre algumas das seguintes situações: evitar um grave perigo para a vida ou saúde física ou psíquica da grávida e que isso conste num atestado emitido antes da intervenção por um médico da especialidade, diferente daquele que realize o aborto ou do técnico que esteja sob sua orientação.

Em caso de urgência por risco de vida da gestante, poder-se-á prescindir do atestado e do consentimento expresso; quando a gravidez decorrer de estupro, nos termos do art. 429 do CP desde que praticado até a 12ª semana de gestação; quando se suspeitar que o feto irá nascer com graves deficiências físicas ou psíquicas, desde que realizado até a 22º semana de gestação e que o atestado antecedente à prática do aborto, seja emitido por dois especialistas de centros ou estabelecimentos de saúde, públicos ou privados, reconhecidos para o efeito, e distintos daquele que irá praticar o aborto ou sob a sua orientação. Na França, é permitido o aborto até a 12º semana a pedido da mulher caso não tenha razões para ser mãe; razões sociais ou económias. É exigido o prévio aconselhamento da mulher. Permitida após as 12 semanas em caso de risco de morte ou saúde física da gestante. No caso de risco de má formação do feto, énecessária a certificação de dois médicos.

O aborto foi legalizado na França em 1975, com a entrada em vigor da lei de 17.01.75, conhecida por Lei Veil que autoriza e medicaliza o abortamento, previa a interrupção da gestação no caso de perigo de vida para a mãe, de acordo com o disposto no art. L. 162, até a 10º semana de gestação. No caso de se tratar de jovem menor de 18 anos, é obrigatório o consentimento de um dos pais ou de um representante legal.Em 31.12.82 entra em vigor a Lei Roudy que autoriza o reembolso dos gastos com o procedimento de aborto. Tornando-se legal,entra em vigor a Lei Neiertz que criminaliza o livre acesso ao aborto (não tem sido muito utilizada). Á partir de 2001, a Lei de 4.07.01revogando o diploma anterior, passou a aceitar a interrupção da gestação até a 12º semana gestacional, suprimiu a necessidade de autorização parental no caso de menores de idade,podendo ainda o aborto ser realizado nos consultorios médicos.

6.6. Biodireito e a esterilização em seres humanos

A esterilização em seres humanos pode ser entendida como qualquer intervenção através da qual uma pessoa torna-se incapaz de procriar, de modo definitivo e irreversível. Esta pode ser acidental (decorrente de patologia – de uma inflamação); cirúrgica (sem castração: com a vasectomia no homem e com a ligação das trompas, na mulher; ou castração, com a retirada do útero). Ocorre mais frequentemente através de cirurgia (vasectomia e ligação das trompas).

Distingue-se, em razão da reversibilidade, uma esterilização temporária (exemplo, com a pílula anovulatória) e uma esterilização irreversível (com os métodos microcirúrgicos) ou dificilmente reversível (vasectomia). Tem grande relevância bioética a distinção entre esterilização temporária, ou indireta, e esterilização anti-procriativa, ou direta. A esterilização indireta é aquela que resulta de um ato terapêutico colocado para salvar a vida ou a saúde do sujeito, por exemplo, em caso de tumor no ovário ou nos testículos: o agente procura diretamente o fim terapêutico, e a esterilização é efeito indireto do ato médico.

Assim, a esterilização pode ser entendida como o ato de tornar infértil, infecundo, improdutivo, visando a saúde da mãe, do feto, da família ou da coletividade· Nos seres humanos, a esterilização consiste no ato de empregar técnicas especiais, cirúrgicas ou não, no homem e na mulher, para impedir a fecundação. Antônio Chaves classifica a esterilização em eugênica, cosmetológica, terapêutica e de limitação de natalidade.[384] A esterilização eugênica tem por finalidade impedir a transmissão de doenças hereditárias indesejáveis, a fim de evitar prole inválida ou inútil, bem como para prevenir a reincidência de pessoas que cometeram crimes sexuais. Ela foi utilizada em larga escala no século XX, sendo que alguns países lançam mão de tal procedimento até hoje. A esterilização de deficientes mentais, a procriação subordinada à alteração do patrimônio genético são aceitas em diversos lugares do mundo pela comunidade científica. A lei Sueca proibiu o casamento de epiléticos (em 1957), manteve entre 1935 e 1976 um programa secreto de esterilização compulsória de pobres, doentes, ou pertencentes à etnias impuras, tal fato

[384] Chaves, Antonio – Direito à vida e ao próprio corpo, p. 106.

se deveu à redução dos gastos do sistema de seguridade social.Na época foram submetidas à esterilização compulsória 60 mil pessoas, deficientes físicas, mentais, delinquentes, prostitutas e ciganos. O mesmo ocorreu, em menor escala, na Suíça, Noruega e Finlândia. Na Dinamarca uma lei impõe a esterilização de mulheres com QI inferior a 75.

As práticas de esterilização compulsória em portadores de deficiência mental foram correntes na França, Áustria, Itália, nos idos do século XX. Na Europa, a prática é legalizada na Alemanha, embora, a comunidade científica seja equânime em entender que "o conhecimento sobre a hereditariedade humana era deveras limitado para permitir a limitação da concepção por razões eugênicas". Nos EUA, já se propôs a esterilização de pessoas que apresentassem o genoma alterado, devendo estes, antes da procriação, serem submetidos a uma intervenção de engenharia genética, visando a não transmissão de caracteres hereditários debilitantes.[385] Na província chinesa de Gansu foi adotada uma lei em 1988 que somente admite casamento de mulheres com problemas mentais se elas forem esterilizadas, obrigando-as, se ficarem grávidas, a praticar o aborto. No Brasil, tal prática nunca foi concebida, apesar de recente tentativa do Deputado Federal Wigberto Tartuce (PPB/DF). Em junho de 2002 ele apresentou projeto de lei que modificaria as penas dos crimes de estupro e atentado violento ao pudor (artigos 213 e 214 do Código Penal). Ao invés da pena restritiva de liberdade, o parlamentar propôs a adoção da pena de castração com a utilização de recursos químicos, cuja duração é temporária. No entanto, após apreciação pela Comissão de Constituição, Justiça e Cidadania da Câmara dos Deputados, o projeto de lei foi arquivado, sob o argumento de que a Constituição Federal veda a aplicação de penas cruéis (art. 5º, inciso XLVII, alínea *e*).

Também foram adeptos da esterilização eugênica o Canadá, o Paraguai e a Espanha. A esterilização cosmetológica destina-se apenas a evitar a gravidez, tendo em vista que não é precedida de nenhuma indicação médica relacionada com a saúde. É o tipo de esterilização que somente leva em conta a estética. Esta prática não é permitida pelo nosso ordenamento jurídico.A esterilização terapêutica está ligada à ideia de estado de

[385] VIEIRA, Tereza Rodrigues, Bioética e direito, São Paulo: Jurídica Brasileira, 2ºed 2003, p. 71.

necessidade ou de legítima defesa. Isso quer dizer que um médico deve diagnosticar previamente as características clínicas que autorizariam esterilizar uma pessoa, em razão da impossibilidade clínica de ter filhos. No Brasil, a esterilização terapêutica é aceita, mas deve ser precedida de relatório escrito e assinado por dois médicos, conforme preconiza a Lei n. 9.263/1996 e a Portaria n. 144/1997 da Secretaria de Assistência à Saúde.[386]

O parecer CRM/DF de n. 367/1980 sustentando que a função reprodutora, por não ser imprescindível à saúde e à vida não está incluída no rol do artigo 129 § 1º,III do CP, não representando portanto a laqueadura de trompas nem a vasectomia crime de lesão corporal, salvo se a intervenção for feita sem o consentimento do paciente. Entretanto, pode constituir crime de periclitação de vida e da saúde, se for realizada sem indicação terapêutica, sob o único influxo de tornar estéril a pessoa, dado aos riscos cirúrgicos que acarreta. A esterilização para a limitação da natalidade para fins de planejamento familiar visa restringir a prole das famílias, em virtude das condições socioeconômicas de um dado país. É bem verdade que poucos países a utilizam, merecendo destaque a China, que adotou a campanha "um casal - um filho", dada a sua imensa população. [387]

Distingue-se nesse sentido a esterilização necessária da esterilização voluntária. No primeiro caso, há indicação para sua prática como salvaguarda da mãe ou do neonato, nos casos em que há risco à vida ou à saúde da mulher ou do futuro concepto (situação esta que deve estar previamente testemunhada em relatório escrito e assinado por dois médicos), é permitida a esterilização, independentemente da idade da mulher ou do número de filhos do casal. A lei não contempla hipótese de esterilização necessária para homens. A esterilização voluntária somente é permitida a homens e mulheres capazes, maiores de 25 anos de idade ou que, pelo menos, já tenham dois filhos vivos.

O interessado no procedimento de esterilização deverá se inscrever em um programa de planejamento familiar para se informar sobre várias formas de evitar a gravidez. Caso a pessoa opte mesmo pela esterilização,

[386] Até a promulgação da Lei n. 9.263/1996 os médicos não podiam fazer a cirurgia de esterilização voluntária, ainda que contassem com o consentimento do paciente.

[387] Diniz, Maria Helena - O Estado atual do biodireito, p. 148.

terá que expressar sua vontade, por escrito, sendo dever do médico responsável a comunicação ao Ministério da Saúde do volume de cirurgias de esterilização que participaram. Se o interessado pela esterilização for casado, será necessário o consentimento de ambos os cônjuges para que a cirurgia se realize, sendo imprescindível o duplo consentimento para a realização da cirurgia de esterilização, pois a capacidade procriativa não constitui bem estritamente individual, mas sim bem comum do casal.[388]

Uma questão de difícil consenso bioético que paira na realidade da esterilização é comoidentificar se houve ou não coação/liberalidade entre os cônjuges. A Constituição Federal brasileira veda expressamente qualquer forma coercitiva de esterilização tanto por parte de instituições oficiais como privadas. Tanto é assim que o parágrafo único do art. 2º da Lei n. 9.263/1996 é enfático ao proibir a utilização do planejamento familiar para qualquer tipo de controle demográfico.[389] A esterilização voluntária para fins de planejamento familiar, passou a ser permitida pelo ordenamento jurídico pátrio pela edição da Lei n. 9263/1996.[390]

[388] Hentz, André Soares – Esterilização humana: aspectos legais, éticos e religiosos. In Jus navigandi.mht.Toda esterilização cirúrgica deve ser objeto de notificação compulsória à direção do SUS, sendo do obstetra este encargo; Diniz, Maria Helena – O Estado atual do biodireito, p. 153 e ss; Maluf, Adriana Caldas do Rego Freitas Dabus – Curso de bioética e Biodireito, p. 299.

[389] Na Europa, países como a Finlândia e a Rússia estabelecem que a idade mínima para a esterilização é 30 anos e desde que o interessado já tenha 3 filhos. Em contrapartida, no país africano Níger, a mulher deve ter pelo menos 35 anos e 4 filhos vivos.

[390] Como antecedentes históricos da esterilização pode-se apontar que desde a Antiguidadeo homem já se preocupava com a contracepção, utilizando métodos quase sempre ineficazes (ingeria-se espuma da boca dos camelos misturada com pólvora, comia-se rãs logo após o término do período menstrual). A primeira operação de laqueadura da história se deu em 1881, quando o médico Luwdgren, durante uma cesária, fez o ligamento da tuba da gestante. A partir de 1910 o cirurgião Madlener passou a desenvolver a técnica com muito sucesso. A vasectomia, por seu turno, foi realizada pela primeira vez nos idos de 1889 pelo Dr. Harry Sharp. Sem ter suporte legal nenhum, ele iniciou a técnica em jovens do Reformatório do Estado de Indiana, EUA. Destaca-se que tais cirurgias até então eram realizadas com finalidade eugênica, punitiva ou terapêutica. Somente em 9 de março de 1907, no Estado da Indiana, é que entrou em vigor a primeira lei referente à matéria. Em sua exposição de motivos, restou clara a intenção do legislador: impedir a transmissão hereditária da delinquência, do idiotismo e da debilidade mental. Em 1934, 27 estados norte-americanos já haviam adotado leis de esterilização eugênica, sendo que em

A esterilização cirúrgica pode ser usada como método contraceptivo, mas apenas pode-se dar por meio da laqueadura tubária, vasectomia ou outro método cientificamente aceito, sendo vedada a histerectomia (retirada do útero) e a ooforectomia (ablação dos ovários), tal como prevê a Lei n. 9263/1996 em seus artigos 10 § 4º e 15. A esterilização por motivo econômico-social é a esterilização feita para atender a razões econômicas ou justificar condição social.

Na década de 1960 os países em desenvolvimento, diante da explosão demográfica que enfrentavam, passaram a adotar políticas públicas de esterilização. No início, os governos incentivavam a esterilização mediante campanhas que mostravam os benefícios de tal método para o planejamento familiar. Como tal método não surtiu os efeitos desejados, mudou-se o enfoque e a esterilização passou a ter caráter repressivo. A Índia chegou a promulgar uma lei que tornava a esterilização obrigatória, o que resultou em mais de sete milhões de esterilizações em apenas dez meses.

No final dos anos 70, a estratégia novamente foi a de mostrar para o povo as vantagens da esterilização voluntária, tanto feminina como masculina, a fim de controlar a crescente natalidade, o que vem dando resultados positivos até os dias de hoje. No Brasil, a esterilização cirúrgica passou a ser difundida a partir da década de 70. Nessa época, a legislação pátria não proibia expressamente a sua prática, mas proibia a mutilação física. Assim, a esterilização era considerada como uma lesão corporal em que ocorria a perda ou inutilização de membro, sentido ou função (art. 129, § 2º, inciso III do Código Penal), passível de ser punida com pena de reclusão de dois a oito anos. Nessa linha de raciocínio, entendia a melhor

1971 quase todos eles admitiam a esterilização por motivo eugênico, desde que houvesse autorização judicial. Contudo, a partir das emendas à Constituição americana de ns. 8 e 14, as leis que prescreviam tal prática foram tidas como inconstitucionais. Na Europa, a primeira lei acerca da esterilização foi promulgada em 1929 na Suíça -- mesmo ano em que surgiram legislações na Dinamarca e Suécia --, a fim de esterilizar os anormais e indigentes internados em manicômios. Contudo, foi na Alemanha que a esterilização eugênica foi aplicada de forma mais cruel. O empenho na busca da pureza da raça ariana, aliado à campanha antissemita, levaram à aprovação de diversas leis nesse sentido. Hentz, André Soares – Esterilização humana: aspectos legais, éticos e religiosos. In Jus Navigandi.mht; Diniz, Maria Helena – O Estado atual do biodireito, p. 149 e ss.

doutrina que nem mesmo a autorização do paciente tinha o condão de afastar a ilicitude do ato.

Entendemos que a integridade psicofísica é um direito personalíssimo do ser humano, afrontando-a a esterilização compulsória dos seres humanos, por outro lado, na mesma linha de raciocínio a esterilização voluntária corresponde também a um direito personalíssimo, mormente no que tange à constituição da família, liberdade e disposição do corpo. O primeiro Diploma legal que, indiretamente, foi invocado para a não realização de esterilizações foi o Decreto Federal n. 20.391/1932, que proibia o médico de praticar qualquer ato que tivesse por finalidade impedir a concepção (art. 16, alínea *f*).

A Constituição Federal de 1988 abriu caminho para a legalização da esterilização em nosso país, ao considerar a família como base da sociedade, o Estado garantiu a liberdade de seus integrantes, consagrando os princípios da dignidade da pessoa humana e da paternidade responsável. Nesse contexto, o planejamento familiar tornou-se livre decisão do casal, competindo ao Estado propiciar recursos educacionais e científicos para o exercício desse direito (§ 7º do art. 226). A Lei n. 9.263/1996 regula o § 7º do art. 226 da CF que trata do planejamento familiar, estabelece penalidades e dá outras providências. A Lei n. 9.029/1995 proíbe a exigência de atestados de gravidez e esterilização e outras práticas discriminatórias para efeitos admissionais ou de permanência da relação jurídica de trabalho e dá outras providências. A Portaria 1.319/2007 aprova diretrizes e orientações gerais para a realização do procedimento de vasectomia parcial ou completa.

À luz de seu art. 4º dispõe: "De acordo com o disposto no artigo 10 da Lei 9.263/1996, que regula o parágrafo 7º da Constituição Federal, que trata do planejamento familiar, estabelece penalidades e dá outras providências; somente é permitida a esterilização voluntária sob as seguintes condições: I – em homens e mulheres com capacidade civil plena e maiores de 25 anos de idade ou, pelo menos, com dois filhos vivos, desde que observado o prazo mínimo de sessenta dias entre a manifestação da vontade e o ato cirúrgico, período no qual será propiciado, a pessoa interessada, acesso ao serviço de regulação da fecundidade, incluindo aconselhamento por equipe multidisciplinar, visando a desencorajar a esterilização precoce; II – em caso de risco à vida ou à saúde da mulher ou do futuro concepto, testemunhado em relatório escrito e assinado por dois médicos; III – a esterilização cirúrgica como método contraceptivo somente será executada por laqueadura tubária, vasectomia ou de outro método cientificamente aceito, sendo vedada por meio de histerectomia e ooforectomia; IV – será obrigatório constar no prontuário médico o registro de expressa manifestação da vontade em documento escrito e firmado, após a informação dos riscos da cirurgia, possíveis efeitos colaterais, dificuldade de reversão e opções de contracepção reversíveis existentes". Parágrafo Único – "É vedada a esterilização cirúrgica em mulher durante períodos de parto, aborto ou até o 42º dia do pós-parto ou aborto, exceto nos casos de comprovada necessidade, por cesarianas sucessivas anteriores, ou quando a mulher for portadora de doença de base e a exposição a segundo ato cirúrgico ou anestésico representar maior risco para sua saúde. Neste caso, a indicação deverá ser testemunhada em relatório escrito e assinado por dois médicos". A Resolução n. 1.901/2009 do CFM, revogada pela Resolução n. 2.167/2017, estabelecia normas éticas para a esterilização cirúrgica masculina. Para fins de planejamento familiar são válidos todos os métodos e técnicas de concepção e contracepção legais e cientificamente aceitos, desde que não coloquem em risco a vida e a saúde das pessoas e lhes garanta a liberdade de opção. Diante do exposto, vemos que, com o passar dos anos, a esterilização humana teve seu enfoque mudado. Não se fala mais hoje em dia em esterilização com objetivos eugênicos ou punitivos, mas sim em esterilização com fins terapêuticos e contraceptivos. É de conhecimento geral que a esterilização voluntária é o método de contracepção mais utilizado do mundo, sendo certo que muitos países já adaptaram suas legislações nesse sentido, tendo em vista considerá-la como um direito do indivíduo ao próprio corpo.[391]

A esterilização voluntária é uma forma de exercer o direito sobre o corpo. A ordem jurídica reconhece como legítimo o interesse de a pessoa tratar separadamente em seu corpo duas dimensões da função da sexual: a reprodutiva e o prazer. Para tanto, a paciente deve ser capaz, ou ter a incapacidade restrita à esfera patrimonial; ter no mínimo 25 anos ou pelo

[391] Hentz, André Soares – Esterilização humana: aspectos legais, éticos e religiosos. In: JusNavigandi.mht.

menos dois filhos vivos e se a pessoa for casada deve ter a expressa manifestação do cônjuge.

Uma questão que é bastante polêmica neste tópico é a inclusão ou não da pílula do dia seguinte na prática contraceptiva: a chamada "pílula do dia seguinte", que é um método anticoncepcional de emergência, faz com que o corpo da mulher fique "hostil" à gravidez, caso ela não tenha tomado cuidados como usar preservativo na relação sexual. O remédio pode agir antes ou depois do processo de fertilização. Entendo que não é considerada abortiva pois age antes do estabelecimento da gravidez e demonstra-se de inócua atuação quando esta já estiver estabelecida. Pode agir de duas maneiras: impedindo a liberação do óvulo ou alterando o ph da secreção vaginal de modo a impedir a passagem dos espermatozoides, impedindo, pois, a fecundação. Caso já tenha havido a fecundação, alterará a camada interna do útero, no endométrio, o que impedirá a fixação do ovo, que será eliminado junto com a menstruação. Dada sua alta taxa hormonal, seu uso excessivo pode trazer riscos, como desregular o ciclo menstrual, causar tontura, enjoo, náusea ou inchaço. A pílula do dia seguinte deve ser utilizada somente em casos especiais.

Na Europa a pílula do dia seguinte, vem sendo administrada há tempos. Na França, é autorizado seu uso desde 1988; na Inglaterra desde 1991; na Suécia desde 1992; na Suíça desde 1999; na Itália desde 2010. Nos EUA vem liberada desde o ano 2000. Deve, entretanto, ser administrada sob controle médico restrito.[392]

6.7. Biodireito e a sexualidade

A sexualidade humana é um poderoso agente identificador. Para tanto, faremos uma abordagem sobre as variações da sexualidade e da identidade de gênero humano. Serão abordados no presente capítulo: o homossexual, o transexual e o intersexual. Para podermos situar bem a questão da identidade sexual, primaz faz diferenciarmos alguns conceitos basilares: a identidade sexual, a orientação sexual e a identidade de gênero.

O sexo pode ser definido como o conjunto de características biológicas contidas nos aparelhos reprodutores masculino e feminino. Por sua

[392] http://www.svss.uspda.ch/fr/facts/mifegyne.htm. Acesso em 13.04.12.

vez, não determina a identidade de gênero nem a orientação sexual do indivíduo. Como identidade sexual podemos definir a plena inserção psíquica de um indivíduo em consonância com suas características anatômicas; O gênero recebe uma construção sociológica, é um conceito mais subjetivo, mais ligado ao papel social desempenhado pelo indivíduo do que por suas características biológicas. Representa outrossim a identidade de gênero a expressão da vivência social do indivíduo; a orientação sexual corresponde à forma pela qual o indivíduo vai viver a sua sexualidade, podendo ser: heterosexual, homossexual, bissexual ou assexual.

Pode-se entender desta sorte, o sexo do indivíduo, como o seu agente identificador mais potente baseando-se em múltiplos fatores que estruturam a essência do ser humano. Amparando-se nos preceitos da embriologia temos que entre 6 e 8 semanas após a concepção, o feto masculino de estrutura cromossômica (XY) recebe uma dose maciça de hormônios androgênicos que, além de configurações embriológicas especificas, alteram a estrutura cerebral de um formato feminino para uma configuração masculina. Um erro na secreção desse hormônio alterando-lhe a dosagem circulante, ou uma hipersensibilidade dos tecidos cerebrais, pode gerar um feto masculino com estrutura cerebral funcionante nitidamente feminina, levando ao aparecimento do comportamento homossexual na puberdade (ou num grau mais elevado gerar a síndrome transexual).

Assim, o principal responsável é o impacto ou a falta do hormônio masculino sobre o cérebro, os homossexuais são em sua maioria masculinos. Ou seja, o comportamento sexual será definido pela estrutura do cérebro ainda em estágio embrionário.[393] Estudos realizados na Alemanha demonstram que uma queda dos níveis de testosterona no início da gravidez aumenta a probabilidade do aparecimento do homossexual masculino, já que os hormônios femininos vão configurar o cérebro. Alguns estudos recentes indicam que a orientação sexual tem uma

[393] Obedece a proporção de 8 homossexuais masculinos para uma lésbica. Obedece a uma estrutura bipartida a configuração cerebral: o centro de atração, regido pelo hipotálamo determina qual sexo vai despertar interesse; o centro de comportamento, onde o nível hormonal adequado vai estimular o comportamento masculino ou feminino. MALUF, Adriana Caldas do Rego Freitas Dabus – Novas modalidades de família na pós-modernidade, São Paulo: Atlas, 2010, p. 123 a 128.

grande influência genética ou biológica, sendo, provavelmente, determinada antes ou pouco após o nascimento. Sendo esses estudos não conclusivos, é irresponsável assumir que a homossexualidade é uma escolha. Tal como os heterossexuais, os homossexuais descobrem a sua sexualidade num processo de crescimento.

Existindo como realidade fática desde os primórdios da civilização, o movimento homossexual tomou vulto no século XX, quando amparado pelo desenvolvimento das ciências e pela mobilização social, a homossexualidade foi paulatinamente sendo descriminalizada, e posteriormente sendo reconhecida como um direito fundamental, passando a receber proteção legal sob a ótica dos direitos humanos, que protegem a liberdade individual, a intimidade, a liberdade sexual, tendo em vista o direito à igualdade e não-discriminação. Entendemos que perceber essas diferentes possibilidades entre outras, significa conceber a diversidade sexual e respeitar a diversidade humana.

6.7.1. O homossexual

O homossexual é aquele que apresenta uma variação do impulso sexual e da afetividade. Na atualidade, as principais organizações mundiais de saúde, não consideram mais a homossexualidade como doença, ou perversão, sendo definida na pós-modernidade como um estilo de comportamento geneticamente prevalente. Diversos fatores são predisponentes para a homossexualidade: genéticos, hormonais, ambientais, psicológicos. Os desvios sexuais geralmente têm sua gênese na infância fruto de um determinismo primitivo, originado muitas vezes nas relações parentais.[394]

Diversos questionamentos bioéticos podem ser feitos em relação à homossexualidade: devem ser discriminados por algo que não escolheram? Teriam direitos à constituição familiar? à filiação natural ou artificial? Deveria a homofobia persistir ou ser erradicada? Tem a lei civil condição de erradicar a homofobia a nível local ou regional?

[394] BRANDÃO, Débora Vanessa Caus – Parcerias homossexuais – aspectos jurídicos, São Paulo: Ed. Revista dos Tribunais, 2002, p. 17 e 18.

6.7.1.1. Homossexuais e direitos fundamentais

No âmbito da proteção dos direitos humanos, emergem na atualidade outra gama de direitos carecedores de defesa, promoção e proteção: o combate à homofobia, à discriminação em razão da orientação sexual e identidade de gênero. Trata-se assim, do reconhecimento de novos atores sociais, que se amparam em novas políticas públicas que impõem ações positivas no sentido de asseverar o respeito à diversidade humana. A orientação sexual é uma noção das mais recentes na prática e na legislação dos direitos humanos e uma das mais controvertidas na política. Preconceitos, estereótipos negativos e discriminação estão profundamente arraigados em nosso sistema de valores e padrões comportamentais. [395] É dever do Estado zelar pelos direitos e garantias fundamentais consagradas pela Constituição Federal. Na prática existe o dever de atuação no sentido de coibir ações discriminatórias em razão da orientação sexual e identidade de gênero (protegidas nas Constituições Federais e nos Documentos Internacionais nos diversos países. CF, arts. 3º, IV; 5º, I e 7º, XXX).

Os princípios primordiais que norteiam a aproximação aos direitos sobre orientação sexual se referem à igualdade (o respeito à diferença) e à não-discriminação.Procura-se na atualidade, a adoção de medidas práticas para assegurar a justiça social e garantir a dignidade de lésbicas, gays e bissexuais, compatível com o desenvolvimento democrático da sexualidade compatível com o pluralismo e a laicidade das sociedades contemporâneas. [396]

Assim sendo, no que tange aos debates bioéticos envolvendo a firmação dos direitos dos homossexuais, podemos entender que são basicamente: a afirmação de seus direitos personalíssimos, entre os quais se destacam o direito à igualdade, à liberdade, o direito à orientação sexual, o direito à constituição da família, o direito à filiação – natural ou civil,

[395] SALES, Dimitri Nascimento – Direito á visibilidade: direito humano da população GLBTT. In. PIOVESAN, Flavia; IKAWA, Daniela (Org.) Direitos humanos, fundamento, proteção e implementação perspspectivas e desafios contemporâneos, 2007, p. 927.

[396] MALUF, Adriana Caldas do Rego Freitas Dabus – Novas modalidades de família na pos-modernidade, p. 133 s ss.

devendo a filiação natural ocorrer tendo em vista as intrínsecas peculiaridades do caso.

É válido ressaltar que à luz da Constituição Federal, tendo em vista o seu caráter pluralista e não discriminatório, consagra-se uma clausula geral de inclusão, e não exclusão, e ainda, o princípio básico da referida constitucional é a dignidade da pessoa humana. Em 5 de maio de 2011, foi julgada a Ação Direta de Inconstitucionalidade (ADI) 4277 e a Arguição de Descumprimento de Preceito Fundamental (ADPF) 132 na sede do STF. O resultado unânime situou-se no sentido de reconhecer a união estável entre casais do mesmo sexo como entidade familiar. Com a mudança, o Supremo cria um precedente que pode ser seguido pelas outras instâncias da Justiça e pela administração pública, resguardando-se ao Congresso Nacional a regulamentação legal dos efeitos dessa decisão.

A constituição da família homoafetiva foi regulamentada no Brasil, desde 05.05.11, quando o STF conferiu o *status familiae* ao homossexual mediante a formação da união estável. O judiciário vem adotando uma postura mais liberal, dando maior flexibilidade às leis e aplicando a analogia e a equidade aos relacionamentos homoafetivos, reconhecendo-lhes alguns direitos".[397] As ações foram ajuizadas na Corte, respectivamente, pela Procuradoria-Geral da República e pelo governador do Rio de Janeiro, Sérgio Cabral. O relator das ações, votou no sentido de dar interpretação conforme a Constituição Federal para excluir qualquer significado do artigo 1.723 do Código Civil que impeça o reconhecimento da união entre pessoas do mesmo sexo como entidade familiar; argumentando que o artigo 3º, inciso IV, da CF veda qualquer discriminação em virtude de sexo, raça, cor e que, nesse sentido, ninguém pode ser diminuído ou discriminado em função de sua preferência sexual.

Representou a decisão em tela um passo decisivo para o reconhecimento da família formada por pessoas do mesmo sexo no Brasil. Em 25.10.2011 o STJ foi ainda mais longe, ao autorizar o casamento de duas mulheres no sul do país. A decisão, entendemos, confere um precedente fortíssimo para a conversão da união estável homoafetiva em casamento.

[397] MALUF, Adriana Caldas do Rego Freitas – Direito das famílias amor e bioética, Rio de Janeiro: Elsevier, 2012, p. 299.

Em 14.5.2013 o CNJ aprovou a Resolução n. 175, que obriga todos os cartórios do país a registrar o casamento civil entre pessoas do mesmo sexo. A norma também determina que sejam convertidas em casamento as uniões estáveis homoafetivas registradas anteriormente.Entendemos ainda, que ambas as decisões trazem intensas consequências em matéria de filiação. Assim, a configuração do *status familie* ao homossexual permitiu a adoção de menores pelo casal homoafetivo e no mesmo sentido a Resolução 2.168/17 do CFM permite o acesso às técnicas de reprodução assistida aos casais homoafetivos, inclusive a gestação compartilhada.

6.7.2. O transexual

Define-se transexual como o indivíduo que apresenta um desvio psicológico que o faz acreditar pertencer ao sexo oposto ao seu sexo biológico originário. Com profundos desdobramentos no campo do direito, a questão envolvendo o transexual permeia os direitos da personalidade uma vez que se situa na esfera do direito à vida, notadamente no que tange à felicidade pessoal – fim precípuo do Estado; o direito à identidade de gênero; à intimidade; à livre expressão sexual; à integridade física e psíquica; ao recato; o direito à privacidade entre tantos outros que visem possibilitar a plena inserção do indivíduo na sociedade.

Para Luiz Alberto David Araújo, o transexualismo representa uma alteração da psique, que dificulta e muitas vezes inviabiliza a integração do indivíduo na sociedade.[398] Como preleciona Javier López-Galiacho Perona a transexualidade é um fenômeno conhecido desde a antiguidade que foi difundido na atualidade graças ao avanço da cirurgia de redesignação sexual.[399]

Envolve homens e mulheres que estão profundamente convencidas de pertencerem ao sexo oposto de seu sexo biológico. Aduz Henri Frignet que na maioria das vezes o tratamento psicológico é inócuo.[400] No

[398] ARAUJO, Luiz Alberto David – A proteção constitucional do transexual. São Paulo: Saraiva, 2000, p. XI.

[399] PERONA, Javier López Galiacho – La problemática jurídica de la transexualidad, Madrid, Mc-Graw Hill, 1998, p. XIX .

[400] FRIGNET, Henri – O transexualismo. Rio de Janeiro: Companhia de FreudEd., 2000, p. 123.

alcance da medicina, nenhum ser é totalmente homem ou mulher, em cada um há um *quantum* do sexo oposto que é geralmente encoberto pela maior quantidade de hormônios do próprio sexo. Contudo, algumas vezes ocorrem anomalias que se caracterizam pelo fato do outro sexo se manifestar na estrutura física, no comportamento ou em ambos.

Hoje se aceita a existência de uma gradação de vários estados sexuais compreendidos entre as duas entidades extremas: o homem e a mulher, podendo-se identificar o sexo dos indivíduos de diversas maneiras preponderantes: o sexo morfológico, pelo exame dos órgãos genitais e das gônadas (acusando a presença dos ovários na mulher e dos testículos no homem), ressalva feita aos casos de intersexualidade, o sexo cromossômico ou genético, pela análise dos cromossomos (conformação XX na mulher ou XY no homem); o sexo nuclear estabelecido pelo exame da cromatina sexual (o sexo cromatínico aponta para características feminizantes, ausentes nos cromossomos masculinos, o corpúsculo de Baar); o sexo psicológico ou social, definido pelo comportamento; o sexo jurídico, que se estabelece em face das relações assumidas na vida jurídica; o sexo hormonal, que se apresenta em face dos hormônios circulantes provenientes da glândulas sexuais, que por sua vez indicam todos os caracteres morfológicos do homem e da mulher. Considera-se na literatura especializada o sexo hormonal como sendo o verdadeiro sexo uma vez que os hormônios sexuais condicionam a evolução dos caracteres sexuais somáticos, funcionais ou psíquicos.[401]

Considera-se na literatura especializada o sexo hormonal como sendo o verdadeiro sexo, uma vez que os hormônios sexuais condicionam a evolução dos caracteres sexuais somáticos, funcionais e psíquicos.[402] O transexual apresenta uma anomalia surgida no desenvolvimento da estrutura

[401] MALUF, Adriana Caldas do Rego Freitas Dabus – Direito da Personalidadeno Novo Código Civil e os Elementos genéticos para a Identidade da Pessoa Humana. In. ALVES, Jones Figueiredo; DELGADO, Mario (Org) – Novo Código Civil Questões Controvertidas, São Paulo: Método, 2003, p. 63 e 64.

[402] SZANIASWSKI, Elimar – Limites e possibilidades do direito de redesignação do estado sexual. São Paulo: Ed.Revista dos Tribunais, 1999, p. 37-40.

nervosa central por ocasião de seu estado embrionário, que contudo, não altera suas atividades intelectuais.[403]

Tal como aduz Stéphane Clerget estudos realizados em vários pacientes transexuais masculinos apontaram para a estrutura neuronal – numérica e estrutural – idêntica entre estes e a estrutura feminina, sendo a recíproca verdadeira – a estrutura neuronal dos transexuais femininos era idêntica à masculina. Sintetiza também que essa diferença se nota mais tardiamente nos pacientes, por volta dos 25 anos. Fato este que induz a conclusão de que "a identidade sexual se dá antes da diferenciação da estrutura cerebral, decorrente de fatores genéticos, ambientais, entre outros".[404]

Leciona Roberto Farina que "os hormônios secretados pelas gônadas primitivas durante a vida fetal não atingiriam o hipotálamo ou que esta não responderia aos mesmos hormônios, um bloqueio bioquímico provocaria interferências indevidas sobre certas glândulas – testículos, ovários e suprarrenais, resultando inibições e até ações invertidas e inusitadas de suas funções, como a impregnação hormonal no hipotálamo, pelo hormônio contrário àquele originariamente secretado em decorrência de sua informação genética para o sexo, nos últimos dias de vida fetal ou nas primeiras semanas de vida";podendo essa variação ainda decorrer, no entender de Dorina R.G.Epps Quaglia, de: "alteração numérica ou estrutural dos cromossomos sexuais; de testículo fetal pouco funcionante; stress inusitado na gestante; ingestão de substâncias antiandrogênicas na fase de estampagem cerebral; insensibilidade dos tecidos ao hormônio masculino; fatores ambientais adversos, que prejudiquem por exemplo, a identificação do menino com a figura paterna na infância." [405]

Pode-se entender desta sorte, o sexo do indivíduo, como o seu agente identificador mais potente baseando-se em múltiplos fatores que estru-

[403] Diniz, Maria Helena – O Estado atual do biodireito, p. 283.

[404] Clerget, Stéphane – Comment devient-on homo ou hetero, Paris: J C Lattés, 2006, p. 105 e 106.

[405] Farina, Roberto – Transexualismo: do homem à mulher normal através dos estudos de intersexualidadee das parafiliais, p. 136 a 141 Apud Sutter, Matilde J. – Determinação e mudança do sexo, p. 114; Quaglia, Dorina RG Epps – O paciente e a intersexualidade, São Paulo, 1980, p. 134.

turam a essência do ser humano. Preleciona Aracy Klabin que "qualquer desses critérios utilizado isoladamente, pode falhar para a determinação do sexo do indivíduo, apontando que o teste cromossômico é falho se aplicado aos portadores da síndrome de Kleinefelter; o padrão gonadal é falho para o intersexual; o indicador hormonal pode variar em razão da administração de determinadas drogas ou pela castração; o sexo genital pode ser comprometido por anomalias na genitália; o sexo de criação é importante para o pseudo-hermafrodita, mas falha com referência aos transexuais. Assim, conclui que o sexo psicológico deveria ter relevante importância na fixação do sexo do indivíduo".[406]

Numa acepção mais restrita ao sexo corresponde às conotações anatômicas, fisiológicas ou genéticas distintas do homem e da mulher, e, por sexualidade as manifestações do instinto sexual imanentes ao ser, que se encontram inseridas ou mesmo reguladas por um conjunto de normas de ordem social, jurídica ou religiosa. Concebe Javier López-Galiacho Perona, que "Mientras la genitalidad es exclusivamente biológica, la sexualidad, además de biológica, presenta conexiones psicológicas, sociológicas, jurídicas". [407]

Para Roberto Farina, "a transexualidade é o mais alto grau de desvio sexual. Quatro teorias visam esclarecer sua origem: a genética, a fenotípica, a psicogência- ligada à identificação com seu sexo originário derivada da educação transmitida pelos pais–, e a a clética".[408] Representa um importante elemento distintivo do ser humano, onde cada um por força de determinados caracteres biológicos, sensações e experiências de comportamento vê ser configurada sua personalidade, seu temperamento, "a fração mais original do seu eu".[409]

Aí reside a importância do diagnóstico, do tratamento e por via de consequência do tratamento jurídico adequado ao indivíduo transexual,

[406] Klabin, Aracy Augusta Leme – Aspectos jurídicos do transexualismo – Dissertação de Mestrado apresentada ao departamento de Direito Civil da FADUSP em 1977, p. 3 e 4.

[407] Perona, Javier López-Galiacho – La Problemática jurídica de la transexualidad, Madrid: Mc Graw Hill, 1998, p. 37.

[408] Farina, Roberto – Transexualismo: do homem á mulher normal através dos estudos de intersexualidade e das parafiliais, p. 136-141.

[409] Pinto Ferreira – Personalidade, Enciclopédia Saraiva do Direito, n.58, p. 208, s/d.

visando sua plena inserção na sociedade e desenvolvimento de sua personalidade. Pensamos que uma vez diagnosticada a transexualidade e realizada a subsequente cirurgia de redesignação sexual, o registro civil deve fazer a acomodação competente, alteração do estado da pessoa, que representa a maneira intrínseca da pessoa se relacionar na coletividade, um direito personalíssimo, individual, um dos maiores atributos da personalidade.Sendo matéria disciplinada por normas de ordem pública, sua alteração só pode ser efetivada mediante procedimento judicial.[410] A questão abrange a alteração do estado pessoal do indivíduo, ou seja, a forma como ele se demonstra na sociedade e desta forma, em se tratando de uma ação de estado, deve ser proposta perante a vara de família.

6.7.2.1. A cirurgia de transgenitalização

A operação de mudança de sexo recebeu amparo legal pela Resolução de nº 1492/1997 do Conselho Federal de Medicina. Antes disso, em 1979 foi apresentado um Projeto de Lei de autoria do deputado José de Castro Coimbra que visava regulamentar na esfera jurídica a problemática das pessoas transexuais. Apesar de aprovado pelo Congresso Nacional, foi vetado pelo Presidente da República João Figueiredo.[411]

[410] Maluf, Adriana Caldas do Rego Freitas Dabus – Direito da Personalidade no Novo Código Civil e os Elementos Genéticos para a Identidade da Pessoa Humana in: Novo Código Civil questões controvertidas, p. 67; Dias, Maria Berenice – União Homossexual o preconceito e a Justiça, Livraria do advogado Editora, 2000, p. 112 e sg.

[411] A Resolução 1.492/1997 resolvia; autorizar a título experimental a realização da cirurgia de transgenitalização do tipo neocolpovulvoplastia, neofaloplastia e/ou procedimentos complementares sobre gônadas e caracteres sexuais secundários como tratamento nos casos de transexualismo; estabelece a definição de transexualismo, que obedecerá no mínimo aos seguintes critérios: desconforto com o sexo anatômico natural, desejo expresso de eliminar os genitais, perder as características primárias e secundárias do próprio sexo e ganhar as do sexo oposto, permanência desse distúrbio de forma contínua por pelo menos dois anos, ausência de outros transtornos mentais; a seleção dos pacientes para a cirurgia obedecerá à avaliação de equipe multidisciplinar constituída por médico, psicólogo, psiquiatra, cirurgião e assistente social, segundo critérios definidos após dois anos de acompanhamento conjunto: diagnóstico médico de transexualismo, idade superior à 21 anos, ausência de características inapropriadas para a cirurgia; a realização das cirurgias só poderão ocorrer em hospitais universitários ou públicos adequados à pesquisa; consen-

Até setembro de 1997, a cirurgia e demais procedimentos eram considerados medidas não éticas e passíveis de punição pelo Conselho de Medicina e também pelo Poder Judiciário, como crime de lesão corporal. Antes dessa data alguns transexuais brasileiros foram submetidos à cirurgia de transgenitalização, fora do país, como Jaqueline Galiace, que nasceu em 1933 e foi operada em 1969, em Casablanca, no Marrocos. Em 2002, o Conselho Federal de Medicina aprova nova Resolução de nº 1.652/2002, que amplia o já disposto na Resolução anterior, revogando-a expressamente.[412] A Resolução n. 1.955/10 do CFM revoga a Resolução n. 1652/2002, ampliando as possibilidades do transexual. Defende-se, na atualidade, a possibilidade da realização da cirurgia de transgenitalização para que interior e exterior possam harmonizar-se, restabelecendo-se assim a dignidade humana do transexual.[413]

Conforme disposição expressa dessa Resolução, está liberada eticamente aos médicos arealização da cirurgia transgenital em pacientes maiores, capazes,que se sintam em desconforto com seu sexo originário e que tenham sido submetidos à terapia por, no mínimo, dois anos e que venham recebendo acompanhamento de equipe multidisciplinar (onde convivem como ser do sexo oposto antes da realização cirúrgica), e que apresentem desejo compulsivo de eliminar a genitália externa, além de

timento livre e esclarecido, de acordo com a Resolução do CNS n. 196/1996 (atualmente revogada pela resolução 466/12 do CSN).

412 Ramsey, Gerald – Transexuais, São Paulo, Edições GLS, 1996, p. 190 e 191. Autoriza a Resolução n.1652/2002: a cirurgia de transgenitalização do tipo neocolpovulvoplastia e/ou procedimentos complementares sobre gônadas e caracteres sexuais secundários como tratamento em casos de transexualismo; a realização, a título experimental, de cirurgia do tipo neofaloplastia e/ou procedimentos complementares sobre gônadas e caracteres sexuais secundários como tratamento em casos de transexualismo; mantém as definições de transexualismo; mantém a seleção de pacientes; determina a realização de cirurgias para adequação de fenótipo feminino para masculino em hospitais universitários ou públicos adequados para a pesquisa elibera as de adequação do fenótipo masculino para feminino para os hospitais públicos ou particulares independente das atividades de pesquisa. Com isso, o tratamento dos transexuais masculinos se ampliou e o dos transexuais femininos continua em pesquisa.

413 Na Europa, a Corte Europeia dos Direitos Humanos, em observância aos artigos 8 a 13 do Ato de Direitos Humanos protege o direito à vida em família e o direito à não discriminação, possibilitando assim a habilitação do transexual para o casamento.

perder os caracteres primários e secundários do sexo originário e adquirir os do outro sexo; apresentem permanente distúrbio de identidade sexual de forma contínua por, no mínimo dois anos, além da ausência de outros transtornos mentais.

Para a realização da cirurgia é necessário o consentimento livre e informado de acordo com a Resolução de n. 466/12 do Conselho Nacional de Saúde, representando um direito personalíssimo do paciente, e deve ser realizada em hospitais universitários ou públicos adequados à pesquisa científica.[414]

Completa Gerald Ramsey que a psicoterapia é altamente recomendada no pós-operatório, para atenuar o estágio depressivo que se instala em muitos pacientes, para lidar com a adaptação ao novo sexo e a aceitação social.[415] Para Carlos Fernández Sessarego a saúde – clínica ou psíquica – é um pressuposto para o livre desenvolvimento da personalidade. Neste ponto situa-se a alteração de sexo – a redesignação –, um direito fundamental de todo o ser humano, onde se vê que como prelecionam Garutti e Macioce "o bem–estar psicofísico do indivíduo estaria turbado se não lhe fosse reconhecida a real identidade sexual"[416]

Para Jalma Jurado, a cirurgia não extirpa órgãos nem abole funções, pelo contrário, adapta a genitália auto desfuncionalizada para a cópula em anatomia apta à função *coeundi.* Apenas as gônadas atrofiadas pelo bombardeio hormonal são removidas no procedimento cirúrgico pelo alto potencial cancerígeno que representam. Entendemos que a cirurgia redesignatória é um procedimento ético, legal de ressocialização do indivíduo, cuja identidade de gênero, bem personalíssimo ligado à identidade formal do ser humano, não somente ungido à reprodução, encontra-se comprometida.

[414] Diniz, Maria Helena – O Estado atual do biodireito, p. 272; RAMSEY, Gerald – Transexuais, p. 123 a 129.

[415] Ramsey, Gerald – Transexuais, p. 129. Refere o autor que embora esparsos, alguns pacientes transexuais podem vir a arrepender-se e requerer o retorno ao seu sexo originário, p. 133.

[416] Sessarego, Carlos Fernández – Derecho a la identidad personal, Buenos Aires, Editorial Astrea, 1992, p. 349; Garutti-Macioce – Il diritto allá identità sessuale, em Rivista di Diritto Civile, 1981, v.II, p. 281, apud Carlos Fernando Sessarego.

Para Silvio Venosa "o transexual não redesignado vive em situação de incerteza, angústia e conflitos o que lhe dificulta, senão impede de exercer as atividades inerentes aos seres humanos". O transexual sofre uma impregnação hormonal no hipotálamo, pelo hormônio contrário àquele originariamente secretado em decorrência de sua informação genética para o sexo, nos últimos dias de vida fetal ou nas primeiras semanas de vida, podendo ainda advir, no entender de Dorina R.G.Epps Quaglia, de: "alteração numérica ou estrutural dos cromossomos sexuais; de testículo fetal pouco funcionante; stress inusitado na gestante; ingestão de substâncias antiandrogênicas na fase de estampagem cerebral; insensibilidade dos tecidos ao hormônio masculino; fatores ambientais adversos, que prejudiquem, por exemplo, a identificação do menino com a figura paterna na infância." Ocorre ainda na vida prática que alguns transexuais masculinos chegam a casar-se e ter filhos no período em que estão se esforçando para ter um ajustamento ao sexo biológico; porém por vezes acabam procurando por psiquiatras, médicos e cirurgiões para libertá-los de um corpo que acreditam não ser o seu." É mais fácil modificar o corpo que o íntimo de uma pessoa".[417] Dados apontam que nos Estados unidos mais de 3.000 pessoas já realizaram a operação de mudança de sexo e há pelo menos outros 7.000 pacientes em potencial para realizar esse tipo de operação. Mesmo assim, estes representam apenas de 10 a 20% dos candidatos que se apresentam à cirurgia transformadora, sendo os demais constituídos por psicóticos e masoquistas. A triagem é severa e a maioria dos centros especializados exige que os requerentes vivam pelo menos dois anos como membros do sexo oposto.

A Comissão Europeia dos Direitos do Homem considera essa intervenção cirúrgica como uma conversão curativa que permite a integração pessoal e social do paciente ao sexo pretendido. Daí depreende-se que não há mutilação, pois visa a redução ou a cura de sofrimento mental, julgando que não há nem mesmo perda de função, porque o órgão extirpado era inútil para o transexual ".[418] À luz do disposto no artigo 8º da Convenção Europeia dos Direitos Humanos, garante-se o direito de alteração do sexo em casos de transexualismo autêntico, baseado no princí-

[417] Diniz, Maria Helena – O Estado atual do biodireito, p. 267.
[418] Diniz, Maria Helena – O Estado atual do biodireito, p. 276.

pio da liberdade, que garante o direito de cada um ao "respeito da vida privada". A Suprema Corte entende que em matéria de sexo, a aparência fazia lei.[419]

O tratamento clínico do transexual se inicia com a aplicação de hormônios. O hormônio feminino aplicado em homens arredonda suas formas, aumenta as mamas e retarda o crescimento da barba; as mulheres que recebem hormônios masculinos, vêem engrossar a voz, surgir barba e aumentar a musculatura. Segue-se a cirurgia, na transformação do homem para mulher, o pomo de Adão é reduzido pela retirada da cartilagem da laringe, são feitas plásticas no nariz e nas faces; na parte genital os testículos e o tecido interior do pênis são removidos e é feita uma abertura no períneo para funcionar como vagina que é revestida com o tecido que sobrou com a remoção do pênis e o escroto vazio é utilizado para remodelar os lábios vaginais.

A operação mulher para homem é, evidentemente muito mais complexa, começa com a remoção das mamas, depois extrae-se os ovários e o útero passando, em seguida à feitura do pênis artificial. No interior deste é colocada uma prótese, um osso, uma cartilagem que confere ao órgão uma posição semiereta e rigidez suficiente para permitir a realização do ato sexual.[420]

Ocorre, também que a cirurgia de adequação do sexo físico ao psíquico traz dificuldades de ordem religiosa seja ele ungido ao catolicismo, ao judaísmo ou ao islamismo, posicionando-se estas basicamente da mesma maneira orientando-se o tratamento endócrino e psicoterapêutico à cirurgia de alteração do sexo. À luz do magistério do Padre. Eduardo Bonnin, "não existem sobre esse tema posições oficiais do Magistério da Igreja, pois na realidade esse tipo de intervenção é ainda bastante recente, porque devemos formular outra pergunta: Qual dos dois critérios o biológico ou o psicológico deveriam prevalecer para a determinação da identidade sexual? Para os mais conservadores uma cirurgia para transformar o corpo em funçãodo desejo psicológico é sempre inaceitável, pois corresponde a uma mutilação imoral,uma castração. Poder- se-ia

[419] FRIGNET, Henry – O transexualismo, p. 97 e 98.
[420] RAMSEY, Gerald – Transexuais, p. 144 a 149.

falar em intervenção terapêutica? Visto que o órgão em questão não está comprometido, mas não executa suas funções principais?[421]

À luz do judaísmo, a identidade individual se dá pelos genitais externos. Não se consideram para tanto os genitais internos, nem tãmpouco o sexo psíquico, o que leva à vedação da cirurgia de ablação dos órgãos reprodutores. Logo, fica proibida a mudança de sexo, e caso esta ocorra, não tem o condão de alterar a identidade sexual do operado, que continua a ter o mesmo status de origem. O islamismo coíbe a prática da alteração de sexo, assim como não aceita o homossexualismo, o transexualismo ou o travestismo e nem demais estados de disforia de gênero.[422]

Entretanto, pesquisas clínicas apontam para o bom resultado do efeito terapêutico da cirurgia redesignatória, como observam Gerald Ramsey e Henry Frignet.[423] A medicina impregnada pelos princípios da bioética não pode fazer com que o homem se torne refém do próprio corpo, ou melhor, que este venha a ser um cativeiro para o próprio homem, mas sim um agente viabilizador da vida plena e equilibrada, fim precípuo da condição humana.

A Constituição Federal garantiu o direito à vida, à identidade, à privacidade, à dignidade, entre outros, assim sendo, elucida Luiz Alberto David Araújo "as opções do transexual, como querer ou não fazer um tratamento hormonal, de pretender ou não assumir o seu sexo psicológico-assumindo uma postura feminina quando seu sexo biológico é masculino

[421] BONNIN, Eduardo– Ética matrimonial, familiar e sexual, São Paulo, Ed. Ave Maria, 2003, p. 294 a 296.

[422] DINIZ, Maria Helena – O Estado atual do biodireito, p. 269. Entretanto, no Irã o aiatolá Khomeini, convencido por uma junta médica da necessidade da cirurgia redesignatória para os casos de distúrbio de gênero pronunciou umfatwa – decreto religioso – e a mudança de sexo passou a ser permitida no país. Entende preferencialmente à união homoafetiva – proibida no país – que um dos parceiros seja submetido à cirurgia de transgenitalização, permanecendo o casal com uma dualidade de sexos, muito embora não devam ser desconsideradas as inconveniências gravíssimas ao casal nestas condições e nem aos seus familiares. Fonte: OESP – 3.9.2007, caderno especial H3.

[423] Aduz Gerald Ramsey que há poucas chances de erros de dignóstico de o transexual for tratado por uma equipe multidisciplinar séria. Em uma amostragem de estudo com 295 transexuais somente um" número muito pequeno" se arrependeu de sua decisão, p. 133 e 134; Para henry Frignet em alguns casos a nova identidade social traz conflitos para o paciente, p. 120, 126, 127.

ou uma postura masculina quando seu sexo psicológico é feminino, ou ainda de submeter-se a uma cirurgia de redesignação do sexo, encontra suporte no sistema constitucional atual."[424] Entretanto, visando atenuar os descompassos psíquicos e de não assimilação ao novo sexo biológico, a desnecessidade de realização da cirurgia redesignatória para a reinserção do transexual.

6.7.2.2. A alteração do nome pelo transexual

Após o diagnóstico de transexualismo, o preenchimento dos requisitos legais para a realização da cirurgia redesignatória e o procedimento cirúrgico em si, as questões legais envolvendo os transexuais – entre elas a alteração do nome – determinam fortemente sua inclusão social e afetiva. Com a entrada em vigor da Lei 9.708/1998 alterando o artigo 58 da Lei 6.015/1973, o transexual operado teria base legal para alterar o seu prenome, substituindo-o pelo apelido público e notório pelo qual é conhecido no meio em que vive. Ante a problemática atual da alteração do prenome em face da alteração do sexo do indivíduo, deve o magistrado atender às razões psicológicas e sociais que esse fato acarreta.

Com base nos princípios constitucionais, entendemos que uma vez diagnosticada a transexualidade, cumpridas todas as formalidades legais e realizada a cirurgia redesignatória – representa um direito personalíssimo – deve-se proceder à alteração do acento registral bem como a determinação do novo sexo em seu termo, pois como já exposto, o transexual não redesignado vive num conflito interno intenso, que lhe macula a existência e a dignidade.

Evoluíram nesse sentido a doutrina e a jurisprudência brasileira que entendiam em sua maioria pela negação da alteração do registro civil do transexual, adequando o seu posicionamento aos princípios constitucionais. A adequação do prenome ao novo sexo do transexual operado deve ser feita em todos os seus documentos sem nenhuma menção discriminatória, pois o transexual é portador de desvio psicológico permanente de identidade sexual. O não acolhimento do pedido de adequação do prenome em relação ao sexo no registro civil viola o artigo 8º da Convenção

[424] Araujo, Luiz Alberto David – A proteção constitucional do transexual, p. 73.

de salvaguarda dos direitos do homem e das liberdades fundamentais, visto que toda pessoa tem o direito à vida privada e familiar e à identidade pessoal.

Ainda não há um consenso quanto a publicização da retificação de assento levada a efeito. Há determinações para que permaneçam em sigilo absoluto, nem no fornecimento de certidões deve ser feita referência à situação anterior, salvo mediante requerimento do próprio interessado ou pedido judicial; em outras decisões existe a possibilidade de tornar pública a retificação. Premente é a aprovação de uma lei sobre a identidade de gênero, para que os transgêneros possam articular o masculino e o feminino a partir das múltiplas referências que os compõem. Quanto à posição do direito alienígena temos que: No Reino Unido, aprovou o Parlamento inglês em setembro de 2005 a lei de identidade de gênero. Em seu teor aponta-se uma vez diagnosticada a transexualidade pode o indivíduo solicitar a mudança nos documentos, sem a necessidade prévia da realização da cirurgia redesignatória.[425]

No direito Espanhol, elucida Javier López-Galiacho Perona que "uma vez decretada por sentença a retificação registral do sexo modificado, deveria passar a ser conhecido o transexual por direito como pessoa pertencente ao sexo, que agora, mediante alteração, anuncia o novo registro". No mesmo sentido é o entendimento da legislação alemã-Transsexuellengesetz- de 10.09.1980; da legislação holandesa – Lei de 24.4.1985, que dispõe sobre a mudança do sexo no registro civil de transexuais – permitindo não só a mudança de sexo como a alteração do acento registral; da legislação sueca, pioneira no tratamento do tema – *Lag on fastatallande avronstilhotighet i visa fall* de 24.4.1985; da lei italiana de 1982; das leis: belga, suiça, turca, portuguesa, dinamarquesa – a mudança de nome é admitida se o requerente for castrado ou esterilizado, e a de alguns estados federados dos Estados Unidos – como o Estado da Louisianna e o de Illinois.[426]

Na atualidade no Brasil o STF, na análise da ADI 4275 em 2018 reconheceu à pessoa trans direito a mudar de nome e o sexo mesmo sem

425 Bento, Berenice – Transgêneros, direitos humanos e legislação . Fonte: http: //www. unb.br/acs/unbcliping/cp050502-11.htm, p. 1 e 2.

426 Diniz, Maria Helena – o Estado atual do biodireito, p. 277 a 280.

cirurgia ou decisão judicial, tendo em vista o primado do princípio da dignidade humana. Posicionou-se no sentido de que toda pessoa tem o direito de escolher como deve ser chamada. No mesmo sentido é a decisão do STJ no julgamento do RESP 1626739/RS. Assim, o interessado poderá se dirigir diretamente a um cartório para solicitar a mudança e não precisará comprovar sua identidade psicossocial, que deverá ser atestada por autodeclaração. Entendemos diversamente, pois a alteração do nome social deve obedecer aos ditames da lei de registros públicos. A utilização do nome social passou a ser permitida em identificações não oficiais.O TRE decidiu que as cotas de candidatos dos partidos políticos são de gênero e não de sexo. Assim os transgêneros devem ser considerados de acordo com os gêneros aos quais se identificam.

6.7.2.3. A conjugalidade do transexual

O debate abrangendo indivíduos transexuais leva a sérias consequências no mundo do direito, pois, após a transformação da aparência sexual, reclama-se em seguida o reconhecimento legal de seu novo sexo e todas as implicações que as modificações do sexo e consequentemente do estado, acarretam para o direito de família, tendo em vista que a mudança do estado civil torna-se parte integrante da terapêutica do transexual.[427]

Envolvendo a problemática questão da mudança de sexo, diversas questões são suscitadas no campo do direito civil. Poderia o transexual contrair matrimônio?Haveria identidade de sexo entre os cônjuges? Esse questionamento tornou-se desnecessário na atualidade dada a sedimentação do conceito da supremacia do sexo psíquico ao sexo biológico. Entretanto, outra questão se propõe: em face do artigo 1.556 e seguintes do Código Civil o casamento do transexual seria passível de anulação a pedido do seu consorte baseado em erro essencial em face da pessoa do outro cônjuge? Seria esse matrimônio inexistente?

Podemos entender que o casamento convolado com um indivíduo transexual pode ser perfeitamente válido tendo em vista o longo caminho percorrido por este desde o seu diagnóstico até a sua alteração registral, observadas as deliberações das Cortes de direitos humanos e dos princí-

[427] Frignet, Henry – O transexual, p. 17.

pios constitucionais, o novo sexo, daria a conformação do sexo social do indivíduo e geraria a diferenciação sexual requerida pela lei brasileira. Logo, não se incluiria este, no rol do casamento inexistente, mas dada a sua inegável peculiaridade persiste a possibilidade deste ser anulável, tendo em vista a existência de possível erro essencial sobre a pessoa do outro cônjuge, caso o outro nubente ignorasse os fatos antes do casamento, além da presença de defeito físico irreparável que tornasse impossível a convivênciacomum fruto de cicatrizes ou sequelas cirúrgicas que inviabilizassem a vida conjugal normal,tal como dispõe oartigo 1557, I, III. do Código Civil.[428]

No que tange à efetiva troca de sexo do indivíduo redesignado cirurgicamente, questiona-se se tem mesmo a cirurgia a capacidade de transformar o homem em mulher ou a mulher em homem? Antonio Chaves sustenta a possibilidade do casamento do transexual que já tenha obtido o reconhecimento judicial da sua redesignação sexual, pois entende que a inexistência de aptidão procriativa não é causa para a descontinuação do matrimônio.[429]

Pontes de Miranda, após asseverar que a conformação viciosa ou a mutilação dos órgãos sexuais não torna impossível a existência do casamento, conclui que admitida a dúvida quanto ao sexo de um dos cônjuges, a ação deverá debater necessariamente quanto à validade e não quanto à existência do casamento.[430] "Uma decisão inédita do TJRS, autorizou expressamente o casamento de transexual ainda que não haja inversão da natureza, mas da mudança de uma forma de viver, possui o transexual capacidade para o casamento, pois o sexo psíquico prepondera sobre o biológico. Não havendo norma proibitiva com relação ao casamento de transexuais, pode-se afirmar pela inexistência de impedimento para a realização do contrato de casamento".[431]

428 A questão envolvendo os parceiros dos transexuais desperta interesse grande interesse científico. Blanchard e Collins dão ao desejo de homens por transexuais e transgêneros o nome de ginandromorfofilia, que se constitui como interesse erótico separado e particular.

429 Chaves, Antonio – Castração – esterilização- mudança artificial de sexo. Revista dos Tribunais, v. 542, p. 18.

430 Pontes de Miranda, FC – Tratado de direito privado, 3.ed, Rio de Janeiro: Borsoi, 1971, p. 366.

431 Dias, Maria Berenice – União homossexual o preconceito e a justiça, p. 115.

No plano internacional, decisões em igual sentido foram proferidas pela Corte de Strassburgo em 1986,1990,1998 garantindo o direito de se casar a transexuais ingleses, redesignados, pois apresentavam sexo biológico diferente de seus consortes. Pessoalmente entendemos que a informação genética trazida pelos seres humanos não se altera, logo por mais que se sinta o indivíduo como pertencente ao outro sexo do seu sexo originário ele não se separará. No entanto valorizando-se o sexo psicológico que leva à redesignação do indivíduo para o seu sexo social – e consequentemente jurídico, nada obstaria a convolação de justas núpcias, reservados os direitos da personalidade – dignidade, intimidade, identidade de gênero, sigilo, de ambos os nubentes.

Como poderia ser definido o melhor momento para a realização da cirurgia redesignatória? O momento da realização da cirurgia redesignatória apresenta-se, todavia controverso: como a cirurgia de conversão de sexo, só poderia ser realizada em transexual solteiro, viúvo ou divorciado, para evitar constrangimento para o seu cônjuge. Se na constância do casamento um dos cônjuges passar a sofrer de perturbação de identidade sexual, impossibilitando para isso o cumprimento do débito conjugal poderia o outro cônjuge propor a separação com base em conduta desonrosa? Anular o casamento por erro essencial? Pedir o divórcio por separação de fato? Requerer a separação judicial por injuria grave?[432]

Para evitar constrangimento ao outro cônjuge, entende Maria Helena Diniz com o amparo da legislação alemã e sueca, que somente os transexuais solteiros, divorciados ou viúvos poderão fazê-la, embora permaneçam inalterados os direitos e deveres entre o transexual operado e seus filhos conquanto não lhes cause com sua conduta qualquer dano moral ou material. Assim também entendemos ser uma boa forma de solução do conflito, entretanto, essa argumentação não me parece apresentar força em virtude do primado da dignidade humana do transexual que tem como soberano o seu desejo de redesignar-se. Leciona Yussef Said Cahali que a aquiescência do cônjuge não abalaria a validade do casamento, mas a falta de concordância configuraria conduta desonrosa e grave violação dos deveres do casamento pois tratar-se-ia de uma viola-

[432] DINIZ, Maria Helena – O Estado Atual do Biodireito, p. 284 e 285.

ção contra a personalidade do cônjuge. Diverso é o posicionamento do tema frente ao direito alienígena.

Em Portugal, o casamento civil heterossexual pós-transicional, não tem se apresentado mais de forma emblemática. Mudado o registro, é permitido o casamento civil, desde que com orientação heterossexual.[433] Além disso, a própria ordem dos médicos recomenda que o candidato à transgenitalização não seja casado, pois os tribunais têm considerado as pessoas casadas como incapazes de serem transexuais, assim falta capacidade jurídica para o pedido (nenhum acórdão explica a relação clínica entre um casamento prévio e a não transexualidade).[434]

Na Espanha, ao transexual, com a Lei 3/2007 de 15 de março, que regula a retificação registral e a menção relativa ao sexo, foi concedido o direito de alterar o seu registro civil adequando-o ao sexo psicossocial, introduzindo- se assim novo nome, mesmo sem a realização da cirurgia de transgenitalização, bastando para tanto o diagnóstico de disforia de gênero, a persistência dessa dissonância, a ausência de outras moléstias psíquicas, o tratamento médico por três anos. Assim, a nova lei em seu artigo 5,2 traz como efeito principal que a retificação registral permitirá ao interessado exercer todos os direitos inerentes à sua nova condição. Entendemos que na observância dos requisitos legais nada obsta ao casamento do transexual. Necessário se faz para a validade do mesmo que o outro nubente seja devidamente informado antes do ato do casamento sob pena de nulidade à luz do artigo 73 do Código Civil espanhol.

Fora imperativo para o casamento, que tivessem os nubentes *diverso sexo registral,* à luz dos artigos 66, 67 e 1344 do Código Civil, havendo por isso uma prevalência doutrinal e jurisprudencial em negar o direito ao matrimônio ao casal transexual, embora em algumas decisões legislativas de organismos europeus seja concedido o *ius nubendi* aos transexuais. [435]

[433] Disponível em http://fishspeaker.blogspot.com/2006/10/problematica-social-da-conjugalidade.html, p. 1.

[434] Disponível em http://fishspeaker.blogspot.com/2006/10/problematica-social-da-conjugalidade.html, p. 2.

[435] Em recurso impetrado pelo Tribunal Superior Espanhol, obteve-se em sentença de 2.7.1987: " Sin embargo, tal modificación registral no supone uma équiparación absoluta com la de sexo feminino para realizar determinados actos o negócios jurídicos, toda vez que cada uno de éstos exigirá la plena capacidad y aptitud em cada supuesto (FD 3º,

Com a entrada em vigor da Lei 3/2007 – Lei de identidade de gênero, e da Lei 13/2005, que modificou o Código Civil em matéria de casamento, reconhecendo como válido em território espanhol o casamento realizado em observância dos requisitos legais independente do sexo dos contraentes como preconiza o artigo 44.[436] Tendo em vista o respeito aos direitos humanos, os valores personalíssimos da pessoa humana e a valorização do casamento em sua visão contemporânea – baseada no afeto, na observância dos costumes e do momento histórico vigente –, vê-se valorizado o indivíduo transexual em solo espanhol, estando apto para exercer plenamente os atos da vida civil.

Na Alemanha, a Corte Constitucional Federal em decisão datada de 1978 não entendeu a transgenitalização como contrária aos bons costumes e estendeu a possibilidade do matrimônio aos transexuais.[437] Na França, no que tange à conversão de sexo do transexual, a não concordância dos fatores biológicos com o sexo social num transexual operado não é motivo para recusar-lhe o reconhecimento jurídico da alteração de sexo. Por outro lado, entende a lei nacional que para fins de casamento o sexo registrado na ocasião do nascimento constitui uma espécie de limitação que deve ser observada em face do direito natural de se casar. Desta forma pode-se entrever que a legislação francesa traz consignada um caráter discriminatório que torna impossível o casamento do transexual.[438]

Quanto ao momento da realização da cirurgia redesignatória, a legislação espanhola prevê que antes de requerer a alteração do sexo deve o matrimônio ser desfeito, mediante divórcio ou arguição de nulidade. A legislação Alemã de 1980, por outro lado dispõe que o transexual seja solteiro (§ 8.1.2), assim também o entende a legislação Holandesa de

2º)". Com isso conclui-se que o transexual teria somente o direito à retificação do acento registral, mas esta não abrangeria outros atos da vida civil, como o casamento, que por outro lado continuaria a ser contraído ao lado da adoção, das competições esportivas mediante seu sexo originário. Perona, Javier López Galiacho – La problematica juridica de la transexualidad, p. 319 e 320.

436 Fonte: http: //civil.udg.edu/normacivil/estatal/família/L13-05 e L 13-07.htm.

437 Chaves, Antonio – Castração-esterilização-mudança artificial de sexo. In Revista dos Tribunais ano 69, dez 1980, v.542, p. 17 e 18.

438 Code Civil – Dalloz, 104 èdition, 2005, p. 229 – comentaires sur l'article 144.

1.8.1985(art 29 a-1 C.c); a Sueca de 21.4.1972(§3); a lei de Quebec de 31.12.1977. A legislação Italiana de 14.4.1982, que diferentemente das anteriores não impõe que o indivíduo seja solteiro, divorciado ou viúvo para a realização da cirurgia de redesignação, pois permite ao transexual casado realizá-la. A sentença de retificação dissolve automaticamente o casamento, independentemente da sua forma de realização, se civil ou religiosa.

Na Inglaterra, com a introdução em 2004 do Gender Recognition Act, uma lei de identidade de gênero das mais conservadoras da União Europeia, quem já for casado e não dissolver o seu casamento voluntariamente num período de tempo limitado após o pedido de mudança dos registros legais, recebe apenas uma certidão de reconhecimento de gênero ínterim, que ao contrário da plena continua a considerar a pessoa como membro de seu sexo anatômico original para vários efeitos.[439] Assim sendo, os transexuais visam a possibilidade de viver em harmonia e articular o masculino e o feminino, o gênero, a partir de múltiplas referências. Essa possibilidade de se alterar o gênero, adequando-o a uma conformação psicológica diversa, abarca a esfera dos direitos humanos e personalíssimos da pessoa individual e da pessoa ampliada na família.

Entendemos que a solução fique pairada no seguinte sentido: uma vez redesignado o cônjuge impede que tenha continuidade o casamento pela igualdade dos sexos, pois a inadaptação de um ao seu sexo originário não impõe ao outro a convivência homossexual, logo, entendemos que o divórcio seja a única solução jurídica cabível, pois não se poderia falar em casamento inexistente, nem mesmo em anulação ou nulidade matrimonial, pois anteriormente à realização da cirurgia, dependendo do prazo, houve a consumação do mesmo.[440] Diversos problemas de ordem privada e da ordem pública decorrem da redesignação do transexual, principalmente no que concerne às relações familiares. Os efeitos com relação à prole continuariam inalterados, desde que não venha a causar

[439] Burton, Frances-Core Statutes on Family Law 2005/2006, Law matters publishing, p. 258 e ss.

[440] Maluf, Adriana Caldas do Rego Freitas Dabus -Casamento inexistente, nulo e anulável. Revista do Advogado, ano XXVIII, jul de 2008, n.98, p. 35.

com sua conduta qualquer dano moral ou material à educação da prole, não constaria a redesignação dos pais em nenhum documento dos filhos.

Desta sorte, diversas situações podem ocorrer envolvendo pai/mãe transexual e sua prole, entre eles: a filiação natural gerada antes da retificação do registro do transexual, mas não determinada – é possível pleitear-se o reconhecimento da paternidade, tendo em vista o seu sexo originário de antes da cirurgia de redesignação; a filiação natural gerada e determinada posteriormente à alteração do registro do sexo. – também se postula o reconhecimento da filiação baseado no sexo que se tinha antes da transgenitalização; no caso de transexual que doa seu material genético para posterior fecundação perderá os efeitos parentais dado o anonimato de doador previsto em lei, exceção feita para o caso em que o transexual casado ou convivente que tenha doado seu esperma para que fosse realizada uma fecundação *post mortem*, terá o filho direito ao nome do pai oriundo do seu sexo originário.

Pode ainda o transexual recorrer à adoção, se reunir os requisitos legais para fazê-lo, seja ele solteiro ou convivente, pode aqui adotar o filho de seu consorte.[441] Na Espanha o adotante deve ter mais de 25 anos e ter mais de 14 anos de diferença de idade com o adotado. Diferentemente com o que acontece com os homossexuais, a criança que viva num lar com um dos pais ou mesmo com ambos transexualizados tem o referencial de ambos os sexos por que assim lhe é apresentada a família, para os homossexuais faltaria esse referencial, pois ambos os conviventes têm o mesmo sexo.[442]

Na França, em matéria de filiação assistida é vetado ao concubino transexual que reconheceu o filho de sua concubina nascido de inseminação artificial heteróloga invocar a inteligência do artigo 311-20, que prevê a necessidade do consentimento prévio para tal ato.Uma situação peculiar poderá ocorrer no caso do transexual que tem o direito de adotar mediante seu novo sexo, já ter filhos anteriores à sua transgenitalização, pois com isso será ao mesmo tempo *pai* de alguns dos irmãos e *mãe* de outros irmãos. Estes fatos, entretanto, não devem afastar do transexual o direito de constituir família, e esta inclui a prole, pois os diplomas legais,

[441] Perona, Javier López Galiacho– La Problemáticajurídica de la transexualidad, p. 306.
[442] Perona, Javier López-Galiacho – La problemática jurídica de la transexualidad, p. 308.

no que tange à adoção de menores, nada dispõe sobre o impedimento de fazê-lo tendo em vista o diagnóstico de disforia de gênero.

6.7.3. O intersexual

Denomina-se intersexual o indivíduo portador de diferenciação sexual anômala, situação em que existe a preponderância de um sexo, de outro ou em casos extremos a coexistência de ambos. Diferencia-se em sua gênese do transexual e do homossexual, já analisados anteriormente. Nas etapas de desenvolvimento embriológico, até a 6ª semana de gestação o embrião apresenta-se neutro do ponto de vista sexual; suas gônadas são indiferenciadas, mistas ou bissexuais. São, nessa fase do desenvolvimento embrionário, duas pregas que contém certo número de células sexuais primitivas provenientes da parede do saco vitelínico que contém também os cordões sexuais formados pela multiplicação das células da superfície da gônada. A partir dessa semana gestacional vai ocorrer a diferenciação sexual dependendo da existência do cromossomo Y ou não na estrutura cromossômica do embrião. Existindo esse cromossomo Y, os cordões sexuais se multiplicam na porção medular interna da gônada constituindo os cordões testiculares que por sua vez originarão os canais seminíferos. Na ausência desse cromossomo Y, os cordões sexuais degeneram na região medular, desenvolvendo-se em seu lugar o córtex, isto é, a parede da gônada onde se destacam para o interior grupos de células que constituem os folículos primitivos.

A partir desse momento, a constituição cromossômica do embrião deixa de influir na diferenciação sexual que passa a ser controlada basicamente por hormônios. Assim, a primeira fase do processo de diferenciação sexual é a formação da genitália interna, em seguida formar-se-ão as estruturas básicas específicas: os testículos produzem um hormônio embrionário chamado "substância morfogenética" que determina o desenvolvimento do aparelho urogenital do embrião: dutos de Wolff – estrutura masculina – e atrofia os dutos de Miller – estrutura feminina.

Entretanto, se o embrião produziu ovários, inexistindo a substância morfogenética, desenvolvem-se ao contrário, os dutos de Muller atrofiando-se os de Wolff. É válido ressaltar que esses dutos são duplos, ou seja, existem dois dutos de cada lado. De acordo com o desenvolvimento embrionário, cada duto de Wolff originará um epidídimo, um vaso deferente e uma vesícula seminal; os dutos de Muller formarão as duas trompas, o útero e a parte superior da vagina (os dutos de Muller se unem unificando-as).

A próxima fase será da diferenciação da genitália externa, havendo a partir do terceiro mês de gestação a secreção de um hormônio masculinizante, o hormônio androgênico, que induz a formação da genitália masculina, a sua ausência, ao contrário, leva à formação da genitália feminina. A última etapa da diferenciação sexual normal do indivíduo seria a diferenciação dos caracteres sexuais secundários do indivíduo; sendo esta dependente de um equilíbrio muito delicado entre os hormônios masculinos e femininos que cada indivíduo possui.[443] A ocorrência de qualquer anomalia nessa fase, acarreta distúrbios no desenvolvimento normal, gerando o aparecimento dos intersexos.

De acordo com a preponderância destes, e a ocorrência de anomalias, temos o pseudo-hermafroditismo feminino ou masculino: um embrião pode ser cromossômica e internamente masculino e apresentar órgãos genitais externos femininos devido à falta de secreção androgênica; ou, poderá ser cromossomicamente feminino, apresentando inclusive ovários, e apresentar uma genitália externa masculina se sofrer ação de andrógenos no seu desenvolvimento embrionário. Pode ainda um embrião cromossomicamente masculino desenvolver genitália interna e externa feminina caso sua gônada embrionária não produza nem substância morfogenética, nem secreção androgênica. Assim sendo, os embriões inicialmente apresentam caracteres hermafroditas, envolvendo para sua diferenciação a presença de substâncias específicas, como a substância morfogenética e a secreção androgênica, para sua diferenciação.

Diversas são as causas que podem gerar a masculinização da genitália dos indivíduos que cromossomicamente são femininos: A produção excessiva de andrógenos pelas suprarrenais (síndrome adreno-genitais), andrógenos provenientes da placenta da mãe; andrógenos ingeridos pela mãe para evitar o aborto. Dessa forma o recém-nascido feminino com a síndrome adreno-genital apresenta clitóris grande e fusão das saliên-

443 Separata utilizada no serviço de nutrição do hospital das clínicas da usp- Diferenciação sexual normal e anormal, SP, 1985; Keith, L Moore; Persaud, TVN – Embriologia básica, p. 316 e SS.

cias genitais, em casos extremos poderá ser considerado um menino e educado como tal. Pode ocorrer também inversamente a feminização das genitálias internas e externas do indivíduo cromossomicamente masculino. Estes nascem com a síndrome da feminização testicular sendo criados como meninas, com desenvolvimento físico e psíquico tipicamente femininos; são estéreis e não menstruam. Seus dutos genitais são, contudo, masculinos.

Existem, entretanto, graus de intersexualidade, levando a falta dos caracteres secundários como falta de barba ou aumento das mamas nos meninos. Desta forma, como dispõem Delton Croce e Delton Croce Jr. "compreende-se que da deficiência testicular embrionária ou da falha de resposta dos tecidos periféricos, no homem e na mulher, pela exposição do feto a androgênios potentes, resultem anomalias dos genitais externos integrantes do inter sexualismo".[444] No hermaforditismo verdadeiro temos a presença de gônadas masculinas e femininas, possuindo tanto tecido testicular como ovariano no mesmo indivíduo.

Diagnosticado o quadro clínico de hermafroditismo, a cirurgia corretiva adequando o sexo externo ao interno ou o oposto é recomendável. Assim, "a decisão sobre a predominância do sexo interno ou externo deve levar em consideração a ocasião do procedimento cirúrgico corretivo, se durante a infância e antes de o indivíduo começar a se definir dentro dos padrões de masculinidade e feminilidade socialmente impostos, será dada preferência ao sexo cromossômico, adequando a aparência externa ao cariótipo e órgãos internos. Se a cirurgia ocorrer em momento mais tardio, deverá predominar o sexo culturalmente aceito pelo indivíduo. O diagnóstico de hermafroditismo é excludente do de transexualismo".

Para Vicente Renato Bagnoli, Ângela Maggio da Fonseca e Paulo Augusto de Almeida Junqueira, os fatores que determinam o sexo são: cromossômico, gonadal, somático, civil e psicossocial, que atuam em forma sequencial durante a embriogênese. Define-se como inter sexo indivíduo que apresente discordância de um ou mais desses fatores, independentemente de haver ou não ambiguidade dos genitais. Apontam

444 Croce, Delton; Croce Jr, Delton – Manual de medicina legal, 5. ed., São Paulo: Saraiva, 2004, p. 483.

ainda os autores que a classificação clínico-laboratorial desses indivíduos permite agrupá-los em:

Disgenesia gonadal – apresentam fenótipo feminino, órgãos genitais internos e externos femininos nos padrões infantis, gônadas indeferenciadas e cariótipo variável. Clinicamente quando a estatura é normal e não existem malformações é denominada de forma pura, e se a estatura for baixa e houver malformações somáticas síndrome de Turner e variantes.

Pseudo-hermafroditismo feminino – são mulheres com fenótipo e órgãos genitais externos virilizados (por androgênios exógenos, tumores maternos produtores de androgênios e hiperplasia congênita de suprarrenais), genitais internos femininos, ovários e cariótipo 46, XX. Deve-se salientar que a virilização é de intensidade variável, desde discreta hipertrofia do clitóris até formação de seio urogenital, por vezes impossível de diferenciar de indivíduo do sexo masculino.

Pseudo-hermafroditismo masculino – homens com fenótipo e órgãos genitais externos femininos ou ambíguos (deficiência na produção de androgênios, receptores com graus variados de insensibilidade aos androgênios, hipoplasia ou agenesia das células de Leydig, ação exógena de antiandrogênios, deficiência do fator inibidor dos ductos de Muller), genitais internos masculinos, cariótipo 46, XY.

Hermafroditismo verdadeiro – indivíduos com fenótipo e órgãos genitais externos ambíguos, assim como os genitais internos. A característica desse grupo é a presença no mesmo indivíduo de elementos gonadais masculinos e femininos, isto é, pode haver ovário e contralateralmente testículo, outras associações ou ovotestis (gônadas com parte testículo e parte ovário), o cariótipo é variável."[445]

Os exames complementares básicos, indicados pelos autores que conduzem ao diagnóstico são: cromatina sexual, cariótipo leucocitário, androgênios da suprarrenal (sulfato deidroepiandrosterona e 17 alfa-hidroxiprogesterona), morfologia dos órgãos genitais internos (ultrassom ou endoscopia), radiografia de mãos e punhos (idade óssea) e his-

[445] Bagnoli, Vicente Renato; Fonseca, Ângela Maggio da e Junqueira, Paulo Augusto de Almeida- Estados Intersexuais – Diagnóstico e Tratamento. In..www.sogesp.com.br, p. 3 a 5.

tologia gonadal. A interpretação desses exames permite o diagnóstico diferencial entre os grupos de intersexo, como é relatado:

Disgenesia gonadal – a cromatina sexual pode ser positiva quando o cariótipo for 46, XX (pura) ou negativa com cariótipo 46, XY (pura), 45, X (Turner e variantes) ou 45, X/46, XY (assimétrica); os androgênios suprarrenais são normais; os órgãos genitais internos são femininos hipoplásicos; a idade óssea retardada em relação a cronológica; e as gônadas são fitas indiferenciadas, sem elementos germinativos.

Pseudo-hermafroditismo feminino – cromatina sexual positiva; cariótipo 46, XX; androgênios suprarrenais elevados na hiperplasia congênita e normais nas demais formas; órgãos genitais internos femininos; idade óssea avançada em relação a cronológica (na hiperplasia congênita); as gônadas são ovários no padrão anovulatório.

Pseudo-hermafroditismo masculino – cromatina sexual negativa; cariótipo 46, XY; androgênios suprarrenais normais; órgãos genitais internos masculinos, idade óssea compatível com a cronológica; as gônadas são testículos com graus variados de hipotrofia ou mesmo degeneração.

Hermafroditismo verdadeiro – a cromatina sexual é positiva quando o cariótipo for 46, XX ou 46, XX/46, XY ou negativa com o cariótipo 46, XY; os androgênios da suprarrenal são normais; os órgãos genitais internos mostram aspectos variáveis, por vezes só caracterizados pela endoscopia.

Para efetuar-se o tratamento, deve-se concluir o diagnóstico o mais precocemente possível, para então atribuir-se o sexo do indivíduo; sempre que possível deve-se adotar o sexo genético, mas quando a genitália for muito rudimentar, dar preferência para o sexo feminino; uma vez estabelecida a identidade sexual (ao redor de 18 meses de idade), essa identidade deve ser preservada. Assistência psicológica e orientação familiar é de fundamental importância, devendo ser iniciada já por ocasião do diagnóstico e continuada por toda a vida desses indivíduos. Medidas cirúrgicas estão indicadas para melhorar o aspecto do fenótipo e órgãos genitais. Em se tratando de feminilização, antes dos 18 meses deve-se realizar abertura do seio urogenital, amputação do clitóris e plástica do vestíbulo. Na ausência de vagina, indica-se a neovaginoplastia quando houver desejo de relacionamento sexual, ou havendo condições dilatação progressiva pela técnica de Frank no período da puberdade.

Se a opção for masculina, deve se realizar a ortofaloplastia, correção de hipospádia e criptorquidia também por volta dos 18 meses.

Atenção especial merecem as gônadas disgenéticas, os testículos criptoquídicos e o ovotestes, que devem ser extirpados no período da puberdade, pois apresentam risco de transformação neoplásica. Para finalizar o tratamento cirúrgico, se devem remover os órgãos em desacordo com o sexo do indivíduo. A complementação para melhoria do fenótipo e também para complicações decorrentes da carência hormonal é feita com reposição hormonal. Assim, indivíduos que possuam útero, devem utilizar esquemas cíclicos com estrogênios conjugados (0, 625 a 1, 25 mg por dia) e acetato de medroxiprogesterona (10 mg por dia durante 10 dias), não havendo útero bastam os estrogênios no mesmo esquema. Essa reposição deve ser iniciada na época da puberdade e mantida até a senilidade. Na hiperplasia da suprarrenal, o tratamento consiste na administração de corticoides (prednisona 5 a 10 mg dia), permanentemente desde o diagnóstico. Já os indivíduos com opção masculina devem ser submetidos a tratamento com algum dos androgênios disponíveis no mercado, em doses ajustáveis a cada caso."

Apontam que deve ser ressaltada a importância do diagnóstico precoce assim como da adoção de medidas terapêuticas corretas em época oportuna, para conferir característica o mais próximo possível ao sexo adotado e assim melhorar o prognóstico social e sexual desses indivíduos, bem como seu convívio familiar e social.[446]

6.7.3.1. A conjugalidade do intersexual

Cumpridas todas as formalidades processuais, e realização de todos os exames apontados como necessários para constatar-se o sexo do indivíduo, deve o nome do pseudo-hermafrodita ser adequado ao seu sexo prevalente, o que representa uma utilidade terapêutica e psicossocial.

Em relação aos reflexos atinentes ao direito de família, mesmo com a regulamentação do casamento homoafetivo, entendemos que o direito à informação do outro nubente se faz necessário quanto à intersexua-

[446] Bagnoli, Vicente Renato, Fonseca, Ângela Maggio da e Junqueira, Paulo Augusto de Almeida – Estados Intersexuais – Diagnóstico e Tratamento. In. www.sogesp.com.br, p. 6 a 8; Keith, L Moore; Persaud, TVN – Embriologia básica, p. 180 e ss; p. 312 e ss.

lidade. Na mesma linha é a lição de Dalton Croce e Danton Croce Jr os estados intersexuais, e mais particularmente o pseudo-hermafroditismo constituem erro essencial em matéria de casamento.[447] Após a plena identificação do sexo do indivíduo, concluímos que nada obsta ao intersexual que constitua sua família nos moldes tradicionais. Assim sendo, entendemos que sua conjugalidade não se encontra comprometida.

6.8. Biodireito e os transplantes de órgãos e tecidos

Com o avanço científico conhecido desde o último século, o desenvolvimento de diversas técnicas cirúrgicas e da imunologia trouxe a possibilidade de se realizarem transplantes de órgãos e tecidos, aumentando a sobrevida de muitos pacientes e acarretando, por outro lado, à valorização do corpo humano como repositório de matéria-prima, gerando assim uma série de impasses bioéticos.

Deve-se, entretanto, valorizar o princípio da dignidade da pessoa humana, que permeia todas as relações jurídico-existenciais em matéria de bioética. Os benefícios dos transplantes estendem-se às mais diversas áreas da medicina: da infectologia à cardiologia, da imunologia às pesquisas com células-tronco.

6.8.1. A integridade física e os direitos sobre o corpo

A proteção dos direitos físicos da personalidade é de extrema importância para o legislador, tanto que desde a concepção garante-se a integridade física do nascituro. São direitos físicos da personalidade: a integridade física, o direito ao uso do corpo e de suas partes destacáveis ou regeneráveis, o direito à imagem, o direito ao uso da voz, o direito aos alimentos e o direito ao cadáver e às suas partes separadas.[448]

O direito à integridade física, assegura a proteção da incolumidade e da higidez corporal. Condena-se assim o atentado à saúde, à segurança individual, como a prática de tortura ou penas cruéis públicas ou privadas, ou a autolesão. Analisadas as situações consideradas ilícitas, a questão da integridade física ganha outros contornos ao se abordar a questão do tratamento médico e da intervenção cirúrgica. Na ótica dos direitos

[447] Croce, Delton; Croce Jr, Delton – Manual de medicina legal, op. cit. p. 483.
[448] França, R Limongi – Direitos privados da personalidade, p. 36.

privados da personalidade, como bem trata Daisy Gogliano, o que é o corpo humano?[449]

Na concepção de René Dekkers, conceituado professor na Universidade de Bruxelas "o corpo humano é uma coisa, pois este não se confunde com o ser humano, na realidade ele é uma carcaça", que está apta para satisfazer as necessidades e anseios do homem, no sentido mais amplo da expressão: viabilizador da vida, fornecedor de tecidos e órgãos, ativo participador das provas jurídicas (grupos sanguíneos). Podendo ser considerado como um bem, um valor, uma coisa útil, distinto do primado da pessoa humana.[450] Na visão tomista, o corpo é um composto formado pela matéria física e pelaalma "as potências da alma são os princípios, mas não se exercem senão mediante o corpo".[451]

Para Walter Moraes "o indivíduo é um composto psicossomático; uma somatória da matéria física animada segundo o princípio operativo da natureza, ou seja, da alma".[452] Sendo, portanto, o corpo humano uma fusão do corpo físico e da alma incorpórea, sabemos hoje, que a saúde compreende um complexo de higidez física e psíquica, que devem andar equilibradas para a manutenção da vida do homem.

Na lição de Heleno Cláudio Fragoso, em matéria de integridade física comete-se dano quando for realizada qualquer alteração anatômica prejudicial ao corpo humano – ferimentos, mutilações, entre outras, e no que toca ao dano à saúde, este ocorre quando se importam quaisquer alterações de funções fisiológicas do organismo ou mórbida perturbação do psiquismo. Aduz ainda que "é suficiente para configurar o delito a

[449] Gogliano, Daisy – O Direito ao Transplante de órgãos e tecidos humanos – Tese de Doutorado apresentada ao Departamento de Direito Civil da FDUSP em 1986, p. 1.

[450] Dekkers, René – Aspects philosophiques. In. Travaux de L'Association Henri Capitant, Paris, Dalloz, t. XXVI, 1975, p. 1.Apud, Gogliano, Daisy– O Direito ao Transplante de órgãos e tecidos humanos – Tese de Doutorado apresentada ao Departamento de Direito Civil da FDUSP, p. 2.

[451] Tomás de Aquino, Summa Teológica, v.XI, q.LXX art. 1, 3. Apud. Gogliano, Dayse – O direito ao transplante de órgãos humanos, p. 79.

[452] Moraes, Walter – Concepção tomista de pessoa – um contributo para a teoria do direito da personalidade. In. RT.590: 14-24, p. 17.

agravação de moléstia preexistente".[453] Pertence assim a esfera dos direitos privados da personalidade os direitos ao corpo vivo – em sua dimensão integral – e morto, quando o cadáver deixa de ser pessoa, e torna-se uma coisa submetida à ordem jurídica, embora não lhe seja permitido adentrar ao universo dos direitos patrimoniais, sendo classificada como bem *extra commercium*.

A preservação de sua dignidade dar-se-á pelo direito aos funerais, à paz na sepultura, ou ainda quando entregue aos institutos científicos para estudos. (Liga-se o cadáver à memória da pessoa morta).[454]

Para Santos Cifuentes, o cadáver vem a ser a continuação residual da personalidade do homem, em oposição à tese de que esta seria uma "coisa". Para tanto, a natureza jurídica docadáver aponta-o para um bem material, fora do comércio, como os demais bens personalíssimos, objeto de relações jurídicas determinadas, com possibilidade de disposição dentro certos limites.[455]

Para se definir o que é o corpo humano, leciona Dayse Gogliano que duas posições opostas se apresentam: uma reconhece o direito ao corpo humano como um direito de propriedade, personalíssimo, absoluto, inalienável e não pecuniário, onde a pessoa detentora desse corpo poderia dispor deste como melhor lhe aprouver, vedada a venda; a outra concebe a pessoa humana como uma entidade essencialmente biológica, sociológica ou econômica, criada em função de utilidades superiores, em proveito coletivo, donde se extrai que o transplante é um bem, um dever moral de ajuda ao próximo, um ato de benemerência.[456]

Ensina Fábio Ulhoa Coelho que a cada pessoa se associam necessariamente um nome e um conjunto de informações públicas e privadas associadas a um corpo. Desta forma, não há pessoa física sem corpo humano. A noção de direito sobre o corpo é particularmente ilustrativa da grande proximidade entre sujeito e objeto, no campo dos direitos da personali-

[453] FRAGOSO, Heleno Cláudio – Lições de direito penal, Rio de Janeiro: Forense, 1983, p. 129.

[454] GOGLIANO, Dayse – O direito ao transplante de órgãos humanos, p. 121.

[455] SANTOS CIFUENTES – Los derechos de la personalidad, p. 254.

[456] GOGLIANO, Dayse – O direito ao transplante de órgãos humanos, p. 2.

dade.[457] A ordem jurídica, para garantir o direito sobre o corpo, restringe consideravelmente os efeitos da vontade da pessoa sobre ele. As normas jurídicas atinentes à matéria não asseguram a ampla liberdade para o homem ou para a mulher decidir sobre o que fazer com o seu próprio corpo, ao contrário a restringem enormemente.

As disposições normativas aplicáveis à matéria estabelecem proibições genéricas e abrem umas poucas exceções permitindo certos atos de disposição sobre o corpo. A começar pela proibição no plano constitucional, de qualquer tipo de comercialização de órgãos, tecidos ou substâncias humanas. Na realidade para assegurar que as pessoas vão usufruir de seus corpos proíbe-se a venda de órgãos e partes destes. Toda a disposição de órgãos ou tecidos deve ser gratuita. O direito civil consagra de um lado a inviolabilidade do corpo humano, tutelando o direito do indivíduo à integridade do seu corpo – arts. 13 e 14 do CC – e de outro admite, com reservas, a liberdade de disposição do homem sobre o seu corpo. Assim sendo, o corpo humano é disponível dentro de certos limites.Para salvaguardar interesses superiores, atendendo a um estado de necessidade, visando a proteção da saúde e conservação da vida, pode-se proceder à ablação de determinada parte do corpo que esteja comprometida seriamente (necrosada), mesmo que esta parte não seja regenerável.[458]

Não se confundem, todavia, o direito à integridade física, alusivo à saúde pessoal, e o direito de utilização do próprio corpo. O titular do direito ao corpo pode dele se utilizar conforme sua vontade, vedando-se os usos atentatórios à vida ou à saúde física, mental ou à moral. São, portanto, seus direitos sobre o corpo, circundados por parâmetros objetivos ou subjetivos, reduzidos à liberdade de disposição em observância dos princípios filosóficos, sociais, econômicos, morais, ampliados na problematização bioética.

Ensina Daisy Gogliano que no tocante à integridade física a preocupação com a incolumidade física teve origem na Declaração dos Direitos do Homem e do Cidadão de 1789, advindo dos preceitos da Revolução Francesa, bem como com a promulgação do Código Civil de Napoleão em 1905, pois o corpo humano, na evolução histórica do direito nem sempre

[457] Coelho, Fábio Ulhoa – Curso de direito civil, São Paulo: Saraiva, 2003, p. 197 e 198.
[458] Diniz, Maria Helena – O Estado atual do biodireito, p. 307.

foi considerado um bem jurídico, um bem da personalidade, cuja dignidade, integridade e valor deveriam ser preservados.

Eliminaram-se assim paulatinamente as penas corporais, as formas de tortura, castigos cruéis aplicados no corpo humano. No âmbito privado, os delineamentos fundamentais do direito à integridade física se encontram em épocas bem anteriores a essa.[459] No período romano, na época da Lei das XII Tábuas, que se inicia com a fundação de Roma em 754 a.C. até aproximadamente 149/126 a.C. o corpo humano respondia por dívidas, prática esta que só veio a ser considerada ilícita por volta do ano 390 a.C. quando os bens do devedor passaram a responder por estas. Não havia nenhum respeito pelo corpo dos escravos ou prisioneiros que eram vendidos, mortos e subdivididos entre os credores. No século XIII a liberdade de utilização do corpo chegava a extremos: penhorava-se o corpo, jogava-se parte deste. Esta prática começou a ser abolida com a influência do cristianismo e seus ideais de respeito, amor, compaixão. Os direitos à liberdade, igualdade, propriedade, segurança, considerados inatos, fundamentais, universais, foram impulsionados na Renascença com o florescimento do direito natural e o humanismo jurídico: ao exaltar-se o valor da dignidade humana.[460]

No direito moderno, destacam-se dentre as inúmeras possibilidades de utilização do próprio corpo as relações sexuais, a disposição do útero para alojar o feto produto da concepção humana por meios artificiais e a polêmica cirurgia de mudança de sexo. Entre os bens da integridade física incluem-se o direito aos transplantes, que representa uma expressão do direito à saúde, pois estes se apresentam na prática como um procedimento terapêutico, extremamente sofisticado e técnico, utilizado na prática como último recurso de preservação da vida, quando todos os outros meios já se exauriram. É a expressão máxima, da *caritas,* e da solidariedade humana.

Diversas áreas médicas são beneficiadas pela medicina dos transplantes, dentre as quais destacamos: a imunologia – as pesquisas sobre rejeição de órgãos transplantados foram fundamentais para a compreensão do sistema imunológico, estudos sobre remédios imunossupressores aju-

[459] GOGLIANO, Dayse – O direito ao transplante de órgãos humanos, p. 63.
[460] GOGLIANO, Dayse – O direito ao transplante de órgãos humanos, p. 65 e ss.

daram a desvendar como o HIV aniquila as defesas do paciente. O vírus da aids inibe a ação das células CD4, levando -as à morte num processo semelhante à ação dos remédios antirejeição; diabetes tipo 1 – um transplante de pâncreas realizado em 1984 entre irmãs gêmeas idênticas nos EUA, foi decisivo para a caracterização do diabetes tipo 1 como doença autoimune; artrite reumatoide – o estudo do processo de rejeição impulsionou a criação de remédios biológicos contra a artrite reumatoide. Eles inibem a ação das citocinas, substâncias do sistema imunológico que estão envolvidas no dano às articulações; insuficiência cardíaca- os betabloqueadores, ministrados inicialmente contra a hipertensão, começaram a ser utilizados quando se comprovou que estes aumentavam a sobrevida dos pacientes à espera de um transplante cardíaco; morte-encefálica – para garantir que os órgãos para doação se mantivessem em bom estado, foi necessário estabelecer, nos anos 60, protocolos médicos para o seu diagnóstico; células-tronco – com os transplantes de medula óssea, comprovou-se a existência de células indiferenciadas capazes de dar origem às células de diversos tecidos e órgãos humanos.[461]

6.8.2. Os transplantes de órgãos e tecidos humanos

Transplante é o ato ou o efeito de transplantar, de mudar de um lugar para outro, uma porção de tecido corporal ou órgão, para enxertar em outra parte do mesmo indivíduo ou em outrem". Representa a amputação ou ablação de órgão, com função própria de um organismo para ser instalado em outro e exercer as mesmas funções.[462] A ideia de transferir tecidos de um organismo para outro não é coisa recente, pois na Antiguidade encontramos dados talvez lendários, de sua ocorrência. Há referências de transplantes realizados pelos Hindus por volta do ano 750-800 a.C. – reconstrução facial transplantando um pedaço de pele da testa. Há 300 anos antes de Cristo, a tradição chinesa aponta a troca de órgãos entre dois irmãos feita pelo médico Pien Chiao. Estudos arqueológicos feitos no Egito, na Grécia e na América pré – colombiana registram

[461] Fonte: Revista Veja – Transplantes como você ganha com eles.ed.2107, ano 42, n.14, 8.4.2009, p. 103.

[462] DINIZ, Maria Helena – O Estado atual do biodireito, p. 326.

o transplante de dentes. Na era medieval, os santos médicos Cosme e Damião efetuaram o transplante de perna de um etíope para um branco.

Foi somente pela adoção dos princípios basilares da moderna cirurgia, com o refinamento de instrumental, assepsia, antibioticoterapia, a aplicação de testes imunológicos de combate à rejeição, que o transplante passou a ser considerado como um método científico. [463] O primeiro transplante renal realizado com sucesso foi em 1902 por Emerich Ullman em Viena, que implantou um dos rins do próprio cão no pescoço do mesmo, com subsequente eliminação de urina, comprovando a eficiência das anastomoses vasculares. Em 1906, Jaboulay realizou o primeiro transplante em seres humanos, utilizando rins de cabra e porco sem sucesso.[464]

A primeira cirurgia que obteve sucesso foi a de transplante de rim feita em Boston em 1954; em 1963 realizou-se o primeiro transplante de fígado, pelo americano Starzl e o primeiro transplante de pulmão; em 1967 o primeiro transplante de pâncreas nos EUA; mas ganhou verdadeiramente destaque mundial em 1968 quando Chritian Barnard realizou em Capetown o primeiro transplante cardíaco; mais adiante em 1970 realizou-se o primeiro transplante de medula.[465]

Em 1965 realizava-se o primeiro transplante renal no Brasil pelo Prof. Geraldo de Campos Freire no Hospital das Clínicas de São Paulo, sendo assim estruturada a unidade de transplante renal, cabendo ao Prof. Emil Sabbaga a coordenação clínica. Em 1968 foi realizado o primeiro transplante doador cadáver da América do Sul, sendo esse um transplante de rim, no Hospital das Clínicas da Faculdade de Medicina de Ribeirão Preto da USP, pelo Prof. Antônio Carlos Pereira Martins. Com os seus ensinamentos transmitidos ao Prof. Antônio Fernando D. Maynard.[466]

Apesar de serem os transplantes uma notável conquista científica, para salvar a vida de muitas pessoas, apresenta ainda muitos obstáculos de natureza ético-jurídica a serem vencidos, que deve observar: a necessidade premente de sua realização por envolver grande risco; a equipe médica deverá ter grande experiência para que possam efetuar a cirurgia

[463] Gogliano, Dayse – O direito ao transplante de órgãos humanos, 127, 149.
[464] Bragança, Ricardo José Viana – Transplante renal.In. www.transplanterenal.pdf
[465] Gogliano, Dayse – O direito ao transplante de órgãos humanos, p. 158;
[466] Bragança, Ricardo José Viana – Transplante renal.In. www.transplanterenal.pdf

com segurança e zelar pelo pós-operatório; o diagnóstico da realidade da morte do doador deverá ser seguro e certo; a análise da efetiva compatibilidade entre doador e receptor deve ser rigorosa; a inexistência de discriminação na escolha do receptor; a obtenção do consentimento do doador ou do seu representante legal; o consentimento livre e informado do receptor que não poderá ser constrangido a expor sua vida aceitando uma terapia sem estar ciente dos riscos que corre; gratuidade; garantia de sigilo respeitando a privacidade do doador; a imposição de uma responsabilidade civil e criminal à equipe médica pelos danos advindos ao doador e ao receptor mesmo que tenha havido anuência destes.

Podemos apontar alguns exemplos de órgãos e tecidos que podem ser transplantados e a taxa de sobrevida que garante aos pacientes: transplante cardíaco – 1º no Brasil, 1968, obrevida na década de 80 – 70%; hoje 80%; Fígado – 1º no Brasil – 1968, sobrevida na década de 80 – 64%; hoje 87%; Pâncreas – 1º no Brasil – 1968, sobrevida na década de 80 – 80%; hoje 90%; Medula – 1º no Brasil – 1979, sobrevida na década de 80 – de 30 a 50%; hoje – de 45 a 95%; Ossos – 1º no Brasil – década de 50; Córnea – 1º transplante no mundo 1905 na República Checa, no Brasil 1954; Traqueia – único transplante realizado no mundo 2008 em Barcelona; Pulmão – 1º transplante no mundo 1963 nos USA, no Brasil 1989, sobrevida na década de 80- 50%; hoje 70%; Rim – 1º transplante no mundo 1954 nos USA, no Brasil 1964, sobrevida na década de 80 – 70%; hoje 99%; Pele – 1º transplante no mundo – na França do séc. XIX, no Brasil na década de 40; Intestino delgado – 1º transplante no mundo 1967, nos USA, no Brasil 1968, sobrevida na década de 80 – 20%, hoje 50%.[467]

Em discurso proferido no XVIII Congresso Internacional de Transplantes aduz o Santo Padre, o Papa João Paulo II, que "Os transplantes de órgãos representam um instrumento precioso na consecução da fina-

[467] Fonte: Revista Veja – Transplantes –como você ganha com eles. Edição 2107, ano 42, n. 14, 8.4.2009, p. 104 a 109. Para o cirurgião inglês Paul McMaster, um dos pioneiros dos transplantes hepáticos, a utilização de órgãos não inteiramente perfeitos não inviabiliza a realização dos transplantes, com isso as filas passam a andar mais depressa, salvando muitas vidas. Muitas intervenções nesse sentido são realizadas pela Organização Humanitária Médicos sem Fronteiras, na qual atua, coordenando equipes em áreas de conflitos na África.

lidade da medicina: o serviço à vida humana merecendo especial apreço a doação de órgãos feita de forma eticamente aceitável por oferecer possibilidade de vida e saúde a alguém já sem esperança, a autenticidade do ato depende do consentimento informado do ato, e também deve-se ter a justa designação do receptor". Visa o transplante antes de tudo, preservar a dignidade do ser humano, atingida drasticamente por certas doenças que dificultam ao homem a possibilidade de desenvolver livremente a sua personalidade.

Os transplantes estão entre os procedimentos mais complexos da medicina. Destinados aos pacientes que já exauriram todas as formas de cura pela medicina tradicional, há alguns anos vem sendo oferecida a possibilidade de substituir diversos órgãos comprometidos em suas funções vitais por outros sãos, vindo da menção altruística de diversos doadores e suas famílias.

Pela complexidade que a prática envolve, tal como preleciona Silvano Raia "foi necessário esmiuçar ainda mais o funcionamento do corpo humano, refinar e desenvolver técnicas cirúrgicas e aprimorar os remédios anti-rejeição. Destas pesquisas resultaram descobertas valiosas para as mais diversas especialidades, da cardiologia à infectologia (que muito se desenvolveu com a descoberta dos linfócitos T, ativos atuantes nas defesas do organismo, produzindo anticorpos. Entre estes se verificou na década de 80 que as células CD4 eram as verdadeiras comandantes do sistema imune diante da presença de um corpo estranho no organismo. Tal descoberta facilitou o trabalho dos estudiosos que desvendaram o mecanismo do HIV, agilizando assim a produção de medicamentos mais eficazes para a doença). De todas as contribuições dos transplantes para a medicina, nenhuma se compara com a que deu origem às investigações com células-tronco, que resolveriam o problema da rejeição, uma vez que órgãos e tecidos criados em laboratório poderiam ser programados com a genética do paciente, revolucionando assim a prática de transplantes.[468]

Quanto às manifestações legislativas sobre o tema, temos que a primeira lei sobre o tema no Brasil foi a Lei n. 4.280 de 6.11.1963, que tratava da disposição das partes do corpo morto, subordinando a extirpação à auto-

[468] Fonte: Revista Veja – Transplantes –como você ganha com eles. Edição 2107, ano 42, n.14, 8.4.2009, p. 107 e 108.

rização escrita do *de cujus* ou a não oposição do cônjuge superveniente ou parentes de até 2º grau, ou corporações religiosas ou civis responsáveis pelo destino dos restos mortais. Após, a Lei n. 5.470 de 10.8.1968, revogando o dispositivo anterior, permitia a pessoa absolutamente capaz a disposição de tecidos e órgãos, inclusive de corpo vivo. Esse Diploma Legal nunca foi regulamentado, o que causou obstáculos para sua efetiva aplicação.

A Constituição Federal apresenta um dispositivo específico – art. 199 § 4º vedando qualquer tipo de comercialização de órgãos e regulando as condições e os requisitos que facilitem a remoção de órgãos, tecidos ou substâncias humanas. Em 1992 o Congresso Nacional aprova a Lei n. 8.489, que dispõe sobre a retirada e o transplante de tecidos, órgãos e partes do corpo humano para fins terapêuticos e científicos regulamentada pelo Decreto n. 879/1993 – segundo este se a pessoa não se manifestasse em vida sobre o interesse de doar órgãos ou não a família poderia autorizar verbalmente o transplante ao médico. O referido Diploma, entretanto, apesar de caráter altruísta não logrou o êxito desejado.

Na nova legislação civil, visando o aumento do número de doadores de órgãos, tecidos e partes do corpo, com o avanço da medicina, e com a possibilidade cada vez maior de se salvarem vidas mediante o transplante de órgãos, poderá esse ser realizado, de acordo com as disposições da Lei n. 9.434/1997, modificada pela Lei n. 10.211/2001, desde que não comprometa a integridade física do doador como já referido. Essa cessão de órgãos forçosamente deve ser feita gratuitamente (art. 1º da Lei 9.434/1997), o que, todavia, não impede que haja um "comércio" de órgãos e tecidos apesar da proibição legal – a cessão onerosa de partes do corpo aumentaria ainda mais a desigualdade social. Desta forma costuma-se referir à disposição de órgãos, tecidos ou partes do corpo como doação. O que vislumbramos ao nos depararmos com a Lei de doação de órgãos é um dilema entre as garantias individuais de todo ser humano, como a liberdade, na autonomia da vontade, na dignidade da pessoa humana, na indisponibilidade da vida e da saúde e na autoafirmação diante do poder de Estado em buscar o interesse coletivo, de pretender órgãos e tecidos.[469] É válido ressaltar que o conteúdo do art. 1º da Lei n.

[469] Trazia a baila a Lei n. 9434/1997 a noção da doação presumida, acarretando como pensam alguns numa estatização do corpo humano, devido ao fato de o Estado ficar com

9.434/1997 não se aplicam à doação de esperma, óvulo e sangue, este último por ser de ocorrência diária e rotineira, e também por ser de natureza regenerável.

A Lei n. 9.434/1997 em seu art. 2º § único exige, para a realização de transplante, que o doador se submeta a todos os testes de triagem para diagnóstico de infecção e infestação. O Decreto n. 2.268/1997[470] ao regulamentar a Lei n. 9.434/1997 cria e organiza o Sistema Nacional de Transplante, subordinado ao Ministério da Saúde, que possui centrais de notificação, captação e distribuição de órgãos, com a incumbência de coordenar as atividades de transplantes e promover a inscrição de potenciais receptores em uma lista, com as indicações necessárias para sua rápida localização e verificação de compatibilidade. Criou-se assim a lista única. Cada estado brasileiro deve cadastrar lista de pessoas que necessitam da doação de órgãos, essa lista só pode ser desrespeitada caso os testes de triagem apontem incompatibilidade entre o doador e o receptor. O sistema de lista única tem como critério de verificação de tempo de espera a data de inscrição do receptor, para cada tipo de órgão, tecido ou parte do corpo e possui 3 níveis de integração, expresso nas listas nacionais, estaduais e regionais.[471]

a disponibilidade de algo que efetivamente não lhe pertence violando, outrossim, um direito da personalidade, art 5º da CF, por desrespeitar o direito individual de uma pessoa à sua integridade física e dignidade, ambos protegidos constitucionalmente, alie-se a isso o caráter não voluntário do ato ou mesmo a ausência de cultura do povo brasileiro, podendo gerar discriminação àqueles que se demonstrassem não doadores, além de possibilitar a criação de uma "máfia de órgãos", ou ainda, visando a obtenção de órgãos para transplantes acabar por cometer eutanásia em pacientes terminais.

[470] Revogado pelo Decreto n. 9.175/2017.

[471] Para Paul McMaster, administrar a fila do transplante é fundamental para evitar desperdícios e salvar vidas. É crucial que o paciente mais necessitado receba o órgão primeiro, prática esta adotada nos EUA, na Europa e também agora no Brasil – desde 2006 – em contraposição ao sistema de lista cronológica. Há ainda situações onde o procedimento transplantatório acaba não sendo indicado, embora o estado grave da saúde do paciente. "Há situações em que a pessoa está tão doente que receber um fígado novo não vai ajudá-la. Para receber um órgão doado, o paciente tem que ter mais de 80% de chance de sobreviver por mais de cinco anos e 70% de falecer em um ou dois anos se não passar pela cirurgia". Aponta que esse é um dos julgamentos mais difíceis que o médico tem que fazer, mas é

Dispõe a atual legislação sobre os transplantes com redação dada pela Lei n. 10.211/2001, que alterou dispositivos da Lei n. 9.434/1997. É permitida a disposição gratuita de tecidos, órgãos e partes do corpo humano, em vida ou *post mortem*, para fins de transplante ou tratamento, art. 1º, ressalva-se que para efeitos da legislação em tela não estão compreendidos entre os tecidos a que se refere esse artigo o sangue, o esperma e o óvulo. Ressalva, porém, que a realização de transplantes ou enxertos só poderá ser realizada por estabelecimento de saúde público ou privado e por equipe médico-cirúrgicas de remoção e transplante previamente autorizados pelo órgão de gestão nacional do sistema único de saúde, art. 2º.

Como dispõe o parágrafo único do referido artigo, que antes da realização em si dos procedimentos de transplante ou enxerto devem ser realizados todos os testes específicos de triagem para diagnóstico de infecção e infestação de acordo com as normas do Ministério da Saúde. Mesmo por que feriria os princípios bioéticos da realização dos transplantes bem como sua intrínseca finalidade em se transferir de um organismo para outro um órgão vital comprometido, como por exemplo, um rim necrosado, o sangue contaminado, entre outros, pois conforme anteriormente abordado a finalidade principal da realização do transplante, medida extrema para a manutenção da saúde, é a preservação da vida, o restabelecimento da dignidade e da independência dos indivíduos acometidos por problemas sérios de saúde.

Uma alteração significativa trazida pela redação da Lei n. 10.211/2001 foi a supressão da indicação expressa nos documentos de identificação do termo doador ou não doador, pois, causava intenso embaraço e discriminação para todos, maculando diversos princípios constitucionais.

Impõe a lei algumas penalidades no tocante à prática de transplantes:

Art. 14 - Remover tecidos, órgãos ou partes do corpo de pessoa ou cadáver em desacordo com a legislação - reclusão 2 a 6 anos e multa, se o crime for cometido mediante paga ou promessa de recompensa ou por algum outro motivo torpe - reclusão de 3 a 8 anos e multa (§1º),se o crime for praticado em pessoa vivae lhe causar incapacidade para as tarefas habituais por mais de 30 dias, perigo de vida, debilidade permanente

estritamente necessário. Fonte: Revista Veja - Transplantes -como você ganha com eles. Edição 2107, ano 42, n.14, 8.4.2009, p. 109.

do membro, sentido ou função ou aceleração de parto – reclusão de 3 a 10 anos e multa (§2º) se causarao ofendido incapacidade permanente para o trabalho, enfermidade incurável, perda ou inutilização de membro, sentido ou função, deformidade permanente ou aborto – reclusão 4 a 12 anos e multa (§ 3º). Se o crime causar a morte do ofendido – reclusão de 8 a 20 anos e multa (§ 4º); Art.15 – Comprar, intermediar ou vender tecidos, órgãos ou partes do corpo – reclusão de 3 a 8 anos e multa; Art. 16 e art. 18 – Realizar transplante ou enxerto de órgãos quando obtidos em desacordo com os preceitos legais – reclusão 1 a 6 anos e multa, portar partes do corpo obtidos ilicitamente – reclusão 6mese a 2 anos e multa; Art. 17 – recolher, transportar, guardar ou distribuir partes do corpo humano de que se tem ciência terem sido obtidos em desacordo com os ditames da lei- reclusão de 6 meses a dois anos e multa; Art. 19 – Deixar de recompor cadáver, devolvendo-lhe um aspecto condigno para sepultamento ou deixar de entregar ou retardar sua entrega a seus familiares ou interessados – detenção de 6 meses a 2 anos; Art. 20 – Publicar anúncio ou apelo público em desacordo com o art. 11 – multa; Art. 21 – No caso dos crimes previstos nos arts. 14,15, 16 e 17 o estabelecimento de saúde e as equipes médico-cirúrgicas envolvidas poderão ser desautorizadas temporariamente ou até permanentemente pelas autoridades competentes, sem direito à indenização pelos investimentos realizados ou mesmo se beneficiar de créditos públicos para realização de transplantes por 5 anos no caso da clínica particular.

6.8.3. Espécies de transplantes

Inicialmente faremos uma distinção entre transplante e enxerto, termos muitas vezes usados como sinônimos. Transplante é a amputação ou ablação de um órgão com função própria de um organismo para se instalar em outro a fim de se exercer neste as mesmas funções originais. O enxerto é a secção de uma porção do organismo próprio ou alheio para a instalação em organismo próprio ou alheio com fins estéticos e terapêuticos, sem exercício de função autônoma, é a inserção de um tecido em outro local para que seja parte integrante deste. O implante dá-se quando tecidos conservados são incluídos no corpo de alguém e reimplante quando se reintegram ao corpo humano partes ou segmentos traumaticamente separados como dedos, orelha, pedaços de pele, etc.

Encontramos na literatura médica os procedimentos de: xenoenxerto, isoenxerto, aloenxerto, autoenxerto. Em relação aos transplantes temos o xenotransplante, o autotransplante, o isotransplante e o alotransplante.[472] Xenotransplante: utiliza órgão ou tecido de outras espécies para substituir o do ser humano. As primeiras tentativas de xenotransplantação dataram do século XVIII e traduziram-se no transplante de córneas de cães e gatos para seres humanos. No início do século XX, foram conhecidos os transplantes de rins de coelho, porco e cabra, realizados com intuito terapêutico para pacientes renais crônicos. Todos os pacientes vieram a falecer em um curto período de tempo. Na década de 60, renasceu o interesse na xenotransplantação devido aos enormes progressos observados na alotransplação. Relatórios médicos apontam para exemplos de sobrevida de nove meses em pacientes que receberam transplantação de rim de chimpanzé. O primeiro xenotransplante de válvulas de coração de porco para o ser humano realizou-se em 1964 e constitui atualmente um procedimento de cirurgia cardíaca de rotina. São também realizados xenotransplantes de pele de porco para tratamento de grandes queimados, de células pancreáticas para portadores de diabetes e de tecido neural fetal de porco para tratamento de doença de Parkinson.[473]

Em junho de 1992 o Instituto de Transplantes da Universidade de Pittsburg realizou o primeiro transplante de fígado de macaco em um paciente portador de hepatite viral. Este faleceu 71 dias após a intervenção; embora a anatomia, a endocrinologia e a fisiologia dos primatas e do homem sejam bastante parecidos – estudos comprovam que de 85% a 92% do DNA de ambos é comum, chegando a 99% no caso dos chimpanzés.

Um desdobramento de todo esse processo pode ser aventado através da utilização de engenharia genética para gerar animais com órgãos mais adaptados ao funcionamento humano. Através da utilização de genomas modificados está muito próxima a criação de porcos transgênicos que desenvolvem artérias cardíacas para uso cirúrgico que sejam idênticas/muito parecidas com as humanas. Estudos são também realizados para o desenvolvimento de córneas artificiais feitas com células de pessoas

[472] Chaves, Antonio – Direito à vida e ao próprio corpo, p. 213.

[473] Melo, Helena Pereira de – Manual de biodireito, Coimbra: Almedina, 2008, p. 98 e 99.

mortas.[474] A Igreja Católica não condena a prática dessa modalidade de transplante desde que não ofenda a integridade física, psicológica ou mesmo do patrimônio genético do indivíduo, aliado a uma possibilidade real de sucesso, conservação e melhoria da qualidade de vida do paciente.

Como questionamentos bioéticos oriundos da xenotransplantação podemos apontar: se ofende a dignidade humana a quebra da barreira entre as espécies; se deve o ser humano interferir no patrimônio genético dos animais, modificando-o como lhe aprouver, com o risco de alterar a biodiversidade, introduzindo novas espécies antes desconhecidas e alterando assim o equilíbrio ecológico existente (ou se ao contrário deveria limitar-se a conservar a natureza); se a xenotransplantação gera uma discriminação do receptor em face de sua integridade física e moral; o impacto social do procedimento; o enquadramento dos animais fonte como OGM; a posição jurídica dos animais fonte.[475]

Traz a xenotranplantação riscos e benefícios para os pacientes que dele recorrem. Como benefícios podemos apontar a celeridade do procedimento transplantatório, a diminuição da fila única, a maior acessibilidade aos necessitados independente de sua idade ou estado clínico real. Como riscos podemos relacionar: o alto índice de rejeição, os conflitos bioéticos que gera.

Autotransplante: o paciente extirpa órgão ou tecido de certa parte do corpo para posterior implantação em outra, sendo doador e receptor a mesma pessoa. Ex.: enxertos de pele em casos de queimaduras muito graves (grau III), de tecidos, de cabelos para tratamentos de calvície, de pele, de dente, membros, artérias e veias, tendões, nervos, alça intestinal, pontes de safena, entre outros.[476] Isotransplante: ocorre em pessoas com características genéticas idênticas como os gêmeos univitelinos. Essas duas modalidades de transplante apresentam um maior grau de compatibilidade do material transplantado devido à compatibilidade da carga genética do material em questão. Alotransplante- ocorre quando o doador (vivo ou morto) e o receptor são pessoas que não possuem idên-

[474] Garrafa, Volnei – Resposta éticas ao mercado de órgãos humanos: doações, pesquisa e prevenção, p. 224; Vieira, Tereza Rodrigues – Bioética e direito, p. 55.

[475] Melo, Helena Pereira de – Manual de biodireito, p. 108 e ss.

[476] Gogliano, Dayse – O direito ao transplante de órgãos humanos, p. 159.

ticas características genéticas, mas são da mesma espécie. Exemplos: o transplante de córnea, de dentes, e a própria transfusão de sangue. [477] Distinguem-se, ainda, duas hipóteses para a retirada de órgãos, tecidos ou partes do corpo humano: a doação em vida e a doação *post mortem*.

6.8.4. O transplante de órgãos e tecidos *inter vivos*

À luz do disposto na Lei n. 9.434/1997, art. 9º §§ 3º a 8º, e no Decreto n. 2.268/1997[478], art. 15, §§ 1º a 8º, e 20, § único, admite-se a doação voluntária de órgãos e tecidos, feita preferencialmente por escrito e na presença de duas testemunhas, por pessoa juridicamente capaz, especificando o órgão, tecido ou parte do corpo que será retirado para a realização de transplante ou enxerto, desde que haja a comprovação de necessidade terapêutica do receptor (art. 9º, §4º). Assim, especificamente em relação à doação para a retirada em vida só se admitem em hipóteses específicas que atendam aos seguintes requisitos: capacidade do doador;autorização judicial; justificativa médica; vínculo familiar específico entre doador e receptor.

Em relação à capacidade do doador, somente os capazes podem doar órgãos, tecidos ou partes do corpo. Se o organismo vivo de que se vai retirar o órgão for menor absolutamente incapaz, a doação é juridicamente impossível. O menor relativamente incapaz para realizar doação de órgãos deve ser antes emancipado pelos pais, apesar de que a decisão a respeito da doação não compete aos pais, uma vez que alcançada a capacidade passa a ter o menor a inteira liberdade de doar ou não. Os pais não podem condicionar a emancipação à disposição de partes do corpo pelo filho.[479]

Contempla a lei apenas uma exceção em que o incapaz pode ser doador – é a hipótese do transplante de medula em caso de comprovada compatibilidade imunológica art. 9º § 6º da Lei 9.434/1997. Imagine-se a hipótese de que na família a única pessoa compativelmente doadora seja um incapaz: o irmão menor de idade ou uma tia amental interditada.

[477] Diniz, Maria Helena – O Estado atual do biodireito.p.326 a 328; Gogliano, Dayse – O direito ao transplante de órgãos humanos, p. 219 a 222.

[478] Revogado pelo Decreto n. 9.175/2017.

[479] Diniz, Maria Helena – O Estado atual do biodireito, p. 341.

Nesse caso mediante autorização dos responsáveis, pais, tutor ou curador e autorização judicial pode a doação ser realizada. Além da capacidade do doador, exige a lei autorização judicial, o potencial doador deve através do seu representante legal requerer ao juiz que o autorize a praticar o ato. Esse requisito só é dispensado na hipótese de transplante de medula óssea, quando capaz o doador, nas demais hipóteses somente com um comprovado desatendimento de algum requisito legal não pode ser negada a autorização judicial para a retirada de órgãos ou tecidos de organismo vivo, ou se inexistir também alguma exceção prevista na lei como a gestação.

O requisito justificativa médica diz respeito ao objeto da doação. Em primeiro lugar a doação só pode ser feita de órgãos duplos ou de partes de órgãos, tecidos ou partes do corpo cuja retirada não cause a morte ou qualquer prejuízo à saúde do doador (art. 9º § 3º). Impede a lei a retirada de órgão que comprometa as aptidões vitais ou a saúde mental do doador (mesmo artigo). O preenchimento dos requisitos relacionados ao objeto comprova-se através de declaração do médico. A doação para retirada em vida está condicionada à existência de vínculo familiar específico. Trata-se de uma medida que visa impedir a comercialização de partes do corpo. Permite a lei a doação para retirada em vida apenas se o receptor for cônjuge ou parente consanguíneo até 4º grau, inclusive, do doador Lei 9.434/1997 art. 9º. Com redação dada pela Lei n. 10.211/2001.

Deve-se considerar na aplicação da norma os objetivos que nortearam a sua edição, ou seja, determinando. Assim, pode o juiz autorizar a retirada do órgão mesmo quando o vínculo entre receptor e doador for diverso do referido no preceito legal. Em relação ao receptor assegura-lhe a lei o direito de não se submeter ao transplante, na medida em que o procedimento está condicionado ao seu consentimento expresso, após o aconselhamento médico sobre sua excepcionalidade e risco. Sendo ele incapaz ou não tendo condições de saúde para expressar sua vontade, os pais ou responsáveis legais poderão consentir no transplante. É válido lembrar que na retirada de órgãos *post mortem* o receptor não é conhecido do doador, sendo beneficiado o paciente que se encontrar em primeiro lugar numa fila única de transplantes. No que tange à doação de órgãos de órgãos *inter vivos*, esta é permitida a qualquer pessoa capaz, desde que se trate de órgãos duplos, como os rins, ou partes renováveis do corpo que não coloquem em risco sua vida ou a integridade física do indivíduo ou não comprometam suas funções vitais, art. 9º, §3º.

Dispõe o art. 9º da Lei de Transplantes que é permitida à pessoa juridicamente capaz de dispor gratuitamente de tecidos, órgãos e partes do próprio corpo vivo, para fins terapêuticos ou para transplantes, em cônjuge ou parentes consanguíneos até o quarto grau, ou em qualquer outra pessoa, mediante autorização judicial, dispensada esta em relação à medula óssea.

A doação deverá ser autorizada expressamente pelo doador que especificará qual o órgão ou tecido será doado, § 4º, cuja doação poderá ser revogada a qualquer tempo,§5º,assim como o indivíduo juridicamente incapaz, mas com compatibilidade imunológica comprovada poderá fazer doação nos casos de transplante de medula óssea, desde que haja consentimento dos seus pais ou representante legal com autorização judicial, não devendo oferecer o ato nenhum risco para sua saúde.

Para gestantes, é vedada a disposição de tecidos, órgãos ou partes do corpo vivo, exceto para transplantes de medula, e o ato não deve oferecer risco para o feto, à luz do art. 9 º § 7º da Lei de Transplantes. Entretanto, "em matéria específica de transplantes, a idoneidade imunológica entre doador e receptor, no que tange à histocompatibilidade não pode ser desprezada no âmbito do ordenamento jurídico, sob o critério de necessidade e da indispensabilidade terapêutica, bem como sua utilidade".[480]

Finalmente, dispõe o §8º do art. 9º que o autotransplante depende apenas do consentimento do próprio indivíduo, ou dos seus pais ou representante legal se incapaz. O art. 10º, §1º, dispõe que o transplante ou enxerto só se fará com o consentimento expresso do receptor, assim inscrito na lista única de espera, após aconselhamento sobre a excepcionalidade e os riscos do tratamento, em caso de incapaz o consentimento será dado por seus pais ou representante legal, §1º. A organização de um Sistema Nacional de Transplantes que deverá desenvolver o processo de captação e distribuição de tecidos, órgãos e partes retiradas do corpo humano para finalidades terapêuticas, tomando as providências cabíveis a central de notificação, captação e distribuição de órgãos, como: coor-

[480] GOGLIANO, Dayse – Direito ao transplante de órgãos e tecidos, p. 6.

denar as atividades de transplantes, promover a inscrição e a completa descrição dos potenciais receptores para facilitar sua localização, classificá-los, receber as notificações das mortes encefálicas em sua área de atuação providenciando a retirada e o transporte do material, listar as partes não utilizadas, encaminhar relatório anuais relativos as atividades relativas às SNT, exercer controle e fiscalização das atividades realizadas aplicando as penalidades cabíveis para as entidades infratoras.

A retirada dos órgãos para transplante só pode ser realizada por profissionais credenciados e supervisionados pelo Ministério da Saúde. Devem-se distribuir os órgãos de acordo com a lista única nacional de receptores que contém todo o descritivo das características e condições orgânicas de cada receptor constituindo um cadastro técnico referente a cada tipo de órgão, parte ou tecido. Sendo proibida a veiculação nos meios de comunicação social anúncio referentes a pedidos de órgãos para transplantes ou auxílio verbas para sua realização, §11.

No âmbito da Lei Civil, temos que o art. 13 do Código Civil preconiza: salvo por exigência médica, é defeso o ato de disposição do próprio corpo quando importar diminuição permanente da integridade física ou contrariar os bons costumes. § único: O ato previsto neste artigo será admitido para fins de transplantes, na forma estabelecida em lei especial. Refere-se este artigo à realização de atos de disposição do corpo sob a forma de transplantes, que vem regulada pela Lei n. 9.434/1997, onde protege o artigo 9º a higidez corporal e pessoal da pessoa humana, entendida aqui tanto em seu aspecto físico quanto no psíquico, impondo para tal, em seu caput e em seus parágrafos 3º a 8º diversas limitações – tais como requisição terapêutica assinada por médico; grau de parentesco – cônjuge ou parente consanguíneo em linha reta ou colateral até 4º grau; a obrigatoriedade de serem duplos os órgãos a serem doados – visando a manutenção da vida do doador –; respeito à integridade física e psíquica do doador, visando a não diminuição de sua capacidade física ou desenvolvimento de suas potencialidades; garantia de sua higidez corporal, evitando-lhe assim seja causada mutilação ou deformidade.

Faz-se ainda necessária autorização por escrito do doador diante de testemunhas, especificando-se o órgão, tecido ou parte do corpo a ser transplantada; a capacidade do doador;o consentimento dos pais ou representantes legais para doação em casos de histocompatibilidade comprovada para fins de transplante de medula, do incapaz; veda à gestante, a doação de órgãos salvo em casos de comprovada necessidade para casos de transplante de medula e desde que não cause prejuízos ao feto. O consentimento de doação poderá ser a qualquer momento revogado em caso de arrependimento, ou mudança de circunstâncias. Trata-se de ato formal, que visa a proteção corpórea do potencial doador vivo, assegurando-lhe a dignidade.

6.8.5. Transplante de órgãos e tecidos *post mortem*

Além dos atos de disposição *"inter vivos"*, também sec pode realizar os transplantes utilizando-se órgãos e tecidos de pessoas já falecidas desde que se respeitem normas especificas. O grande conflito que se apresenta é a determinação do momento da morte encefálica, pois em nosso ordenamento jurídico, assim como no direito estrangeiro a dignidade da pessoa humana deverá ser preservada, sendo tutelada, até os seus momentos finais. O art. 14 do Código Civil preconiza: "É válida, com objetivo científico, ou altruístico, a disposição gratuita do corpo, no todo ou em parte para depois da morte. Parágrafo único. O ato de disposição pode ser livremente revogado a qualquer tempo."

A doação do corpo ou das partes, para depois da morte deve atender os seguintes requisitos: deve ser feita a remoção depois da morte, o objetivo deve ser científico ou altruístico, deve haver autorização do doador ou de sua família. A Lei Civil vem incentivar a doação de órgãos para propiciar vida a pessoas por intermédio dos órgãos das pessoas que já se foram. Entretanto, não deve a doação *post mortem* ter nenhum interesse pecuniário, por ser contrário aos bons costumes, sendo nula qualquer disposição nesse sentido; sendo punível o desvio de finalidade nesse campo. A faculdade de doação de órgãos é um direito potestativo da pessoa, podendo ser revogado a qualquer tempo.[481]

O art. 3º da Lei 9.434/1997 regula a retirada de órgãos destinados a transplante *post mortem*. Esta deve ser precedida de diagnóstico de morte encefálica, seu marco regulatório; procurando-se assim evitar a qualquer custo a mistanásia, ou seja, a morte fora da hora, retirando-se um

[481] Monteiro, Washington de Barros; Pinto, Ana Cristina de Barros Monteiro França – Curso de direito civil, v.1, 42ºed., p. 105.

órgão vital antes que o paciente tenha morrido. Esta vem constatada e registrada por dois médicos não participantes da equipe de remoção e transplante, mediante a utilização de critérios clínicos e tecnológicos definidos pó Resolução do Conselho Federal de Medicina. Os prontuários médicos contendo os resultados ou os laudos dos exames alusivos aos diagnósticos de morte encefálica e detalhamento dos atos cirúrgicos relativos aos transplantes ou enxertos deverão ser mantidos nos arquivos da instituição por no mínimo 5 anos (art. 3º § 1º).

A Resolução n. 1.480/1997 do CFM, revogada pela Resolução n. 2.173/2017, ao declarar que a parada total e irreversível das funções encefálicas equivale à morte, conforme o já estabelecido pela comunidade científica mundial, indica ainda os seguintes critérios para a sua configuração: critérios clínicos (coma aperceptivo com arreatividade inespecífica, ausência de reflexo corneano, positividade do teste da apneia, entre outros) e complementares (ausência de atividade bioelétrica ou metabólica cerebral). É válido ressaltar que as funções pulmonares e cardiovasculares podem efetivamente se manter por processos artificiais, incorrendo na chamada vida técnica.

Leciona Leo Pessini que "a crescente aceitação da constatação de morte encefálica como critério da morte humana é decisiva não somente nos casos de necessidade de liberação do corpo para enterro, mas também de sua utilização como fonte de órgãos para transplante".[482] Na operação de retirada e transplante de tecidos e órgãos deverá ser preservada a circulação e a oxigenação do corpo para garantir a nutrição dos tecidos e evitar a deterioração de certos órgãos ou tecidos de difícil conservação, como: pulmão – 3 horas; rim, fígado, pâncreas, coração – poucas horas ou minutos, córnea, pele e duramáter – poucos dias. A melhor hora para a retirada dos órgãos a serem transplantados é a primeira hora após a constatação da morte encefálica. O metabolismo corpóreo não cessa imediatamente após o momento da morte, a vida residual indica a determinação do limite da vida em si. Eis ai a razão da grande importância da determinação exata do momento da morte.

[482] Pessini, Leo – Distanásia: algumas reflexões bioéticas a partir da realidade brasileira. Bioética, Brasília: Conselho Federal de Medicina, v.12, n.1, 2004, p. 49.

O art. 4º da Lei 9.434/1997 dispõe que a retirada de órgãos e tecidos de pessoas falecidas dependerá da anuência de seus familiares, em linha reta ou colateral, até segundo grau inclusive, ou do cônjuge, firmada em documento subscrito por duas testemunhas presentes à verificação. O texto anterior trouxe à luz uma celeuma muito grande e enorme resistência da sociedade, tanto que foi substituído pela atual redação pela Lei 10.211/2001. No texto original presumia-se que toda pessoa era doadora, salvo manifestação expressa em contrário gravada no RG ou na carteira de habilitação, o que criava um constrangimento a direito personalíssimo que exigiu pronta revogação. O ato de doar pela própria conotação semântica é um ato voluntário, não pode ser imposto pelo estado, que pode sim realizar campanhas de conscientização.

Assim, será idônea qualquer manifestação de vontade escrita do doador a respeito de disposição de seus órgãos e tecidos após a morte, devendo seus parentes ou cônjuge autorizar quando da omissão da pessoa falecida. Tratando-se de disposição não patrimonial, a doação de órgãos após a morte poderá ser inserida pelo doador em testamento. O art. 5º da mesma lei dispõe que em se tratando de pessoa falecida juridicamente incapaz, a remoção de seus órgãos e tecidos apenas poderá ser levada a feito se houver anuência expressa de ambos os pais ou seu representante legal; o art. 6º preconiza que se for pessoa não identificada, proibida está a retirada post mortem de seus órgãos ou tecidos; o art. 7º da mesma lei traz que se a morte ocorrer por causa indeterminada, ou em situação que se requeira a verificação da causa médica da morte, deverá a retirada dos tecidos ou órgãos ser autorizada pelo patologista responsável e citada em relatório de necropsia. É válido ainda ressaltar que o cadáver deverá ser plenamente recomposto após a retirada dos seus órgãos internos.

Um tema de difícil conceituação é a determinação da morte encefálica. A morte é a ausência das funções vitais: cerebrais, cardíacas de respiração. Basta a ocorrência de um dano encefálico irreversível que impeça a manutenção das funções vitais para considerar a morte. O CFM em sua Resolução 1.480/1998 estipulou os critérios para a sua determinação. A determinação do momento exato da morte é que é difícil, posto que "um segundo pode ser a unidade de tempo que faça um sujeito vivo um cadáver, mas também pode fazer da morte um homicídio". Ocorre a morte encefálica com a morte das células do sistema nervoso central, com a parada das funções vitais, a única que pode permanecer é o batimento cardíaco porque o coração tem um sistema de controle diferente daquele. A morte não é um momento, mas um período que às vezes pode ser interrompido. Para a escola de medicina de Harvard: inconsciência total, falta de estímulos do meio, ausência de respiração, reflexos e eletroencefalograma plano, sem ondulação cerebral. Além desses temos ainda a ausência de reflexos de córnea, ausência de reflexo pupilar, ausência de pressão arterial.

Temos ainda na literatura médica a existência de três "tipos" de mortes: a morte clínica, quando cessa o batimento cardíaco, que pode desaparecer com a reanimação; aqui se estabelece a luta entre médico/corpo clínico e paciente; a morte encefálica, já mencionada, sendo válido ressaltar que são cinco os estágios do coma, que por sua vez indica a ausência total de respostas com o mundo exterior: o coma grau I, grau II, grau III, grau IV – considerado estágio pré-terminal e coma grau V – denominado "depassé" com a morte cerebral e a morte biológica, que implica na destruição celular. Os grupos populacionais com autonomia reduzida em muitos casos também podem ser potenciais doadores ou receptores de órgãos ou tecidos humanos, são eles: os embriões, os fetos, os recém-nascidos, os portadores de malformação neurológica incompatíveis com a sobrevida – anencéfalos–, os menores, os incapazes e os prisioneiros.

Em relação ao transplante de tecidos e órgãos embrionários ou fetais, tem-se conhecimento que a pesquisa científica alcançou um grau de desenvolvimento capaz de desenvolver em laboratório células humanas não especializadas, capazes de formar diversos tipos de tecido humano, com o fim de transplantar sem que haja risco de rejeição.[483] Essa técnica é útil em transplantes parciais de órgãos e tecidos como rins, fígado, pele no tratamento de diversas enfermidades como: doenças circulatórias, onde as células do músculo cardíaco e dos vasos sanguíneos são obtidas pelo novo processo para serem transplantadas no coração de infartados, em pacientes com degeneração arterial devido ao excesso de gordura; câncer, substituindo as células danificadas; mal de Parkinson;

[483] Diniz, Maria Helena Diniz – O Estado Atual do Biodireito, p. 279.

Mal de Alzheimer e doenças degenerativas do sistema nervoso central, mediante a substituição neuronal e reprodução dos neurônios; AIDS além de outras moléstias do sistema imunológico, desenvolvendo células responsáveis pela defesa do organismo como as células-T, células capazes de combater o HIV. Nos EUA já se estão falando em produzir em escala comercial a pele humana, surgindo então a engenharia de tecidos, que poderá ser usada na reconstrução de órgãos inteiros, substituindo os transplantes feitos mediante doação post mortem ou mesmo inter vivos em alguns casos, eliminando inclusive as tentativas de clonagem para se obter certos órgãos e tecidos.

Apesar das incontestáveis vantagens que esse progresso biotecnológico traria para a humanidade, incontáveis seriam as vezes que os procedimentos esbarrariam na ética. Seria lícita a utilização de tecido fetal vivo? E se causasse prejuízo no feto? A utilização de tecidos embrionários somente seria possível com a autorização dos pais e desde que a retirada da célula não lese sua integridade física e seu uso atenda a fins terapêuticos.

Por outro lado, diversos autores entendem em consenso que é inadmissível a criação de embriões em laboratório para que seja repositório de órgãos e tecidos por ser um ato atentatório à dignidade humana, entre eles Maria Helena Diniz, Volnei Garrafa, Léo Pessini. Outro caso que esbarra na ética seria o da possibilidade jurídica do prisioneiro de doar órgãos ou tecidos para obter uma diminuição da sua pena. Logicamente, entendemos ser impossível essa "barganha" por ser antiético, moralmente injustificável, não seria uma doação livre e consciente, chocando-se com a natureza do transplante, e sim resultado de uma coação, nem traria a doação a ideia de reparação social de reeducação para a vida em sociedade.

É muito delicada a questão da utilização de órgãos e tecidos de pessoas de grupos populacionais com autonomia reduzida, pois não faltam denúncias de práticas criminosas envolvendo prisioneiros pré-selecionados, sequestros de adultos ou crianças para fins de transplante *inter vivos*. Um aspecto ao mesmo tempo interessante e polêmico sobre a lei de transplantes é a omissão da mesma frente ao transplante de glândulas que produzem hormônios sexuais específicos, testículos e ovários, pois há a possibilidade destes se realizarem principalmente nos casos onde há a indicação cirúrgica para a transgenitalização, visando a secreção dos hormônios sexuais feminino e masculino, o estrógeno e a testosterona.

No caso da ocorrência do xenotransplante de glândulas animais para o ser humano, além de antiético, provocaria variações de ordem físico-psíquico no receptor, constituindo um gravíssimo atentado à dignidade da pessoa humana.[484] O art. 15 do Código civil atual preconiza: "Ninguém pode ser constrangido a submeter-se, com risco de vida, a tratamento médico ou a intervenção cirúrgica. Previu esse artigo a proteção a inviolabilidade do corpo humano. Traz à luz a problemática da ética médica, o dever de informação do paciente e a responsabilidade civil dos médicos.

O Código Brasileiro de Ética Médica em seu artigo 25 e a Resolução 1.154/1984 do CFM trazem em seu âmago o dever de informar o paciente e sua família do diagnóstico e do prognóstico da enfermidade que acomete o paciente, bem como da prática medicamentosa a ser utilizada. O artigo 31 do mesmo Código veda a utilização de terapias não utilizadas no país. A Resolução n. 1.246/1988 do CFM em seu artigo 46 proíbe expressamente ao médico de efetuar qualquer procedimento sem o conhecimento e o esclarecimento do paciente.

Tendo em vista o princípio da autonomia, deve o profissional de saúde respeitar a vontade do paciente ou de seu representante legal. Daí a exigência do consentimento.O consentimento informado constitui a legitimação e o fundamento do ato médico. Pelo princípio da beneficência a prática médica deve buscar sempre o bem estar do paciente, evitando na medida do possível, quaisquer danos ou riscos de vida, só se pode realizar tratamento ou indicar cirurgia para o expresso bem do paciente/enfermo. O princípio da não maleficência traduz uma obrigação de não acarretar dano ao paciente, finalmente existe o direito de recusa de algum tratamento arriscado, é direito básico do paciente o de não ser constrangido a submeter-se com risco de vida a tratamento ou cirurgia, ou ainda de não aceitar a continuidade terapêutica.

A medicina tem como escopo fundamental a restituição da saúde de pacientes crônicos ou agudos tendo como base o juramento de Hipócrates. Os direitos dos pacientes constituem uma extensão dos direitos da

484 Diniz, Maria Helena– O Estado Atual do Biodireito, p. 296.

personalidade com base no princípio da dignidade da pessoa humana. Nos USA houve a criação de um comitê médico dos direitos humanos, com o objetivo de possibilitar aos pacientes uma participação mais ativa em seu tratamento.[485]

São direitos dos pacientes: a escolha do médico de sua confiança; a conclusão do contrato de prestações de serviços médicos no momento em que julgar conveniente; pleno acordo frente os custos do tratamento e honorários médicos; a informação detalhada sobre seu estado de saúde e o tratamento a ser seguido, para que possa dar ou não o seu consentimento livre e esclarecido, ou este ser dado através de seu representante legal; a oportunidade de requerer outra opinião; a recusa de algum tratamento ou não aceitação da continuidade terapêutica em caso de sofrimento atroz; a proteção de confidencialidade de seu estado de saúde e tratamento; além da possibilidade de demandar contra o profissional da saúde ou hospital pelos danos sofridos, pleiteando uma indenização.

6.8.6. O mercado de órgãos e a bioética

Como bem relata Volnei Garrafa, o extraordinário impulso experimentado pela ciência e pela tecnologia médica trouxe grandes benefícios para a sociedade, por outro lado criou alguns impasses, como, em matéria de transplantes, o suprimento de estruturas humanas para atender às finalidades terapêuticas.[486] Nesse sentido vemos que faltam doadores, faltam órgãos para suprir a demanda que cresceu muito, em face do sucesso terapêutico das novas técnicas médicas. Assim, notícias de compra e venda de órgãos foram ficando cada vez mais comuns a cada dia.[487]

[485] Diniz, Maria Helena – Código Civil comentado, 6. ed, p. 26.

[486] Garrafa, Volnei – Respostas éticas ao mercado de órgãos humanos: doações, pesquisa e prevenção. In. Pessini, Leo; Barchifontaine, Christian de Paul de – Fundamentos da bioética, p. 206.

[487] A partir dos anos 80 foram se tornando cada vez mais frequentes as notícias sobre compra e venda de partes do corpo de pessoas vivas e mortas. Na Índia existe até a figura dos corretores de órgãos que intermediam rins para o Ocidente. Existem também situações em que o estimulo à venda de órgãos humanos em vida é patente, sendo que a entrega destes será, óbvio, após a morte do doador; podendo gerar conflitos entre a família do "doador" que na verdade faz as vezes de vendedor e o "receptor", que na verdade é o comprador. Há ainda quem defenda a elaboração de contratos antecipados sobre órgãos de futuros

Para tentar-se dissimular a prática adotada nessas questões, curiosas nomenclaturas foram destinadas para encobrir as transações envolvendo órgãos humanos: doadores gratificados, altruísmo indireto, transplantes não convencionados, contrato antecipado por órgãos de futuros cadáveres, entre outros. Desta forma além do incentivo de doações altruísticas, da problemática do aproveitamento real dos doadores potenciais (que na prática pode levar à negligência dos tratamentos médicos de ressuscitação dos pacientes visando a remoção de seusórgãos), foram também realizados incentivos às pesquisas para utilização de estruturas animais nos transplantes (xenotransplante) e ainda incentivos às pesquisas para utilização futura de peças artificiais de produção. Técnica essa utilizada em diversos países do mundo.[488]

Essas peças artificiais, vale enfatizar, referem-se aos órgãos ou estruturas humanas que não exercem funções metabólicas, sendo utilizadas principalmente no sistema circulatório, no sistema locomotor, como cápsulas e cartilagens, válvulas cardíacas, artérias produzidas artificialmente, marca passo computadorizados. Uma grande descoberta foi a bomba mecânica provisória a ser implantada no músculo cardíaco de pacientes à espera de um transplante cardíaco (garante-lhes uma sobrevida de alguns dias). O grande desafio da bioengenharia moderna, no entanto, continua focada na produção do coração artificial.[489]

É grande o volume de negócios financeiros que se incluem no chamado "programa de estímulo às doações altruísticas" valendo-se para tanto do termo "estímulo financeiro" para a obtenção de órgãos, que pode por sua vez decorrer tanto da atuação de empresas intermediadoras, quanto do

cadáveres, nos quais a pessoa destina em vida seus órgãos a doação. Em notícia divulgada pelo O Globo "ONG pro aborto vende órgãos fetais nos EUA" – segundo o noticiado o preço dos órgãos variam entre $ 30, 00 a $100, 00 dependendo do tipo. Entre os produtos comercializados estão fígados fetais, células tronco do fígado, placenta e cordão umbilical, pele e tecidos em geral. Fonte: http://oglobo.globo.com.saude. Acesso em 24.3.201.

488 Garrafa, Volnei – Respostas éticas ao mercado de órgãos humanos: doações, pesquisa e prevenção. In. Pessini, Leo; Barchifontaine, Christian de Paul de – Fundamentos da bioética, p. 208 a 226.

489 Garrafa, Volnei – Respostas éticas ao mercado de órgãos humanos: doações, pesquisa e prevenção, p. 226 e 227.

estímulo indireto dado por médicos para assim conseguir mais órgãos para seus transplantes. Ressalta-se que o termo "estímulo" em seu entendimento deve referir-se pura e tão somente às doações espontâneas de órgãos, que se baseiam em argumentos éticos e humanitários.[490]

Aduz ainda, que os programas educacionais e de estímulo às doações altruístas jamais acompanharam o avanço da ciência biológica ou aproveitaram a eficácia da comunicação em massa. Isso se deve muitas vezes à oposição de remoção de órgãos por parentes, mesmo quando o falecido tenha-se declarado doador em vida (a lei é omissa nesse ponto),levando ao baixo aproveitamento dos doadores potenciais. Por outro lado, Leonardo de Castro defende a ideia de que o ato altruísta de doação de órgãos deva ser recompensado financeiramente pelo receptor e/ou sua família. Aduz ainda que a contraprestação financeira não reduziria o valor do ato, nem imporia a coisificação do homem, transformando-o em mercadoria, nem incentivaria um mercantilismo na compra e venda de órgãos.[491]

Diversos pensadores americanos, como Tomlinson e Prottas, citados por Volnei Garrafa entendem que somente o estímulo financeiro teria a capacidade de adequar a procura de órgãos à demanda de receptores.[492] Pessoalmente, filiamo-nos à corrente de pensamento de Volnei Garrafa, Leo Pessini, entre outros, optando pela gratuidade das doações enfocando desta forma seu aspecto altruísta.

O número de doações varia muito de país para país, de acordo com o nível educacional, aporte legislativo, presença de programas de incentivo, infraestrutura médica para captação e aproveitamento dos órgãos. Existe ainda o problema de não aproveitamento de órgãos de potenciais

[490] Garrafa, Volnei – Respostas éticas ao mercado de órgãos humanos: doações, pesquisa e prevenção, p. 209.

[491] Castro, Leonardo de – Transplantes; altruísmo e reciprocidade. In. Garrafa, Volnei; Pessini. Leo (Org.). Bioética: poder e injustiça. São Paulo: Edições Loyola/Centro Universitário São Camilo, 2003, p. 427 a 429.

[492] Tomlinson, T – Inducement for donation: benign incentives or risky business: In.Tansplant Proc 1992, 24(5): 2.204-6. Apud. Garrafa, Volnei – Respostas éticas ao mercado de órgãos humanos: doações, pesquisa e prevenção, p. 213.

doadores por falta de uma estrutura eficaz de captação de órgãos (estima-se que em alguns locais essa perda alcance 50%).[493]

Outra questão a ser abordada é a má distribuição social dos transplantes: os homens recebem maior favorecimento que as mulheres para os transplantes renais, os brancos, os com maior poder aquisitivo, e os mais jovens. Os mais velhos acabam sendo preteridos em face do princípio racional do "uso-benefício", ou mesmo "com o intuito único de melhorar estatísticas clínicas objetivando a manutenção de financiamentos aplicados nos programas".[494] Outro aspecto a ser avaliado em matéria de transplantes é a possibilidade de se realizar a doação por doadores vivos não parentes ou que não tenham relação próxima com os receptores. Embora a prática seja contrária à demanda da OMS, por entender que abriria a porta para o "rewarded gifting – presente gratificado".

6.9. A bioética e a transfusão de sangue

A transfusão de sangue é uma prática médica que consiste na transferência de sangue ou de um componente sanguineo de uma pessoa (o doador) para outra (o receptor). É um tipo de terapia que tem se mostrado muito eficaz em situações de choque, hemorragias ou doenças sanguíneas. Frequentemente usa-se transfusão em intervenções cirúrgicas, traumatismos, hemorragias digestivas ou em outros casos em que tenha havido grande perda de sangue.

6.9.1. Conceito e indicações clínicas

O sangue pode ser entendido como "um tecido liquido que percorre todo o organismo através de veias e artérias composto por três tipos principais de células: os glóbulos vermelhos, os glóbulos brancos e as plaquetas, além do plasma". É ainda responsável pela realização de vários processos biológicos no organismo como transporte de nutrientes, transporte e liberação de oxigênio, gás carbônico, importante na coagulação e defesa contra infecções".

[493] Nos EUA estatísticas apontam para 27 mil pessoas à espera de um órgão, contra 8 mil doadores em média.

[494] Garrafa, Volnei – Respostas éticas ao mercado de órgãos humanos: doações, pesquisa e prevenção, p. 211.

Tal como lecionam Salim Helito e Paulo Kauffman "o sangue é, ainda hoje, insubstituível graças a todas as suas propriedades e características, e a obtenção e manutenção de estoques de sangue seguros constituem-se num dos maiores desafios enfrentados pelos bancos de sangue em todo o mundo".[495] Assim sendo, é assegurado o direito à transfusão de sangue para todos que dela necessitem para salvar sua vida. Pelos riscos que envolve, há a indicação, sempre que possível da realização da transfusão autóloga. A doação de sangue deve ser voluntária, anônima, gratuita e altruísta. Devendo o candidato à doação assinar um termo de consentimento livre e esclarecido, declarando consentir doar o seu sangue e também permitirá a realização de todos os testes de laboratório exigidos pelas leis e normas técnicas vigentes.

Os Centros Hemoterápicos necessitam de muito sangue para suprir às necessidades da população, devido à grande demanda portransfusões. Não existem substitutos para todas as funções do sangue. Geralmente, restabelece-se o volume líquido do sangue mediante soluções salinas ou gelatinosas e estimula-se a produção acelerada de hemácias. Mas nos casos de hemorragias massivas necessitam de hemácias. Também os hemofílicos necessitam dos fatores de coagulação (Fator VIII e Fator IX), para a qual não existe substituto. A molécula da hemoglobina artificial ainda encontra-se em ensaios pré-clínicos.

O doador não corre nenhum risco, já que são utilizadas para a coleta do sangue bolsas e agulhas estéreis descartáveis, isto é, utilizadas apenas uma vez. Como requisitos para doação sanguinea podemos apontar, desde que sejam observadas algumas condições, a fim de garantir a segurança e a qualidade do procedimento: ter entre 18 e 65 anos; ter peso acima de 50 kg; se homem, não pode ter doado há menos de 60(90) dias; se mulher, não pode ter doado há menos de 90(120) dias; ter passado pelo menos três meses de parto ou aborto; não estar grávida; não estar amamentando; estar alimentado e com intervalo mínimo de duas horas do almoço; não ter feito tatuagem, *piercing* ou acupuntura há menos de um ano; não ter recebido transfusão de sangue ou hemoderivados a menos de um ano; não ter ingerido bebidas alcoólicas nas 24 horas que antece-

[495] Wendel, Silvano – Doação e Transfusão de sangue In. Helito, Alfredo Salim; Kauffman, Paulo (Org) – Saúde, p. 205.

dem a doação; não ser usuário de drogas injetáveis; não ser portador de doenças infectocontagiosas(como sífilis, doença de Chagas, AIDS, entre outras); não devem doar sangue as pessoas que se enquadrarem em uma das condições abaixo: alguma vez utilizou drogas por via endovenosa; teve contatos sexuais a troco de dinheiro ou drogas; sendo homem ou mulher, teve contatos sexuais com múltiplos(as) parceiros(as) ocasionais ou eventuais sem uso de preservativo; se seu parceiro sexual: for soropositivo para HIV, ou portador crônico do Vírus da Hepatite B e Hepatite C – VHB, VHC.

Há alternativas médicas ao sangue humano, o que inclui os substitutos do sangue, que são usados para encher o volume de fluído e transportar o oxigênio e outros gases ao sistema circulatório: são os expansores do volume e as terapias de oxigênio. Nos últimos anos, muitas técnicas modernas e inovadoras tem sido desenvolvidas para tratamentos e cirurgias sem sangue. Ao passo que novos métodos usados em tratamentos médicos e cirurgia sem sangue, tornam-se disponíveis, estes tem sido a escolha de muitos pacientes.

Antes da doação de sangue deve-se proceder á uma avaliação do estado clinico do doador de modo que "qualquer fator de risco detectado na triagem levará á rejeição temporária ou definitiva do doador".[496] Uma questão bastante polêmica é o acesso aos gays para a doação de sangue. Em casos práticos os individuos chegam em hemonúcleos e são barrados na hora de ser feita a triagem, onde preenche-se um questionário inicial para a triagem do doador seguido de anmnese, e neste, ao informar-se a orientação sexual do candidato à doação, este sofrerestrição, em virtude de sua orientação sexual. Trata-se, entretanto, de prática adotada em toda a comunidade internacional. A justificativa encontrada para tal impedimento baseia-se no argumento de que assim como tatuados e usuários de drogas, os homossexuais encontram-se no chamado "grupo de risco", tal justificativa até seria aceitável se estivéssemos ainda na década de 80, onde 70% dos portadores do vírus HIV eram homossexuais/bissexuais. À luz da Resolução- RDC n. 153/2004 da ANVISA, "homens que tenham mantido relações com outros homens, estão inabilitados a doar

[496] Wendel, Silvano – Doação e Transfusão de sangue In. Helito, Alfredo Salim; Kauffman, Paulo – Saúde, p. 205.

sangue por um período de 12 meses". Na prática, os funcionários de hemonúcleo, quando na dúvida, como forma de resguardar possíveis problemas aceita a doação, mas como medida "preventiva" descarta a bolsa de sangue. A Portaria n. 1353/11 expedida pelo Ministério da Saúde vem determinar que a orientação sexual não deve ser alvo de preconceito ou discriminação para a doação de sangue. A nova regra, esbarra na restrição, imposta na referida Resolução da ANVISA, vigente desde 2004. Na realidade, aduzem Dalton Chamone e Esper Kallas "que as pessoas com comportamento sexual de risco independente de seu gênero ou orientação sexual é que não podem ser doadoras de sangue".[497]

Assim, tendo em vista que o objetivo dos serviços de hemoterapia é "coletar sangue para efeitos de produção de componentes e derivados, de indivíduos saudáveis, sem evidência real ou presumida de que seu sangue possa de alguma forma causar efeitos adversos aos receptores, a atividade de seleção de doadores, é uma atividade discricionária baseada em elementos objetivos e subjetivos, tais como o uso de certos medicamentos, a exposição a agentes infecciosos que podem ser transmitidos pelo sangue, no primeiro caso, e grau de sinceridade ou acurácia de informações prestadas, no segundo, que podem levar à rejeição da doação ou mesmo ao descarte do produto coletado".[498] Ressalta Marco Antonio Zago que a transfusão de sangue é uma das modalidades de terapia mais utilizada no mundo, sendo a transfusão de hemácias a mais antiga forma de terapia celular.[499]

Existem casos específicos para a requisição da transfusão de sangue. Geralmente estes estão associados a patologias como a anemia, que pode ser derivada de acidentes com perda sanguínea, hemorragias do sistema digestivo, doenças que impeçam a produção de glóbulos vermelhos normais como a leucemia, anemias hereditárias – como a anemia falciforme

[497] Fonte: http://www.agenciadenoticias.com.br/noticias/interna.php?idid=17077. Acesso em 09.04.12.

[498] Covas, Dimas Tadeu; Ubiali, Eugenia Maria Amorim; Dantis, Gil Cunha de (Coord) – Manual de medicina transfusional, São Paulo/Rio de Janeiro/Belo Horizonte: Atheneu, 2010, p. 3 e 4.

[499] Zago, Marco Antonio-Prefácio. In. Covas, Dimas Tadeu; Ubiali, Eugenia Maria Amorim; Dantis, Gil Cunha de (Coord) – Manual de medicina transfusional, São Paulo/Rio de Janeiro/Belo Horizonte: Atheneu, 2010, p. xi.

e a talassemia, a hemofilia, o tratamento quimioterápico ou com radioterapia, doença hepática grave, a realização de transplantes. Assim, a decisão de transfundir é complexa e depende de fatores como a causa da anemia, sua gravidade, duração, capacidade do paciente de manter-se compensado, a fase do tratamento em que este paciente se encontra e a probabilidade aumentada de hemorragia. Ou seja, a condição clínica do paciente é o ponto fundamental na decisão de transfundi-lo.[500]

Nesse sentido, "Quando o médico indica a transfusão de sangue – com concentrado de hemácias, significa que os mecanismos adaptativos do paciente não conseguem mais manter uma oxigenação satisfatória de órgãos como o cérebro e o coração". Trata-se, pois, de medida temporária para manter a oxigenação adequada de todos os tecidos.[501]

6.9.2. A transfusão de sangue e o princípio da autonomia

A realização de transfusão de sangue, ou não nos casos em que há indicação clínica ou terapêutica para tal, envolve o choque de dois direitos da personalidade: o direito à liberdade religiosa de um lado (ligado ao direito à autonomia) e o direito à vida de outro.A questão abrange fundamentalmente os adeptos da religião Testemunhas de Jeová, cujo conflito é dos mais conhecidos. Esta situação envolve um confronto entre um dado objetivo com uma crença, entre um benefício médico e o exercício da autonomia do paciente. Esta situação pode configurar o que hoje é denominado de Não-Consentimento Informado. Devemos ressaltar que a crença religiosa – liberdade de crença- é um direito humano fundamental reconhecido constitucionalmente, prendendo-se à convicção pessoal que influencia a vida do fiel e condiciona suas escolhas e os rumos que adota na vida, culminando no direito à escolha do tratamento médico que lhe parecer mais adequado.

Leciona Álvaro Villaça Azevedo que "a dignidade da pessoa humana é um dos princípios fundamentais protegidos constitucionalmente. Nela se incluem além do direito á vida, o direito à autonomia, uma vez que o

[500] Na anemia crônica ou na secundária – derivada de quimioterapia ou radioterapia, há indicação transfusional quando o grau de hemoglobina está abaixo de 7%.

[501] WENDEL, Silvano – Doação e Transfusão de sangue In HELITO, Alfredo Salim; KAUFFMAN, Paulo – Saúde, p. 207.

paciente é sujeito de direitos e direito à liberdade, aqui se entendendo principalmente a liberdade religiosa".

Por entender que a recusa à transfusão de sangue é um direito do paciente, que não configura o crime de omissão de socorro nos termos do art. 135 do Código Penal, uma vez que o dolo e o abandono do paciente são elementos imprescindíveis à caracterização do mesmo. Por outro lado, a transfusão forçada consistiria em crime de constrangimento ilegal nos termos do art. 146 do Código Penal.[502]

No mesmo sentido é a lição de Nelson Nery Jr para quem "a autonomia do paciente deve ser respeitada e sua anuência constante do consentimento informado, cuja ausência representa prática violadora de sua dignidade e convicção religiosa".[503] Deparamo-nos, ainda, com a problemática da situação onde por motivos religiosos ou razão de foro íntimo, impeça-se que os filhos menores ou parentes incapacitados para discernir, recebam transfusão de sangue, vital para sua recuperação, ou que recebam alimentos que se considere, sem base científica, impuros mas que possam ser vitais para a recuperação de um paciente.

Para solucionar estas questões o Conselho Federal de Medicina através da Resolução nº 1.021/1980 regulamentou que em caso de haver recusa em permitir a transfusão de sangue, o médico, obedecendo a seu Código de Ética Médica, deverá adotar a seguinte conduta: em não havendo iminente risco de vida, o médico respeitará a vontade do paciente ou de seus responsáveis, no caso contrário, o médico praticará a transfusão de sangue independentemente do consentimento do paciente ou de seus responsáveis, valendo-se da supremacia da vida humana e do princípio da beneficência.[504]

502 Azevedo, Álvaro Villaça – Autonomia do paciente e direito de escolha de tratamento médico sem transfusão de sangue, In. Azevedo, Álvaro Villaça; Ligiera, Wilson (Coord) – Direitos do paciente, p. 271 e ss.

503 Nery Jr., Nelson – Direito de liberdade e consentimento informado: a possibilidade de se recusar tratamento médico em virtude de convicção religiosa. In. Azevedo, Álvaro Villaça; Ligiera, Wilson (Coord) – Direitos do paciente, p. 393.

504 Prevê o Código de Ética Médica em seu art. 46 – (É vedado ao médico) efetuar qualquer procedimento médico sem o esclarecimento e o consentimento prévios do paciente ou de seu responsável legal, salvo em iminente risco de vida; e art. 56 – (É vedado ao médico) desrespeitar o direito do paciente de decidir livremente sobre a execução de práticas

Na esteira do pensamento de Genival Veloso de França, temos que "se o critério para o uso de um medicamento, ou administração de determinado tratamento, é fundamental na possibilidade de oferecer resultado a um paciente salvável, isto é o que vai determinar o que é ordinário ou não".[505] Esse conflito divide-se ainda em duas abordagens básicas: quando envolvero paciente capaze o paciente incapaz.

O paciente reconhecidamente capaz deve poder exercer a sua autonomia plenamente. À luz do disposto no art.5º, II da Constituição Federal ninguém é obrigado a fazer ou deixar de fazer alguma coisa senão em virtude da lei – em que se inclui o direito de não aceitar a transfusão sanguínea. Quando a situação envolve menores de idade ou outros pacientes tidos como incapazes, como, por exemplo, uma pessoa acidentada inconsciente, a questão ganha outras conotações, pois o papel de proteger o paciente, apesar da vontade expressa de seus responsáveis legais deve ser ampliado, prevalecendo aqui o direito à vida do menor, seu bem supremo.

A questão que pode ser levantada no caso de adolescentes é até que ponto eles não podem ser equiparados, desde o ponto de vista estritamente moral, aos adultos, quanto a sua opção religiosa. O Estatuto da Criança e do Adolescente, em seu artigo 17, lhes dá o direito de exercerem sua liberdade de culto, garantindo igualmente o respeito a esta manifestação. Este mesmo Estatuto permite que, em caso de adoção, o menor com doze ou mais anos possa também se manifestar. Por que este consentimento também não pode ser ampliado para esta questão? Muitas vezes as equipes de saúde solicitam à Procuradoria da Infância e Adolescência que busque autorização judicial para a realização do procedimento, através da suspensão temporária do pátrio poder.

diagnósticas ou terapêuticas, salvo e, caso de iminente risco de vida. Os seguidores desta denominação religiosa – Testemunhas de Jeová – estão muito bem organizados para auxiliarem as equipes de saúde no processo de tomada de decisão. Existem Comissões de Ligação com Hospitais, que são constituídas por pessoas que se dispõem a ir ao hospital prestar assessoria visando o melhor encaminhamento possível ao caso. A Comissão de Ligação de Hospitais dispõe de um cadastro de médicos que pode ser útil em tais situações.

[505] França, Genival Veloso de – Direito Médico, 10.ed., Rio de Janeiro: Gen/Forense, 2010, p. 469.

Entende Álvaro Villaça Azevedo que "a doutrina do menor amadurecido garante ao menor a autonomia necessária para a tomada de decisões pessoais", esta doutrina está presente em Documentos internacionais como Convenção das nações unidas sobre os Direitos da Criança de 1990, art. 12; e Convenção de Direitos Humanos e Biomedicina, de 1977, art. 6º, II". Ressalta, entretanto, que no Brasil não vige "semelhante construção doutrinária", embora o consentimento do menor é valorizado em muitos casos, como dispõe o ECA.[506]

Entretanto, quando se tratar de menor ou incapaz, os juízes têm admitido a transfusão de sangue contrariando o desejo dos pais ou responsável legal, pois deve a este prevalecer o direito à vida. O direito à liberdade religiosa termina quando surge o direito de viver do filho menor ou do incapaz, além disso é responsabilidade do Estado preservar a incolumidade pessoal de seus cidadãos. Assim entendemos que vige o princípio do primado do direito mais relevante, que especificamente, é o direito à vida, pois sem ela, não subsistem nenhum do demais direitos.

6.9.3. Alternativas médicas ao sangue: aspectos biotecnológicos

Diversas alternativas à transfusão de sangue foram pesquisadas como métodos alternativos para o tratamento emergencial envolvendo as Testemunhas de Jeová. Entre eles podemos destacar para a reposição do volume plasmático sem se usar sangue total ou plasma sanguíneo, a utilização de líquidos expansores do volume plasmático sem conter sangue, entre os quais o mais simples de todos é a solução salina, compatível com o sangue humano, além deste encontramos a dextrana ferrosa, o Haemaccel, a solução de lactato de Ringer e hidroxietila de amido.

Todos esses elementos elencados supra, apresentam baixo grau de toxicidade e preço competitivo de mercado, podendo ser estocados em temperatura ambiente, não exigem testes de compatibilidade e estão isentos de riscos de contaminação, tal como ocorre nos casos de trans-

[506] AZEVEDO, Álvaro Villaça – Autonomia do paciente e direito de escolha de tratamento médico sem transfusão de sangue, In. AZEVEDO, Álvaro Villaça; LIGIERA, Wilson (Coord) – Direitos do paciente, p. 299 e ss.

fusão.[507] Acionam-se desta forma mecanismos compensatórios de transporte de oxigênio, que possibilitam o estabelecimento das funções vitais, evitando o choque, que levaria a óbito, se houver a preservação de até 50% do hematócrito normal, o transporte de oxigênio permanecerá sob estas condições 75% normal.

Em condições especiais, causadas por mudanças químicas, um volume maior de oxigênio é liberado para os tecidos. Desta forma, uma terapia intensiva de oxigênio em alta concentração, após restaurado os volumes do plasma, garantirá o equilíbrio do quadro do paciente. Assim como alternativas à transfusão sanguínea temos, ainda a administração de concentrados de ferro nos músculos e nas veias, fomentando a produção de glóbulos vermelhos; administração do hormônio eritropoietina que estimula a medula óssea a produzir hemácias, além da utilização de técnicas médicas especificas para evitar mais sangramento no momento cirúrgico.

No mundo inteiro diversas cirurgias veem sendo realizadas sem a utilização de sangue utilizando esses compostos alternativos: cirurgias neurológicas, gerais, ginecológicas, ortopédicas e até cardíacas.Pelas crenças religiosas que possuem as Testemunhas de Jeová não aceitam nem mesmo a autotransfusão. Um questionamento bioético se propõe: o que fazer quando o paciente se recusa a receber o melhor tratamento possível?As alternativas médicas ao sangue, indicam na verdade, tratamentos alternativos às transfusões de sangue, o que inclui os substitutos do sangue, frequentemente chamados por sangue artificial, são usados para encher o volume de fluido e transportar o oxigênio e outros gases ao sistema circulatório.

Embora geralmente usado, o termo substituto do sangue não seria totalmente exato, visto que o sangue humano executa muitas funções importantes. Por exemplo, os glóbulos vermelhos transportam o oxigênio, os glóbulos brancos defendem infecções bacterianas, as plaquetas promovem coagulação, e as proteínas do plasma executam várias outras funções. Os termos preferidos e mais exactos seriam: expansores do volume e terapias de oxigênio. Outras técnicas modernas e inovadoras

[507] The Journal of Burn Care & Reabilitation, jan/fev 1989; Blood Transfusion Therapy – A Physician's Handbook, 1989.

tem sido desenvolvidas para tratamentos alternativos e cirurgias sem sangue e até mesmo transplante de medula óssea..

6.9.3.1. Expansores de volume

Usados para expandir e/ou manter o volume do sangue, evitando o choque hipovolêmico. Quando ocorre um sangramento, primeiro é necessário parar este sangramento e depois repor a perda do sangue. Fornecer volume sanguíneo por expansores de volume faz-se com que um paciente tolere níveis baixos de hemoglobina, menos até que 1/3 de uma pessoa sadia. Quando o corpo detecta um nível baixo de hemoglobina inicia-se um mecanismo compensatório. O coração começa a bombear mais sangue a cada batida. Quando da perda de sangue é adicionado fluídos, o sangue diluído começa a fluir mais fácil até mesmo em pequenas veias e mais oxigênio é levado para os tecidos.

E assim, quando a perda sanguínea levar a uma queda do nível de hemácias cujo fornecimento de oxigênio for inadequado mesmo com expansores de volume, faz-se necessário a transfusão sanguínea e/ou terapias de oxigênio. Fluídos que transportam oxigênio são usados como expansores de volume. Soluções cristalóides e soluções colóides podem ser variados, dentre eles cita-se: Hidroxietila de amido; Lactato de ringer e Ringer com lactato de sódio ou Solução de Hartmann; Uso de soluções salinas (soro fisiológico a 0,9%), Dextrose (5% diluído) e Cristaloides e Colóides baseados em Haemaccel, e Gelofusin. Os expansores do volume são usados no ambiente hospitalar, sendo estas as primeiras medidas usadas por paramédicos e médicos da emergência.

6.9.3.2. Terapias de oxigênio

As terapias de oxigênio são dividias em duas categorias baseadas no mecanismo do transporte. São elas: perfluorocarbono e hemoglobina: O Perflurocarbono (PFC): é um composto derivado do hidrocarboneto pela substituição de átomos de hidrogênio pelo fluor, e pode transportar oxigênio. Seu líquido não se mistura ao sangue. É misturado a antibióticos, vitaminas, nutrientes e sais produzindo uma mistura que contêm 80 componentes diferentes. O primeiro PFC aprovado e usado foi o Fluosol-DA porém seu uso foi abandonado devido a efeitos colaterais; a Hemoglobina, é derivada de formas humanas, animais ou artificial pela tecnologia recombinante. Em sua forma pura não é usada desde que se descobriu sua toxicidade renal. Para ser usada ela é tratada por polimerização, encapsulação e ligação cruzada. Os mais usados são o Hemopure (com hemoglobina bovina) e PolyHeme (com hemoglobina humana). As terapias de oxigênio estão em experimentações clínicas em muitos países como nos Estados Unidos e na Europa, porém a Hemopure está mais extensamente disponível na África do Sul. Como técnicas adotadas para se evitar a transfusão sanguinea podemos apontar: anestesia; utilização de albumina – fonte proteica de fácil acesso e baixo custo, de boa qualidade, visto a amplitude de seu amonograma. É a principal proteína do plasma sanguíneo, é sintetizada no fígado, pelos hepatócitos.

A reposição de albumina é usada em tratamentos relacionados com queimaduras e hemorragias graves. Uma pessoa com queimaduras do terceiro grau em 30 a 50% do seu corpo necessitaria de 600 gramas de albumina. São necessários 10 a 15 litros de sangue para extrair-se essa quantidade de albumina. Também pode ser usada para recuperação de pessoas submetidas a cirurgias plásticas tipo lipoaspiração, pois, a albumina ajuda a desinchar. A albumina é fundamental para a manutenção da pressão osmótica, necessária para a distribuição correta dos líquidos corporais entre o compartimento intravascular e o extravascular, localizado entre os tecidos; realiza o transporte de bilirrubina não conjugada. Temos ainda, como técnicas médicas alternativas,a utilização de bisturis elétricos para cirurgias mais simples; uso de bisturis ultrassônicos para cirurgias complexas.

A administração de: Haemmacell (solução gelatinosa que substitui até 1000 ml de plasma)e eritropoietina ou EPO – hormônio produzido nos rins que estimula a medula óssea a produzir hemácias em ritmo acelerado; Dextran de ferro (ou Inferon) administrado intravenosamente; Aprotinina, antifibrinolíticos ajudam a reduzir hemorragias agudas; Hemostatos biológicos como tampões de colágeno e celulose; Colas e seladores de fibrina cobrem áreas maiores de tecidos que sangram.[508] Também a utilização de máquinas de recuperação sanguínea que recuperam o sangue perdido durante cirurgias ou traumas. Com esse sistema

[508] Covas, Dmas Tadeu; Ubiali, Eugênia Maria Amorim; Santis, Gil Cunha de – manual de medicina transfusional, p. 117.

pode-se recuperar litros de sangue com reutilização do próprio sangue perdido durante a cirurgia após passagem por um filtro. É o mesmo sistema utilizado nas cirurgias cardíacas, onde o coração para de funcionar durante algum tempo e uma bomba faz seu papel temporariamente com o sangue circulando através de uma máquina, sistema chamado de circulação extracorpórea e similar no funcionamento à hemodiálise.

Além do contato com profissionais competentes, o que pode evitar complicações; o uso de instrumentos cirúrgicos que cortam e cauterizam os vasos sanguíneos ou grandes partes de tecido; realização de Hemodiluição; recuperação intraoperatória de sangue; adotação de instrumentos de laparoscopiaque permitem cirurgias sem a perda de sangue; emprego de tampão sanguíneo peridural; além do uso de antifibrinolíticos.[509]

Transfusão autóloga – Existem dois tipos: No primeiro tipoo paciente retira seu próprio sangue alguns dias antes da cirurgia e esse sangue fica guardado em bolsas até que seja necessário utilizá-lo durante a cirurgia programada. Não permitida pelas testemunhas de Jeová, e no segundo, o sangue é retirado no início da cirurgia e armazenado, sendo substituído por soluções cristalóides ou colóides como expansores do volume do plasma. Ocorrendo algum sangramento ele obviamente será menor, já que estará diluído. Ao final da cirurgia o sangue é reposto. Para além da conhecida transfusão autóloga, do aproveitamento (após filtração/ heparinização) do sangue perdido no decurso de intervenções cirúrgicas, e da chamada transfusão isovolémica,as alternativas reais à transfusão tem suas limitações.

Fora as situações de hemorragia aguda, são de considerar a utilização de eritropoietina humana recombinante para estimular a eritropoiese e de trombopoietina humana recombinante. Em situações de anemia por hemorragia aguda tem sido indicada, em condições específicas e limitadas, a utilização de transportadores do oxigênio do grupo dos perfluorcarbonos, alguns já comercializados. Devendo ter em atenção os efeitos sobre os rins e o fígado. Já se pratica a terapêutica genética para a deficiência do Fator VIII (Hemofilia A) e está eminente a utilização da mesma tecnologia para o tratamento da deficiência do Fator IX (Hemofilia B).

509 Wendel, Silvano – Doação e Transfusão de sangue In. Helito, Alfredo Salim; Kauffman, Paulo – Saúde, p. 211 e 212.

Ainda se encontra em ensaios pré-clínicos uma hemoglobina artificial.[510] Em maio de 2007, cientistas britânicos anunciaram ter criado o sangue artificial a partir do plástico, e que este poderia entrar no mercado dentro de alguns anos, além da administração deMedicamentos antitrombóticos eAnti-hemorrágicos.

6.9.3.3. O sangue artificial

A biotecnologia atual avançou de tal forma que possibilitou a criação de órgãos humanos artificiais. Entre essas descobertas da ciência encontra-se o sangue artificial. O sangue é absolutamente essencial à sobrevivência das formas de vida vertebradas, incluindo os seres humanos; é o responsável pelo transporte de oxigênio dospulmões para todas as células do seu corpo; fornece nutrientes do seu sistema digestivo e hormônios do seu sistema endócrino para as partes do seu corpo que precisam delas; passa através dos rins e fígado, que removem ou destroem resíduos e toxinas. Os leucócitos do seu sangue ajudam a prevenir e combater doenças e infecções. O sangue também pode formar coágulos, evitando hemorragias fatais em consequência de cortes e arranhões sem importância.

Pode parecer improvável que uma substância artificial possa substituir o sangue. Para entender o processo, primaz se faz conhecer um pouco sobre o funcionamento do sangue real. O sangue tem dois componentes principais: plasma e elementos celulares. Quase tudo o que o sangue transporta, incluindo nutrientes, hormônios e resíduos, é dissolvido no plasma, que é basicamente água. Os elementos celulares, que são células e partes de células, também flutuam no plasma. Os elementos celulares incluem os glóbulos brancos, que fazem parte do sistema imunológico, e as plaquetas, que ajudam a formar os coágulos. Os glóbulos vermelhos são responsáveis por uma das tarefas mais importantes do sangue: transportar oxigênio e dióxido de carbono.

Os glóbulos vermelhos ou hemácias são muito numerosos; eles compõem mais de 90% dos elementos celulares no sangue. Sua estrutura ajuda-os a transportar oxigênio mais eficientemente. Um glóbulo vermelho tem a forma de um disco côncavo em ambos os lados. Assim,

[510] Wendel, Silvano – Doação e Transfusão de sangue In. Helito, Alfredo Salim; Kauffman, Paulo – Saúde, p .211 e 212.

eles têm muita área de superfície para a absorção e liberação de oxigênio. Sua membrana é muito flexível. O glóbulo vermelho não tem núcleo e, dessa forma, ele pode se esgueirar através da parede de minúsculos vasos capilares sem se romper.

A falta de núcleo de um glóbulo vermelho também dá a ele mais espaço para a hemoglobina (Hb), uma estrutura complexa que transporta oxigênio e é feita de um componente proteico chamado globina e um composto contendo ferro chamado heme. Os hemes usam o ferro para se unir ao oxigênio. Dentro de cada glóbulo vermelho há cerca de 280 milhões de moléculas de hemoglobina. Em caso de perda muito acentuada de sangue, debilita-se muito do seu sistema de fornecimento de oxigênio do corpo humano podendo originar o choque. Os leucócitos, nutrientes e proteínas que o sangue transporta também são importantes, mas os médicos geralmente se preocupam mais com o fornecimento adequado de oxigênio às células.

Em uma situação de emergência, os médicos geralmente dão aos pacientes expansores de volume, como soluções salinas, para compensar o volume de sangue perdido. Isso ajuda a restaurar a pressão sanguínea normal e permite que o restante dos glóbulos vermelhos continue a transportar oxigênio. Às vezes, isso é suficiente para manter o corpo em funcionamento até que ele possa produzir novas células sanguíneas e outros elementos do sangue. Caso contrário, os médicos optarão pela transfusão de sangue para substituir parte do sangue perdido. As transfusões de sangue também são bastante comuns durante alguns procedimentos cirúrgicos.

O processo de transfusão funciona muito bem, mas existem vários desafios que podem dificultar ou impossibilitar o fornecimento de sangue que o paciente precisa: o sangue humano deve ser mantido resfriado e sua validade é de 42 dias. Isso torna impraticável para as equipes de emergência transportá-lo em ambulâncias ou outras equipes médicas transportá-lo para o campo de batalha. Expansores de volume isoladamente podem não ser suficientes para manter vivo um paciente com um sangramento volumoso até que ele chegue ao hospital; os médicos precisam confirmar se o sangue é do tipo correto: A, B, AB ou O, antes de administrá-lo no paciente.O número de pessoas que precisa de sangue está crescendo mais rapidamente do que o número de pessoas que doa sangue; vírus como o do HIV e das hepatites B e C podem contaminar o suprimento de sangue, ainda que testes mais modernos tenham diminuído em muito a contaminação na maioria dos países desenvolvidos.

O sangue artificial não faz todo o trabalho do sangue real, mas atua no transporte de oxigênio em situações onde os glóbulos vermelhos de uma pessoa não conseguem fazer isso isoladamente; pode ser esterilizado; pode ser administrado independente da tipagem sanguínea; tem durabilidade de aproximadamente um ano sem necessidade de esterilização e refrigeração. A seguir, vamos ver de onde vem o sangue artificial e como ele funciona na corrente sanguínea de uma pessoa.Até recentemente a maioria das tentativas de se criar sangue artificial falhou. No século XIX, médicos fracassaram ao dar aos pacientes sangue animal, leite, óleos e outros líquidos por via endovenosa. Mesmo depois da descoberta dos tipos de sangue humanos, em 1901, os médicos continuaram a procurar substitutos para o sangue. As duas grandes Guerras Mundiais e as descobertas da hepatite e do vírus da imunodeficiência humana (HIV) também aumentaram o interesse em seu desenvolvimento.

Empresas farmacêuticas desenvolveram algumas poucas variedades de sangue artificial nas décadas de 80 e 90, mas muitas abandonaram suas pesquisas após infarto, derrames cerebrais e mortes com cobaias humanas. Algumas fórmulas iniciais também causaram o colapso de vasos capilares e o aumento excessivo da pressão sanguínea. Entretanto, pesquisas adicionais levaram a vários substitutos específicos do sangue, como os carregadores de oxigênio que utilizam hemoglobina. Alguns desses substitutos, na sua fase final de teste, conseguem estar disponíveis em hospitais. Outros já estão em uso. Por exemplo, um HBOC chamado Hemopure atualmente é usado em hospitais na África do Sul, onde o alastramento do HIV ameaçou o suprimento de sangue. Um carreador de oxigênio baseado em PFC, chamado Oxygent, está nos estágios finais de testes em seres humanos na Europa e América do Norte.

Os dois tipos têm estruturas químicas bastante diferentes, mas ambos trabalham basicamente através da difusão passiva. A difusão passiva tira proveito da tendência dos gases de se mover de áreas de maior concentração para áreas de menor concentração até atingir um estado de equilíbrio. No corpo humano, o oxigênio se move dos pulmões (alta concentração) para o sangue (baixa concentração). Depois, quando o sangue atinge os vasos capilares, o oxigênio se move do sangue (alta concentração) para os tecidos (baixa concentração). Os HBOCs assemelham-se vagamente ao sangue. Sua cor é vermelho escuro ou bordô e eles são feitos de hemoglobina real, esterilizada, que pode vir de uma variedade de fontes: glóbulos vermelhos de sangue humano real; glóbulos vermelhos de sangue de vaca; bactérias geneticamente modificadas que podem produzir hemoglobina; placentas humanas.

No entanto, não se pode injetar hemoglobina diretamente na corrente sanguínea de uma pessoa. Quando está dentro das células sanguíneas, a hemoglobina faz um excelente trabalho de transporte e liberação de oxigênio, mas sem a membrana da célula para protegê-la, ela se desintegra muito rapidamente, e pode causar sérios danos renais. Por essa razão, a maioria dos HBOCs usa formas modificadas de hemoglobina que são mais resistentes do que a molécula que ocorre naturalmente. Algumas das técnicas mais comuns são: ligação cruzada de partes da molécula de hemoglobina com um derivado da hemoglobina que transporta oxigênio chamado diaspirina; polimerizar **a** hemoglobina unindo várias moléculas; conjugar a hemoglobina ligando-a a um polímero.

Cientistas também pesquisaram HBOCs que envolvem a hemoglobina em uma membrana sintética feita de lipídios, colesterol ou ácidos graxos. Um HBOC, chamado MP4, é feito de hemoglobina revestida em polietileno glicol. A maioria dos HBOCs permanece no sangue de uma pessoa por aproximadamente um dia – bem menos que os 100 dias ou mais que os glóbulos vermelhos comuns circulam; mas podem apresentar alguns efeitos colaterais. As moléculas de hemoglobina modificadas podem se encaixar em espaços muito pequenos entre as células e se unir ao **óxido nítrico**, que é importante para manter a pressão do sangue. Isso pode elevar da pressão sanguínea do paciente a níveis perigosos. Os HBOCs também podem causar desconforto abdominal e cãibras, devido principalmente à liberação de radicais livres. Alguns HBOCs podem causar uma vermelhidão temporária dos olhos ou da pele.

Diferentemente dos HBOCs, os PFCs geralmente são brancos e inteiramente sintéticos. Eles são muito parecidos com os hidrocarbonos, químicas feitas inteiramente de hidrogênio e carbono, mas eles contêm flúor em vez de carbono. Os PFCs são quimicamente inertes, mas são extremamente bons no transporte de gases dissolvidos. Eles podem transportar entre 20% e 30% mais gás do que a água ou plasma sanguíneo, e se mais gás estiver presente, eles podem transportar mais também. Por essa razão, os médicos primeiramente usam os PFCs juntamente com o oxigênio suplementar. Porém, o oxigênio extra pode causar a liberação de radicais livres. Pesquisadores estão estudando se os PFCs podem funcionar sem o oxigênio adicional.

Os PFCs são oleosos e escorregadios, assim, eles precisam ser emulsificados, ou suspensos em um líquido, para serem usados no sangue. Geralmente, são misturados com outras substâncias frequentemente usadas em drogas intravenosas, como a lecitina ou albumina. Esses emulsificadores acabam por se desintegrar à medida que circulam a partir do sangue. O fígado e os rins removem-nos do sangue, e os pulmões exalam os PFCs da maneira como fazem com o dióxido de carbono. Às vezes, as pessoas experimentam sintomas parecidos como os da gripe quando seus corpos digere e exala os PFCs. Os PFCs, como os HBOCs, são extremamente pequenos e podem se encaixar em espaços que são inacessíveis. Por essa razão, alguns hospitais estudaram se os PFCs podem tratar de traumatismo crânio-encefálico (TBI) por meio do fornecimento de oxigênio através do tecido cerebral inchado.

As empresas farmacêuticas estão testando os PFCs e HBOCs para uso em situações médicas específicas, mas eles têm usos potenciais similares, incluindo: restaurar o fornecimento de oxigênio após a perda de sangue devido ao trauma, especialmente em situações de emergência e em campos de batalha; evitar a necessidade de transfusões de sangue durante cirurgias; manter o fluxo de oxigênio para tecido cancerígeno, o que pode tornar a quimioterapia mais eficaz; tratar de anemia, que causa uma redução nos glóbulos vermelhos; permitir o fornecimento de oxigênio para tecidos inchados ou áreas do corpo afetadas por anemia falciforme.

Existem, entretanto algumas controvérsias acerca da utilização do sangue artificial. À primeira vista, sangue artificial parece uma boa coisa. Ele tem uma durabilidade maior que o sangue humano. Como o processo de manufatura pode incluir esterilização, ele não corre o risco de transmissão de doenças. Os médicos podem administrá-lo em pacientes com qualquer tipo de sangue. Além disso, muitas pessoas que não podem aceitar transfusões de sangue por motivos religiosos podem aceitar sangue artificial, particularmente PFCs, que não são derivados de sangue.

Entretanto, diversos centros médicos abandonaram o uso do HemAssist, o primeiro HBOC testado em humanos nos Estados Unidos, após o aumento da taxa de óbito de pacientes que tinham recebido o HBOC em relação aos pacientes transfundidos com sangue natural. Às vezes, as empresas farmacêuticas enfrentam problemas para provar que seus carregadores de oxigênio são eficazes. Parte disso porque o sangue artificial é diferente do sangue real, assim, é difícil desenvolver métodos precisos para comparação. Em outros casos, como quando o sangue artificial é usado para fornecer oxigênio através de tecido cerebral inchado, os resultados podem ser difíceis de serem quantificados. Em face disso, questionamo-nos se os fármacos mais curam ou mais prejudicam os pacientes.

Os substitutos do sangue podem ser usados como drogas de aperfeiçoamento de desempenho, muito similarmente ao sangue humano quando usado nos testes antidoping. Apesar da controvérsia, o sangue artificial pode ser usado em ampla escala dentro dos próximos anos. As próximas gerações de substitutos de sangue provavelmente serão mais sofisticadas. No futuro, HBOCs e PFCs podem se parecer muito mais com os glóbulos vermelhos, e poderão transportar algumas das enzimas e antioxidantes que o sangue real transporta. [511]

Dado o avanço que gerará no campo da medicina, cientistas do mundo inteiro investem em pesquisas de ponta sobre a produção do sangue artificial. Cientistas britânicos investigam uma fórmula de produzir sangue artificial para transfusões sanguíneas. Esta nova fórmula de produzir sangue está a ser desenvolvida a partir de células estaminais embrionárias e estima-se que no prazo de três anos já seja possível efetuar transfusões com sucesso, usando o novo produto.Para a comunidade científica este processo representará um grande avanço e vem sendo buscado há muitas décadas. O estudo, previsto para durar três anos, será coordenado pelo Serviço Nacional de Transfusão de Sangue da Escócia. Os pesquisadores afirmam que a pesquisa poderá abrir caminho para uma fonte ilimitada

[511] Estocolmo. Pela primeira vez, médicos usaram, experimentalmente, sangue artificial no tratamento de seres humanos. O teste, bem sucedido, foi realizado por especialistas do Hospital Karolinska, de Estocolmo, na Suécia. Fonte: www.site.as.aids.gov.bb/imprensa/noticias.asp.

de sangue para transfusões de emergência.[512] Para conseguir produzir sangue artificial o processo passa por estimular células estaminais de embriões humanos para que deem origem a células do sangue, ou seja, glóbulos vermelhos. Os embriões usados serão os embriões excedentários, descartados após tratamentos de infertilidade.Os cientistas vão procurar nos embriões os que têm predisposição para desenvolver sangue do grupo O negativo. Este tipo de sangue é chamado doador universal, podendo ser recebido por pacientes que apresentem qualquer tipologia sanguínea, sem perigo de rejeição, e é a única opção segura quando o tipo sanguíneo do paciente é desconhecido ou não pode ser determinado imediatamente.

A produção em larga escala de sangue tipo O negativo, bastante raro – apenas se encontra em 7% da população mundial, é bastante promissora para as pesquisas biotecnológicas, procedimentos cirúrgicos e atendimento de emergência. Caso o projeto seja marcado pelo êxito, poderá ser desenvolvido em laboratório grandes quantidades de sangue artificial, devido à capacidade das células estaminais de se multiplicar indefinidamente. Assim, em tese, um único embrião seria capaz de satisfazer as necessidades de sangue de um único país, segundo estudos realizados. Os investigadores garantem que este tipo de sangue, para além de compatível com todos os grupos sanguíneos, será sempre seguro e livre de infecções.[513]

O desafio dos cientistas agora é como produzir as células sanguíneas em grande escala e transportar a técnica do laboratório para a beira dos leitos hospitalares, o que pode levar vários anos. Pode-se entretanto garantir um suprimento ilimitado de sangue com a realização dessa técnica.[514] No Brasil, as pesquisas sobre o tema também vêm avançando, havendo um grande polo de pesquisa na Universidade Federal do Rio de Janeiro (UFRJ), que conseguiu obter hemácias, leucócitos e plaquetas a partir de células-tronco de embriões de camundongos.

512 Fonte: www.site.as.aids.gov.bb/imprensa/noticias.asp.

513 Fonte: http: //www.mestreemjirnalismocientifico.blogspot.co

514 Fonte: www.bbc.co.uK/portuguese/ciencia/2009/2003/20090323_sangueartificial.shtml.

Economicamente viável e de grande aplicação prática, o processo de produção em laboratório de todos os tipos de células sanguíneas vermelhas (transportadoras de oxigênio), brancas (de defesa) e plaquetas (responsáveis pela coagulação) só não pode ser desenvolvido em larga escala porque envolve uma questão ética intensamente discutida no mundo inteiro: o cultivo de células-tronco de embriões humanos.[515]

No Reino Unido, pesquisadores conseguiram sintetizar a hemoglobina artificial. Nos Estados Unidos tem sido realizandas experiências em seres humanos com a hemoglobina artificial. Grupos de pacientes estão recebendo pequenas doses dessa substância, para testar sua eventual toxicidade. Se o produto não agredir o organismo, ele será levado a uma segunda batelada de testes, dessa vez para provar que é capaz de substituir o sangue com tremenda eficácia, no trabalho fundamental da oxigenação. Em animais, a hemoglobina artificial já mostrou resultados satisfatórios. Através dos procedimentos da engenharia genética, pode-se produzir uma molécula de proteína que funciona de modo equivalente ao da hemoglobina humana. O segredo do sucesso das pesquisas inglesas foi ter vencido os obstáculos relativos à toxicidade e a oxidação da hemoglobina.

Conclui-se, portanto, que somadas, a oxidação e a toxicidade implicam na suspeita de que a hemoglobina é incapaz de trabalhar direito fora das células vermelhas do sangue, seu habitat natural. Aparentemente a hemoglobina artificial parece apresentar algumas limitações que via de regra são contornadas pelos trabalhos científicos. A mais séria destas, diz respeito ao derrame de átomos de ferro- composto da hemoglobina – na circulação sanguínea, causando infecções.[516]

Em analise das diversas fontes de produção do chamado "sangue artificial", podemos concluir que praticamente todos os substitutos do sangue atualmente em desenvolvimento baseiam-se na hemoglobina, uma molécula de ferro que transporta oxigênio. Mas produtos à base de hemoglobina, além de caros, podem causar hipertensão. Os cientistas

[515] Fonte: http: //www.uol.com.br/cienciahoje/chdia/n335.htm. http: //www.ufrj.br/materia.php?cod=103.

[516] Fonte: Revista Super interessante – "Sangue artificial – engenharia nas veias". In. http: //super.abril.com.br/ciencias/sangue-artificial-engenharia-veias-440636.shtml.

afirmam que sua pesquisa terá êxito caso eles consigam que o novo sangue artificial possa evitar o colapso do sistema circulatório por até quatro horas após o início da hemorragia, tempo suficiente para que os médicos façam todas as intervenções necessárias à recuperação do paciente.[517]

6.9.4. Transfusão sanguinea: complicações e aspectos gerais

"Não existe tranfusão de sangue 100% segura", lecionam Alfredo Salim Helito e Paulo Kauffman, apesar de todo o cuidado que se toma num processo transfusional. "Existe o risco de se contrair uma doença infecciosa, reações como a ocorrência de febre, tremores, reações alergicas e calafrios, que são na mioria das vezes facilmente controláveis". Desta forma, a avaliação clinica e laboratorial dos pacientes que serão transfundidos pode minimizar os riscos.[518]

No mesmo sentido leciona Luiz Antonio Vane, para quem "São inerentes às estratégias terapêuticas da transfusão sanguínea, algumas implicações e complicações. Pode apresentar risco ao paciente, mas ser necessária e imprescindível em algumas situações. Assim, a decisão em transfundir deve ser baseada no fato de que o benefício deve ser muito maior que o risco. A crescente incidência de doenças como a hepatite C e a Aids nas últimas décadas aumentou a preocupação e a precaução em relação à realização do procedimento".[519] Entre as complicações mais comuns em transfusão sanguínea, destaca as reações hemolíticas, que podem ser intravasculares – devido à incompatibilidade ABO, ou extravasculares – em decorrência da produção de antígeno eritrocitário e anticorpos IgG (Rh). Derivam basicamente de erros na tipagem, na identificação da bolsa, na identificação do paciente ou por sensibilização anterior, quer por transfusão ou parto. Também as reações imunoalérgicas podem ocorrer. São mediadas por histamina, leucotrienos, prostaglandinas e fator ativador plaquetário, onde o paciente apresenta hipotensão arterial, broncoespasmo e urticária, entre outros. Destaca-se também o

[517] Fonte: www.inovaçaotecnologica.com.br/noticias/noticia.php?artigo

[518] WENDEL, Silvano – Doação e transfusão de sangue. In. HELITO, Alfredo Salim; KAUFFMAN, Paulo – Saúde, p. 208.

[519] VANE, Luiz Antonio – Transfusão sanguinea – complicações e aspectos gerais. In. http://www.praticahospitalar.com.br.

TRALI (Transfusion Related Acute Lung Injury), que ocasiona dano ao endotélio vascular pulmonar, comprometendo a permeabilidade capilar, podendo chegar ao edema pulmonar. Ocorre durante ou imediatamente após transfusão, com quadro de falência respiratória aguda, além da possibilidade de transmissão de doenças, entre elas a hepatite B, hepatite C, HIV, HTLV e citomegalovírus, aids e hepatite C. Além destas pode-se apontar também a intoxicação pelo citrato, que é o anticoagulante usado.

Em face disso, paira a dúvida: deve-se ou não realizar a transfusão de sangue? Quanto à decisão em transfundir, aduz Luiz Antonio Vane, que "sempre cabem perguntas e algumas indecisões, como: até que nível de hemoglobina (Hb) o transporte de oxigênio para os tecidos é seguro? Essa resposta não é simples e vários estudos tentam definir este nível, sem, contudo chegar a um grande consenso. Porém, algumas regras básicas já estão bem definidas na indicação de sangue, como perda sanguínea > 20% da volemia ou > 1.000 ml, nível de Hb < 8 g/dl, ou Hb < 10 g/dl com grandes cirurgias, Hb < 10 g/dl com uso de sangue autólogo ou Hb < 12 g/dl se o paciente for ventilador-dependente, e também, alguns dados clínicos como frequência cardíaca, pressão arterial média, débito urinário e estado de consciência, se possível de ser avaliado".

A Sociedade Americana de Anestesiologia (ASA) define como limite para indicação de sangue níveis de Hb de 6 g/dl, especialmente se a anemia for aguda, Hb > 6 < 10 g/dl se a oxigenação estiver inadequada, e que quando os níveis de Hb estiverem maiores que 10 g/dl, raramente está indicada transfusão. O que aponta para o fato de que a transfusão sanguínea deve ser feita na presença de oxigenação tecidual inadequada.[520] Em face do exposto podemos concluir que dentro do possível devemos evitar a transfusão sanguínea. Basicamente, existem duas fontes sanguíneas para transfusão: a autóloga e a homóloga.

Na transfusão autóloga, utiliza-se o próprio sangue do paciente colhido antes da cirurgia (a técnica, apesar de mais segura, também não é totalmente isenta de risco, porque no momento em que o sangue é retirado e após, reintroduzido no organismo, ele sofre modificações.Algumas complicações podem ocorrer, resultantes da transfusão com sangue autólogo,

[520] VANE, Luiz Antonio – Transfusão sanguinea – complicações e aspectos gerais. In. http: //www.praticahospitalar.com.br.

tais como anemia, isquemia miocárdica pré-operatória, geralmente ocasionada pela própria anemia, hemólise, contaminações diversas, coagulopatia dilucional, troca de bolsa ou de paciente, entre outras. Por estes motivos, alguns países não indicam mais a técnica, baseada no fato de que os testes laboratoriais são hoje bastante confiáveis, o que permite o uso de sangue homólogo com segurança comparável ao uso do sangue autólogo, além do que o custo para o uso de sangue autólogo é muito maior. Por outro lado, técnicas de conservação de sangue permitem sua manutenção em até dez anos, e algumas pessoas utilizam-se desse benefício e deixam seu sangue armazenado para caso de necessidade em urgência, como em acidente). Já na transfusão homóloga, utiliza-se o sangue do doador.

Mais do que tudo, porém, a transfusão sanguínea nada mais é que um transplante de tecido líquido, o qual é o responsável, entre outras importantes funções, pela imunidade do paciente. Desta forma, além de todos os cuidados necessários, é muito importante a lembrança de que reações são sempre possíveis, e se não diagnosticadas e tratadas a tempo poderão causar sérios danos ao paciente, inclusive sua morte, motivo pelo qual uma transfusão não é uma ação simples, e nunca pode ser feita sem supervisão adequada.

6.10. Biodireito e segurança alimentar

A alimentação adequada pode ser incluída na atualidade como um direito personalíssimo do cidadão. Representa uma expressão do seu direito à vida, já tão largamente explainado no correr do presente estudo. Tal como lecionam Adriana Caldas do Rego Freitas Dabus Maluf e Maria Beatriz de Souza Lima Rizzi "a lei Orgânica da Segurança Alimentar – Lei n. 11.346/2006, reconheceu em seu artigo 2º que a alimentação adequada é um direito fundamental, inerente à dignidade da pessoa humana e indispensável à realização dos direitos consagrados na Constituição Federal, devendo o Poder Público adotar as políticas e ações que se façam necessárias para promover e garantir a segurança alimentar e nutricional da população".

A alimentação saudável pode ser definida como o padrão alimentar adequado às necessidades biológicas e sociais dos indivíduos de acordo com as diferentes fases de vida que ele apresente. Tendo em vista os parâmetros da ciência da nutrição temos que uma alimentação equilibrada e balanceada é aquela que fornece o alimento de forma quantitativa, ou seja, o aporte de energia necessária ao desempenho das funções vitais, e qualitativa, ou seja, o aporte de macronutrientes (proteínas, lipídeos e carboidratos) e micronutrientes (vitaminas, minerais, oligoelementos) e água, contribuindo assim para a manutenção da saúde e da qualidade de vida em qualquer idade ou estágio fisiológico.

Recebe também proteção internacional à égide dos direitos humanos, sendo o direito humano à alimentação adequada como parte dos direitos fundamentais, no que tange à promoção do direito à vida, corroborando na erradicação da fome, da desnutrição, da pobreza e da desigualdade que acomete os seres humanos.[521] Inúmeros são os transtornos decorrentes da ausência de uma alimentação adequada, que vão desde dificuldades de aprendizado, passando por atrofia muscular, déficits de crescimento, de desenvolvimento do sistema imunológico, baixo desempenho das funções vitais além das diversas patologias como anemia, erupções da pele, descalcificação dos ossos e dentes, deformações dos membros, deficiência visual, desenvolvimento de doenças crônicas na idade adulta como diabetes, hipertensão, doenças cardiovasculares, câncer,entre muitas outras.

E assim, podemos perceber que o direito à alimentação está diretamente ligado ao direito à saúde, e ao direito à vida, sendo um dever do Estado zelar pela sua concretização, tendo em vista os ditames da Constituição Federal.[522] Dispõe o art. 196 da CF que "a saúde é um direito de todos e dever do Estado, garantindo mediante políticas sociais e econômicas à redução do risco de doença e de outros gravames...". Na história da ciência da nutrição, inicialmente o conhecimento disponível sobre o tema foi utilizado principalmente para a prevenção e correção das deficiências dietéticas convencionais que acometiam os indivíduos isolada-

[521] Maluf, Adriana Caldas do Rego Freitas Dabus; Rizzi, Maria Beatriz de Souza Lima – Uma visão interdisciplinar sobre bioética e início da vida. In. Migliore, Alfredo DB; Scalquette, Ana Claudia; Lima, Cíntia Rosa P; Bergstein, Gilberto (Coord.) Dignidade da vida humana, São Paulo: LTR, 2010, p. 90 e 91.

[522] Nunes, Mercês da Silva – O direito fundamental à alimentação e o princípio da segurança, Rio de Janeiro: Elsevier/Campus Jurídico, 2008, p. 41.

mente ou determinada coletividade. Posteriormente surgiu a preocupação da alimentação como matéria de saúde pública a nível regional ou global multiplicando-se as pesquisas referentes às diversas tecnologias aplicadas aos alimentos desde o seu beneficiamento até o aprofundamento das técnicas biotecnológicas que fez emergir os questionamentos no campo dos organismos geneticamente modificados.[523]

Tal como referem Franco Maria Lajolo e Marilia Regini Nutti "há milhares de anos o homem foi selecionando empiricamente para uso alimentar plantas que apresentassem maior rendimento, maior resistência à pragas e maior qualidade alimentar", nos últimos tempos com o desenvolvimento da biotecnologia desenvolveram-se variedades de alimentos com alto rendimento agrícola, necessário para suprir as necessidades alimentares da população. Cruzamentos de espécies diferentes tem sido utilizado visando o melhoramento do produto, muitas vezes obtendo-se como resultado sementes não férteis.

Assim sendo, o uso da técnica do DNA recombinante permitiu uma celeridade na "mistura genética" de espécies diferentes, criando na prática organismos com características novas, desejáveis e não desejáveis, gerando por via de consequência, conflitos ideológicos de cunho político-legislativo.[524] As técnicas que incluem DNA recombinante, valem-se da introdução direta em um ser vivo de material hereditário de outra espécie incluindo microinjeção, microencapsulação, fusão celular ou técnicas de hibridização com criação de novas células através de combinações genéticas diferenciadas, criando organismos que não são encontrados na natureza. Com isso, criaram-se sementes ou plantas geneticamente-modificadas que são mais resistentes às intempéries, ao ataque de certos microorganismos fomentando assim o desenvolvimento da lavoura; mais capacitadas para fixar o nitrogênio da atmosfera, provocando o crescimento mais rápido do milho, do arroz, e do trigo, por exemplo; modificações genéticas feitas em tomates fazem melhorar seu tempo de maturação, permitindo que fiquem íntegros por mais tempo.

523 Krause, Marie V; Mahan, L Kathleen – Alimentos, nutrição e dietoterapia, São Paulo: Roca, 1985, p. 7.

524 Lajolo, Franco Maria; Nutti, Marilia Regina – Transgênicos- bases científicas da sua segurança, São Paulo: SBAN, 2003, p. 16.

Podemos definir os transgênicos como organismos que, mediante técnicas de engenharia genética, possuem em sua composição nutricional material genético de outros organismos. A geração de transgênicos visaproduzir organismos com características novas ou melhoradas relativamente ao organismo original. Resultados na área de transgenia já são alcançados desde a década de 1970. Na atualidade, esses avanços biotecnológicos, vem proporcionando a criação de alimentos aprimorados, mais resistentes, capazes de sobreviver à escassez da água e ao aquecimento global, garantindo assim a segurança alimentar da população mundial. Vemos, na atualidade o apoio maciço das nações desenvolvidas, sobretudo os EUA, nas questões envolvendo o agronegócio, notadamente no estudo, pesquisa, produção, comercialização e internacionalização dos OGM.[525]

Inúmeros são os Projetos de apoio à biotecnologia agrícola que favorece a produção de OGMs. Visa-se conjugar a pesquisa conduzida nas universidades com uma comercialização rápida dos produtos obtidos, "numa verdadeira parceria público-privada". Participam desses projetos empresas de engenharia genética, tais como a Monsanto (americana) e a Mahyco (indiana), a Bayer e as Sociedades de consultoria em agroalimentação.[526] Embora eivado de grande discussão sobre suas vantagens e desvantagens, a ciência dos transgênicos está em pleno desenvolvimento. Ambientalistas acusam as lavouras produtoras de alimentos transgênicos de causar impactos irreversíveis ao meio ambiente, mas a prática não deixa de ser incentivada.

Preleciona Maria Helena Diniz que se chegou mesmo a misturar vegetal e animal, com a transferência de genes de vagalume no código genético do milho, para servir como marcador genético; de gene de galinha em batata, para que estas tivessem maior resistência; de gene de ramster em tabaco para aumentar a produção de esterol, de gene de rato em alface para aumentar a produção de vitamina C e para ficar mais fresca por mais tempo. Como isso surge uma nova geração de lavouras transgênicas.

525 Kamdar, Mira – A Índia resiste à sedução dos EUA. In. Lê Monde Diplomatique – Brasil – março 2010, p. 32 e ss.

526 Kamdar, Mira – A Índia resiste à sedução dos EUA. In. Lê Monde Diplomatique – Brasil – março 2010, p. 33.

Em suma, a engenharia genética vem se empenhando em estimular características presentes nos genes dos diversos alimentos para desenvolver-lhes caracteres positivos, como maior resistência ao frio, maior capacidade de conservação, de resistência ao calor, entre outros.[527] Os organismos geneticamente modificados, depois da fase laboratorial, são implantados na agricultura ou na pecuária. Vários países estão adotando este método como forma de aumentar a produção e diminuir seus custos. São alimentos cujo embrião foi modificado em laboratório, pela inserção de pelo menos um gene de outra espécie visando com que os novos organismos possam resistir às pragas, oriundas de infestação de insetos, fungos, vírus ou bactérias e a herbicidas.

Na agricultura, uma técnica muito utilizada é a introdução de gene inseticida em plantas. Desta forma consegue-se que a própria planta possa produzir resistências a determinadas doenças da lavoura. A Engenharia Genética tem conseguido muitos avanços na manipulação de DNA e RNA. O mau uso de pesticidas pode causar riscos ambientais, tais como o aparecimento de plantas resistentes a herbicidas e a poluição dos terrenos, e lençóis de água.[528]

Porém, deve-se ressaltar que o uso de herbicidas, inseticidas e outros agrotóxicos diminui imensamente com o uso dos transgênicos, já que eles tornam possível o uso de produtos químicos corretos para o problema. Uma lavoura convencional de soja pode utilizar até cinco aplicações de herbicida, enquanto que uma lavoura transgênica Roundup Ready (resistência ao herbicida glifosato) utiliza apenas uma aplicação. Aplicam-se as técnicas biotecnológicas na produção de alimentos transgênicos.[529]

É estimado que a área de cultivo deste tipo de variedades esteja com uma taxa de crescimento de 13% ao ano. A área total plantada é já superior a 100 milhões de hectares, sendo os principais produtores os Estados

[527] Diniz, Maria Helena – O Estado atual do biodireito, p. 724 e ss.

[528] Maluf, Adriana Caldas do Rego Freitas Dabus– Responsabilidade civil por danos ao meio ambiente. Nery, Rosa Maria de Andrade; Donnini, Rogério (Org.) – Responsabilidade civil, São Paulo: Ed.Revista dos Tribunais, 2009, p. 9.

[529] A Unesco apresentou em 2008 um relatório fazendo ressalvas sobre as resoluções meramente tecnológicas e questionou a utilidade das colheitas OGM, apontando para seus potenciais perigos. Fonte: Relatório da IAASTD: www.agassement.org/.

Unidos, o Canadá, o Brasil, a Argentina, a China e a Índia. Vários países europeus, entre os quais Portugal, a maioria dos países Sul Americanos, vários países africanos e asiáticos e a Austrália têm cultivado também milhões de hectares de culturas transgênicas. As culturas prevalentes são as de milho, soja e algodão, baseadas principalmente na biotecnologia.

Diversos questionamentos bioéticos advém da possibilidade de uso de alimentos transgênicos, principalmente no que tange à inserção de alimentos geneticamente modificados no mercado. Alguns mercados mundiais, como o Japão, rejeitam fortemente a entrada de alimentos com estas características, enquanto que outros, como o americano, o Sulamericano e mesmo o asiático têm aceito sua inserção mais facilmente.

Desde 2004, após seis anos de proibição, a União Europeia autorizou a importação de produtos trasngênicos. No dia 2 de março de 2010, aprovou o plantio de batata e milho transgênicos no continente, após solicitações dos Estados Unidos. A batata transgênica será destinada para a fabricação de papel, adesivos e têxteis. O milho atenderá a indústria alimentícia. Cada país da União Europeia poderá ser responsável pelo cultivo transgênico em suas fronteiras em votação marcada para o meio do ano. Na Índia houve forte mobilização popular contra a produção da beringela geneticamente modificada – beringela Bt (contém a bactéria *Baccillus thuringiensi*).

Outros questionamentos são: a polinização cruzada entre estas espécies transgênicas com as existentes na natureza ou com culturas não modificadas; o impacto na saúde humana e animal, tendo em vista seu potencial danoso. Fala-se ainda em potencial de alergenicidade que esses alimentos desencadeiam nos seres humanos e nos animais, afetando a segurança alimentar. O caso mais conhecido foi a utilização de um gene de uma noz brasileira com vista ao melhoramento nutricional da soja para alimentação animal. A noz em causa era já conhecida como causadora de alergia em determinados indivíduos. O gene utilizado para modificação da soja tinha como função aumentar os níveis de metionina, um aminoácido essencial. Estudos realizados verificaram que a capacidade alergênica da noz tinha sido transmitida à soja, o que levou a que a empresa responsável terminasse o desenvolvimento desta variedade.[530]

[530] Lajolo, Franco Maria; Nutti, Marilia Regini – Transgênicos – bases científicas de sua segurança, São Paulo: SBAN, 2003, p. 10.

Mais recentemente, investigadores portugueses do Instituto de Tecnologia Química e Biológica, do Instituto Nacional de Saúde Doutor Ricardo Jorge, e do Instituto Superior de Agronomia, entre outros, testaram a resposta alérgica de diversos pacientes à alimentação com milho e soja transgênica. Este estudo não detectou qualquer diferença na reação às plantas transgénicas, quando comparada com as plantas originais. Portanto podem fazer surgir reações imunológicas características da alergia alimentar, gerar alguma sensibilidade ou hipersensibilidade em face dos seus compinentes modificados, além de apontar alguns casos de intolerância alimentar.[531]

Diante do conhecimento sobre reações alérgicas a alimentos, foi proposto pela FAOum roteiro completo para analisar o potencial alergênico de alimentos geneticamente modificados, visando assim discutir os possíveis riscos em face da nutrição e da alimentação humana. Também os fatores socioeconômicos são preponderantes quando se fala em alimentos transgênicos, pois grande parte das polêmicas originadas com a questão está diretamente relacionada a seu efeito na economia mundial. Muitos países da comunidade internacional são contrarios às inovações tecnológicas advindas do uso dos transgênicos. Também questiona-se seo cultivo de transgênicos poderia reduzir o problema da fome no cenário mundial, visto que aumentaria a produtividade de vários tipos de cultura, como os cereais, posto que é grande a preocupação da comunidade científica internacional com a produção de alimentos, cujos problemas aparecem desde o momento da produção, passam pela distribuição, conservação e o teor nutricional dos alimentos disponíveis nos diferentes locais; sendo premente o esforço global para aumentar a produção de alimentos, e sua distribuição mais equitativa.[532]

"Ainda que exista fome no mundo e se sofra devido à poluição por pesticidas, o objetivo das corporações multinacionais é obter lucros e não praticar a filantropia. É por isto que os biotecnologistas criam as culturas transgênicas para uma nova qualidade de mercado ou para substituir

[531] Truswell, A Stewart – ABC da nutrição – artigos do British medical journal, São Paulo: Manole, 1987, p. 54.

[532] Mitchell, Helen S; Rynbergen, Henderika J; Anderson, Linnea; Dibble, Marjorie V – Nutrição, Rio de Janeiro: Interamericana, 1979, p. 4 e 5.

as importações e não para produzir mais alimentos. No geral, as companhias que trabalham com biotecnologia estão dando ênfase a uma faixa limitada de culturas para as quais existe um mercado seguro e suficiente, visando os sistemas de produção exigentes em capital. Se os biotecnologistas estiverem realmente interessados em alimentar o mundo, por que não buscam a produção de culturas que sejam mais tolerantes a ervas daninhas em vez de ser tolerantes a herbicidas? Ou por que não estão sendo desenvolvidas plantas fixadoras de nitrogênio ou resistentes à seca?"[533]

Tal como aduz Josué de Castro a fome apresenta-se no mundo de forma endêmica, apresentando ainda uma roupagem diferente em virtude do local onde ela se apresenta, tendo em vista fatores culturais, religiosos, econômicos, tecnológicos, aspectos climáticos, recursos naturais – hídricos e agrários–, políticos, pobreza da população, infraestrutura, entre outros.[534] Amparada em sua concepção que muito bem explorou o conceito de fome individual, de fome coletiva – que atingia as massas humanas, tanto na forma de fome total, presente na áreas de extrema miséria, quanto na forma de fome parcial ou oculta identificada pela carência de determinados nutrientes essenciais, levando a coletividade a um estado de desnutrição profunda seguida de morte. O enfrentamento destas questões levou a uma revolução social onde o homem social contrapôs-se ao homem econômico, resultando no homem biológico – ou como entendo homem biotecnológico – mais voltado para as questões humanitárias que alcançam um caráter global.[535]

6.10.1. Pontos positivos e negativos da utilização dos alimentos transgênicos

Como pontos positivos da utilização de transgênicos podemos apontar: o aumento da produção de alimentos, a melhoria do conteúdo nutricional, uma maior resistência e durabilidade na estocagem e armazenamento, uma maior resistência à herbicidas, custo mais baixo em razão do

533 Fonte: www.alimentostransgenicos.mht. Acesso em 20.04.18.

534 Castro, Josué – Geografia da fome – o dilema brasileiro: pão ou aço. 7.ed., Rio de Janeiro: Civilização brasileira, 2007, p. 11 e ss.

535 Castro, Josué – Geografia da fome – o dilema brasileiro: pão ou aço.p.13 e ss.

aumento da produtivdade e da eficiência de seu cultivo.[536] Como pontos negativos podemos apontar: alterações no meio ambiente, oriundas das características do plantio e da produção de super-pragas; aumento das reações alérgicas nos consumidoresem virtude das proteínas que elas produzem; alterações no sistema imunológico humano; a possibilidade de eliminação das plantas que não sofreram mutação genética, pelo processo de seleção natural, pois, as transgênicas possuem maior resistência às pragas e pesticidas; o aumento da resistência aos pesticidas e gerando maior consumo deste tipo de produto; desequilíbrios ao meio ambiente natural, pois apesar de eliminar pragas prejudiciais à plantação, o cultivo de plantas transgênicas pode, também, matar populações benéficas como abelhas, minhocas e outros animais e espécies de plantas. O *locus* em que o gene é inserido não pode ser controlado completamente, o que pode causar resultados inesperados uma vez que os genes de outras partes do organismo podem ser afetados; aumento do potencial de alergencidade para os seres humanos e para os animais; entre outros.[537]

Desta forma, cientistas do mundo todo estão desenvolvendo pesquisas sobre quais são as reais consequências da utilização de alimentos genéticos no organismo humano e no meio-ambiente. Consumidores de países onde já ocorre a comercialização de alimentos transgênicos exigem a sua rotulagem, assim como estão sendo feito com os orgânicos, para que possam ser distinguidos na hora da escolha do alimento.

Na comunidade internacional, podemos apontar os seguintes países como cultivadores de alimentos transgênicos: os Estados Unidos: melão, soja, tomate, algodão, batata, canola, milho; a União Europeia: tomate, canola, soja, algodão; a Argentina: soja, milho, algodão. Como questionamentos bioéticos envolvendo os alimentos transgênicos, temos: Quais são as reais consequências, a longo prazo, das transformações biotecnológicas? Quais os efeitos que poderão advir no futuro das mutações genéticas artificiais praticadas em animais e plantas? Quais os riscos que o meio ambiente poderá sofrer com a introdução dessa civilização transgênica? Teria o ser humano o direito de modificar geneticamente um animal ou

536 Lajolo, Franco Maria; Nutti, Marilia Regini – Transgênicos- bases científicas da sua segurança, São Paulo: SBAN, 2003, p. 9.
537 Diniz, Maria Helena – O Estado atual do biodireito, p. 730 e 731.

um vegetal criando espécies diferentes das existentes para atender a seus interesses ou carência de alimentos? Criar espécies mais resistentes realizando assim uma seleção natural artificial? E muitas outras...[538]

Visando adequar as atividades biotecnológicas aos resultados esperados, desenvolveram-se princípios, estratégias e metodologias que vem sendo discutidas em âmbito nacional e internacional aplicados quando da aprovação de OGM. Envolve "a análise do risco, o princípio da equivalência substancial e o princípio da precaução (gerenciamento dos riscos), ao lado de protocolos específicos (que analisam tendo em vista as novas características apresentadas pelos OGM os possíveis efeitos secundários de sua ingestão, seu potencial de toxicidade e seu impacto na dieta)".[539]

6.10.2. Rotulagem dos alimentos

Na atualidade os alimentos geneticamente modificados são consumidos isoladamente ou fazem parte da composição química de outros produtos alimentares. É sabido, que após a análise da biossegurança desses produtos, estaria este apto para ser disponibilizado ao consumidor. Ai entra a importância da rotulagem.[540] As discussões sobre rotulagem nutricional de alimentos produzidos e comercializados no Brasil tomaram forma a partir de 1998, mas somente em 2003 foi expedida a mais recente versão do Regulamento Técnico e entrou em vigor com a Resolução RDC n. 360 de 23.12.2003, editada pela Anvisa – Agência nacional de Vigilância Sanitária.[541]

A competência normativa relativa a alimentos no Brasil é exercida conjuntamente pelos Ministérios da Saúde, da Agricultura e também pela Agência Nacional de Vigilância Sanitária. Ocupa-se preferencialmente o Min. da Saúde da normatização e controle dos alimentos processados; o Min. da Agricultura em inspecionar a produção agropecuária, por meio do Serviço de Inspeção Federal (SIF), notadamente no que diz

[538] Diniz, Maria Helena – O Estado atual do biodireito, p. 767 e 768.

[539] Lajolo, Franco M; Marilia R Nutti – Transgênicos – bases científicas da sua segurança, p. 26 e 31.

[540] Morais, Roberta Jardim – Segurança e rotulagem de alimentos geneticamente modificados. Rio de Janeiro: Forense, 2004, p. 97.

[541] Nunes, Mercês da Silva – O direito fundamental à alimentação, p. 85.

respeito aos agentes contaminantes químicos e biológicos usados na produção agropecuária.

Já a Anvisa deve atuar no controle do exercício das atividades produtivas e de interesse público mediante o estímulo à competição e à inovação, sendo ainda de sua competência a responsabilidade pela normatização dos padrões de identidade e qualidade dos produtos, embalagens e rotulagem de alimentos. Assim, "a partir de dados epidemiológicos e acompanhando a evolução e desenvolvimento tecnológico e científico, os órgãos responsáveis pela Vigilância Sanitária regulamentam e controlam, em conformidade com as disposições insertas na legislação vigente, as questões relevantes para a saúde pública".[542] Dessa sorte, a preocupação com a rotulagem de alimentos vem ganhando nos debates atuais sobre saúde, segurança alimentar e direitos do consumidor, tendo em vista a diversidade de produtos oferecidos ao consumo já desenvolvidos ou em desenvolvimento oriundo do desenvolvimento biotecnológico.

A legislação atinente à rotulagem geral de alimentos advém do Decreto n. 986/1969 que instituiu as normas básicas sobre alimentos e pela Resolução RDC n. 360/2003 que criou o Regulamento Técnico para rotulagem nutricional obrigatória de alimentos e bebidas embalados. A Lei n. 8.080/1990 conceituou as ações de Vigilância Sanitária – sendo de seu mister eliminar, diminuir ou prevenir riscos à saúde e de intervir nos problemas sanitários decorrentes do meio ambiente, da produção e circulação de bens e da prestação de serviços de interesse da saúde (art. 6º). A rotulagem nutricional passa a ser um importante instrumento de que se vale o consumidor nas suas decisões de consumo, que na maioria das vezes, são tomadas em função das informações declaradas nos rótulos dos produtos relativas á sua composição, propriedades nutricionais, inserção de aditivos – em suas diversas modalidades, e mesmo presença de elementos transgênicos.[543]

[542] NUNES, Mercês da Silva – O direito fundamental à alimentação, p. 86.

[543] No que tange à biotecnologia de alimentos – que se ocupa intimamente das diversas fases da alimentação que se inclui o preparo, armazenamento, processamento, controle, embalagem, distribuição e utilização dos alimentos, inúmeros são os tipos de aditivos empregados na indústria de alimentos para garantir-lhe a manutenção das suas características organolépticas tradicionais, viabilizando a manutenção de seu sabor, coloração,

O rótulo deve conter uma explicação geral de todos os componentes utilizados naquele produto, incluindo a porcentagem de ingestão diária recomendada de acordo com a Portaria n. 33/1998 tendo em vista os parâmetros nutricionais estabelecidos pela ciência da nutrição. Tendo em vista as variações do estado físico dos alimentos embalados, estabeleceu-se que os valores rotulados devem corresponder ao alimento na forma como ele está exposto à venda.[544]

Sobre a rotulagem dos alimentos embalados que contenham ou que sejam produzidos com OGM, foi editado o Decreto n. 3.871/2001 – que estipula a obrigatoriedade de informação do seu conteúdo nutricional sempre que a presença de OGM ultrapasse 4% do produto. É de grande importância para as ciências da nutrição as questões atinentes à tecnologia alimentar, pois abrange esta o estudo, a pesquisa, o melhoramento, a defesa, o aproveitamento e a aplicação da matéria prima transformando-a em produtos alimentícios, beneficiando-os, ampliando-lhes o valor energético e nutricional, adequando-os às exigências alimentares individuais e globais; e finalmente, valendo-se das técnicas de biotecnologias, produzir alimentos modificados geneticamente, visando a proteção dos problemas alimentares que acometem a população atual, o meio ambiente e a oferta de alimentos para as gerações futuras.[545]

A rotulagem dos produtos alcança as discussões atinentes aos alimentos transgênicos. Além dos rótulos dos produtos nacionais é necessário que sejam analisados os produtos importados produzidos através da biotecnologia. Esta, além de fornecer segurança ao consumidor pelas informações que contêm, possibilita também uma diferenciação de marketing de um produto/marca para outro, desencadeando e aprimorando a concorrência entre os produtores, e evitando a prática enganosa no consumo de produtos alimentícios, tal como prevê o CDC em seus artigos

consistência e higiene, como acidulantes, edulcorantes, antioxidantes, aromatizantes, conservantes, corantes, estabilizantes e emulsifcantes.

544 Como Resolução da Anvisa, o conteúdo dos rótulos de alimentos deve conter a declaração quantitativa dos componentes alimentares daquele produto: teor de carboidratos, proteínas, gorduras – totais, trans, sódio e seu valor energético.

545 Evangelista, José – Tecnologia de Alimentos, Rio de Janeiro: Livraria Atheneu, 1987, p. 3.

4º, 6º, 8º, 30 e 36; a Lei de Biossegurança em seu art. 40 e o Decreto n. 4.680/2003 em seu art. 2º.

Na legislação europeia a rotulagem é obrigatória para produtos que apresentem mais de 1% de transgenia na sua composição.[546] O Decreto n.4.680/2003 regulamenta o direito à informação quanto a alimentos que contenham ou que sejam produzidos a partir de OGM. Por isso, a Portaria n. 2.658/2003 do Min. da Justiça aprova o Regulamento para o uso do símbolo transgênico que comporá a rotulagem dos alimentos e componentes alimentares destinados ao consumo humano ou animal embalados, vendidos a granel ou in natura, que contenham ou sejam produzidos a partir de OGM.

Assim sendo, não há dúvida de que a engenharia genética traz, de um lado, muitos benefícios à humanidade, pois grande parte dos alimentos consumidos na atualidade resulta de processos de melhoramento genético: cerca de 60% dos alimentos industrializados contém algum tipo de matéria-prima transgênica: podem ter soja transgênica: sorvetes, achocolatados, balas, salsichas, biscoitos, cereais, queijos feitos com leite de soja, carne de soja, leite em pó, alimentos para bebês, sucrilhos, pipoca. O óleo de milho pode ser derivado de milho transgênico; assim como o catchup, molhos e sucos de tomate são produtos industrializados que podem advir de tomates transgênicos.[547]

Há necessidade também de um programa de educação ao consumidor, que possibilite o entendimento da informação para a escolha do alimento através dos rótulos, pois a escolha correta do alimento é vital para a manutenção da saúde, da prevenção, detecção e tratamento de diversas patologias, mormente relacionadas à dieta. Nesse sentido podemos prever que a educação nutricional faz parte da educação em saúde, pois condiciona a correta escolha dos alimentos que comporão a ração alimentar diária do cidadão.

[546] Fonte: Comissão Técnica Nacional de Biossegurança. legislação e documentos. Disponível em www.met.gov.br/ctnbio/leisedocs.
[547] Diniz, Maria Helena – O Estado atual do biodireito, p. 763 e 764.

6.10.3. A legislação dos transgênicos no plano nacional e internacional

À luz do artigo 225 da Constituição Federal Brasileira: "Todos tem direito ao meio ambiente ecologicamente equilibrado, bem de uso comum do povo e essencial a sadia qualidade de vida, impondo-se ao Poder Público e à coletividade o dever de defendê-lo e preservá-lo para aspresentes e futuras gerações". Para tanto é importante o estudo prévio do impacto ambiental frente a legalização da produção de alimentos transgênicos, à luz do art. 225, IV da CF; incumbe ainda ao Poder Público preservar a diversidade e a integridade do patrimônio genético do país e fiscalizar as entidades dedicadas à pesquisa e manipulação de material genético, art.225,II CF. Vê-se desta forma que o legislador constitucional dedicou especial atenção à biodiversidade.[548]

Também incumbe ao Estado promover e incentivar o desenvolvimento científico, pesquisa e capacitação tecnológicas, tendo em vista o bem público e o progresso das ciências, bem como o desenvolvimento do sistema produtivo nacional, art. 218, §§ 1º e 2º da CF. Diante de dois valores aparentemente antinômicos é que a legislação pátria e as Convenções internacionais fazem menção ao desenvolvimento sustentável, como fator de grande relevância. Em seara infraconstitucional destacam-se:

A Lei n. 6.938/1981 - que dispõe sobre a Política Nacional do Meio Ambiente. "Meio ambiente, é o conjunto de condições, de leis, influências e interações de ordem física, química e biológica, que permite, abriga e rege a vida em todas as suas formas". A Lei n. 7.802/1989 - lei de Agrotóxicos, regulamentada pelo Decreto n. 4.074/2002 também se refere aos OGM visto que certas modalidades de OGM, assim como os agrotóxicos destinam-se à preservação de produtos agrícolas, pastagens e florestas da ação danosa de seres nocivos. A Lei n. 8.078/1990 - Código de Defesa do Consumidor - arts. 6º, 7º, 9º.Em 1995 foi aprovada a Lei de Biossegurança no Brasil, Lei n. 8.974/1995, que gerou a constituição da CTNBio (Comissão Técnica Nacional de Biossegurança), pertencente ao MCT (Ministério da Ciência e Tecnologia) e que tutela a atividade de manipulação genética. Este fato permitiu que se iniciassem os testes de

[548] MALUF, Adriana Caldas do Rego Freitas Dabus - Limitações urbanas ao direito de propriedade, São Paulo: Atlas, 2010, p. 255.

campo com cultivos geneticamente modificados, que são hoje mais de 800 transgênicos à venda.

O Decreto n. 3.871/2001, que disciplina a rotulagem de alimentos embalados que contenham ou sejam produzidos com OGM. A Lei n. 10.668/2003 (origem MP n. 113/2003) – que estabelece normas para o plantio e comercialização da produção da soja da safra de 2003 além da Lei n. 10.814/2003 (origem MP n. 131/2003) – que estabelece normas para o plantio e comercialização da produção de soja geneticamente modificada da safra de 2004. O Decreto n. 4.680/2003 regulamenta o direito à informação quanto a alimentos que contenham ou sejam produzidos a partir de OGM. A Portaria n. 2.658/2003 do Ministério da Justiça aprova o Regulamento para o uso símbolo transgênico que comporá a rotulagem dos alimentos destinados ao consumo humano ou animal[549]. Revogando a lei anterior, a nova Lei de biossegurança, Lei n. 11.105/2005 em seus artigos 7º, II, 8º, II, 10, 14 e 30 admite pesquisas na área de engenharia genética para soja, milho, arroz, batata, fumo, algodão, cana-de-açúcar e trigo (daí a importância da rotulagem de alimentos embalados que contenham OGM para informar o consumidor).

Refere seu art. 1º "Esta Lei estabelece normas de segurança e mecanismos de fiscalização sobre a construção, o cultivo, a produção, a manipulação, o transporte, a transferência, a importação, a exportação, o armazenamento, a pesquisa, a comercialização, o consumo, a liberação no meio ambiente e o descarte de organismos geneticamente modificados – OGM e seus derivados, tendo como diretrizes o estímulo ao avanço científico na área de biossegurança e biotecnologia, a proteção à vida e à saúde humana, animal e vegetal, e a observância do princípio da precaução para a proteção do meio ambiente"

À luz do art. 2º § 3º "Os interessados em realizar atividade prevista nesta Lei deverão requerer autorização à Comissão Técnica Nacional de Biossegurança – CTNBio, que se manifestará no prazo fixado em regulamento" e§ 4º As organizações públicas e privadas, nacionais, estrangeiras ou internacionais, financiadoras ou patrocinadoras de atividades ou de projetos referidos *no caput* deste artigo devem exigir a apresentação de

549 Diniz, Maria Helena – O Estado atual do biodireito, p. 764.

Certificado de Qualidade em Biossegurança, emitido pela CTNBio, sob pena de se tornarem corresponsáveis pelos eventuais efeitos decorrentes do descumprimento desta Lei ou de sua regulamentação".

Dispõe o art. 3º "Para os efeitos desta Lei, considera-se: V – organismo geneticamente modificado – OGM: organismo cujo material genético – ADN/ARN tenha sido modificado por qualquer técnica de engenharia genética". À luz do art. 6º Fica proibido: "I – implementação de projeto relativo a OGM sem a manutenção de registro de seu acompanhamento individual; II – engenharia genética em organismo vivo ou o manejo *in vitro* de ADN/ARN natural ou recombinante, realizado em desacordo com as normas previstas nesta Lei; V – destruição ou descarte no meio ambiente de OGM e seus derivados em desacordo com as normas estabelecidas pela CTNBio, pelos órgãos e entidades de registro e fiscalização, referidos no art. 16 desta Lei, e as constantes desta Lei e de sua regulamentação;VI – liberação no meio ambiente de OGM ou seus derivados, no âmbito de atividades de pesquisa, sem a decisão técnica favorável da CTNBio e, nos casos de liberação comercial, sem o parecer técnico favorável da CTNBio, ou sem o licenciamento do órgão ou entidade ambiental responsável, quando a CTNBio considerar a atividade como potencialmente causadora de degradação ambiental, ou sem a aprovação do Conselho Nacional de Biossegurança – CNBS, quando o processo tenha sido por ele avocado, na forma desta Lei e de sua regulamentação".

Dispõe o art. 7º que são obrigatórias: I – a investigação de acidentes ocorridos no curso de pesquisas e projetos na área de engenharia genética e o envio de relatório respectivo à autoridade competente no prazo máximo de 5 (cinco) dias a contar da data do evento;II – a notificação imediata à CTNBio e às autoridades da saúde pública, da defesa agropecuária e do meio ambiente sobre acidente que possa provocar a disseminação de OGM e seus derivados;III – a adoção de meios necessários para plenamente informar à CTNBio, às autoridades da saúde pública, do meio ambiente, da defesa agropecuária, à coletividade e aos demais empregados da instituição ou empresa sobre os riscos a que possam estar submetidos, bem como os procedimentos a serem tomados no caso de acidentes com OGM.

Cria no art. 8º a Comissão Nacional de Biossegurança, CNBS, vinculado à Presidência da República, órgão de assessoramento superior do

Presidente da República para a formulação e implementação da Política Nacional de Biossegurança – PNB. No art. 10º garante à CTNBio (Comissão Técnica Nacional de Biossegurança) em seu Parágrafo único "deverá acompanhar o desenvolvimento e o progresso técnico e científico nas áreas de biossegurança, biotecnologia, bioética e afins, com o objetivo de aumentar sua capacitação para a proteção da saúde humana, dos animais e das plantas e do meio ambiente", cujas intrínsecas competências técnicas vêm elencadas no art. 14.

À luz do art. 16. "Caberá aos órgãos e entidades de registro e fiscalização do Ministério da Saúde, do Ministério da Agricultura, Pecuária e Abastecimento e do Ministério do Meio Ambiente, e da Secretaria Especial de Aquicultura e Pesca da Presidência da República entre outras atribuições, no campo de suas competências, observadas a decisão técnica da CTNBio, as deliberações do CNBS e os mecanismos estabelecidos nesta Lei e na sua regulamentação:I – fiscalizar as atividades de pesquisa de OGM e seus derivados;II – registrar e fiscalizar a liberação comercial de OGM e seus derivados;III – emitir autorização para a importação de OGM e seus derivados para uso comercial; IV – manter atualizado no SIB (sistema de informação de biossegurança) o cadastro das instituições e responsáveis técnicos que realizam atividades e projetos relacionados a OGM e seus derivados; V – tornar públicos, inclusive no SIB, os registros e autorizações concedidas; VI – aplicar as penalidades de que trata esta Lei; VII – subsidiar a CTNBio na definição de quesitos de avaliação de biossegurança de OGM e seus derivados".

Dispõe seu § 3º "A CTNBio delibera, em última e definitiva instância, sobre os casos em que a atividade é potencial ou efetivamente causadora de degradação ambiental, bem como sobre a necessidade do licenciamento ambiental"; § 4º A emissão dos registros, das autorizações e do licenciamento ambiental referidos nesta Lei deverá ocorrer no prazo máximo de 120 (cento e vinte) dias; § 6º As autorizações e registros de que trata este artigo estarão vinculados à decisão técnica da CTNBio correspondente, sendo vedadas exigências técnicas que extrapolem as condições estabelecidas naquela decisão, nos aspectos relacionados à biossegurança; § 7º Em caso de divergência quanto à decisão técnica da CTNBio sobre a liberação comercial de OGM e derivados, os órgãos e entidades de registro e fiscalização, no âmbito de suas competências, poderão apresentar recurso ao CNBS, no prazo de até 30 (trinta) dias, a contar da data de publicação da decisão técnica da CTNBio".

À luz do art. 17. "Toda instituição que utilizar técnicas e métodos de engenharia genética ou realizar pesquisas com OGM e seus derivados deverá criar uma Comissão Interna de Biossegurança – CIBio, além de indicar um técnico principal responsável para cada projeto específico". Estabelece em seu art. 20 os parâmetros de responsabilização civil e administrativa dos participes do processo de criação e divulgação dos OGM que criem danos ao meio ambiente. Estabelece ainda penalidades às práticas definidas nesta lei em seus arts. 24 e seguintes, cuja maior crítica que se faz é que seriam insipientes frente aos danos causados pela prática biotecnológica em dissonância ao estabelecido na lei.

No plano internacional, referente ao tema, temos a Convenção sobre a biodiversidade aprovada em 1992, durante a Conferência das nações Unidas para o Meio Ambiente (ECO-92), a Convenção sobre a Diversidade biológica (art.19).

6.10.4. Alimentos transgênicos: posicionamento do Conselho Federal de Nutrição

Como profissional responsável pela avaliação da qualidade dos alimentos, o nutricionista enfrenta permanentes desafios determinados pelo incessante surgimento de produtos que concorrem para novos efeitos na saúde humana.[550] O Conselho Federal de Nutricionistas mantém a política de dispensar esforços no sentido de acompanhar e avaliar os assuntos relacionados à alimentação e nutrição a fim de fundamentar seu posicionamento, principalmente, em relação a assuntos polêmicos. Um dos seus objetivos busca, através de publicação de documentos norteadores da prestação de serviços do nutricionista, atender ao anseio da sociedade quanto a esclarecimentos e informações sobre produtos disponibilizados para alimentação.

Assim, após extensiva análise dos fundamentos prós e contras a produção desses alimentos, sob o enfoque da economia, da proteção ao meio ambiente, da sustentabilidade agrícola e da proteção da saúde humana,

[550] Fonte: www.Transgenicos_CFN. Acesso em 22.04.16.

o Plenário do CFN decide por manifestar-se contrário à comercialização dos alimentos transgênicos. A conclusão dos estudos realizados até o momento aponta para a existência comprovada de efeitos adversos altamente prejudiciais aos diversos elementos do planeta, principalmente para os seres humanos.

Nesse sentido, conclama os nutricionistas a dirigir suas ações para o esclarecimento técnico da sociedade quanto aos riscos potenciais na utilização de alimentos transgênicos, a fim de instruí-la em defesa dos abusos cometidos por decisões públicas pautadas em interesses particulares. O papel que o nutricionista poderá desempenhar neste cenário é fundamental para o crescimento de uma sociedade saudável no nosso País. Quanto às publicações do Conselho Federal de Nutrição sobre os transgênicos, foi publicada em 2002 pelo governo do Estado do Rio de Janeiro a Lei n. 3.967 que veta o cultivo de transgênicos e a comercialização de produtos com substâncias provenientes de OGM para alimentação humana e animal no estado até que se prove que o produto não traz danos à saúde ou ao meio ambiente. O Rio de Janeiro é o quarto estado que proíbe os transgênicos, assim como o Pará, Mato Grosso do Sul e Santa Catarina.

6.10.5. Alimentos transgênicos e biossegurança

É muito importante a avaliação da segurança e de qualidade dos alimentos dados os efeitos do seu consumo na saúde humana. O termo *food safety* – alimento seguro – significa garantia do consumo alimentar seguro no âmbito da saúde coletiva, ou seja, são produtos livres de contaminantes de natureza química (agroquímicos), biológicas (organismos patogênicos), física ou de outras substâncias que possam colocar em risco sua saúde.

Já o termo *food security* – segurança alimentar – é a garantia de acesso ao consumo de alimentos e abrange todo o conjunto de necessidades para a obtenção de uma nutrição adequada à saúde. No Brasil utiliza-se a denominação de segurança alimentar para os dois enfoques, sendo que os programas de segurança alimentar devem propiciar um controle de qualidade efetivo de toda a cadeia alimentar, desde a produção, armazenagem, distribuição até o consumo do alimento *in natura*.

No âmbito internacional, a segurança alimentar é preconizada por organismos e entidades como a Organização para Agricultura e Alimentos (FAO) e a Organização Mundial da Saúde (OMS). No âmbito nacional, o Ministério da Saúde, da Agricultura e Abastecimento. No Brasil, o processo que garante a segurança e a qualidade dos alimentos, por parte do governo, das unidades de produção agropecuária, das indústrias e dos distribuidores, e dos consumidores, enfrenta dificuldades em face das políticas públicas que estão cada vez mais orientadas para a descentralização estadual e municipal. A realidade brasileira aponta para um alto índice de fome e miséria por parte da população e também para a falta de controle de qualidade efetivo, de vital importância para a segurança alimentar.

O Ministério da Saúde é responsável pela fiscalização dos produtos industrializados, o qual tem por atribuição o respectivo controle de segurança da qualidade. A Agência Nacional de Vigilância Sanitária (ANVISA) coordena o sistema de controle nos serviços de alimentação - *food service.* O Ministério da Agricultura e do Abastecimento realiza a fiscalização e o controle de bebidas e dos produtos de origem animal, este por meio de Serviços de Inspeção Federal (SIF).É responsável pela inspeção e classificação dos produtos agrícolas e pelo controle da segurança dessa produção.

A FAO considera biossegurança a correlação do uso sadio e sustentável do meio ambiente, dos produtos biotecnológicos e as intercorrências para a saúde da população: biodiversidade e sustentabilidade ambiental, com vistas a segurança alimentar global. A Comissão Técnica Nacional de Biossegurança (CTNBio), órgão do Ministério da Ciência e Tecnologia, criada pelo poder executivo, através da Lei n. 8.974/1995 e o Decreto 1.752/1995, o qual dispõe sobre a vinculação, competência e composição, afirma que "a biotecnologia colocará o Brasil em condições de competir em pé de igualdade com as nações mais desenvolvidas, melhorando em qualidade e quantidade a produção de alimentos permitindo o desenvolvimento de novos medicamentos, vacinas e insumos e trazendo melhoria na qualidade de vida do cidadão brasileiro" .

Não obstante as controvérsias que encerra, o novo mercado envolvendo os produtos transgênicos cresce vertiginosamente e vários são os embates entre companhias, governos, ambientalistas e pesquisadores.

A biossegurança virou batalha internacional, as negociações sobre a regulamentação do comércio de OGM, envolvem bilhões de dólares. Importante é também nessa seara a proteção ao meio ambiente nos moldes do estipulado na Lei n. 6.938/1981, que se refere à política nacional do maio ambiente. Assim, persiste a demanda pela aprovação do plantio das sementes transgênicas.

6.10.6. Alimentos transgênicos: propriedades nutricionais

A alimentação humana, direito fundamental submete-se a diversos fatores que podem alterar sua disponibilidade, ou dificultar sua utilização, impedindo o aproveitamento dos nutrientes contidos nos alimentos, tais como: a produção e distribuição de alimentos, as perdas de alimentos durante sua proteção, as questões que envolvem o transporte e o armazenamento, a conservação dos alimentos – tendo em vista suas características organolépticas e valor nutricional, a segurança nutricional oriunda do processamento industrial e alteração biotecnológica, além da potencialidade de elementos nocivos à saúde. [551] Em matéria de nutrição, podemos apontar a sua importância suprema na manutenção dos processos vitais uma vez que viabilizam a organização física e química da matéria viva através do perfeito equilíbrio e funcionamento dos elementos que a compõe. [552]

Uma das propriedades de certos alimentos transgênicos é a de serem mais nutritivos do que os alimentos convencionais, como é o caso do arroz dourado (*Oryza sativa*), que tem grandes quantidades de betacaroteno (substância que origina a vitamina A). Outros, ainda, podem agregar genes responsáveis pela produção de hormônios ou substâncias que ajudam a evitar doenças, como o tomate transgênico que produz flavonóides (um tipo de antioxidante) em grandes quantidades. Embora muitos dos benefícios sejam evidentes e até esperados pela população, dados do IBOPE de 2001 mostram que 74% dos entrevistados preferem alimentos não-transgênicos; enquanto 14% dizem optar por organismos geneticamente modificados (OGM).

[551] Evangelista, José – Tecnologia de Alimentos, p. 31.

[552] Solá, Jaime Espejo – Manual de dietoterapia do adulto, 6.ed., Rio de Janeiro: Livraria Atheneu, 1988, p. 2.

As novas técnicas na área de biotecnologia permitem o desenvolvimento de plantas e animais com seu conteúdo genético modificado, produzindo alimentos com mais eficiência e com propriedades nutricionais melhoradas, mudando assim o perfil nutricional da população.[553] Entre os pesquisadores, é consenso que não existe risco zero em transgênicos. Como principais riscos da inserção de um ou mais genes no código genético de um organismo está a produção de novas proteínas alergênicas ou de substâncias que provocam efeitos tóxicos não identificados em testes preliminares. Foi o que ocorreu em 1989, nos Estados Unidos, quando consumidores de um complemento alimentar contendo triptofano produzido por bactérias transgênicas adquiriram a síndrome de eosinofilia-mialgia, causando a morte de 37 pessoas e a invalidez de outras 1500. O fato é que testes realizados antes da liberação para consumo haviam estabelecido "equivalência substancial", ou similaridade na composição do produto não transgênico. Mas o que os engenheiros genéticos não contavam é que, com a alteração genética as bactérias começassem a produzir um novo aminoácido (unidade de uma proteína) extremamente tóxico, como ocorreu.[554]

Manifestando-se sobre o tema, a Sociedade de Toxicologia, publicou em 2002 um documento referente à segurança dos alimentos geneticamente modificados, no qual especifica que os efeitos adversos dos alimentos geneticamente modificados não são diferentes dos alimentos convencionais; a segurança dos alimentos OGM é semelhante a de outros alimentos; as modificações na composição dos alimentos OGM são muito pequenas.

Para J E Dutra de Oliveira, "o futuro dos alimentos geneticamente modificados está no cuidado científico e sério, na continuidade das pesquisas, apoiado no conceito e na visão de uma ciência eticamente responsável e humanista".[555] As culturas transgênicas de alimentos autorizados

553 Lajolo, Franco M; Nutti, Marilia R – Transgênicos – bases científicas da sua segurança, p. 93.
554 Lajolo, Franco M; Nutti, Marilia R – Transgênicos – bases científicas de sua segurança, p. 37 e 38.
555 Oliveira, J E Dutra de – Prefácio. In. Lajolo, Franco M; Nutti, Marilia R – Transgênicos – bases científicas da sua segurança, p. 11.

para comercialização são inúmeras: na Argentina, a soja em 1996, o milho e o algodão em 1998; no Canadá, o milho e o algodão em 1996, a canola em 1997, a soja e o melão em 1998, a batata e o trigo em 1999; nos Estados Unidos, o melão, a soja, o tomate, o algodão e a batata em 1994, a canola e o milho em 1995; no Japão, a soja, a canola, a batata e o milho em 1996, o algodão e o tomate em 1997; na União Europeia, o tomate e a canola em 1995, a soja em 1996, o milho em 1997, a batata e o algodão em 1998.

Na África do Sul, as plantações de milho transgênico da Monsanto, se demonstraram estéreis prejudicando os rendimentos de 400 exploradores, causando prejuízos inomináveis aos cultivadores. É válido ressaltar que o país é o oitavo produtor mundial de de OGM e que 62% do milho é assim geneticamente modificado. O debate local sobre os riscos dos OGM é praticamente inexistente no local. Na Argentina, um estudo realizado confirmou os efeitos nocivos do glifosfato, um pesticida muito utilizado no cultivo de soja transgênica. Para chegar a semelhante conclusão, os pesquisadores do Conselho Nacional de Pesquisas Científicas e Técnicas da Faculdade de Medicina da Universidade de Buenos Aires valeram-se das pesquisas realizadas com embriões.[556]

Na Alemanha, o Tribunal Administrativo alemão rejeitou o recurso oferecido pelo grupo Monsanto contra a produção de seu milho transgênico MON 810, por acreditar que após a realização de testes preliminares este não apresentava características organolépticas seguras para o consumo em larga escala.[557] Por decisão do juiz A. S. Prudente, da 6a Vara Federal de Brasília, por ação impetrada pelo IDEC e o *Greenpeace*, tendo o Instituto Brasileiro do Meio Ambiente e dos Recursos Naturais Renováveis (IBAMA) como *litis consorsio*, foi suspensa a comercialização das sementes de soja transgênica, enquanto não for realizado o estudo prévio de impacto ambiental e a avaliação de riscos à saúde, além de outras determinações, para a aprovação do plantio no país.

O mundo se encontra na era do supermercado transgênico, alimentos com os genes modificados chegam à mesa dos consumidores. Entre-

[556] Fonte: Lemonde.fr – La synthése de presse bioéthique – OGM – Monsanto au coeur de la polemique – acesso em 11.5.2009.

[557] Fonte: Lemonde.fr – La synthése de presse bioéthique – le Mais MON 810 interdit em Allemagne. Acesso em 7.5.2009.

tanto, a maior discordância ocorre entre os Estados Unidos, que é o maior exportador de produtos desenvolvidos por engenharia genética, e a Europa, que, juntamente com a maioria dos países do terceiro mundo, temem que as lavouras de OGM tenham efeitos devastadores sobre a biodiversidade e as tradições culturais de suas populações.

Pensamos com Greiner quando destaca que os principais argumentos da rejeição dos alimentos transgênicos na Europa são: a inexistência da necessidade de produzir alimentos a partir da engenharia genética; os riscos que a prática encerra; o aspecto religioso; os efeitos de longo prazo, ainda não totalmente decifrados e que devem ser estudados tendo em vista a saúdeda população eo risco ambiental.[558] Desde a década de 1980 os organismos internacionais como a Organização para Cooperação Econômica e Desenvolvimento (OECD), FAO e OMS estabeleceram parâmetros para avaliar a segurança alimentar de produtos da tecnologia de DNA/RNA recombinante, fundamentando-se no conceito de equivalência nutricional, criticada pelos cientistas e nutrólogos.[559]

Do ponto de vista da saúde pública, é imperioso que se faça um aprofundado exame dos riscos, potencialidade e viabilidades da utilização e comercialização em larga escala dos produtos transgênicos, pois a realização de testes biológicos, toxicológicos e imunológicos ao invés da equivalência substancial, é vital para garantir a análise da existência de toxinas prejudiciais, carcinogênicas e mutagênicas. Os produtos devem apresentar inocuidade, características nutricionais idênticas ao alimento convencional e ausência de efeitos indesejáveis, para poderem ser autorizados para consumo, não previsto explicitamente na legislação brasileira.

Na Conferência das Partes de 1996, na Argentina, foi aprovado o uso das Normas Técnicas em Biossegurança do Programa das Nações Unidas para o Meio Ambiente (PNUMA), fazendo referência a saúde humana e a segurança ambiental na aplicação da biotecnologia, que vai da pesquisa e desenvolvimento até a comercialização dos produtos biotecnológicos. Em janeiro de 2000, em Montreal, no Canadá, foi assinado por 176 países

558 Greiner, R. Engenharia genética produz alimentos modificados. *Notícias SBAN*, São Paulo, n.2, p. 3-4, 1999.

559 World Health Organization. Division of Food and Nutrition. Guidelines for strengthening a National Food Safety Programme. Geneve, 1996.

o Protocolo de Cartagena ou Protocolo Internacional de Biossegurança, o qual permite um controle maior sobre os OGM, pois impõe condições para o comércio internacional dos produtos transgênicos, onde os pontos principais são: o princípio de precaução e a rotulagem dos produtos transgênicos.

Este princípio, segundo Nodari e Guerra deve ser adotado em caso de dúvida ou falta de conhecimento científico e é uma alternativa que visa proteger a vida, e trata das ações antecipatórias para proteger a saúde das pessoas e dos ecossistemas.[560] Podemos concluir que ainda faltam dados precisos que possam permitir uma avaliação conclusiva para a liberação definitiva dos alimentos transgênicos.

6.10.7. A proteção do meio ambiente

A proteção do meio ambiente encontra-se este intimamente ligado à bioética e ao biodireito, por ser um bem essencial à vida e à manutenção de sua qualidade, posto que uma vida saudável implica no direito a um ambiente ecologicamente equilibrado, que preserve a biodiversidade e que volte sua preocupação aessa conservação para a presente e para as futuras gerações. O direito ao meio ambiente é um direito personalíssimo protegido nas Cartas Constitucionais. A propriedade, embora uma e exclusiva, possui limitações a sua utilização. Assim sendo, nasce a noção de que a agressão ecológica atinge à humanidade como um todo, e nesse sentido, a preservação do meio ambiente impõe importantes limitações ao direito de propriedade.[561] Assim, preconiza em seu artigo 225 "Todos têm direito ao meio ambiente ecologicamente equilibrado, bem de uso comum do povo e essencial à sadia qualidade de vida, impondo-se ao Poder Público e à coletividade o dever de defendê-lo e preservá-lo para as presentes e futuras gerações".[562] A Lei n. 6.938/1981 dispõe sobre a

[560] Nodari, R.O., Guerra, M.P. Plantas Transgênicas e seus produtos: impactos, riscos e segurança alimentar. *In*: Simpósio Sul-brasileiro de alimentação e nutrição: história, ciência e arte, 2000, Florianópolis.

[561] Maluf, Adriana Caldas do Rego Freitas Dabus – Limitações urbanas ao direito de propriedade, São Paulo: Atlas, 2010, p. 236 e 237.

[562] Fiorillo, Celso Antonio Pacheco. Curso de direito ambiental brasileiro, 4.ed., São Paulo: Saraiva, 2003, p. 11.

Política Nacional do Meio Ambiente e consigna a sua definição como "o conjunto de condições, leis, influências e interações de ordem física, química e biológica, que permite, abriga e rege a vida em todas as suas formas (art.3º)".Assim, de acordo com o preceito legal, o ambiente representa um processo histórico de domínio e transformação, decorrente das atividades realizadas pelo homem, modificando o seu espaço natural. Este é formado pela *biosfera,* que representa a natureza em si considerada, não envolvendo a participação do homem; a *tecnosfera,* soma de utensílios, produto da técnica humana; e a *ecosfera*: união do que advém da natureza (biosfera) com o que foi criado pela mão do homem (tecnosfera).[563]

No sentido estrito do termo, ambiente significa aquilo que cerca ou envolve os seres vivos ou as coisas, sendo, pois, uno e indiviso, em constante transformação. Paulo Affonso Leme Machado, concebe uma tríplice divisão do meio ambiente: o meio ambiente natural, ou físico, refere-se ao solo, ao ar, à flora e à fauna, ou seja, liga-se aos componentes que naturalmente compõem o equilíbrio do ecossistema (encontra escopo no artigo 225, § 1º,I, VII da Constituição Federal); o meio ambiente cultural refere-se a toda criação do homem que denota um sentido ou valor destacado, especial, traduzindo a história do povo, suas crenças, sua cultura, seus elementos identificadores (encontra escopo no artigo 216 da Constituição Federal); o meio ambiente artificial refere-se ao espaço urbano construído, ou seja às cidades, consistente no conjunto de edificações realizadas, assim como nos equipamentos públicos (encontra escopo no art. 5º, XXIII, que impõe que a propriedade atenderá sua função social; art. 21, XX, que institui diretrizes para o desenvolvimento urbano, no que concerne à habitação, saneamento básico e transportes urbanos; art. 182, referente à política urbana; e art. 225 da Constituição Federal, além das leis infra constitucionais).[564]

O meio ambiente pode ser tutelado a nível nacional ou internacional. No plano internacional, a Declaração de Estocolmo, de 1972, representou o grande marco para uma efetiva e sistemática defesa e proteção

563 MALUF, Carlos Alberto Dabus. Limitações ao direito de propriedade, 2.ed., São Paulo: Ed. Revista dos Tribunais, 2005, p. 217.

564 MACHADO, Paulo Affonso Leme. Direito ambiental brasileiro, 10.ed., São Paulo: Malheiros, 2002, p. 46

do meio ambiente em nível internacional. Nesse sentido, a preocupação ambiental veio a tornar-se uma tônica presente na legislação dos países desenvolvidos. A partir de 1973, com o primeiro programa de ação em matéria ambiental, adotou-se uma política visando reduzir a poluição e outros danos, além de incentivar o uso racional dos recursos naturais, desfavorecendo a utilização de agentes nocivos ao meio terrestre.[565]

No plano nacional a tutela do meio ambiente vem prevista na esfera municipal, e na nacional. Busca-se com isso alcançar uma maior e mais efetiva proteção. A lei atribui à União Federal a competência material de instituir diretrizes para o desenvolvimento urbano (art. 22, XX da CF) e competência legislativa concorrente para a proteção e defesa da saúde (art. 24, XII da CF).

À luz da Constituição Federal, art. 225, e da legislação atinente à matéria ambiental, vê-se que a propriedade detém uma função ambiental, que concorre para a garantia da qualidade de vida da sociedade. Com base nessa função ambiental da propriedade, pode-se cobrar a utilização social dos bens ambientais cujo uso, gozo e fruição são de uso comum da coletividade, visando seu pleno desenvolvimento e bem-estar. Engloba, portanto, uma dupla concepção: a social, prevista no art. 5º, XXII, e a econômica, contida no art. 170, III e IV, ambos da Constituição Federal.[566]

O Estatuto da Cidade, Lei n. 10.257/2001, também prevê em seu art. 2º, VI, *g*. art. 2º, XII, a proteção do meio ambiente natural e construído; em seu art. 4º – dos instrumentos da política urbana – refere-se ao zonea-

[565] A tutela do meio ambiente está presente nas Constituições e Leis Federais de vários países europeus, como Portugal (Constituição de 1974, art. 66), Espanha (Constituição de 1978, art. 45); Inglaterra (Leis de 1951, 1961, 1962, 1967 e 1968 sobre prevenção da poluição de fumaças, tutela de belezas das cidades, sobre planificação urbana e rural, etc); França (Código Urbanístico e Lei n. 76-629, de 10-7-1976 sobre a proteção da natureza) entre outros. Também nos Estados Unidos, em especial nos últimos dez anos, fez-se notar um aumento considerável das atividades relacionadas à conservação do meio ambiente, incluindo a participação dos setores público e privado. Em matéria ambiental dispõem da Lei de 1969, em vigor a partir de 1º de janeiro de 1970 (referente à Política Nacional do Meio Ambiente); da Lei de 1968 (referente às zonas de estuários dos rios) e do Decreto n. 11.593, de 13 de maio de 1971 (referente à proteção e desenvolvimento do ambiente cultural) – MALUF, Carlos Alberto Dabus. Limitações ao direito de propriedade, p. 227.

[566] D'ISEP, Clarissa Ferreira Macedo. Direito ambiental econômico e a ISO 14000. São Paulo: Revista dos Tribunais, 2004. p. 124.

mento ambiental, entre outros. Isto posto vemos a importância da proteção ambiental para a coletividade.[567] Também o Código Civil consigna a preocupação com o meio ambiente em seu artigo 1.228, §1º, "o direito de propriedade deve ser exercido em consonância com as suas finalidades econômicas e sociais e de modo que sejam preservados, de conformidade com o estabelecido em lei especial, a flora, a fauna, as belezas naturais, o equilíbrio ecológico e o patrimônio histórico e artístico, bem como evitada a poluição do ar e das águas".

Como preleciona Carlos Alberto Dabus Maluf, "a manifesta preocupação consignada pelo novo Código Civil com a função social da propriedade, com a preservação do meio ambiente e do patrimônio histórico através do tombamento, procurou despertar no homem comum o exercício da cidadania, impondo limitações de ordem social ao direito de propriedade".[568] "A poluição do meio ambiente gerou à sociedade um problema que pela dimensão, impõe à coletividade uma ação efetiva e imediata dirigida à proteção ambiental, pois os recursos naturais que outrora pareciam inesgotáveis, começaram a rarear"; e aí aparece diretamente a questão do aumento das lavouras transgênicas, que pelos motivos anteriormente expostos, vimos que pode causar grande desequilíbrio ecológico e ambiental dado o uso das sementes transgênicas, cujos riscos embora mensurados ainda não foram totalmente regulados.[569]

As principais culturas geneticamente modificadas na atualidade presentes no mercado são: o algodão Bollgard, resistentes a insetos; o arroz-dourado, com vitamina A (golden rice); o milho Bt e o milho Star Link, resistente a insetos;a soja Roundup Ready, resistente a herbicida, e o tomate Flavr Savr. "Além destes, diferentes variedades de alimentos modificados tolerantes a herbicidas estão sendo comercializados nos EUA e na Europa".[570] A biotecnologia despontou, outrossim,

[567] Maluf, Carlos Alberto Dabus; Maluf, Adriana Caldas do Rego Freitas Dabus – Comentários ao Estatuto da Cidade, São Paulo: Atlas, 2011, p. 26 a 28, 37 e SS.

[568] Maluf, Carlos Alberto Dabus. Novo Código civil comentado, p. 1133.

[569] Maluf, Adriana Caldas do Rego Freitas Dabus – Limitações urbanas ao direito de propriedade, p. 245.

[570] Hammerschmidt, Denise – Transgênicos e direito penal, São Paulo: Ed. Revista dos Tribunais, 2007, p. 51 e 52.

grande impacto ambiental, por repercutir "na saúde, na agricultura, na avicultura, na pecuária, no meio ambiente, na indústria de alimentos e na indústria de remédios". Podendo desencadear espécies totalmente modificadas ou remodeladas, que podem, dado o seu caráter transgênico repercutir negativamente no bioma e na salvaguarda da biodiversidade biológica.

A técnica referida permite que se misture o DNA do animal e do vegetal concomitantemente para que o novo alimento seja enriquecido e novas propriedades sejam-lhe acrescentadas. Ex: a transferência do gene que provoca a bioluminescência do vagalume para a célula da planta do fumo, que passou a brilhar; a inserção do gene do vagalume no código genético do milho para que sirva de marcador genético; genes de galinha em batata para que tenha maior resistência, entre outros.[571]

Vê-se, pois, a importância, para a liberação do cultivo de sementes transgênicas que se proceda ao estudo do impacto ambiental (EIA – RIMA), nos termos do art. 225, § 1º, IV da Constituição e também do princípio da precaução previsto na Declaração do Rio 92, (Princípio 15), além do licenciamento ambiental. Assim, no limiar do século XXI, muitos são os riscos que o emprego da biotecnologia imputa ao meio ambiente, podendo levar a resultados imprevisíveis. A ânsia pelo lucro e ganância pelo poder levam à devastação dos ecossistemas, à contaminação da biosfera e muitas vezes à supressão dos recursos naturais.[572]

6.11. Biodireito, bioética e a terminalidade da vida

O ser humano em todas as suas fases de existência, desde o início da sua vida, até o momento de sua morte, é detentor de direitos intrínsecos à sua personalidade e deve, portanto, ter a sua dignidade respeitada. Para Hubert Lepargneur essa dignidade está intimamente relacionada com o

[571] Diniz, Maria Helena – O Estado atual do biodireito, p. 724 e ss.

[572] Philippi Jr, Arlindo; Rodrigues, José Eduardo Ramos. Uma introdução ao direito ambiental: conceitos e princípios. In: Philippi JR., Arlindo; Alves, Alaor Caffé (Eds.). Curso interdisciplinar de direito ambiental, São Paulo: Manole, 2005 p. 3-4; Custódio, Helita Barreira. A questão constitucional: propriedade, ordem econômica e dano ambiental: competência legislativa concorrente. In: Benjamin, A. V. *Dano ambiental*: prevenção, reparação e repressão, Biblioteca de Direito Ambiental, v.2, p. 87.

conceito de pessoa, com o seu valor axiológico, tendo em vista sua essência humana.[573] Para Diego Gracia "o começo e o fim da vida concentram uma grande quantidade de problemas éticos, dada a importância objetiva dos dois momentos". Vê-se assim, "que nem tudo o que é possível tecnicamente, é eticamente correto".[574]

A morte, vista sob uma ótica filosófica, é o antônimo da vida, mas também é aquilo que faz parte da vida, e que por mais paradoxal que pareça "faz com que a vida possa ser melhor. Como aduz José Renato Nalini, "encontro de convite irrecusável, a morte continua a ser um problema insolúvel, seu sentido é dar sentido à vida".[575] Durante muitos anos, como leciona Reinaldo Ayer de Oliveira "a morte foi considerada uma ocorrência caracterizada pela interrupção total das atividades vitais, notadamente pela parada do coração, ou pela ocorrência de uma lesão irreversível do tronco cerebral e do córtex cerebral por injúria direta ou falta de oxigenação, por tempo em geral superior a cinco minutos em adulto em normotermia – estamos diante da morte encefálica".

Com o advento dos transplantes, introduziu-se um novo conceito de morte – a da morte encefálica –, posto que há a retirada do coração "ainda batendo" do indivíduo, clinicamente morto, para a disposição dos órgãos e tecidos do seu corpo; tem seus parâmetros estabelecidos pela Resolução n. 1.480 do CFM, inspirado no protocolo de Harvard. Percebe-se assim, que a morte pode ser entendida como um processo, uma sequência de eventos, "e passou a situar-se como polo de um processo de terminalidade".

Com o desenvolvimento das ciências, da tecnologia, que culminou com a introdução de sofisticados equipamentos voltados para a recuperação e preservação de determinadas funções vitais, possibilitou-se uma verdadeira revolução no atendimento aos pacientes graves, concorrendo

[573] LEPARGNEUR, Hubert – A Dignidade humana, fundamento da bioética e seu impacto para a eutanásia. In. PESSINI, Leo; BARCHIFONTAINE, Christian de Paul de (Org.) – Fundamentos da bioética, p. 178.

[574] GRACIA, Diego – Pensar a bioética metas e desafios, p. 431.

[575] NALINI. José Renato – Reflexões jurídico filosóficos sobre a morte, São Paulo: Editora Revista dos Tribunais, 2011, p. 15.

assim para a alteração conceitual do momento da morte.[576] Repousa a dignidade humana na noção de autonomia, tão valorizada em todos os momentos da prática médica, experimental, científica, cirúrgica, e que se vê nos derradeiros sopros de vida muitas vezes diminuída ou mesmo apagada, impossibilitada de se manifestar. Nesse momento, quem vai falar mais alto? Quem vai gritar por amparo, por respeito? Por ajuda? É a dignidade, a essência humana, a alteridade. Poderia a mídia sobrepor-se à conduta médica? Poderia o paciente direito à autonomia da vontade em se tratando do estabelecimento do momento de sua própria morte? Ao lado do direito de viver não estaria o de morrer com dignidade? Por que se deve preservar a vida de um paciente terminal além dos limites de sua natureza?

Todas essas questões permanecem em aberto, sem consenso, pairando o entendimento individual numa escala de valores estritamente pessoal tendo em vista o momento histórico-cultural vigente. Para Lepargneur a proximidade da morte não significa a negação da vida, mas sim a interrupção paulatina da existência à qual a doença vem retirar toda a dignidade, onde num fervoroso debate bioético discute-se se o prolongamento artificial de uma vida "vegetativa".[577]

Na atualidade "o morrer com dignidade" suscita inúmeras questões ético-jurídicas diante dos avanços da medicina, da biotecnologia, que tem provocado uma mutação cultural, tendo em vista a pluralidade de conceitos e preferências valorativas que a sociedade conhece. Primaz se faz a análise desse tema tão difícil e polêmico à luz das leis de bioética valorizando a autonomia, a beneficência e a justiça, devendo prevalecer o bom senso para a preservação da dignidade humana.

Para Reinaldo Ayer de Oliveira tem havido uma dificuldade de entender o fenômeno da morte em suas diversas manifestações, especialmente quando se reconhece o doente como em sua fase de terminalidade, gerando um grande embate na sociedade, seja ela científica ou não.

576 Oliveira, Reinaldo Ayer de – Terminalidade da vida- dignidade da pessoa humana. In.Dignidade humana, p. 245 e 246.

577 Lepargneur, Hubert – A Dignidade humana, fundamento da bioética e seu impacto para a eutanásia. In. PESSINI, Leo; Barchifontaine, Christian de Paul de (Org.) – Fundamentos da bioética, p. 182 e ss.

Tendo em vista a problemática que suscita a terminalide da vida, passou a discutir-se a viabilidade de se elaborar um documento denominado *living will*, também conhecido por testamento vital, ou diretivas antecipativas da vontade, onde o paciente externa o seu desejo, especificando sua vontade de receber ou não este ou aquele tratamento em face da manutenção de sua própria vida, no caso de não poder mais manifestar sua vontade.

Tal como ocorre na sucessão testamentária, o testamento vital é um ato pessoal, unilateral e revogável a qualquer tempo, através do qual a pessoa, necessariamente capaz no momento em que realiza o ato, expressa claramente a sua vontade. Aponta-se como seu fundamento legal o direito à intimidade, onde o conceito de autonomia passa a ser interpretado com direito moral ou legal, como dever ou princípio. O valor da sua capacidade de autonomia é inestimável para o paciente, pois integra o seu poder racional, expressa suas preferências valorativas – neste caso – em relação a si mesmo, para os momentos iniciais do seu processo de morte.

No Brasil foi aprovada pelo CFM a Resolução n. 1.995/2012, que dispõe sobre as diretivas antecipadas de vontade dos pacientes, tendo como diretriz a necessidade de disciplinar a conduta do médico em face das mesmas, tendo em vista o desenvolvimento biotecnológico que as práticas médicas vêm conhecendo na atualidade. Outorga a presente Resolução grande autonomia à vontade individual do paciente, ou de seu representante legal, sendo que, à luz de seu art. 2º, §3º "As diretivas antecipadas do paciente prevalecerão sobre qualquer outro parecer não médico, inclusive sobre os desejos dos familiares"; e § 4º O médico registrará, no prontuário, as diretivas antecipadas de vontade que lhes foram diretamente comunicadas pelo paciente.Tal como dispõe seu §5º "Não sendo conhecidas as diretivas antecipadas de vontade do paciente, nem havendo representante designado, familiares disponíveis ou falta de consenso entre estes, o médico recorrerá ao Comitê de Bioética da instituição, caso exista, ou, na falta deste, à Comissão de Ética Médica do hospital ou ao Conselho Regional e Federal de Medicina para fundamentar sua decisão sobre conflitos éticos, quando entender esta medida necessária e conveniente".

Além disso, é importante a constituição de Comitês de Ética para definir as questões relacionadas com o estado de morte cerebral.No Estado de São Paulo, temos a Lei n.10.241/1999 – denominada Lei Mário Covas –

que dispõe expressamente sobre os direitos dos usuários dos serviços de saúde, permite ao paciente recusar tratamentos extravagantes ou dolorosos de manutenção de vida, tal como dispõe o art. 5º, III, da CF.

O Código de Ética Médica em vigor permite ao paciente uma maior autonomia na tomada de decisões atinentes à expressão de sua vontade em relação ao tratamento a ser-lhe administrado, tal como demonstram os princípios fundamentais elencados no Capitulo I, inciso XXI: no processo de tomada de decisões profissionais, de acordo com seus ditames de consciência e as previsões legais, o médico aceitará as escolhas de seus pacientes relativas aos procedimentos diagnósticos e terapêuticos por eles expressos, desde que adequadas ao caso e cientificamente reconhecidas; XXII: nas situações clínicas irreversíveis e terminais, o médico evitará a realização de procedimentos diagnósticos e terapêuticos desnecessários e propiciará aos pacientes sob sua atenção todos os cuidados paliativos apropriados.

Estão também elencados no Capítulo IV, art. 22 "deixar de obter consentimento do paciente ou de seu representante legal após esclarecê-lo sobreo procedimento a ser realizado, salvo em caso de risco iminente de morte"; art. 24 "deixar de garantir ao paciente o exercício do direito de decidir livremente sobre sua pessoa ou seu bem-estar, bem como exercer sua autoridade para limitá-lo"; art. 36 "abandonar paciente sob seus cuidados §2º salvo por motivo justo, comunicado ao paciente ou aos seus familiares, o médico não abandonará o paciente por este ser portador de moléstia crônica ou incurável e continuará a assisti-lo ainda que para cuidados paliativos"; art. 41 "abreviar a vida do paciente, ainda que a pedido deste ou de seu representante legal".

Nota-se uma grande mudança de paradigma do novo Código de Ética Médica no que tange à manifestação da autonomia da vontade e da liberdade de escolha do paciente, à própria relação médico-paciente, que se demonstra num viés mais humanitário, compartilhando as decisões clínicas com os pacientes e seus familiares. O tema da terminalidade da vida é polêmico, e de extrema relevância social, jurídica e política, "dado o número de casos concretos são levados à apreciação midiática e ao judiciário na busca de um posicionamento jurídico que supere a lacuna legal existente e torne clara a relação entre a prática do ato e sua legitimidade, garantindo uma padronização de condutas éticas, morais e jurídicas, em relação aos casos que se apresentam na prática médica cotidiana".

A positivação da norma deverá garantir a legalidade da conduta perante a sociedade, a segurança do profissional de saúde para a prática do ato e principalmente o direito do paciente em tomar sua decisão frente ao processo de terminalidade da vida. Diversos conceitos veem esclarecer essa relação axiológica que se estabelece em alguns momentos situados entre a vida e a morte. Inicialmente pensamos em esclarecer a ocorrência de três conceitos basilares que envolvem o momento da morte: a doença terminal, o coma e o estado vegetativo. A doença dita em estado terminal é aquela cujo estágio não apresenta mais possibilidade de cura, evoluindo para a insuficiência dos órgãos e iminência de morte. Em geral, relacionado com doença crônica, também pode ocorrer em situações agudas e subagudas. Ao sujeito que se encontra nesse estado denominamos paciente terminal, sendo a eles dirigidos cuidados que melhorem a qualidade de vida, como alívio da dor e tratamento da depressão, chamados de paliativos, por não serem curativos. Um paciente terminal não tem cientificamente chances de sobreviver, sendo pois iminente a sua morte. As doenças terminais se diferem entre si, sendo algumas causadoras de dores e outras características por causarem o estado vegetativo ou o coma.[578]

Já o coma é o estado no qual uma pessoa ou animal perde completa ou parcialmente a consciência, não tem reações cerebrais cognitivas espontâneas, ou reage pouco ou nada a estímulos externos. Ocorre um rebaixamento do nível da consciência do paciente porvárias causas. A identificação da causa geradora do estado de coma permite ao profissional médico a elaboração do prognóstico do paciente. Apresenta graus. Num coma profundo, onde o paciente necessita de um respirador, podem aparecer mais frequentemente complicações.

O coma é causado pela perturbação grave do funcionamento cerebral devido a traumas crânio-encefálicos, acidentes vasculares cerebrais; presença de tumores cerebrais; ocorrência de distúrbios metabólicos (diabetes mellitus, o hipotireoidismo, a insuficiência hepáticaseja pelo

578 BARROS Jr., Edmilson de Almeida – Código de Ética Médica comentado e interpretado, p. 178.

acúmulo de substâncias que impedem o correto funcionamento cerebral, como alguns aminoácidos e amônia, pelo desequilíbrio do metabolismo do hidrogênio sanguíneo, causando alteração de pH ou pelas disfunções orgânicas causadas por estas doenças, que levam à hipoventilação, hipotermia, hipotensão e bradicardia); ocorrência de envenenamento ou asfixia.[579]

O estado vegetativo persistente, por sua vez é aquele em que permanece somente a parte automática de funcionamento cerebral, ou seja, permanecem algumas reações de básicas de reflexo, como sucção, ou reação de acompanhamento do olhar, que acontecem de maneira automática. No estado vegetativo persistente, a pessoa não tem mais função voluntária. Teoricamente, não existe melhora do paciente em estado vegetativo. Tampouco existe qualquer contato com o mundo exterior, embora permaneça o reflexo ao estímulo, e não se possa afirmar que esse paciente sinta o reflexo da dor.

Quando tal perda cognitiva dura para mais de algumas semanas, essa condição se transforma em um estado vegetativo persistente, podendo o paciente sobreviver por muito tempo, se adequadamente alimentado e cuidado. Há um condicionamento automático para tanto, e muitas vezes o paciente nem precisa de um respirador artificial. Assim, a possibilidade de se adquirir qualquer infecção diminui muito. [580] "As chances de o paciente recuperar a consciência depois de ser vegetativo durante três meses são muito pequenas. A literatura médica conhece casos esporádicos de recuperação, mas são exceções, as quais podem estar representados por pacientes que não entraram logo em coma logo após o dano causado. Indicam, todavia, que no prazo de seis meses pode-se predizer o nível de inaptidão embora não se possa afirmar com certeza o grau de

[579] Essa alteração da consciência é medida pela escala de Glasgow em que o médico avalia as respostas oculares verbais e motoras. Varia de 3 a 15, partindo do estado normal ao coma profundo. Avalia-se a resposta pupilar, os movimentos oculares, a resposta a estímulos externos e a resposta á dor. É causado por uma encefalopatia isquêmica/anoxica; pode ser derivada da excessiva ingestão de drogas e álcool, ou por déficit vitamínico. RIBEIRO, Carlos Henrique – Abordagem inicial do paciente em coma. IX Curso de atualização de condutas em quadros emergenciais. http: //www.smcrj.org.br < acesso em 11.04.12>

[580] MELLADO, Patrício; VOLARIC, Catherine – Estados de mínima consciência. In. Cuadernos de Neurologia, vol XXVII, 2003, Pontifícia Universidade Católica del Chile.

dano cerebral. Então, um critério conservador para a diagnose do estado vegetativo persistente, seria observar a evolução do quadro durante pelo menos 12 meses embora a recuperação cognitiva depois de seis meses seja rara em pacientes com mais de 50 anos".

O fator mais importante no prognóstico dos pacientes em estado vegetativo persistente é a extensão do dano primário e a idade do paciente. Influi desfavoravelmente além da etiologia do dano, a idade avançada do paciente, a grande extensão do dano neurológico, a extensão desse dano nas duas semanas subsequentes, além da presença de dano em zonas cerebrais específicas como corpo caloso e mesencéfalo.[581] Nesse sentido, temos que o risco de erro de prognóstico concernente à recuperação do paciente é pequeno. A determinação médica de que um paciente apresenta o quadro de recuperação improvável da consciência representa o início das deliberações sobre retirar ou não os meios de sustentação da vida vegetativa.

Tal como lecionam Patrício Mellado e Catherine Vollaric "o aspecto mais relevante da terapia com pacientes em estado vegetativo é a não medicamentosa em decorrência da alta frequência de complicações médicas que apresentam, mesmo porque não existem drogas eficazes para seu tratamento no mercado. Assim, a nutrição adequada, a prevenção e o tratamento de complicações infecciosas podem melhorar a qualidade de vida do enfermo". Salientam-se nesses casos os cuidados paliativos. Muitas vezes essa iniciativa parte dos familiares tendo em vista o sofrimento do paciente, da própria família em virtude do prognostico desfavorável. Uma vez que a questão da manutenção ou da retirada de apoio da vida foi levantada, suas dimensões legais e éticas devem ser consideradas.[582]

[581] MELLADO, Patrício; VOLARIC, Catherine – Estados de mínima consciência. In. Cuadernos de Neurologia, vol XXVII, 2003. Pontifícia Universidade Católica del Chile.

[582] http: //www.dhnet.org/br; VILLACURA, Jorge – Estado Vegetativo Persistente. In. Cuaderno de temas de neurologia para pacientes de habla hispanica. In: http://jorgevillacura.com/2006/2005/estado_vegetati.htm. Acesso 11.04.12.

6.11.1. Principais práticas na terminalidade da vida

6.11.1.1. O suicídio assistido

O primeiro deles é o conceito de suicídio assistido, hipótese em que a morte advém do ato praticado pelo próprio paciente, orientado ou auxiliado por terceiros ou pelo médico (em alguns países como a Suíça ou a Holanda, constitui uma prática institucionalizada. No Brasil tal prática é tipificada no art. 122 do CP).[583] Na Suíça é conhecida a Clínica de Morte Dignitas *(assisted dying organisation)*, uma ONG fundada em 1998 pelo advogado suíço Ludwig Minelli, que presta o "serviço" de facilitar e assistir o suicídio de pacientes ditos terminais que desejam tirar a própria vida, orientados por médicos especializados e enfermeiras bem-treinadas.[584]

Também para esses casos é necessária a assinatura do consentimento informado, que permanece arquivado na clínica no caso de eventual instauração de processo legal. Entretanto, uma severa crítica é feita ao processo, pois este induz ao "turismo do suicídio", como no midiático caso que envolveu um casal de ingleses que ali ingressou para juntos tomar a

[583] No plano internacional, ocupou-se do assunto, o médico patologistaaposentado Jack kevorkian que inventou a *"máquina do suicídio"*, em 1988, visando com isso ajudar pacientes terminais a por fim á suas vidas. Ele deu apoio a mais de 130 doentes terminais dos Estados Unidos para pôr um fim nas suas vidas com a eutanásia, ganhando o apelido de Dr. Morte.

[584] A "Clinica" está situada na cidade de Zurique e, dispõe da legislação local a seu favor, o que atrai pacientes do mundo todo, sobretudo egressos de locais onde tal prática é proibida. Os interessados devem passar por diversas avaliações médicas e reunir testemunhas que atestem o seu estado e avalizem o interesse do paciente. No caso de comprovada incapacidade em manifestar sua vontade, monta-se um pequeno vídeo aonde as testemunhas confirmam a identidade do paciente e seu desejo de dar fim a sua vida. É instituído um protocolo de suicídio, que se inicia com a administração de um tempo extra para pensar no assunto. Assim, consulta-se o paciente uma vez mais. A partir daí administra-se um antiemético (para evitar vômito) e em seguida uma dose letal de Nembutal dissolvido em suco de frutas. Surge sonolência, que evolui para o coma e em cerca de 30 minutos ocorre a morte por parada respiratória. Quanto ao preço cobrado, estes variam de € 4.000 para a preparação e assistência de suicídio a € 7.000 em caso de assumir os deveres familiares, incluindo os funerais, os custos médicos e taxas oficiais. Estatísticas comprovam que em 2008 foram realizados 840 processos de morte na clínica, dos quais 60% eram pacientes de origem alemã e 21% não apresentavam doenças terminais, mas vinham em busca de apoio em face de sua doença grave. Fonte: Dignitas (assisted dying organisation), disponível em: http://en.wikipedia.org/wiki. Acesso em 05.04.12.

dose letal que lhes tiraria a vida em 2009. Ela padecia de câncer terminal, mas ele não.[585] Existem outras organizações similares. Na própria Suíça, a Exit International, fundada pelo médico Philip Nitschke, em 1997, especilaizada em pacientes estrangeiros. [586]

A eutanásia representa atualmente uma complicada questão de bioética e biodireito, pois enquanto o Estado tem como princípio a proteção da vida dos seus cidadãos, existem aqueles que, devido ao seu estado precário de saúde, desejam dar um fim ao seu sofrimento antecipando sua morte. Representa um assunto controverso, de plurimas interpretações, coexistindo nesse sentido diversas teorias, mutáveis com o tempo histórico e a consequente evolução da sociedade, tendo sempre em conta o valor da vida humana.Existem dois tipos de eutanásia: a ativa e a passiva.

6.11.1.2.Eutanásia

A eutanásia ativa ou benemortasia (ego – eu/bom e thanatos – morte) é aquela onde, por motivos piedosos, há a deliberação de antecipar a morte de um doente terminal ou irreversível, a pedido seu ou de seus familiares, ante a insuportabilidade de seu sofrimento ou impossibilidade de cura de sua moléstia, empregando-se em regra o uso de medicamentos para tanto, por serem estes um veículo indolor de dar cabo da vida.

O princípio socrático da qualidade de vida vem sendo empregado para justificar a eutanásia. (Está essa prática regulamentada em diversos países como na Holanda, na Bélgica e na Inglaterra, em alguns estados americanos, na China. É entretanto vetada na lei brasileira pelo Código Penal em seu art. 122 sendo previsto o benefício de redução de 1/3 a 1/6 da penase o ato for cometido por relevante valor social e pelo Código de Ética Médica).[587] Seria a eutanásia uma modalidade de homicídio humanitário?

585 Foram ainda encontradas cerca de 60 urnas funerária no fundo do lago de Zurich em 2010, o que causa entre outros desconfortos, intensa poluição ambiental.

586 Fonte: http://www.exit.ch/page. Acesso em 05.04.12. Philip Nitschke, médico australiano, foi o primeiro médico a administrar a injeção letal no mundo.

587 Pessini, Leo – Bioética um grito por dignidade de viver, 3.ed., São Paulo: Paulinas/São Camilo, 2008, p. 176 e 177; Diniz, Maria Helena – O Estado atual do biodireito, p. 376 e ss; França, Genival Veloso de – Direito Médico, p. 472.

Para Leo Pessini deve-se analisar qual o verdadeiro motivo daquele que pede para morrer. "Na base de muitas solicitações de eutanásia existe muita solidão, abandono. O que a pessoa realmente necessita é assistência, tratamento especializado, espiritualidade, amor".

6.11.1.3. Ortotanásia

A eutanásia passiva ou ortotanásia ou paraeutanásia, (orthós – certo/correto – thanatos – morte) pode ser conceituada como a ajuda dada pelo médico ao processo natural da morte, numa justificativa do morrer com dignidade, fundada em razões humanitárias. Na prática configura-se como a prática omissiva, ou seja, a suspensão do tratamento, dos medicamentos, ou mesmo de deixar de utilizar os meios artificiais de prolongamento da vida, em face de um paciente em coma irreversível, por ser intolerável o prolongamento de uma vida vegetativa em todos os seus aspectos.

É o ato de deixar morrer, pelos meios naturais, em seu tempo certo, o paciente irrecuperável. Permite ao doente que se encontra diante da morte enfrentá-la com naturalidade.[588] Para Gilberto Bergstein compreende-se aqui o não emprego de toda a tecnologia existente no mercado – extensivo ao uso de equipamentos, máquinas ou introdução/manutenção de terapia medicamentosa, que levariam ao prolongamento desnecessário de uma sobrevida em sofrimento. Entretanto, são mantidos os tratamentos de natureza paliativa, "que devem ser instaurados para tornar o processo de morte o mais digno possível".[589] Pode, entretanto, ser considerada como uma forma de omissão de socorro, prevista no art. 135 do Código Penal, que prevê "deixar de prestar assistência (...) ou a pessoa inválida ou ferida (...) considerando como inválida a pessoa que não tenha possibilidade de defesa, por velhice ou doença. Caracteriza-se o aumento da pena, se da omissão advier morte". A omissão de socorro sob a ótica da medicina "é caracterizada como a simples possibilidade da existência de danos ao paciente pela falta de atendimento. Não é necessária a existência de nenhum dano, basta o perigo de este

588 PESSINI, Leo – Bioética – um grito por dignidade de viver, p. 179.

589 BERGSTEIN, Gilberto – Ortotanásia – dignidade para morrer. In. Dignidade humana, p. 259.

ocorrer".[590] Para Celso Delmanto, a ortotanásia não configura crime de homicídio, posto que não há a intenção de matar, o ânimus necândi, mas sim o de abreviar o sofrimento de um paciente cuja vida é mantida artificialmente, e nesta caso, a morte deixaria de ser prolongada e não a vida-que seria ameaçada. Tão pouco entende que seja caracterizada a omissão de socorro qualificado pela morte, dada a ausência de dolo, pois inexiste a figura da negação de socorro a uma vítima necessitada, mas a tomada de decisões razoáveis a um paciente terminal cuja vida, como já visto, é mantida artificialmente por aparelhos.

Salienta ainda que é primaz "a alteração legislativa para disciplinar a questão"[591], e nesse sentido entendemos que seja pacificada a conduta moral do homem e protegida a conduta profissional do médico e demais profissionais da área da saúde. Pensamos nesse sentido com José Renato Nalini "deixar morrer é matar?"[592] ou deve-se deixar que o paciente viva com dignidade todo o quantum vital que lhe foi destinado? No momento tramita no Congresso Nacional o PL n. 6.715/2009 de reforma da Parte especial do Código Penal brasileiro que prevê a inclusão do texto no art. 121, classificando a ortotanásia como causa de exclusão de ilicitude no homicídio, o que representa em nossa opinião um avanço frente aos direitos humanos do paciente terminal. O CFM em sua Resolução n. 1.805/2006 aprovando o procedimento de ortotanásia em paciente terminal ou incurável, invocando o art. 5º, III da CF de que ninguém deve ser submetido à tortura, nem ao tratamento desumano ou degradante. A Resolução foi suspensa nos autos da Ação Civil pública n. 2007.34.00.014809-3. Continua assim, a ortotanásia sem respaldo legal.[593]

[590] Barros Jr., Edmilson de Almeida – Código de Ética Médica comentado e interpretado, São Paulo: Atlas, 2011, p. 59.

[591] Delmanto, Celso – Código penal comentado, 7ª ed., Rio de Janeiro: Renovar, 2007, p. 348.

[592] Nalini, José Renato – Reflexões jurídico filosóficas sobre a morte, p. 26.

[593] Diniz, Maria Helena – O Estado atual do biodireito, p. 38; Almeida, Antonio Jackson Thomazella de – A ortotanásia e a lacuna legislativa. In. Azavedo, Álvaro Villaça; Ligiera, Wilson – Direitos do paciente, p. 474.

6.11.1.4. Mistanásia

A eutanásia social ou mistanásia, frequente em países do terceiro mundo onde o sistema de saúde não alcança a necessidade da população, vindo a perecer a pessoa sem atendimento, nas filas e corredores de hospitais antes mesmo de se tornar paciente.[594] Define Luiz Antonio Lopes Ricci como "a morte miserável, infeliz, precoce e evitável", onde a visão cotidiana dessa prática faz com que se busquem meios para resgatar a dignidade de parte da população, a qual o processo de morrer vem marcado pela dor, pelo abandono, pelo desprezo.[595] Para Christian de Paul de Barchifontaine a mistanásia, vai para além do contexto médico hospitalar e paira na morte provocada de formas lentas e sutis, por sistemas, estruturas e políticas de saúde, que não atendem às demandas da população.

Denominou-a morte prematura, fora de hora, oriunda do descaso, anacrotanásia. Aqui se inclui as altas taxas de mortalidade infantil, a baixa expectativa de vida, a violência alarmante, a falta de medicina preventiva e de saúde pública organizada e eficiente.[596] Na atualidade, com a medicalização da morte, um dos impasses criados na discussão sobre eutanásia e as alternativas é provocado pelo que se entende por saúde. Em lugar de entendê-la como a mera ausência de doença, propõe-se uma compreensão de saúde como bem-estar global da pessoa no plano físico, psíquico, social e espiritual.[597]

6.11.1.5. Distanásia

Em oposição a esses conceitos apresenta-se a distanásia ou prolongamento artificial da vida (dys – dificuldade/prolongamento – thanatos – morte). Também conhecida por obstinação terapêutica, decorrente do desenvolvimento das ciências médicas, da tecnologia sofisticada, que faz

594 Diniz, Maria Helena – O Estado atual do biodireito, p 389; Namba, Edison T – Manual de bioética e biodireito, p. 174 e 175.

595 Ricci, Luiz Antonio Lopes – A morte social – mistanasia e bioética, São Paulo: Paulus, 2017, p. 9.

596 Barchifontaine, Christian de Paul – A dignidade no processo de morrer. In. Barchifontaine, Christian de Paul de; PESSINI, Leo (Org.) – Bioética – alguns desafios, 2.ed., São Paulo: São Camillo/Ed. Loyola, 2002, p. 289 e 290.

597 Barchifontaine, Christian de Paul – A dignidade no processo de morrer. In.Bioética – alguns desafios, p. 292.

prolongar-se a vida indefinidamente aumentando a dor do paciente e de seus amigos e familiares, desconsiderando o natural processo de morte do paciente. Etimologicamente, distanásia é o oposto de eutanásia. A distanásia defende que devem ser utilizadas todas as possibilidades para prolongar a vida de um ser humano, ainda que a cura não seja uma possibilidade e o sofrimento se torne demasiadamente penoso. Nestes casos o questionamento bioético é outro: seria admissível o culto à vida a tal ponto que submete o paciente a uma parafernália tecnológica sem fim? Deve o médico empregar toda a tecnologia disponível para acrescentar uns dias, semanas ou meses a um paciente irrecuperável? Tem a obrigação de manter de modo indefinido uma vida sem qualidade por meio de respiração artificial?

Pensamos que a obstinação terapêutica, é na realidade motivada pela incompreensão do processo de morte, que acaba acarretando intenso sofrimento ao paciente, a seus familiares, à equipe de saúde, e ainda "acaba onerando desnecessariamente e saúde pública e desviando recursos que deveriam estar sendo empregados na saúde preventiva".[598]

A distanásia é leva a uma morte lenta e com muito sofrimento. Entendemos que não visa prolongar a vida, mas sim o momento da morte, até os níveis de insuportabilidade do paciente e de todos à sua volta. Assim, a prática da distanásia, mais agride do que cura, prolongando o sofrimento do paciente sem cura. Observar os limites e peculiaridades de cada caso é fundamental. Impõe o que se chama de tratamento fútil, que aumenta o sofrimento do doente e das pessoas ao seu redor e na prática nenhum benefício acarreta para este. Vale-se ainda nestes casos da denominada obstinação terapêutica, onde o acesso á moderníssima tecnologia – em equipamentos hospitalares e fármacos – podem vir a prolongar indefinidamente um estado irreversível de saúde do paciente terminal.

Nesse sentido, grandes polos de tensão se estabelecem entre o paciente e seus familiarese o corpo clinico, mormente no que tange à dicotomia existente entre promover o alívio da dor por um lado e prolongar a vida de outro, entre a autonomia do médico em estabelecer a conduta terapêutica de um lado e a vontade do paciente de outro, fazendo surgir um

[598] Almeida, Antonio Jackson Thomazella de – A ortotanásia e a lacuna legislativa. In. Azevedo, Álvaro Villaça, Ligiera, Wilson (Coord) – Direitos do paciente, p. 447 e ss.

estilo mais participativo nos tratamentos e cuidados envolvendo doentes terminais. Surge assim o conflito entre dois princípios bioéticos: o da autonomia e o da beneficência. Pode-se concluir assim que é fundamental a análise individual de cada caso estabelecendo-se o custo-benefício de cada terapia a ser em pregada, tendo em vista os princípios bioéticos.

Aventam-se pontos positivos e negativos em relação à terminalidade da vida. Como argumentos a favor da eutanásia, entende-se que esta seja um caminho para evitar a dor e o sofrimento dos pacientes em fase terminal ou sem qualidade de vida, um caminho consciente que reflete uma escolha informada, o término de uma vida em que, quem morre não perde o poder de ser ator e agente digno até ao fim. Defende-se assim a autonomia pessoal do paciente, tendo em vista o direito à autodeterminação pessoal, direito à escolha pela sua vida e pelo momento da morte. Uma defesa que assume o interesse individual acima do da sociedade que, nas suas leis e códigos, visa proteger a vida. A eutanásia não defende a morte, mas a escolha pela mesma por parte de quem a concebe como melhor opção ou a única opção possivel. Vida em minha concepção é inserção, e nesse sentido, a denominadaqualidade de vidanão pode ser transformadanum demorado e penoso processo de morrer.

No Brasil é apontado como suporte a essa posição o art. 1º, III, da Constituição Federal, que reconhece a "dignidade da pessoa humana" como fundamento do Estado Democrático de Direito, bem como o art. 5º, III, também da Constituição da República, que expressa que "ninguém será submetido a tortura nem a tratamento desumano ou degradante", além do art. 15 do Código Civil que expressa que "Ninguém pode ser constrangido a submeter-se, com risco de morte, a tratamento médico ou a intervenção cirúrgica", o que autoriza o paciente a recusar determinados procedimentos médicos, e o art. 7º, III, da Lei Orgânica de Saúde, de n. 8.080/1990, que reconhece a "preservação da autonomia das pessoas na defesa de sua integridade física e moral".

Em São Paulo a Lei dos Direitos dos Usuários dos Serviços de Saúde do Estado de São Paulo, de n. 10.241/1999, que em seu art. 2º, Inciso XXIII, expressa que são direitos dos usuários dos serviços de saúde no Estado de São Paulo "recusar tratamentos dolorosos ou extraordinários para tentar prolongar a vida".

Como argumentos contrários à eutanásia, temos as convicções religiosas, motivos éticos ou politicos e sociais. Do ponto de vista religioso a eutanásia é tida como uma usurpação do direito à vida humana, devendo ser um exclusivo reservado ao Senhor, ou seja, só Deus pode tirar a vida de alguém. Do ponto de vista juridico, temos a sacralidade da vida humana, cânone constitucional. Sob a perspectiva da ética médica, tendo em conta o juramento de Hipócrates, segundo o qual considera a vida como um dom sagrado, sobre a qual o médico não pode ser juiz da vida ou da morte de alguém, a eutanásia é considerada homicídio. Cabe assim ao médico, cumprindo o juramento Hipocrático, assistir o paciente, fornecendo-lhe todo e qualquer meio necessário à sua subsistência. A legislação penal pune qualquer ato antinatural na extinção de uma vida. Sendo o homicídio voluntário, o auxilio ao suicídio ou o homicídio mesmo que a pedido da vitima ou por "compaixão", punidos criminalmente.

Qual seria então o sentido da morte digna no biodireito? Segundo Elizabeth Kubler-Ross "morrer com dignidade significa ter permissão para morrer com seu caráter, com sua personalidade, com o seu estilo".[599] Para Leo Pessini um doente em estado terminal tem sua integridade respeitada quando "é cuidado com tratamento adequado; receba cuidados contínuos e não seja abandonado quando seu quadro se torne irreversível; seja protagonista e não mero objeto, do processo de cuidados da saúde; tenha controle, na medida do possível, das decisões a respeito de sua vida; possa recusar a distanásia; seja ouvido e respeitado em seus medos, pensamentos, sentimentos e valores; possa optar, quando possível, por despedir-se da vida no local que deseja".[600]

Depreende-se daí a importância dos cuidados paliativos, quando as possibilidades terapêuticas se exaurirem, visando o bem-estar do paciente em seus momentos finais.[601] A OMS – Organização Mundial da Saúde –, assim definiu os cuidados paliativos que norteiam as atividades praticadas durante o procedimento de ortotanásia: "abordagem que pro-

[599] KUBLER-ROSS, Elizabeth – Sobre a morte e o morrer, São Paulo: Martins Fontes, 1991. Apud. DINIZ, Maria Helena – O Estado atual do biodireito, p. 395.

[600] PESSINI, Leo – Bioética – um grito por dignidade de viver, p. 180.

[601] PESSINI, Leo – Humanização e cuidados paliativos, 3.ed., São Paulo: Ed. Loyola/São Camilo, 2004, p. 3.

move a qualidade de vida de pacientes e seus familiares diante de doenças que ameaçam a continuidade da vida, através de prevenção e alívio de sofrimento. Requer a identificação precoce, avaliação e tratamento impecável da dor e outros problemas de natureza física, psicossocial e espiritual". Busca-se desta forma o cuidar quando o curar não é mais possível. Assim, pensamos que urge seja feita também a regulamentação da questão da terminalidade de vida no Brasil e em diversos países da comunidade internacional, valorizando os princípios bioéticos de autonomia, beneficência, não maleficência e justiça, tendo em vista a dignidade da pessoa humana.

6.11.2. A terminalidade da vida no cenário internacional

A eutanásia, como processo, não é permitida na maioria dos países da comunidade internacional. O suicídio assistido é permitido nos seguintes estados norte-americanos: Washington, Montana e Oregon. Na Europa, as leis sobre o tema variam muito. Alguns países toleram a prática de permitir ou autorizar um doente terminal ou desenganado a morrer sem dor. No entanto, o tema continua um forte tabu e muitos países retrocederam em sua atitude de aprovar uma legislação para regular oficialmente a eutanásia.

A Holanda foi o primeiro país no mundo a legalizar a eutanásia sob certas condições tal como dispõe a "Lei relativa ao término da vida sob solicitação e suicídio assistido" que entrou em vigor em 1º de abril de 2002, alterando o art. 293 do Código Penal, embora a prática já fosse tolerada desde 1997.A referida lei concede proteção legal aos médicos desde que eles usem de estritos critérios. Em 2003, autoridades médicas registraram mais de 1.800 casos de pacientes que se beneficiaram da referida lei. O direito penal holandês pune a eutanásia, independente da lei que apenas estabeleceu os contornos legais rígidos para a prática.[602]

A Bélgica e a Holanda são as duas únicas nações no mundo a ter prática da eutanásia completamente legalizada; a Bélgica legalizou parcialmente a morte assistida sob condições estritas em 2002, através da Euthana-

[602] Precedentes jurisprudenciais da Suprema Corte holandesa: NJ 1985, 106 (Schoonheim-arrest); NJ 1989, 391; NJ 1994, 656 (Chabot-arrest); NJ 1996, 322 e NJ 2003, 167 (Sutorius-arrest). Disponível em: http: //www.esdc.com.br/RBDC. Acesso 12.04.12.

sian Act. A partir daí, qualquer médico que ajude um paciente a morrer não é considerado um criminoso desde que o paciente adulto seja terminal ou sofra de algum mal intolerável e sem esperança de recuperação. O doente precisa estar em sã consciência e tomar a decisão por si próprio. A lei não se aplica a menores ou a qualquer paciente incapaz de tomar a decisão conscientemente como os excepcionais.

Na Inglaterra a eutanásia é considerada crime passível a 14 anos de prisão, mas o debate é amplo graças a dois casos controversos.[603] Na Dinamarca é vedada a eutanásia ativa, que pode provocar prisões de até três anos, mas admite a validade do testamento vital – ou diretivas antecipadas de vontade. Na Noruega, a eutanásia ativa é ilegal e passível a sentenças iguais a de homicídios. No entanto, a forma passiva da eutanásia é permitida se o paciente seus familiares a requisitarem – este último no caso de o doente não poder se comunicar. A prática passive da eutanásia sem uma solicitação prévia pela família ou paciente, em contrapartida, é um crime que pode levar a ações legais ou a cassação da licença médica. Na Suécia, a eutanásia é considerada crime. A morte assistida é uma ofensa passível a cinco anos de prisão. Um médico pode, no entanto, em casos extremos, desligar os parelhos que sustentam a vida.

Na França, a prática da eutanásia é ilegal, pois a disposição voluntária do corpo é proibida no país, embora em 30 de novembro de 2004, tenha sido aprovada uma lei permitindo o direito de morrer para pessoas com doenças incuráveis. Sob a lei francesa, promulgada a partir de um caso dramático de um rapaz tetraplégico de 24 anos que implorava à mãe e ao seu médico para ajudá-lo a morrer, nenhuma medida exagerada pode ser tomada para sustentar a vidados pacientes terminais que passaram a

[603] Em maio de 2002, Diane Pretty, de 43 anos e paralítica incurável, morreu após prolongadas batalhas tanto na Corte Britânica quanto na Europeia de Direitos Humanos, que se recusaram a conceder o direito à mulher de ter a ajuda do marido para morrer. Outra paciente grave de paralisia, conhecida apenas como "Miss B", obteve a permissão legal de ter os tubos de respiração removidos. A mulher, que requisitou o procedimento por conta própria, morreu em abril de 2002. Dignity in Dying. In an unsympathetic account, the International Task Force on Euthanasia and Assisted Suicide has detailed the ebb and flow of euthanasia proponents. Disponível em: http://www.internationaltaskforce.org/rpt2005_I.htm#204. Acesso em 09.04.12.

ter autonomia para manifestarem-se sobre a continuidade ou não de seu tratamento.

No entanto, a ortotanásia, que não é expressamente prevista na lei francesa é considerada permitida. Assim, o paciente pode demandar a medida mediante o uso das diretivas antecipadas.[604]Da mesma forma, a Lei n. 2005-307 de 22.04.05 relativa aos direitos dos pacientes veda a distanásia. O Decreto n. 2006.120 de 06.02.06 impõe que a decisão para tal feito é de responsabilidade do médico responsável pelo caso.[605] Na Alemanha também a eutanásia é ilegal, sendo a prática equivalente ao homicídio e portanto passível de criminalização: de seis meses a cinco anos de prisão. Contudo, a lei permite a eutanásia passiva, ou seja, a interrupção de um tratamento destinado apenas a manter a vida, mas somente quando mediante pedido expresso do paciente.

Na Itália, pais de forte acento católico, a eutanásia é proibida e o assunto representa um tabu. Entretanto, um debate vem crescendo no país desde que em 2003 o então Ministro da Saúde trouxe a discussão à tona sobre a possibilidade de permitir o livre-arbítrio às pessoas que se opõem a meios extremos para manter a vida. Na Espanha o panorama é diferente. A lei espanhola de 1995 determinou que a eutanásia e o suicídio assistido não deviam ser considerados como homicídio. Na Suíça, a eutanásia ativa recebe veto legal, porém a assistência passiva do suicídio é legal, pois desde 1942, uma brecha na legislação permite o chamado suicídio assistido para quem não tem chance de recuperação. O paciente tem de administrar a dose letal prescrita por conta própria em seu corpo, sem a ajuda médica em clinicas especializadas para isso presentes no país, como a referida Dignidas em funcionamento desde 1998. Em Israel a lei penal veda a prática da eutanásia – seja no âmbito da lei judaica, seja no âmbito da lei do Estado de Israel. A ortotanásia é vedada pelas leis judaicas, mas é aceita pelas leis de Israel. Desde 2005 os Comitês de Ética

[604] http: //interactif.rts.ch/sante/page_td=325.

[605] Me Durrieu – DELBOT – L'Euthanasie – soins palliatifs. Disponível em: http://sos-net.eu.org/medical/euthanas.htm#3. Acesso em 09.04.19.

hospitalar têm administrado as decisões casuísticas envolvendo os casos de terminalidade da vida.[606]

6.11.3. Casos famosos

Muitos casos emblemáticos que envolveram a terminalidade da vida tiveram ampla cobertura na mídia, suscitando assim intenso debate social, mobilização dos órgãos de classe e da sociedade em geral. O caso da americana Terri Schiavo envolveu uma adolescente obesa que iniciou uma dieta rigorosa, que se prolongou por alguns anos. Ela emagreceu de tal maneira que acabou por falecer. A dieta provocou uma tal desordem alimentar que conduziu a uma desregulação dos níveis de potássio no organismo, entrando num estado vegetativo permanente, sobrevivendo graças à alimentação venosa artificial. O seu marido enfrentou judicialmente os pais de Terri para por fim ao estado deplorável em que ela se encontrava, o que foi autorizado cerca de quinze anos depois, em 2005, quando morreu de inanição. Seu caso abriu um acalorado debate sobre a eutanásia, a bioética, a tutela legal, o federalismo e os direitos civis em seu pais.

A americana Karen Ann Quinlan entrou em coma em decorrência da ingestão de álcool e barbitúricos após uma severa dieta, aos 21 anos de idade, sofrendo um dano cerebral irreversível, permanecendo em coma por dez anos. Seus pais travaram intensa batalha judicial para deixá-la morrer. Em 1976, os Quinlan levaram seu caso à Suprema Corte de New Jersey, que autorizou o desligamento dos aparelhos. Karen, no entanto, continuou respirando naturalmente, o que alimentou as esperanças de cura. Seguiu alimentada artificialmente por mais nove anos, até que faleceu em virtude de uma pneumonia em 1985, pesava 36 kg. Seu caso desencadeou intenso debate sobre eutanásia, bioética e direitos civis, em virtude do desenvolvimento biotecnológico suscitar uma alteração nos paradigmas morais para tratar das questões que envolvem o princípio da autonomia e da dignidade humana nos momentos terminais da vida.

[606] Brody, Shlomo (19 November 2009). "Ask the Rabbi: 'Passive euthanasia'". *Jerusalem Post.* http: //fr.jpost.com/servlet/Satellite?pagename=JPost%2FJPArticle%2FShowFull &cid=1258624592410. Retrieved 6 January 2012.

A sentença proferida em seu caso foi paradigmática sobre o tema na história dos Comitês de Bioética Hospitalar.

O caso Nancy Cruzan envolveu uma paciente que sofreu um grave acidente de automóvel em 1983, aos 25 anos de idade. Entrou em coma vegetativo permanente. O seu caso foi discutido nos tribunais durante alguns anos, dada a sua convicção de realizar a eutanásia. Os juízes acabaram por deliberar a sua morte, desligando, deste modo, as máquinas que a mantinham viva em 1990. Ramón Sampedro ficou tetraplégico quando tinha 26 anos, ficando neste estado durante 29 anos. Solicitou, em 1993, a autorização para morrer, no entanto não lhe foi concedida. Os amigos de Ramón pleitearam sua morte junto á justiça espanhola. Foi encontrado morto em 1998 em Galiza. Os seus últimos momentos da sua vida estão gravados num vídeo, onde se registra uma ação consciente de morte. Em 2003, Alejandro Amenábar realizou um filme inspirado em Ramón com o título *Mar Adentro*.

Vincent Humbert, um jovem de 20 anos, teve um grave acidente de automóvel em 2000, do qual resultou um coma que durou nove meses. Do seguido foi-lhe diagnosticado que se encontrava tetraplégico, cego e surdo, sendo o único movimento corporal o de seu polegar direito, com o qual se comunicava. Deste modo, solicitava aos médicos a prática da eutanásia. Tal prática, no entanto foi-lhe recusada, pois na França a eutanásia é ilegal. Vincent pede ajuda à mãe para o matar, com o auxílio do médico, resultando na prisão da mãe. Vincent escreve um livro com o seu polegar, de 188 páginas, intitulado "Eu peço-vos o direito de morrer".

Eluana Englaro viveu em estado neuro-vegetativo desde 1992, em decorrência de um acidente automobilistico. Em 2009 sua agonia chegou ao fim quando seu pai obteve na justiça italiana o direito de suspender sua alimentação e hidratação. Faleceu aos 38 anos. Um questionamento que deriva desse ato, é que a referida alimentação seria tratamento ou cuidado paliativo. Dessa definição decorreria se a pratica da suspensão da alimentção seria punivel criminalmente ou não.[607] O debate sobre a eutanásia aquece uma enorme polêmica. Não existe um consenso. A classe médica, por outro lado, procura sempre o melhor para seus pacientes.

[607] Fonte: http: //del0.com.mx/wdetalle.

O coordenador daAsociación Derecho a Morir Dignamente (ADMD), César Caballero, afirma que lo que está ocorrendo com Eluana é um caso vergonhoso e que se está abrindo um debate acirradao há anos. Recorda ainda, que dos casos irreversíveis, têm os pacientes o direito à morte digna, e que apenas em um caso a cada 50 milhões há chance de irreversibilidade, e a Igreja é a grande responsável pela não regulamentação da prática. "Um testamento vital evitaria que os médicos tivessem que interpretar a vontade do paciente".

7.
A relação dos profissionais da área da saúde e o paciente

A intensa transformação tecnológica que a modernidade conheceu, influenciou de sobremaneira as ciências em geral e as ciências médicas em especial. Desta forma, além de terem se multiplicado as especialidades médicas, insurgiram inúmeras outras obrigações bilaterais que se transformaram em responsabilidades reciprocas a serem tuteladas nos âmbitos administrativo, civil e criminal. Logo, o aparato técnico científico ampliou-se de tal forma que o ser humano hoje, quando submetido ao tratamento médico, está super diagnosticado, muitas vezes além de um nível normal, em que fica este "doente" primeiro para ser "curado" em seguida.

A medicina preditiva trouxe a necessidade da realização de uma gama enorme de exames, investigações, rotinas de checkup – que muitas vezes criam doenças reais em alguém que para prevenir algo que não tinha, contrai uma doença real; a sofisticação das maquinas de UTI postergam a "vida humana" – muitas vezes comatosa ou vegetativa por anos; a proliferação dos testes genéticos na vida diária das pessoas – para identificar doenças existentes e futuras, para prescrição de dietas, para prescrição medicamentosa.[608] Toda essa dinâmica inseriu-se nos direitos personalíssimos do homem moderno retirando-lhe a intimidade, a liberdade, mas conferindo-lhe autonomia para decidir sobre seu futuro "nesse jogo", nesse círculo vicioso: mais diagnostico – mais doença – intervenção – hospitalização – diagnóstico – prescrição.

[608] WELCH, Gilbert H; SCHWARTZ, Lisa M; WOLOSHIN, Steven – Over diagnosed – make people sick in the pursuit of health, p. 32 e ss, 60 e ss, 82 e ss, 116 e ss.

Onde isso vai terminar? Quando? Qual a força do paciente para fazer estancar essa dinâmica? Em todos os temas bioéticos analisados no correr desta obra muito se destacou a presença do médico e sua relação com os pacientes e suas famílias, em todas as etapas do tratamento ou terapia clínica. O médico é multidisciplinar, o grande agente da pesquisa e administração de técnicas médicas modernas, em biotecnologia, que incluem a clonagem, a manipulação de células-tronco; são agentes que ajudam a designar o correto sexo dos pacientes portadores de pseudo-hermafroditismo e de transexualismo, através da cirurgia redesignatória; além de, valendo-se de todos os recursos que dispõe tratar o paciente em seus momentos finais, decidindo muitas vezes sobre o momento da morte bem como indicando os cuidados especiais ou paliativos aos seus pacientes conforme o caso. Não poderia ser de outra forma, senão permeada por diversos conflitos bioéticos esta relação tão íntima, tão delicada e tão importante que se estabelece entre as partes: médico e corpo clinico de um lado; paciente e sua família de outro, em que o Estado no auge do seu poder regulamentador estabelece os limites, os parâmetros, as normas de conduta. Também o odontólogo e demais profissionais da saúde adentram essa relação.

Nesse sentido pode-se concluir que as relações médico-paciente devem ser pautadas pelas normas éticas e jurídicas e aos princípios basilares que permeiam essas relações, mormente no que tange ao diagnóstico e conduta terapêutica a ser apresentada. Estas normas éticas e jurídicas devem alcançar também os diversos profissionais da área da saúde, entre eles, os odontólogos, os cientistas, os farmacêuticos, os nutricionistas, os fisioterapeutas, os veterinários entre outros. É de vital importância o respeito aos princípios bioéticos de autonomia (externado pelo consentimento livre e esclarecido), beneficência, não maleficência e justiça, objetivando o melhor cuidado dedicado ao paciente tendo em vista sua intrínseca dignidade.[609]

São deveres inerentes à prática médica: a informação detalhada do quadro de saúde do paciente, bem como a explainação do tratamento a ser implantado em face do diagnóstico apresentado, cuidar do paciente

609 Diniz, Maria Helena – O Estado atual do biodireito, p. 632.

com zelo e dedicação utilizando-se de todos os recursos inerentes à sua profissão, respeitar as decisões pessoais dos pacientes no caso de recusa do tratamento oferecido, respeitar os limites contratuais estabelecidos em cada caso, preservar o sigilo profissional tendo em vista o a intimidade do paciente (observadas as exceções prevista em lei – Resolução n. 999/1980 do CFM).[610]

7.1. O consentimento informado

O ser humano é dotado de direitos fundamentais inerentes à sua personalidade, protegidos constitucionalmente. Estes se manifestam em vários ramos de sua existência.Enquanto paciente, esses mesmos direitos lhe são atribuídos, tais como o direito à informação acerca de sua moléstia – o diagnóstico, prognóstico, duração, custos e riscos do tratamento, ao sigilo, ao tratamento médico e odontológico, ao tratamento humano e paliativo, aos cuidados médicos, à alimentação, o direito de consentir ou não que lhe sejam aplicados determinados procedimentos clínicos os cirúrgicos, além do acesso ao prontuário médico.

O consentimento informado constitui direito do paciente de participar de toda e qualquer decisão sobre tratamento que possa afetar sua integridade psicofísica, devendo ser alertado pelo médico e odontólogos dos riscos, benefícios das alternativas envolvidas e possibilidades de cura, sendo manifestação do reconhecimento de que o ser humano é capaz de escolher o melhor si sob o prisma da igualdade de direitos e oportunidades.[611]

Nesse sentido, a autonomia pode ser definida como liberdade dos condicionamentos externos, contrapondo-se ao paternalismo, que se justificaria como medida adotada para se evitar danos ao indivíduo, aqui considerado como incapaz de escolher o melhor para si, em face do seu estado de saúde.[612] Em matéria de bioética, o autoritarismo do médico para a escolha dos procedimentos a serem aplicados em cada paciente vem dando espaço a outro paradigma, o modelo de parceria, num estilo mais participativo, onde o paciente, esclarecido da peculiaridade de seu

[610] Diniz, Maria Helena – O Estado atual do biodireito, p. 632 a 659.
[611] Venosa, Silvio de Salvo – Direito civil, 10.ed., São Paulo: Atlas, 2010, v.4, p. 147.
[612] Diniz, Maria Helena – O Estado atual do biodireito, p. 661 a 664.

quadro clinico, tem autonomia para decidir se vai submeter-se a determinada prática terapêutica ou não. Assim, o paternalismo de outrora foi sendo substituído pelo consentimento informado, expressão do reconhecimento da autonomia do paciente.

A finalidade principal do consentimento informado é munir o paciente de informações esclarecedoras para que ele próprio possa decidir, conscientemente, sobre a adoção de eventual tratamento médico. Não se deve afastar o direito do paciente decidir, esclarecidamente, sobre os tratamentos a que se submeterá, principalmente considerando que poderão ocorrer consequências permanentes, mesmo com possibilidade de que a decisão compartilhada venha a ser pior do que a decisão puramente técnica, que também não está isenta de erros.

A informação necessária para o consentimento é aquela necessária à tomada consciente de uma decisão, ou seja: deve o paciente ter informações suficientes, compreensão adequada da informação, liberdade para decidir segundo os próprios valores, capacidade para decidir. Constitui uma exigência ética e um direito que vem sendo reconhecido pela legislação dos países mais avançados. Aparece como um novo ideal de autonomia e racionalidade. Tal deliberação vem presente no Código de Ética Médica. [613] "Com o fortalecimento do princípio da autonomia, estabeleceu-se como requisito da intervenção do médico sobre o corpo do paciente, o consentimento deste, sem o qual a atuação médica constituiria uma agressão. Foi com base no princípio da autonomia que se desenvolveu o conceito de consentimento informado, que veio preconizar inicialmente no campo da pesquisa e posteriormente no da clínica médica e odontológica, o direito de a pessoa não ser submetida a nenhum procedimento ou intervenção em seu corpo sem que antes lhe fossem fornecidos os devidos esclarecimentos acerca da natureza, finalidade, consequências, benefícios, riscos e alternativas envolvidas e, sobretudo, sem que o indivíduo desse seu livre consentimento."[614]

[613] Santos, Maria Celeste Cordeiro dos – O Equilíbrio do pêndulo – a bioética e a lei, p. 90 e 99.

[614] Ligiera, Wilson Ricardo – A Responsabilidade civil do médico e o consentimento informado. Dissertação de mestrado apresentada ao Departamento de Direito Civil da FADUSP, 2009, p. 119.

Outro princípio a ser considerado é o princípio da beneficência, que consiste na busca implacável do "melhor" resultado para a saúde do paciente, independentemente da sua concordância. Representa a manifestação mais clara do paternalismo, pois retira do paciente o poder de procurar ou recusar um determinado tratamento, transferindo-o ao médico. Para Leo Pessini devem-se ponderar três critérios: a eficácia, o benefício e a onerosidade.[615] Aos olhos da lei, a capacidade de autodeterminação é requisito de validade do consentimento informado. Ainda que do ponto de vista ético-filosófico possamos reconhecer a capacidade de autodeterminação dos civilmente incapazes, não terá validade jurídica o consentimento manifestado por quem não tenha capacidade civil, ou venha este eivado de vícios podendo nesta hipótese o consentimento ser considerado inválido.

Pode o consentimento ser total ou parcial. Assim, nada impede que a concordância do paciente seja apenas para o diagnóstico, não podendo, dessa forma, o médico aproveitar o estado do paciente para realizar cirurgia que não estava autorizada. A necessidade do médico, do odontólogo e demais profissionais da área da saúde de obter o consentimento informado antes da adoção de qualquer prática profissional relevante constitui dever ético dos mesmos, e cuja ausência pode importar na aferição de responsabilidade civil, penal e administrativa desses profissionais.

O consentimento informado pode ser revogado, não devendo o profissional continuar o tratamento contra a vontade do paciente, exceto nos casos em que a interrupção coloque em risco a vida do paciente. O consentimento pode ainda ser presumido, sendo a conduta do profissional da área da saúde baseada nos históricos de concordância para idênticas situações vividas em situações anteriores.[616] Como exceções ao dever de obtenção do consentimento informado, temos: a necessidade da prática médica de urgência, privilégio terapêutico (pode o médico privar o paciente de informação quando esta constituir ameaça ao seu bem-estar

615 PESSINI, Leo – Distanásia – até quando prolongar a vida, SãoPaulo?Loyola/São Camilo, 2001, p. 22.

616 VIEIRA, Tereza Rodrigues- Bioética e direito, São Paulo: Jurídica Brasileira, 2003, p. 44.

geral), renuncia ao direito de ser informado – no caso do paciente se recusar a receber a informação biomédica.[617]

O consentimento informado representa um direito do paciente e uma salvaguarda do médico, do odontólogo e demais profissionais autônomos da área da saúde, pois apresenta este, sérios reflexos na aferição da responsabilidade do médico, inclusive com repercussão na esfera penal. Só deve ser afastado nas hipóteses restritas à impossibilidade de fornecimento ou risco concreto à vida, à integridade física ou à saúde, caracterizado pelo atendimento emergencial dos profissionais da área da saúde aos pacientes impossibilitados de externar sua vontade.

7.2. O testamento vital

A pós-modernidade introduziu o conceito de autonomia pessoal e coletiva nas relações que envolvem a experimentação humana e a relação médico paciente. Testamento vital ou diretivas antecipadas de vontade é o documento que tem a finalidade de retratar a vontade do paciente em seus momentos finais de existência livrando-o da obstinação terapêutica, oriunda do desenvolvimento da biotecnologia que trouxe para o universo medico – cientifico uma gama enorme de fármacos, tratamentos, infraestruturas medico hospitalares capazes de postergar, e muito, a vida humana – inaugurando o questionamento se de fato estaríamos prolongando a vida ou o momento da morte. Nesse sentido, desde a fundação dos primeiros Comitês de ética hospitalar nos idos dos anos 1970, impôs-se a reflexão sobre a melhor forma de amparar o paciente, conferindo-lhe bem-estar nos momentos finais de sua vida. O testamento vital difere-se do testamento civil, que é o instrumento através do qual o autor dispõe de seus bens, suas dívidas, reconhece filiação, institui obrigações e cujo teor passará a ter validade após a morte do outorgante. O testamento vital consiste numa declaração escrita sobre a vontade do paciente nos momentos finais de sua vida, quanto aos tratamentos médicos que aceita se submeter, tendo em vista o estabelecimento de uma doença grave ou estado geral que lhe impeça de manifestar expressamente a sua vontade. Como leciona Ernesto Lippmann "estando um paciente numa UTI até

[617] DINIZ, Maria Helena – O Estado atual do biodireito, p. 665 e 666.

que ponto gostaria que fossem feitos esforços para reanimá-lo? E se isso ocorresse após um AVC no qual lhe imputassem lesões permanentes no cérebro, comprometendo sua visão e movimentos?" Como seria correto proceder? Lutar pela preservação da vida a qualquer custo ou deixar que a natureza seguisse seu curso e desempenhasse o seu papel? Quais os tratamentos que o paciente aceitaria ser submetido numa situação terminal e quais rejeitaria?[618]

Como se sabe, não existe uma resposta conclusiva para esses quesitos, pois dependem das crenças e valores morais de cada um. No entanto, para que seus valores sejam preservados, é necessário que seus desejos sejam conhecidos por algum parente ou representante legal, ainda em vida, num momento onde o indivíduo possa normalmente manifestar sua vontade. Sua base legal encontra-se no primado do direito à autonomia pessoal do paciente, e também dos demais princípios bioéticos; do princípio da dignidade da pessoa humana, previsto no art. 1, III da Constituição Federal, no art. 15 do Código Civil que prevê que ninguém deve ser submetido a tratamento médico contra a sua vontade ou mediante risco de vida, da Lei n. 13.146/2015.Tem ainda respaldo na Resolução 1.995/2012 do CFM.

Assim, o profissional da saúde deve respeitar a vontade do paciente ou de seu representante legal, se este for incapaz. É recomendado que o paciente deixe sua vontade escrita, registre a escritura em cartório, e este instrumento deve constar do prontuário médico deste paciente. Cabe ainda no teor do referido documento, a nomeação de um curador para acompanhar todo o desenrolar do tratamento do paciente.

Quanto à finalidade principal de se elaborar um testamento vital podemos apontar: a qualidade de vida do paciente em seus momentos finais, a melhor administração de sua doença, a possibilidade de se delegar a alguém que não pertença à família, como o médico de confiança, as questões relativas à saúde do paciente.

O testamento vital pode ter por objeto disposições sobre: a realização ou não de determinados procedimentos; o estabelecimento de um lapso temporal para a continuidade dos tratamentos. O CFM estabeleceu cri-

618 Lippmann, Ernesto – Testamento vital – o direito à dignidade, São Paulo: Matrix, 2013, p. 17.

térios para definir os limites terapêuticos em caso de doença terminal. Assim, aprovou a Resolução 1.995/2012 que estabelece os critérios para que o paciente possa definir com seu médico os limites terapêuticos em fase terminal de doença. Esta Resolução tem caráter vinculativo apenas em relação aos médicos, sujeitando-os a sanções disciplinares.

Desta sorte, para se elaborar um testamento vital, é necessária a plena capacidade civil (em observância à Lei 13.146/2015 – lei de inclusão – Estatuto de pessoa com deficiência e o art. 1783 do CC que refere à tomada de decisão apoiada); consultar um médico e um advogado para se inteirar das questões medicas e jurídicas. Quanto ao conteúdo o CFM não estabeleceu um formato padrão para a elaboração das diretivas, mas à luz da legislação pátria, é vedada qualquer disposição que seja contraindicada à patologia do paciente, ou que contrarie a legislação, a moral e os bons costumes. É necessária a designação de um responsável para ser porta voz do doente e que o representará diante da equipe médica (testamenteiro vital), desde que este não seja o médico responsável pelo caso.

Deve por fim, para que tenha maior visibilidade, ser elaborado em cartório, datado e assinado na presença de duas testemunhas em analogia ao que ocorre no testamento público, previsto no art. 1.876 do CC, ou três testemunhas, no caso do testamento particular. Embora a Resolução 1.995/2012 seja silente quanto a estas precauções. As diretivas antecipadas do paciente prevalecerão sobre qualquer outro parecer não médico, inclusive sobre os desejos dos familiares; e o médico registrará no prontuário do paciente as diretivas antecipadas de vontade que lhes foram diretamente comunicadas pelo paciente. Não sendo conhecidas as diretivas antecipadas de vontade do paciente, nem havendo representante designado, familiares disponíveis ou falta de consenso entre estes, o médico recorrerá ao Comitê de Bioética da instituição, caso exista, ou, na falta deste, à Comissão de Ética Médica do hospital ou ao Conselho Regional e Federal de Medicina para fundamentar sua decisão sobre conflitos éticos, quando entender esta medida necessária e conveniente.

Ressaltamos que o relativamente incapaz pode fazer o testamento vital desde que haja a assistência dos pais ou responsáveis legais. No cenário internacional, o testamento vital encontra regulamentação legal nos USA, na Espanha, em Portugal, na Alemanha, na França, na Itália, na Argentina, no Uruguai, no Japão.[619] Nos Estados Unidos, houve um amplo desenvolvimento das ciências medicas, da biotecnologia e da bio-nanotecnologia. Levou com isso a uma "overdiagnosis" de seus nacionais. Posteriormente outro problema se descortinou: levar o acesso das novas descobertas ao alcance de toda a população, o que levou a um repensar das políticas públicas em matéria de saúde.[620]

O termo *living will* foi cunhado na década de 1960, tendo sido proposto pela Sociedade Americana para Eutanásia, como um documento de cuidados antecipados, pelo qual o paciente registraria seu desejo íntimo de interromper os tratamentos médicos quando a terminalidade da vida se aproximasse e se evitasse assim, o chamado tratamento fútil, ou distanásia.[621] Na experiência americana, o primeiro caso envolvendo o testamento vital foi o de Karen Ann Quinlan já retratado no capítulo precedente. A Califórnia foi o primeiro estado norte americano a legislar sobre o Living Will. Em 1983 editou o California's Durable Power of Attorney for Health Care Act, reconhecendo o direito do indivíduo a nomear um procurador para representá-lo quando estivesse impossibilitado de fazê-lo temporária ou definitivamente.

Posteriormente, outros estados americanos editaram leis especificas sobre o tema até que a lei federal fosse editada em 1991: The Patient Self Determination Act. Vige também no pais a Advance Medical Care Directive, um documento em que o paciente expressa sua vontade através do preenchimento de um formulário onde ele indica tudo o que aceita em seu tratamento; o Value History, documento no qual o indivíduo deixa escrito seus valores pessoais que orientarão as tomadas de decisão; a Combine Directive, documento que agrega componentes de instrução, procuração e histórico de valores, com o objetivo de melhor explicitar e embasar a vontade final do paciete frente ao tratamento médico que receberá e também vige o Physician Orders for Life Sustaining Treatment.[622]

619 DADALTO, Luciana – Testamento vital, São Paulo: Editora Foco, 4. Ed, 2018, p. 57 e ss

620 ALTMANN, Stuart; SKACTMANN, David – Power, Politics and Universal Health Care, New York: prometheus Books, 2011, p. 203 e ss; SCHIMPFF, Stephen C – The future of health care delivery, Washington: Potomac books, 2012, p. 87 e ss.

621 FONG, Kevin – Extreme medicine, New York: the Penguin Press, 2014, 119 e ss.

622 DADALTO, Luciana – Testamento Vital, 4.ed., p. 57 e ss.

Na Comunidade Europeia, regula o tema a Convenção de Direitos Humanos e Biomedicina ou Convenio de Oviedo assinada em 1997. Á luz do disposto em seu art. 9º goza o paciente de direito de autonomia para decidir sobre seu tratamento quando ele não puder expressar sua vontade. Posteriormente à assinatura da Convenção, a Bélgica e a Espanha legislaram sobre o tema, em 2002, o Reino Unido promulgou lei sobre as diretivas antecipadas de vontade em 2005; e assim, seguindo a tendência, a Alemanha o fez em 2009, Portugal em 2012, a França em 2016 e a Itália em 2017. Antes da assinatura da Convenção, havia legislação reguladora das diretivas antecipadas de vontade na Holanda, na Finlândia e na Hungria.[623]

A ratificação doa ditames da Convenção de Oviedo na Comunidade Europeia, foi de vital importância para a implementação das diretivas antecipadas de vontade no continente, lembrando sempre que dada a particularidade cultural do tema, a cada Estado membro, signatário, pode recepcionar os referidos ditames com as ressalvas que melhor se adaptasse às suas normas costumeiras. A Bélgica foi o primeiro país a regulamentar a *déclaration anticipée de volonté*, após o advento do Convênio de Oviedo. A lei de direitos do paciente de agosto de 2002 regulamenta os cuidados de saúde, tutela a autonomia e a autodeterminação do paciente e assegura o direito à informação sobre o tratamento a ser empregado. Reconhece a nomeação de um procurador de saúde, por meio de mandato duradouro, que poderá ser redigido pelo paciente ou pelo seu procurador. Caso o representante se recuse a exercer o seu papel, ou exista conflito entre o desejo do paciente e o do representante, o médico deverá levar em consideração o melhor interesse do paciente.

A legislação estabelece que a *déclaration anticipée de volonté* seja renovada a cada cinco anos, sendo consideradas inválidas as declarações datadas com prazo superior ao legal, assim como aquelas que contrariem o ordenamento jurídico. O documento poderá ser revogado a qualquer tempo.[624] A Holanda, numa posição pioneira, já reconhecia seus direitos

[623] Dadalto, Luciana – Testamento Vital, 4.ed., p. 64 e 65.

[624] Mabtum, Matheus Massaro; Marchetto, Patricia Borba – Diretivas antecipadas de vontade como dissentimento livre e esclarecido e a necessidade de aconselhamento médico e jurídico. In: *O debate bioético e jurídico sobre as diretivas antecipadas de vontade* [online]. São

mesmo antes do Convênio de Oviedo, do qual é signatária, mas que não ratificou.A primeira lei a regulamentar os direitos dos pacientes foi o *act on the medical treatment contract* de 01.04. 1995, que alterando o Código Civil holandês.

A legislação reconhece a importância do consentimento informado, o qual divide em duas partes: informação e consentimento. Sua grande inovação é reconhecer a validade das diretivas antecipadas de vontade, que denominam de *nontreatment directives* (diretivas sobre renúncia de tratamento), mas que não se confundem com uma declaração para eutanásia, permitida no país, e devem ser apresentadas na forma escrita. No país, os maiores de 16 anos são considerados capazes e os maiores de 12 anos têm permissão para manifestar sua oposição a que seu representante legal tome decisões relativas a procedimentos médico-hospitalares. Basta que expressem seu desejo para que o representante seja afastado.[625]

Em Portugal a Convenção foi ratificada pela Resolução da Assembleia da República n. 1/200, sendo posteriormente promulgada a lei n. 25, de 16 de julho de 2012, que regula as diretivas antecipadas da vontade, e cria o registro nacional de Testamento Vital (RENTEV).Dispõe a referida lei que "as diretivas antecipadas de vontade, designadamente sob a forma de testamento vital, são o documento unilateral e livremente revogável a qualquer momento pelo próprio, no qual uma pessoa maior de idade e capaz, que não se encontre interdita ou inabilitada por anomalia psíquica, manifesta antecipadamente a sua vontade consciente, livre e esclarecida, no que concerne aos cuidados de saúde que deseja receber, ou não deseja receber, no caso de, por qualquer razão, se encontrar incapaz de expressar a sua vontade pessoal e autonomamente".São, portanto, as indicações ou desejos que qualquer cidadão pode dar para determinar os

Paulo: Editora UNESP; São Paulo: Cultura Acadêmica, 2015, p. 101. Disponível em: http://books.scielo.org. Acesso em 25.4.2019.

625 Mabtum, Matheus Massaro; Marchetto, Patrícia Borba – Diretivas antecipadas de vontade como dissentimento livre e esclarecido e a necessidade de aconselhamento médico e jurídico. In: *O debate bioético e jurídico sobre as diretivas antecipadas de vontade* [online]. São Paulo: Editora UNESP; São Paulo: Cultura Acadêmica, 2015, p. 99 e 100. Disponível em: http://books.scielo.org. Acesso em 25.4.2019.

cuidados de saúde que deseja (ou não) receber quando estiver incapaz de expressar a sua vontade.

Delas fazem parte dois instrumentos legais: o Testamento Vital e o Procurador de Cuidados de Saúde, informações que ficam associadas ao RENTEV. Cada pessoa pode decidir usar um, ambos ou nenhum destes instrumentos. Cada um deles tem a validade de cinco anos, mas pode ser revogadoem qualquer momento, desde que essa vontade seja expressa pelo próprio.

Os desejos ou diretivas expressas nestes instrumentos não podem ir contra a lei portuguesa nem contrariar as boas práticas clínicas. O testamento vital pode ser elaborado segundo uma minuta disponibilizada pelo Ministério da Saúde ou não. O importante é que as vontades lá expressas, não contrariem a lei nacional e que esse documento esteja inserido no RENTEV, por forma a que fique associado ao processo de saúde do utente (acessível, pelo menos, em todos os hospitais públicos). Se o documento com as DAV não estiver registado no RENTEV, as vontades nele expressas não serão vinculativas para os profissionais de saúde. No testamento vital ou em outro documento autônomo, pode ser nomeado um procurador de cuidados de saúde. Cada um destes instrumentos, testamento vital e procurador de cuidados de saúde, são independentes: é possível usufruir de um e não do outro, ou de nenhum deles. O procurador de cuidados de saúde é alguém, da confiança do utente, que passa a ter poderes de representação para decidir pela pessoa, quando ela não puder decidir. Deverá ser alguém que conheça muito bem os valores e vontades do utente, mas não tem que ser um familiar. No caso de conflitos entre o disposto no testamento vital e o procurador de cuidados de saúde, prevalece o disposto no testamento vital.[626]

Ainda vigora no país o Parecer P.05.APB.06 sobre as diretivas de vontade notadamete quanto ao direito de recusa em receber transfuão de sangue por adeptos da religião Testemunhas de Jeová; o Projeto de Diploma p.06.APB.06, que regula o exercicio do direito a formular diretivas antecipdas de vontade no mbito da formulação de cuidados de saude

[626] Fontes: concept.org/2017/2006/17/diretivas-antecipadas-se-vontade; http: //testamentovital.com.br/legislação/portugal; http: //estudogeral.uc.pt?diretivasantecipadas devontade.

e cria o registro nacionl e as Guidelines, referentes sobre a suspensão e a abstenção de tratamento em doentes terminais.[627]

Na França os direitos dos pacientes vem regulamentados desde antes da ratificação da Convenção de Oviedo. A Lei n.99-477/1999 garantiu o acesso aos cuidados paliativos aos pacientes, ao introduzir antes do livro I do Codigo de saúde Pública um livro preliminar consagrado aos direitos do paciente de dos usuários do sistema de saúde. Garantiu ourossim, o direito ao paciente de se opor a todo tratamento ou investigação científica que achar desnecessaria.[628]

A Lei de 4.3.2002 relativa aos direitos dos doentes e à qualidade do sistema de saude visando conferir ao paciente autonomia sobre o seu tratamento, equilibrando assim a relação médico paciente; a Lei n. 2005-370 de 22.4.2005 - denominada Lei Leonetti de 2005, que enfrentando aquestão da medicalização no fim da vida, referendou e aprimorou os ditames da lei anterior, reconhecendo a importância da autonomia do paciente.[629] Em 2016 houve a promulgação da lei 2016-87 que trata dos direitos do paciente terminal e altera o Código Civil francês para introduzir as diretivas antecipadas de vontade.[630] Na Itália a Lei de 23.11.1978 instituiu serviço sanitário nacional, sendo este uma obrigação político socal no país, visando o melhor atendimento de seus nacionais, tendo em vista os princípios constitucionais e bioéticos.[631]

Inicialmente vigorou no país o Codigo de Deontologia Médica, garantindo em seu art. 34 a autonomia do paciente frente ao seu tratamento e vedando a pratica da distanasia em seu art. 37. Em 2003 houve a publicação de um documento, a Declaração antecipada do tratamento, referendando a autonomia do paciente nas praticas médicas.Somente em 2017

627 DADALTO, Luciana - Testamento Vital, 4.ed., p. 73.

628 THOUVENIN, Dominique - la loi n. 2005-370 du 22.4.2005, dite loi leonetti: la médicalisation de la fin de vie. In. FERRY, Jean Marc (Coord) - Fin(s) de vie - le debat, Paris: Puf, 2011, p. 308 e ss.

629 THOUVENIN, Dominique - la loi n. 2005-370 du 22.4.2005, dite loi leonetti: la médicalisation de la fin de vie. In. FERRY, Jean Marc (Coord) - Fin(s) de vie - le debat, p. 308 e ss.

630 Fonte: http://www.ieb-eib.org/fr/document/declaration-anticipeee-en-fin-de--vie-343.html. Acesso em 25.4.2019.

631 COLLANA&TIMONE - Ordinamento sanitário - disciplina del servizio sanitário nazionale, Napoli: Edizione Simone, 2010, p. 46 e ss.

entrou em vigor a lei de dezembro de 2017 que trata das diretivas antecipadas da vontade em solo italiano: a denominada lei do biotestamento.[632]

Na Espanha, o interesse por regulamentar o instituto surgiu por iniciativa da Associación pro Derecho a Morir Dignamente que, em 1986, elaborou um modelo do documento, o qual, anos depois, após ampla discussão, foi incluído no ordenamento jurídico espanhol.No Código de Ética Médica espanhol, que vigora desde 1999, já havia indícios de regulamentação das *instrucciones previas*. Seu art. 27 estabelece que, quando o paciente não é capaz de tomar decisões referentes a procedimentos médicos, a equipe médica deverá respeitar os desejos manifestados anteriormente por ele ou por seus representantes e responsáveis legais. Entretanto, o tema "instrucciones previas" foi efetivamente tratado pelo Convenio de Oviedo, em vigor no país desde 1.1.2000; posteriormente pela lei catalã n. 21 de 19.12.2000. A primeira lei estatal foi a Lei n. 41 de 14.11.2002 que regulou as instruções prévias em seu art. 11. Em 2.2.2007 foi publicado o Real Decreto n. 124/2007 que cria o regitro Nacional de Instruções Prévias e institui o arquivo automatizado de dados de caráter pessoal, realizado junto ao Ministerio de saude e Consumo.[633]

Na Alemanha, a figura jurídica equivalente às DAVs é denominada de *Patientenverfugungen* que integra formalmente o Código Civil, desde 1º de setembro de 2009, quando lhe foi aditado os §§ 1901a-1904. Tal como leciona Otavio Rodrigues Jr "os artigos introduzidos no Código Civil alemão (*BGB*) derivaram de um pesado debate legislativo no *Bundestag* que resultou na aprovação do projeto de lei por uma margem razoavelmente estreita de votos (317 a favor e 233 em contrário)". "Em 2010, o *Bundesgerichtshof* (*BGH*) analisou a validade dos §§ 1901 a 1904 do *BGB*, em um acórdão (*BGH* 2 StR 454/2009, de 25.6.2010), foram indiretamente

632 Fonte: http://www.governo.it/bioetica/testi/Dichiarazione anticipate trattamento. Acesso em 25.4.201.

633 GIMENO, Juan A; REPULLO, José R; RUBIO, Santiago – Manuales de dirección médica y gestión clínica – derecho Sanitario y sociedade, Madrid: Edicciones Diaz Santos, 2006, p. 150 e 151; MORÁN, Luis Gonzales – De la bioética al bioderecho – libertad, vida y muerte, Madrid: Dykinson SL, 2006, p. 279.

legitimados sob o fundamento de que as *Patientenverfugungen* se prestam a conservar a autodeterminação do paciente".[634]

7.3. A bioética e a responsabilidade civil dos profissionais da área da saúde

A saúde pode ser entendida como o bem-estar físico e psíquico, relevante para o ser humano individualmente considerado e para a coletividade em geral, tanto que recebe tutela constitucional no art. 196 da Constituição Federal. As atividades profissionais ligadas à área da saúde são suscetíveis de danos morais e materiais ao paciente ou cliente, pois atenta contra os direitos personalíssimos da pessoa humana bem como o seu patrimônio.[635] Basicamente, como aduz Regina Beatriz Tavares da Silva "a responsabilidade civil na área da saúde exige atenção à distinção entre as obrigações de meio e de resultado e à obrigação do dever-direito de informação sobre os riscos do procedimento a serem utilizados".[636]

O estabelecimento da natureza jurídica da relação dos profissionais da área da saúde com os pacientes, não parece pacificada. Poderia ser definida como uma relação contratual permeada por valores éticos, extraídos do Código de Ética Médica e expostos como metajurídicos – baseados nos princípios da boa fé contratual, da justiça e da autonomia da vontade, onde o aspecto patrimonial submeter-se-ia ao princípio maior da dignidade da pessoa humana. Assim, a relação jurídica que se estabelece entre os profissionais da área da saúde – paciente (basicamente médicos e odontólogos), mais do que patrimonial é uma relação que objetiva um valor existencial e por isso, tem como objetivo maior o comprometimento para com a saúde, o bem-estar e a dignidade do paciente.[637]

[634] Rodrigues Jr, Otavio – Testamento vital e seu perfil normativo. In: http://www.conjur.com.br. Acesso em 25.4.2019.

[635] Nader, Paulo – Curso de direito civil – 3.ed., Rio de Janeiro: Forense, 2010, v.1., p. 401.

[636] Silva, Regina Beatriz Tavares da – Responsabilidade civil na odontologia. In. SILVA, Regina Beatriz Tavares da – Responsabilidade civil na área da saúde. Série GVlaw, São Paulo: Saraiva/Fundação Getúlio Vargas, 2007, p. 4.

[637] Naves, Bruno Torquato de Oliveira; SÁ, Maria de Fátima Freire de –, Da relação jurídica médico-paciente: dignidade da pessoa humana e autonomia privada. In: Biodireito, p. 113 a 115; Lerner, Barron, H – The good doctor, Boston: Beacon Press, 2014, p. 1 e ss, p. 22 e ss.

O vínculo contratual estabelecido entre os profissionais da área da saúde e o paciente pode ser de resultado ou de meio e pode ainda ser alcançado pelos princípios do Código de Defesa do Consumidor.

7.3.1. A responsabilidade civil do médico

A relação médico-paciente é contratual, e visa não somente a cura do paciente mas visa, sobretudo,prestação de cuidados conscienciosos, atentos à ética profissional e às prescrições deontológicas, no limite do exercício profissional, observados os ditames bioéticos. Embora a natureza do trabalho do médico seja contratual, decorrente das obrigações contratadas, não dominam os princípios da responsabilidade objetiva, porque nem sempre é possível a obtenção do êxito na execução de seu trabalho.[638] Há ainda o dever de informar, previsto no art.6º,III do CDC, diretamente ligado ao princípio da transparência e obriga o prestador de serviço a fornecer todos os detalhes – riscos e prognósticos- dos tratamentos a serem empregados, cuja ausência – excluídos os casos especiais de emergência médica – caracterizar um agir culposo do médico no atendimento a um paciente.

Desta sorte, podemos concluir que os serviços médicos representam uma obrigação de meio e não de resultado, sendo responsabilizados no âmbito cível quando de seu exercício decorrer alguma das modalidades de culpa – negligência, imprudência ou imperícia–, daí o rigor da jurisprudência na exigência da produção dessa prova, no mesmo sentido é a aplicação do art. 14 do CDC.[639] O médico responde não somente por fato próprio como também por fato danoso praticado por terceiros que estejam diretamente sob suas ordens, como enfermeiros e demais profissionais da saúde. Não se tem, entretanto, considerado como culpável o erro profissional que advém da incerteza da arte médica, do erro de diagnóstico ou da iatrogenia (dano causado pelo ato médico em pessoas sadias ou doentes).

[638] Rizzardo, Arnaldo – Responsabilidade civil, Rio de Janeiro: Forense, 2009, 4.ed, p. 329.

[639] Diniz, Maria Helena Diniz – O Estado atual do biodireito, p. 548 e 549; Gonçalves, Carlos Roberto – Direito civil brasileiro, 5.ed., São Paulo: Saraiva, 2010, v.4, p. 256 e 257.

As diversas modalidades médicas observam diferentes formas de responsabilização no âmbito cível. Obrigação de resultado para os cirurgiões plásticos, donde o direito à indenização decorre da cirurgia malsucedida; o anestesista possui responsabilidade autônoma, salvo quando participa conjuntamente ao cirurgião nos procedimentos cirúrgicos e sob seu comando, podendo neste caso a culpa ser concorrente.

Com grande repercussão no campo da bioética, temos as práticas médicas atinentes à reprodução humana assistida, que além da solução do problema da infertilidade ou esterilidade do casal, fornece possibilidade de diminuição da transmissão de doenças infectocontagiosas ou genéticas na prática reprodutiva. Tal como concebe Regina Beatriz Tavares da Silva "essas técnicas têm repercussões biológicas, psicológicas, eugênicas, sociais, religiosas e jurídicas".[640]

A falta de previsão legal para as práticas de reprodução assistida pode engendrar o desrespeito à dignidade da pessoa humana prevista no art.1º,III da Constituição Federal, e também dos direitos humanos e direitos da personalidade, mormente no que abrange o respeito à vida humana em todas as suas fases, a integridade física, psíquica, a proteção do patrimônio genético, da biodiversidade, do sigilo médico e pessoal, o direito ao *status familiae*, o direito à biparentalidade biológica entre outros.

Também deve ser avaliado o cuidado com a higidez do material genético a ser utilizado, tendo em vista o risco de contaminação e consequente transmissão de doenças, a compatibilidade dos grupos sanguíneos e dos gametas, pois um dano causado pela prática incorreta na manipulação, escolha ou seleção destes materiais engendrará na responsabilização civil subjetiva do autor do dano. No que tange à reprodução assistida a obrigação do médico será de meio quanto ao êxito do procedimento, e além do diagnóstico prévio de esterilidade ou infertilidade, apresenta esta como requisito essencial o consentimento informado, previsto no art.6º do CDC e no art. 59 do Código de Ética Médica observados os ditames da Resolução n. 1.358/1992,I,3 do CFM, através deste instrumento as par-

640 SILVA, Regina Beatriz Tavares da – Responsabilidade civil na reprodução assistida. In. SILVA, Regina Beatriz Tavares da (Coord.) – Responsabilidade civil na área da saúde, São Paulo: Saraiva – Fundação Getulio Vargas, 2007, p. 237.

tes ficam esclarecidas sobre os aspectos globais que a técnica encerra, notadamente quanto aos riscos a serem assumidos, o custo-benefício e a probabilidade de sucesso.[641]

Em matéria de transplantes, dentre as obrigações contraídas pelo médico, especificamente no que tange aos procedimentos de remoção de órgãos, partes ou tecidos humanos, não se inclui a de curar o paciente, não tendo por conta disso o profissional compromisso com a efetiva obtenção do resultado final almejado pelo paciente, posto que sua obrigação consiste em conduzir com diligência o conhecimento científico permitindo a cura do paciente.[642]

É inoperante a cláusula de não indenizar nos contratos de prestação de serviçosmédicos para exonerar-se de danos patrimoniais ou morais que vier a causar ao paciente, somente poderá se admitir como excludentes o caso fortuito e a força maior, competindo à vítima a prova do dano e do seu montante, apesar de que como sabe-se muito difícil é estabelecer quantitativamente o valor econômico de fato oriundo de culpa médica, o que no entanto não constitui motivo para se eximir o ofensor da reparação. O sujeito ativo, credor da obrigação de indenizar, na hipótese de doação *inter vivos*, será o doador ou o receptor, vítima de ato culposo do médico que lhe causou o dano, em relação à doação *post mortem*, o sujeito ativo, credor da obrigação de indenizar, no caso de desrespeito ao cadáver, ou desconsideração à sua vontade manifestada em vida serão os parentes do falecido, na ordem de sucessão prevista pelo novo diploma legal. Se o dano for ocasionado ao receptor, será este o credor da obrigação de indenizar.

O sujeito passivo da obrigação de indenizar seria o médico e sua equipe solidariamente, ou mesmo o médico e o estabelecimento hospitalar aonde preste serviços, dada a solidariedade passiva, do mesmo, à luz do artigo 932, III do CC em vigor. "Entende-se, portanto, na existência de um liame jurídico entre o médico e a entidade hospitalar, de modo a

641 Silva, Regina Beatriz Tavares da – Responsabilidade civil na reprodução assistida. In. Silva, Regina Beatriz Tavares da (Coord.) – Responsabilidade civil na área da saúde, p. 242, 252 e 253.

642 Cardoso, Alaercio – Responsabilidade civil e penal dos médicos nos casos de transplantes, Minas Gerais; Del Rey, 2002, p. 347.

autorizar a responsabilização objetiva desta última, sem prejuízo de um eventual direito de regresso contra o médico." A responsabilidade civil do médico decorre de culpa comprovada instituindo uma espécie particular de culpa, sendo comprovada a imprudência, imperícia ou negligência, ou erro grosseiro. Havendo dano decorrente de atividade médica oriunda de obrigação contratual surge o dever de indenizar, se for uma equipe a responsabilidade será solidária, sendo esta responsabilidade extensiva a todos os profissionais da área da saúde.

Entende-se contratual o vínculo jurídico que se estabelece entre o médico e o paciente, pois a relação entre ambos é proveniente de um contrato de locação de serviços,, configurando por outro lado uma exceção a essa regra a hipótese em que o médico atenda uma pessoa desmaiada no meio da rua, em cuja hipótese não se configura nenhuma espécie de contrato. No que tange à remoção de transplantes de tecidos, órgãos e partes do corpo, viola o contrato o médico que deixa de orientar ou o faz de forma inadequada o paciente frente aos riscos que vai enfrentar numa cirurgia desse porte. Dentre os fatos que podem ensejar a responsabilidade civil do médico na Lei de Transplantes, podem ser destacados: a ausência de prova incontestável de morte encefálica, o que configuraria homicídio; a não obtenção do consentimento prévio do doador e do receptor, a remoção de órgão que não seja duplo, a remoção de órgãos de pessoa juridicamente incapaz ou de gestante, a demora na realização do transplante que uma vez efetuada a remoção prévia de órgão comprometeria o material que constitui objeto do transplante, efetivação de transplante sem a realização dos exames prévios necessários, ocasionando transmissão de doenças ao receptor, o estado de necessidade, entretanto, eximiria a responsabilidade se o profissional provar no caso concreto que não havia tempo suficiente de realizá-los sem que ocorresse a morte do receptor, ausência e notificação de diagnóstico de morte encefálica às centrais de notificação, captação e distribuição de órgãos.[643]

Diversas são as práticas médicas que podem ser sujeitas à responsabilização civil. Destaca Teresa Ancona Lopez exemplos de sua ocorrência:

[643] CARDOSO, Alaércio – Responsabilidade civil e penal dos médicos no caso de transplantes, p. 349.

negar-se a prestar socorro, o fornecimento de atestados falsos, a falta de vigilância sobre o doente, que pode vir a causar dano a outrem.[644]

7.3.2. A responsabilidade civil do odontólogo

O exercício da odontologia é regulado no direito brasileiro pela Lei n. 5.081/1966. A odontologia tem autonomia própria, não sendo desta forma considerada como parte da medicina, como ocorre em outros países. As especialidades odontológicas são regulamentadas pela resolução CFO-185/1993, e entre elas destacam-se: cirurgia e traumatologia bucomaxilofacial, dentística restauradora, endodontia, odontologia legal, odontologia em saúde coletiva, odontopediatria, ortodontia, patologia bucal, periodontia, prótese bucomaxilofacial, prótese dentária, radiologia, implantodontia e estomatologia. Assim, para que o especialista possa anunciar-se como tal, deve estar devidamente autorizado pelo Conselho Federal de Odontologia, ou seja, inscrito e registrado como especialista.

Embora as especialidades odontológicas difiram-se muito entre si, sempre que o profissional assegurar o resultado e este não for atingido, responderá objetivamente pelos danos causados ao paciente. No ato em que o cirurgião-dentista aceita alguém como paciente, estabelece-se entre as duas partes um contrato de prestação de serviços, que deve ser entendido como obrigação de resultado ou obrigação de meio, dependendo da natureza do serviço a ser prestado no caso concreto.[645]

A obrigação de resultado é aquela em que o credor tem o direito de exigir do devedor a produção de um resultado, enquanto, na obrigação de meio, o devedor se obriga tão somente a usar de prudência e diligência normais na prestação de certos serviços para atingir um resultado, sem, contudo, se vincular a obtê-lo. No entanto, entendemos que nem sempre a obrigação do odontólogo será (ou poderá ser) de resultado, dado o grande número de diferentes especialidades que a profissão conhece na atualidade, além da consideração das intrínsecas peculiaridades clínicas dos pacientes submetidos ao tratamento odontológico.

644 LOPEZ, Teresa Ancona – O Dano estético, 3.ed., São Paulo: Ed.Revista dos Tribunais, 2004, p. 110.

645 NADER, Paulo – Curso de direito civil – responsabilidade civil, p. 423 e 424.

Nesse sentido, em caso de dano o cirurgião-dentista poderá ser responsabilizado civilmente. Assim, sendo, é importante que o profissional possa dispor de um prontuário odontológico bem elaborado sobre seus pacientes relatando todas as ocorrências, suas consequências verificadas ao longo do atendimento, bem como todas as providências tomadas, já que a falta ou falhas nessa documentação comprometerão a sua validade sob o aspecto legal.

A responsabilidade civil do odontólogo é eminentemente contratual e traduz uma obrigação de resultado, principalmente nos tratamentos de rotina como obturações e profilaxias, podendo eventualmente abandonar o aspecto contratual, quando se tratar de intervenção de urgência, sem a existência do negócio jurídico prévio ou até mesmo sem o consentimento do paciente ou de seu responsável.[646] Assim, aplica-se a responsabilidade civil subjetiva, fundada na culpa, ao profissional odontólogo, nos termos do art. 951 do Código Civil.[647]

Entendemos que em face das intrínsecas peculiaridades que apresentam, nem todas as especialidades odontológicas podem constituir-se em obrigações de resultado, tendo em vista que muitos procedimentos em odontologia levam em conta outros fatores, como o estado clinico, a resposta biológica e a cooperação do paciente frente ao tratamento, muito embora o cirurgião-dentista, tenha uma responsabilidade para com seu paciente, e fique obrigado a responder por seus atos profissionais e todas às consequências que estes possam causar.Pode-se apontar como procedimentos odontológicos que constituem claramente obrigações de resultado a restauração de dentes, a odontologia preventiva, a prótese dental e a radiologia, e por outro lado constituem obrigação de meio a traumatologia buco-maxilo facial, a endodontia, a periodontia, a odontopediatria, a ortodontia, entreoutras, que merecem exame casuístico frente às suas peculiaridades. Cabendo à jurisprudência, como dispõe Silvio Venosa, a definição dos contornos da atuação culposa do profissional odontólogo.[648]

646 Gonçalves, Carlos Roberto – Direito civil brasileiro, v.4, p. 269 e 270.

647 Silva, Regina Beatriz Tavares da – Responsabilidade civil na odontologia. In: Silva, Regina Beatriz Tavares da – Responsabilidade civil na área da saúde. Série GVlaw, p. 199.

648 Venosa, Silvio de Salvo – Direito Civil – responsabilidade civil, p. 173.

Elenca Miguel Kfouri Neto, amparado em Irineu Antonio Pedrotti os eventos culposos mais comuns em algumas especialidades odontológicas: Na odontologia social a fluoretação exagerada da água, advinda de erro no cálculo; fratura e luxação mandibular ao extrair um dente retido, pelo cirugião buco-maxilo facial; trepanação radicular do canal decorrente da má interpretação da radiografia ou pela impericia do endodontista; o não controle da força aplicada para a movimentação dental ocasionando absorção radicular – demonstrando que o ortodontista agiria portanto com culpa; em odontopediatria, age com culpa o profissional que opta pela não reparação do dente temporário que futuramente servirá de guia para o posicionamento do sucessor permanente; extrai dentes temporários (decíduos) lesionados, mas com chance de recuperação, causando na criança distúrbios de oclusão permanente; o especialista em prótese age com culpa quando instalar prótese mal planejada acarretando ao paciente problemas periodontais nas estruturas dentais remansecentes; o radiologista agirá com culpa quando empregar técnica não apropriada ao procedimento radiológico que dificultará a leitura do resultado comprometendo o tratamento bem como possibilitando falhas de diagnóstico; assim como o periodontista – que trata da estrutura óssea e dos tecidos que sustentam os dentes, aí incluída a gengiva, cemento e ligamento periodontal, age com culpa ao não remover adequadamente os cálculos ou não instrui corretamente o paciente para a remoção da placa, fator essencial para a preservação da estrutura dental.[649]

"Podemos assim concluir que cuidar e garantir a saúde bucal não é tarefa fácil, pois abrange uma gama enorme de meandros e áreas de atuação do profissional,o qual deve se empenhar pela administração do tratamento adequado, seja clinico ou medicamentoso, conhecer – através da investigação pertinente – o estado de saúde dos seus pacientes (aqui entendido tanto clinico como psiquico)".[650] O procedimento da anes-

649 Kfouri Neto, Miguel – responsabilidade civil do médico, 7.ed., São Paulo: RT, 2010 p. 242 e 243.

650 Maluf, Adriana Caldas do Rego Freitas Dabus; Maluf, Carlos Alberto Dabus – A responsabilidade civil na relação dos profissionais da área da saúde e paciente. In. Azevedo, Álvaro Villaça; Ligiera, Wilson (Coord) – Direitos do paciente. São Paulo: Saraiva, 2012, p. 530 a 532.

tesia deve observar os preceitos técnicos correspondentes, pois a presença de negligência, imprudência ou imperícia em seu procedimento ligado ao nexo causal poderá acarretar a responsabilização do profissional, devido a presença de culpa do agente. Como algumas intercorrências que podem ser observadas nos procedimentos de anestesia, são: a ocorrência de reações alérgicas ou tóxicas, lesões dos tecidos gengivais, lesionamento de vasos sanguineos, feridas vasculares, danos aos nervos da face, paralisia facial.

São ainda relatados casos de necrose, infecção no local da injeção por microorganismos bucais, sendo diversos os sintomas da infecção.[651] É válido ressaltar que no que tange ao uso dos anestésicos locais, rígidas normas técnicas de aplicação bem como o conhecimento de seu princípio ativo e a posologia a ser administrada variará consideravelmente em função da saúde geral do paciente.[652]

Em matéria de biotecnologia, novas experiência com utilização de células-tronco, para tratamentos odontológicos envolvendo a reconstrução óssea das arcadas maxilares ou mesmo a produção de biodentes, requerem um exame mais cauteloso no que tange à obtenção de resultados, devido o estágio de desenvolvimento das pesquisas da matéria, não devendo a responsabilidade do profissional odontólogo ser de resultado e sim de meio neste caso. Para que seja averiguada a responsabilidade civil do odontólogo junto ao paciente, devem ocorrer alguns fatores concomitantemente, como: a existência de um agente, no caso o cirurgião dentista legalmente habilitado; o ato profissional realizado, a ausência de dolo no exercício da profissão, a existência de dano (prejuízo, lesão ou perda – física, psicológica, funcional, patrimonial ou moral) causada ao paciente fruto da prática profissional permeada por negligência, imprudência ou imperícia e o nexo causal, constatada uma relação direta ou indireta entre o ato profissional e o dano produzido, estando o profissional sujeito às sanções impostas pelo Código de Ética Profissional, Código

651 Segabinazi, A C; Reis, B L; Silva, I P; Ribeiro, V M – Erros na analgesia local. In: www.odontosites.com.br. Acesso em 11.11.10.

652 Armonia, Paschoal Laércio; Rocha, Rodney Garcia – Como prescrever em odontologia, p. 58 a 64.

Civil, Penal e Código de Defesa do Consumidor [653]. As condutas culposas, por outro lado, podem ocorrer na anestesia local, no diagnóstico, na prescrição medicamentosa, no tratamento, no prognóstico e na higiene (assepsia).[654]

A prescrição de medicamentos pelo odontólogo foi regulamentada pela Lei n. 5.081, de 24/2008/1966 do Ministério da Saúde, e segundo seu o artigo 6º, II lhe é passível prescrever e aplicar especialidades farmacêuticas de uso interno e externo: aplicar anestesia local e troncular; empregar a analgesia e hipnose, desde que comprovadamente habilitado, quando constituírem meios eficazes para o tratamento;manter, anexo ao consultório, laboratório de prótese, aparelhagem e instalação adequadas para pesquisas e análises clínicas, relacionadas com os casos específicos de sua especialidade, bem como aparelhos de Raios X, para diagnóstico, e aparelhagem de fisioterapia; prescrever e aplicar medicação de urgência no caso de acidentes graves que comprometam a vida e a saúde do paciente; utilizar, no exercício da função de perito-odontólogo, em casos de necropsia, as vias de acesso do pescoço e da cabeça.[655]

Entretanto, a anestesia geral somente poderá ser realizada por médico anestesista, segundo a Resolução CFM-852/1978, revogada pela Resolução n. 1.536/1998, o que não impede de o cirurgião-dentista operar o paciente por ela submetido. Destarte, a utilização de anestesia geral constituiu um ponto de atrito entre a odontologia e a medicina, tendo em vista a definição das áreas de competência da cirurgia bucomaxilofacial. O emprego de analgesia e hipnose também podem ser utilizados pelo cirurgião dentista, que pode no exercício de sua profissão realizar o diag-

[653] MALUF, Adriana Caldas do Rego Freitas Dabus – Curso de bioética e biodireito, p. 188 a 191 e 327.

[654] SILVA, Regina Beatriz Tavares da – Responsabilidade civil na odontologia. In. SILVA, Regina Beatriz Tavares da – Responsabilidade civil na área da saúde. Série GVlaw, p. 203.

[655] A Lei 5.081 de 24/2008/1966, que regula o exercício da Odontologia, determina no art. 6, item II: "Compete ao Cirurgião-Dentista prescrever e aplicar especialidades farmacêuticas de uso interno e externo, indicadas em Odontologia".http: //www.anvisa.gov.br/legis/consolidada/index.htm; < acesso em 15.10.10 >; MALUF, Adriana Caldas do Rego Freitas Dabus; MALUF, Carlos Alberto Dabus – A responsabilidade civil na relação dos profissionais da área da saúde e paciente. In. AZEVEDO, Álvaro Villaça; LIGIERA, Wilson (Coord) – Direitos do paciente, p. 535.

nóstico competente e eleger a terapêutica a ser utilizada.[656] Podemos ver à luz do exposto que a prescrição é parte importante no tratamento e deve merecer toda a atenção do profissional, sendo que a negligência com a mesma pode gerar a responsabilização cível para o mesmo.

Ao realizar a prescrição, o cirurgião dentista deve conhecer muito bem a medicação indicada, bem como seus efeitos farmacológicos e adversos (interação medicamentosa), suas indicações em odontologia, suas contraindicações, vias de administração, formas farmacêuticas (comprimidos, ampolas, drágeas, xarope etc.), doses usuais e a posologia, além do estado clínico de seus pacientes (que envolve idade, estado nutricional, presença ou não de patologias sistêmicas, hipertensão, entre outros), que fará com que a propedêutica a ser utilizada no tratamento odontológico respeite essas características basilares. Ainda não se deve esquecer que, muitas vezes, os pacientes estão em tratamento médico ou fazendo automedicação, o que poderá interferir na terapêutica medicamentosa proposta pelo cirurgião-dentista. A terapêutica odontológica engloba a aplicação de uma série de conhecimentos técnicos para a restituição da saúde bucal.

As drogas são substâncias de origens variadas que quando administradas, podem possibilitar alterações somáticas, funcionais ou estruturais, no organismo do paciente, podendo despertar ou mesmo modificar as funções orgânicas, mas nunca criar uma nova. Pode ainda apresentar efeitos colaterais (efeitos adversos ligados à dose e ao tempo de administração), intolerância (hipersusceptibilidade do organismo a uma dose normal de drogas, pode ser benéficas, quando um analgésico provoca perfeita analgesia ou ter um efeito indesejável, quando provoca uma enorme irritação gástrica), e idiossincrasia (resposta inesperada frente a doses normais da droga, geralmente é de origem genética).[657]

Pode-se entender nesse sentido que muitas vezes os antibióticos prescritos em tratamentos odontológicos são de eficácia questionável devido

[656] TORTAMANO, N. & ARMONIA, p. L. Guia Terapêutico Odontológico. São Paulo: Editora Santos, 14ª ed., 2000, p. 200.

[657] TORTAMANO, N. & ARMONIA, p. L. Guia Terapêutico Odontológico, p. 200; ARMONIA, Paschoal Laércio; ROCHA, Rodney Garcia – Como prescrever em odontologia, São Paulo: Gen/Santos Editora, 9ºed., 2010, p. 83 a 92.

aos riscos que apresentam, como grau de toxicidade e efeitos colaterais que por sua natureza podem impor sérias consequências ou até mesmo levar à morte do paciente.[658] No que concerne ao atendimento de emergência, o exemplo que é sempre lembrado é a traqueotomia.Entretanto, este ato não se trata de medicação, e sim, ato cirúrgico.

É como corrobora a doutrina: a possibilidade de ocorrência da necessidade de realização de uma traqueotomia pelo cirurgião-dentista foi cogitada quando se discutiu a área de competência da cirurgia bucomaxilofacial. No entanto, a nosso ver, diante de um acidente com intercorrências durante o atendimento, será lícito ao cirurgião-dentista tentar traqueotomia. O indesejado insucesso desse ato cirúrgico não deve, simplesmente, ser imputado ao profissional. A causa de asfixia, que determinou a manobra cirúrgica, esta sim deve ser pesquisada, com vistas à apuração de eventual negligência, imperícia ou imprudência.

A iatrogenia pode ser entendida como um estado de doença, complicações ou efeitos adversos causados por um tratamento médico, ou nocaso, odontológico. Pode ser causada por imperícia, negligência, imprudência, ou mesmo ser fruto de efeitos colaterais ou interações medicamentosas decorrentes do tratamento odontológico ou mesmo decorrente de uso de procedimentos odontológicos não provados cientificamente. Na odontologia, pode ocorrer de várias formas, de onde se destaca a prescrição medicamentosa. Esta é uma prática rotineira na odontologia, autorizada pelo art. 6º da Lei n. 5.081 de 24 de agosto de 1966. A indicação do uso de antibióticos e outras drogas deve ser acompanhada de esclarecimento quanto à posologia, aos efeitos colaterais, às interações medicamentosas, entre outros. A iatrogenia medicamentosa é decorrente de um dos seguintes fatores: acidente terapêutico, efeito adverso, erro do profissional de saúde ou interação medicamentosa. Para se prevenir desta interação, devem ser analisadas as condições fisiológicas do paciente e as pro-

658 Tortamano, Isabel Peixoto; Horliana, Anna Carolina R T; Costa, Carina Gisele; Romano, Marcelo Munhões; Soares, Mário Sérgio; Rocha, Rodney Garcia – Antibioticoterapia no tratamento de abscessos periapicais agudos: quando indicar e como proceder? In. Revista Odonto – ano 16, n.32, jul/dez 2008, São Bernardo do Campo, São Paulo, Metodista, p. 91.

priedades farmacológicas dos medicamentos a serem prescritos, visando a obtenção do resultado desejado.

Deve-se ressaltar, que "o universo onde o cirurgião dentista trabalha é a face, que a seu turno representa a identidade da pessoa humana, a forma como esta se apresenta no mundo e interage com seus semelhantes. Logo, um ato de imperícia, um "erro odontológico", pode alterar essa identidade e a relação dos pacientes, pois a estética dentária influi na representação social e psicológica dos seres humanos[659]. Nesse sentido, entendemos que tal como ocorre na responsabilidade médica, no universo odontológico, a iatrogênia como resultado de atuação culposa do profissional, provado o nexo causal entre a conduta do agente e o dano caracteriza ato ilícito punível nos termos do artigo 186 do Código Civil brasileiro.

Todavia, além dos requisitos legais para o exercício da Odontologia, não se deve perder de vista os princípios éticos que norteiam a profissão, estes elencados na resolução 179/1991, que institui o Código de Ética Odontológica[660]. Para que seja averiguada esta responsabilidade para com o paciente, deve-se ocorrer os seguintesfatores concomitantes:existência de um agente – no caso o cirurgião dentista legalmente habilitado, não ficando entretanto isentos de penas, aqueles que participam de práticas ilegais; o ato profissional realizado; a ausência de dolo no exercício da profissão; a existência de dano (prejuízo, lesão ou perda, seja ela física, psicológica, funcional, patrimonial ou moral, imputada ao paciente fruto de prática profissional) e o nexo causal (constatada uma relação direta ou indireta entre o ato profissional e o dano produzido).

Leciona Paulo Nader que "a dentição saudável é um valioso fator da saúde integral", podendo em contrapartida, oriundo de um tratamento defeituoso acarretar-se diversos efeitos nocivos ao paciente, que vão desde os defeitos estéticos até uma infecção generalizada, compromen-

[659] Alves, Elaine Gomes dos Reis – Representação psicológica do campo de trabalho do cirurgião dentista: face, boca, língua e dentes. In: http://jornaldosite.com.br/arquivo/arteliane83htm < acesso em 11.11.10>

[660] Maluf, Adriana Caldas do Rego Freitas Dabus; Maluf, Carlos Alberto Dabus – A responsabilidade civil na relação dos profissionais da área da saúde e paciente. In. Azevedo, Álvaro Villaça; Ligiera, Wilson (Coord) – Direitos do paciente, p. 538 e 539.

tendo a saúde vital do paciente; sendo asáreas mais suscetíveis para gerar problemas de saúde ao paciente a ortodontia e a implantologia – que implica em obrigação de resultado.[661]

Além da atividade profissional da odontologia em si, inúmeros outros profissionais auxiliam o odontólogo e a responsabilidade por sua atividade complementar também deve ser considerada. Aqui se inserem o protético e o técnico de higiene bucal. Considerando que a responsabilidade final é do odontólogo, responderão estes, solidariamente, com o odontólogo. Eventualmente, pode ser requerida a responsabilidade regressiva do odontólogo contra esses profissionais auxiliares.[662]

As diversas especialidades odontológicas podem levar, em alguns casos, à interdependência de profissonais à plena execução de um determinado serviço, o que pode dificultar a revelação da verdadeira causa de um dano gerado a um paciente em especial. Tal como aduz Paulo Nader nesses casos é possivel a identificação da origem do ato danoso, mediante exame pericial.[663] A reparação do dano causado na prática odontológica consistirá no ressarcimento da vítima quanto aos prejuízos causados, buscando o seu restabelecimento e procurando reconduzi-la para uma situação idêntica ou a mais próxima possível, daquela preexistente ao dano lesão causados. À luz do art.14 § 4º do CDC "a responsabilidade pessoal dos profissionais liberais será apurada mediante a verificação da culpa". Tal previsão somente alcança o odontólogo se prestar o serviço na condição de profissional liberal, em sua clinica particular. Neste, haverá contrato de prestação de serviços. Se por outro lado o odontólogo atender por força de convênio com sindicato ou associação, quem responderá será uma dessas pessoas jurídicas e objetivamente, podendo ser ele acionado regressivamente.

661 NADER, Paulo – Curso de direito civil – responsabilidade civil, p. 423.

662 MALUF, Adriana Caldas do Rego Freitas Dabus; MALUF, Carlos Alberto Dabus – A responsabilidade civil na relação dos profissionais da área da saúde e paciente. In. AZEVEDO, Álvaro Villaça; LIGIERA, Wilson (Coord) – Direitos do paciente, p. 540; VENOSA, Silvio de Salvo – Direito Civil – responsabilidade civil, p. 173.

663 NADER, Paulo – Curso de direito civil – responsabilidade civil, São Paulo: Forense, 3ºed, v.7, 2010, p. 422.

O consentimento do paciente é necessário para o inicio do tratamento, sob pena de o profissional,nas obrigações de meio ou de resultado, responder por eventual dano. O direito do paciente à informação e o dever do prestador de serviços de informar estãoprevistos no art. 6º, III do CDC, que o determina como direito básico do consumidor.[664] A imputação de responsabilidade civil tem contribuído para a formação de uma conscientização social de que os profissionais da área da saúde têm deveres bem definidos e a sociedade, direitos que lhe são específicos[665]."Assim sendo, primaz se faz a observância das normas éticas, morais, civis, penais e deontológicas para o bom desempenho profissional, tendo em vista o respeito aos princípios bioéticos e os ideais preconizados pelos Trados e Convenções internacionais em matéria de direitos humanos". "No mundo contemporâneo, o desenvolvimento cultural, econômico e biotecnológico trouxe melhores condições para o trabalho do médico e dos demais profissionais da área da saúde, ampliando o número de especializações e sofisticando os recursos médicos para diagnóstico, tratamento e aplicação de cuidados paliativos visando o melhor atendimento dos pacientes, procurando diminuir a margem de erro no exercício profissional na área médica".[666]

7.3.3. Responsabilidade civil dos demais profissionais da área da saúde

Com a evolução da ciência, da tecnologia surgiram outras profissões destinadas a promoção da saúde.Entre elas destacam-se biólogos, biomédicos, nutricionistas, enfermeiros, farmacêuticos, fisioterapeutas, fonoaudiólogos, médicos veterinários, odontólogos, psicólogos e terapeuta ocupacional. Desta forma, diversas são as especialidades profissionais presentes na área da saúde na atualidade. Como aduz Sérgio Cavalieri "algumas profissões, pelos riscos que representam para a sociedade estão sujeitas a dis-

[664] SILVA, Regina Beatriz Tavares da – Responsabilidade civil na odontologia. In. SILVA, Regina Beatriz Tavares da – Responsabilidade civil na área da saúde. Série GVlaw, p. 209.
[665] NADER, Paulo – Curso de direito civil, v.7, p. 423 a 425.
[666] MALUF, Adriana Caldas do Rego Freitas Dabus; MALUF, Carlos Alberto Dabus – A responsabilidade civil na relação dos profissionais da área da saúde e paciente. In. AZEVEDO, Álvaro Villaça; LIGIERA, Wilson (Coord). Direitos do paciente, p. 549.

ciplina especial, pois o erro profissional em alguns casos, pode ser fatal", daí a importância suprema da formação técnica que gere a habilitação profissional correspondente, além de inscrição em órgão especial.[667]

Vemos que os princípios atinentes à responsabilidade médica aplicam-se às demais profissões na área da saúde, pois quando este profissionalatende a um cliente que o procurou, estabelece-se entre eles uma obrigação contratual. Portanto, a responsabilidade é contratual, porque está baseada na confiança que inspira no profissional. A partir deste momento o profissional se obriga a usar de prudência e diligência na prestação da assistência à saúde visando atingir um resultado, em muitas vezes, no entanto sem se vincular a obrigação de obtê-lo. Reconhecidos como profissionais liberais, respondem pelos danos que eventualmente causarem a outrem no seu exercício profissional, por violação de dever, norma de conduta, ou princípio técnico. O Código de Defesa do Consumidor em seu art. 14, §4º, estabeleceu como regra a responsabilidade subjetiva para os profissionais liberais prestadores de serviços.

É sabido que na atualidade, a complexidade da assistência à saúde requer o concurso de muitos profissionais de áreas diferentes que atuam coletivamente tendo em vista o bem-estar do paciente.[668] Quanto à enfermagem, é de grande importância no tratamento clínico do paciente o trabalho do enfermeiro. Entretanto, sua atuação pode causar danos ao paciente em face da inobservância dos ditames profissionais técnicos, ensejando a responsabilização civil.

Atua na promoção, proteção, recuperação da saúde e reabilitação das pessoas, respeitando os preceitos éticos e legais, sendo de sua responsabilidade "assegurar ao paciente uma assistência livre de danos decorrentes de imperícia, negligência ou imprudência", incidindo-se assim sobre estes profissionais os princípios norteadores da responsabilidade civil presentes nos artigos 186 e 951 do Código Civil brasileiro, sendo que as disposições contidas nos artigos948, 949 e 950 do mesmo Diploma

[667] CAVALIERI Filho, Sérgio – Programa de responsabilidade civil, 7.ed., São Paulo: Atlas, 2007, p. 358 e 376.

[668] SANTOS, Elaine Franco dos et alii – O Exercício da Enfermagem sob o Enfoque das Normas Penais e Éticas. In: Legislação em enfermagem – Atos Normativos do Exercício e do Ensino de Enfermagem. São Paulo: Editora Atheneu, 1997, p. 287.

legal também são aplicáveis nos casos de indenização devida por aquele que, no exercício de atividade profissional, por negligência, imprudência ou imperícia, causar a morte do paciente, agravar-lhe o mal, causar-lhe lesão, ou inabilitá-lo para o trabalho.[669]

Assim sendo, é necessária a aferição de culpa na prática de ato de enfermagempara que se caracterize um ilícito civil passível de responsabilização judicial pelos danos que venha a ter sofrido um paciente. No mesmo sentido dispõe o Código de Defesa do Consumidor em seu artigo 14, §4º; "A responsabilidade dos profissionais liberais será apurada mediante a verificação de culpa". Entre o enfermeiro e o paciente estabelece-se uma relação contratual. Há um inadimplemento deste contrato quando o enfermeiro deixa de cumprir com a obrigação de meio.Entretanto, sua responsabilidade pode ser elidida quando da comprovação, em juízo, de uma causa diversa para o dano ao paciente, que não a sua assistência de enfermagem. É o enfermeiro enquadrado como profissional liberal em matéria de responsabilidade civil.[670] Como atos culposos do enfermeiro podemos citar: a administração de doses ou medicamentos errados, administração de medicamentos por via errada ou preparo de drogas equivocadas devido ao não entendimento de leitura da prescrição médica. A iatrogenia no cuidado de enfermagem estaria relacionada a privação destes cuidados, a sua imposição ou a prestação insatisfatória destes, de forma que viessem determinar algum transtorno, dano ou prejuízo ao bem estar do paciente, embora o desejo principal fosse de aliviar o sofrimento do doente.[671]

Quanto ao nutricionista, a Resolução n. 218/1999 do Conselho Federal de Nutrição, revogada pela Resolução n. 419/2008, dispunha sobre os critérios para a assunção de responsabilidade técnica no exercício das atividades profissionais, dispondo que "o nutricionista é o responsável

[669] Souza, Néri Tadeu Câmara – A Responsabilidade civil do enfermeiro. In. www.mundojuridico.adv.br .< acesso em 15.10.10> . Resolução do Conselho Federal de Enfermagem – COFEN nº160, de 12 de maio de 1993 (Código de Ética dos Profissionais de Enfermagem).

[670] Machado, Maria Helena – A Profissão de Enfermagem no Século XXI. In: Revista brasileira de enfermagem. Brasília, v.52, n.4, out.dez, 1999, p. 594.

[671] Maluf, Adriana Caldas do Rego Freitas Dabus; Maluf, Carlos Alberto Dabus – A responsabilidade civil na relação dos profissionais da área da saúde e paciente. In. Azevedo, Álvaro Villaça; Ligiera, Wilson (Coord). Direitos do paciente, p. 549.

técnico que responde integralmente de forma ética, civil e penal, pelas atividades de nutrição e alimentação desenvolvidas por si e por outros profissionais a ele subordinados". O nutricionista integrante do quadro técnico de uma empresa ou hospital deve atuar de forma integrada com o responsável técnico do serviço de alimentação, já que responderá solidariamente com este e demais profissionais envolvidos, pelos danos causados aos pacientes ou comensais em geral, em virtude de culpa em seu exercício profissional.[672]

Como ferramentas atinentes ao seu exercício profissional, a nutricionista vale-se da elaboração do cardápio, e consequente instituição da terapêutica nutricional, discriminando os alimentos, e sua quantidade por preparação, quantitativo *per capita*, para calorias totais, macro e micronutrientes, em observância aos parâmetros técnicos previamente estabelecidos em virtude do diagnóstico das diferentes patologias que determinam necessidades nutricionais específicas e que são apresentados em conformidade com as normas de rotulagem, tendo em vista as normas da Anvisa e os parâmetros da legislação consumerista.[673]

Em matéria de responsabilidade técnica, pode-se entender como o compromisso profissional e legal na execução de suas atividades, compatível com a formação e os princípios éticos da profissão, visando a qualidade dos serviços prestados à coletividade, variando desde a prescrição dietética, que inclui a escolha, conservação e higiene dos alimentos, visando evitar qualquer forma de contaminação que debilite ou gere periclitação da saúde do paciente, até a eficaz elaboração do tratamento nutricional do mesmo.[674]

Da mesma forma, o profissional farmacêutico responde por sua conduta profissional. Sua responsabilidade vem regulada pelo artigo 951 do

672 MEZOMO, Iracema – O serviço de nutrição – administração e organização, São Paulo: CEDAS, 1983, p. 97.

673 MALUF, Adriana caldas do Rego Freitas Dabus; RIZZI, Maria Beatriz de Souza Lima -Uma visão interdisciplinar sobre bioética e início da vida. In. MIGLIORE, Alfredo, Ana Claudia Scalquette, LIMA, Cíntia Rosa pereira de, BERGSTEIN, Gilberto (Coord.) – Dignidade da vida humana, São Paulo: LTR, 2010, p. 90 a 92.

674 MALUF, Adriana Caldas do Rego Freitas Dabus; MALUF, Carlos Alberto Dabus – A responsabilidade civil na relação dos profissionais da área da saúde e paciente. In. AZEVEDO, Álvaro Villaça; LIGIERA, Wilson (Coord). Direitos do paciente, p. 545.

Código Civil brasileiro, aplicado conjuntamente com os artigos 948 a 950 do mesmo diploma legal, prevendo as hipóteses de causar morte do paciente, ou agravar-lhe o mal, causar-lhe lesão ou inabilitação para o trabalho, para o profissional que no exercício de suas funções agir com imprudência, imperícia ou negligência. A responsabilidade civil para o farmacêutico é subjetiva, devendo ser comprovada a culpa do agente, à luz do disposto no artigo 927 caput do Código Civil, através do qual a culpa é fundamento da reparação de danos, em face do disposto no artigo 14§ 4º do Código de Defesa do Consumidor, que dispõe que a culpa dos profissionais liberais serão aferidas em função da culpa.[675] Quanto ao fisioterapeuta, incide-lhe a mesma forma de responsabilização civil atribuída aos demais profissionais liberais.

Sendo a fisioterapia a ciência que estuda o movimento humano eutiliza recursos físicos no tratamento, prevenção e cura de inúmerasdisfunções e patologias. São deveres do fisioterapeuta a utilização de todos os conhecimentos técnicos e científicos disponíveis para prevenir ou minorar o sofrimento do ser humano. A profissão é regulamentada no Brasil pelo Decreto-Lei n. 938/1969 e pela Lei n. 6.316/1975. A inobservância dos preceitos técnicos poderá resultar no empenho insatisfatório gerando prejuízos na assistência à saúde e tratamento do paciente, configurados pela perda da chance de debelar prontamente uma doença ou de simplesmente deixar de evitar sofrimento desnecessário.

Enseja, portanto, responsabilidade civil subjetiva à luz do disposto no artigo 951 do Código Civil, que remete à aplicação dos artigos 948 a 950, do mesmo Código a conduta do fisioterapeuta que não atentar para as consequências se seus atos ou desprezar seus riscos – configurando imprudência–, mantiver conduta assentada no descaso, omissão dos cuidados devidos ou erro técnico de profissão – configurando a negligência além da inobservância dos procedimentos técnicos adequados, configurando imperícia, pois para o profissional da fisioterapia essa realidade

675 SILVA, Regina Beatriz Tavares da – Responsabilidade civil de outros profissionais da área da saúdeIn. SILVA, Regina Beatriz Tavares da (Coord) Responsabilidade civil na área da saúde, p. 219 e ss.

poderá se configurar pelo manejo dos recursos e técnicas da profissão, que a seu turno engendram a ocorrência de riscos.[676]

Podemos concluir que as demandas judiciais em matéria de responsabilidade civil na área médica vem crescendo da mesma forma que se multiplicaram as especialidades médicas e profissionais nessa área. Via de regra, a responsabilidade civil dos profissionais da área da saúde é subjetiva, ou seja, baseia-se na culpa, prevista expressamente no artigo 186 do Código Civil brasileiro, que preceitua "aquele que, por ação ou omissão voluntária, negligência ou imprudência, violar direito e causar dano a outrem, ainda que exclusivamente moral, comete ato ilícito". "Entendemos que a base das condutas médicas é o dever de cuidado com os pacientes, visando sua cura, melhora, ou extinção do sofrimento – durante o prolongamento da vida, logo a inobservância desses preceitos ensejaria a responsabilização dos profissionais envolvidos – de forma direta ou indireta –, devendo estes, na medida do possível ressarcir o mal causado pela negligência, imprudência ou imperícia de seus atos profissionais, ou de seus prepostos".[677]

7.3.4. Responsabilidade civil do cientista

Na era biotecnológica destaca-se a figura do pesquisador e do cientista. Estes profissionais no exercício de suas atribuições podem incorrer em atos lesivos a outrem podendo ser responsabilizados na esfera civil e criminal.Além destas formas de responsabilização, também a responsabilidade moral lhes delineia os contornos de atuação profissional, posto que esta se relaciona intimamente com a sociedade. Destacam-se como áreas

[676] No exercício profissional durante uma mobilização passiva em um paciente idoso com osteoporose avançada e contratura de bíceps ao alongar o braço poderá provocar uma luxação ou uma fratura no paciente. Manipular um ventilador mecânico de forma equivocada poderá acarretar repercussões clinicas que poderão levar o paciente ao óbito. Reabilitar um paciente hemiplégico no treino de marcha, em um pequeno descuido do profissional, poderá levá-lo a queda seguida de fratura de fêmur; ou mesmo o descuido com a destinação de resíduos perfuro-cortantes e acessórios uroginecológicos. Fonte: Parecer técnico n. 004/2007 – Disponível em: http://www.coffito.org.br. Acesso em 20.04.2011.

[677] MALUF, Adriana Caldas do Rego Freitas Dabus; MALUF, Carlos Alberto Dabus – A responsabilidade civil na relação dos profissionais da área da saúde e paciente. In. AZEVEDO, Álvaro Villaça; LIGIERA, Wilson (Coord). Direitos do paciente, p. 545.

de especial atenção do cientista "a aplicação da ciência para fins militares; o impacto do avanço tecnológico e industrial no meio ambiente; a distribuição dos benefícios resultantes do progresso científico e tecnológico e a difusão da ciência e do produto da educação".[678] Isso posto, no âmbito da responsabilidade do cientista, os danos indenizáveis seriam os danos imediatos e os danos futuros, desde que prováveis. Em matéria de danos causados na engenharia genética, aduz Eric Gramstrupp que "subsiste a mais ampla indenização por danos causados na atividade de engenharia genética, com fulcro nos princípios bioéticos".[679]

Os cientistas responderão objetivamente pela infringência das normas legais e também subjetivamente quando o dano advier de culpa de acordo com a prática adotada pelo cientista. Inúmeros riscos podem derivar da prática do cientista: riscos para a biodiversidade, riscos para o patrimônio genético, riscos para o meio ambiente, riscos à saúde humana e animal. Os bens atingidos pelo dano biotecnológico pertencem à categoria dos direitos difusos e, portanto, basta o dano para que a responsabilização seja objetiva, posto que estão envolvidos: a previsão expressa em lei, a relevância dos interesses coletivos dos envolvidos, o presumível poderio econômico do agente, o caráter perigos da atividade, o desvio dos paradigmas legais.[680]

O dano causado nessa seara – no âmbito dos bens e direitos – são de difícil ou mesmo de impossível reparação, devendo ser respeitado princípio da precaução, devendo o risco ser partilhado entre todos os agentes envolvidos no processo inclusive as empresas, partes bastante adimplentes no processo, devendo ainda serem indenizados os danos atuais, os danos remotos, cumulados com danos morais.

678 Macdowel, Samuel – Responsabilidade social dos cientistas – natureza das ciências exatas. Caderno de Estudos avançados v.2, n.3, São Paulo, Sept/Dec 1988. Acesso em 1.4.2019.

679 Gramstrup, Eric Frederico – Responsabilidade civil na engenharia genética, São Paulo: editora Federal, 2006, p. 259 e ss.

680 Gramstrup, Eric Frederico – Responsabilidade civil na engenharia genética, São Paulo: editora Federal, 2006, p. 263.

8.
Elementos de direito médico

8.1. Recusa ao tratamento médico

A relação médico paciente alterou-se significativamente no passar do tempo histórico. A criação dos Comitês de ética hospitalar e a divulgação dos preceitos bioéticos e o consequente surgimento do Biodireito, fizeram com que se intensificassem os debates acerca dos limites da autonomia do paciente, sendo claro que a autonomia pessoal, é base da bioética, do biodireito, dos diversos ramos do direito em si, sob a ótica inclusive da validade dos negócios jurídicos onde a contratação do tratamento médico insere-se. Temos claro, nos diversos temas analisados sob o manto da bioética que o paciente tem o direito à sua autonomia pessoal preservado até nos momentos terminais de sua vida, posto a importância que se descortina na elaboração do Testamento vital, também denominado diretivas antecipadas da vontade.

Assim sendo: tem o paciente o direito de recusar-se a receber tratamento médico seja em nível ambulatorial ou em nível hospitalar, requerendo a chamada alta a pedido? Há aqui um entrechoque de dois princípios bioéticos: o princípio da autonomia do paciente e o princípio da beneficência, que obedece a um viés paternalista, como dispõe Hermes Barbosa "onde o médico aplica o tratamento independente da vontade do paciente".[681]

[681] Barbosa, Hermes de Freitas – Recusa de Tratamento, Alta a pedido e internação compulsória. In Gimenes, Antonio cantero; Batista, Juliana dos Santos; Fujita, Jorge S; Rocha, Renata da (Org) – Dilemas acerca da vida humana – interfaces entre a bioética e o biodireito, São Paulo: Atheneu, 2015, p. 94 – Serie Comitê de Bioética HCor.

Também convém se considerar a cultura local e a lei local, uma vez que de nada adianta a vontade individual, se a lei regular diferentemente o assunto. Para Genival Veloso de França "para o tratamento compulsório é preciso não apenas a existência de perigo de vida, mas também que essa intervenção seja urgente, necessária e inadiável, numa iminência de morte para justificar tal conduta".[682] Dispõe Hermes Barbosa que "na prática hospitalar três hipóteses se descortinam sobre o tema: a recusa do tratamento e a alta a pedido quando não há risco iminente de morte, deve-se respeitar a vontade autônoma do paciente, após ter sido este informado sobre o prognostico de sua moléstia; quando houver risco iminente de morte, tem o médico o dever de tratar o paciente, mesmo que isso desrespeite a sua vontade; quando houver risco do agravamento da saúde do paciente nos dias subsequentes, segundo a maior parte dos pareceres emitidos pelos Conselhos de Medicina, a autonomia o paciente deve prevalecer, devendo o médico informá-lo de forma ampla e completa sobre os riscos que corre".[683]

8.2. Internação compulsória

A relação médico-paciente é pautada por diversos conflitos bioéticos. O médico vale-se de todos os recursos disponíveis para cuidar do paciente nos diversos momentos do seu tratamento, decidindo muitas vezes sobre o momento da concessão da alta médica, ou indicando a internação compulsória dos mesmos, conforme o caso. O Estado, no auge de seu poder regulamentador estabelece os limites, os parâmetros, as normas de conduta. Assim, "a relação médico-paciente, devem ser pautadas pelas normas éticas e jurídicas e aos princípios basilares que regem essas relações, mormente no que tange ao diagnóstico e a conduta terapêutica a ser apresentada".[684]

[682] França, Genival Veloso de – direito médico, p. 175.

[683] Barbosa, Hermes de Freitas – Recusa de Tratamento, Alta a pedido e internação compulsória, p. 94 a 96 – Serie Comitê de Bioética HCor.

[684] Maluf, Adriana Caldas do Rego Freitas Dabus – Alta a pedido e internação compulsória – aspectos jurídicos. In Gimenes, Antonio cantero; Batista, Juliana dos Santos; Fujita, Jorge S; Rocha, Renata da (Org) – Dilemas acerca da vida humana – interfaces entre a bioética e o biodireito, São Paulo: Atheneu, 2015, p. 99 – Serie Comitê de Bioética HCor.

Dispõe a Resolução n. 1.231/1986 do CFM que a todo médico é assegurado o direito de internar e assistir seus pacientes em hospital público ou privado, ainda que não faça parte do corpo clínico daquele, ficando sujeitos, nesta situação o médico e o paciente às normas administrativas e técnicas do hospital. De acordo com a Resolução n. 1.493/1998 do CFM, todo paciente tem o direito de ter um médico como responsável direto por sua internação, assistência e acompanhamento.

Na maioria das vezes, a internação do paciente é precedida pelo seu próprio consentimento ou dos seus familiares, através da assinatura do Termo de Consentimento Informado, sempre que os estados de urgência ou emergência médica não estiverem presentes. Assim, para que haja o tratamento compulsório é necessário que haja perigo de vida, essa internação seja urgente, necessária e inadiável, havendo inclusive, a possibilidade da iminência da morte. Fora desse quadro, também são marcados pela internação compulsória, os casos de tratamento psiquiátrico involuntário, como quadros psicóticos graves – com delírios e alucinações ou mesmo em casos de depressão graves que culminam com o risco de suicídio; casos de transtornos psiquiátricos envolvendo transtornos alimentares também ilustram essa situação bem como casos de toxicodependência severa, pelos riscos que gera ao paciente e à coletividade.[685]

Internamento compulsivo ou internação compulsória é a prática de utilizar meios ou formas legais como parte de uma lei de saúde mental para internar uma pessoa em um hospital mental, asilo psiquiátrico ou enfermaria mesmo contra a sua vontade ou sob os seus protestos.A internação compulsória é determinada pela Justiça diante da falha dos meios de tratamento alternativos e com um laudo médico que prescreva tal tipo de tratamento, desde que inexista um familiar que possa se responsabilizar pelo dependente químico. Com isso, a internação compulsória deve ser tratada como exceção da exceção, visto que a prioridade é pelo tratamento voluntário e em meio aberto. Assim sendo, mesmo que haja um laudo que determine a internação, ela deve ocorrer no menor tempo possível, de acordo com a necessidade do paciente, e a família deve ser

[685] MALUF, Adriana Caldas do Rego Freitas Dabus – Alta a pedido e internação compulsória – aspectos jurídicos, p. 99 – Serie Comitê de Bioética HCor.

procurada, e se localizada, deve responsabilizar-se, via de regra, por todas as etapas do tratamento do paciente em questão.

A internação compulsória deve ser vista sempre como última medida, dentro do projeto terapêutico, ou seja, deve haver um acompanhamento anterior, em que o médico constatou a necessidade de internar a pessoa e não há familiares que poderiam solicitar tal medida, sempre com vistas a proteger o paciente e terceiros. O grande problema é que como tal determinação é sempre judicial, a alta geralmente é condicionada a outra ordem judicial, o que gera demora, às vezes de semanas, para a alta efetiva mesmo quando o dependente já teve alta médica.[686]

Quanto aos efeitos da internação compulsória, podemos apontar que a restrição de liberdade, como regra, gera o adoecimento e não a cura, já que a liberdade é importante instrumento terapêutico. A internação compulsória deve ser o último recurso empregado, excepcional e breve, uma vez que o tratamento deve sempre visar, como finalidade permanente, a reinserção do paciente em seu meio. Quanto à previsão legal da internação compulsória, esta está prevista em lei. Assim, quando o paciente não quiser se internar voluntariamente, pode-se recorrer às internações involuntária ou compulsória, definidas pela Lei Federal de Psiquiatria (n. 10.216/2001).

Internação involuntária: de acordo com a lei (10.216/2001), o familiar pode solicitar a internação involuntária, desde que o pedido seja feito por escrito e aceito pelo médico psiquiatra. A lei determina que, nesses casos, os responsáveis técnicos do estabelecimento de saúde têm prazo de 72 horas para informar ao Ministério Público da comarca sobre a internação e seus motivos. O objetivo é evitar a possibilidade de esse tipo de internação ser utilizado para a prática de cárcere privado.

Internação compulsória: neste caso não é necessária a autorização familiar. O artigo 9º da Lei 10.216/2001 estabelece a possibilidade da internação compulsória, sendo esta sempre determinada pelo juiz competente, depois de pedido formal, feito por um médico, atestando que a pessoa não tem domínio sobre a sua condição psicológica e física. No contexto da psiquiatria, a autonomia do paciente pode ser relativizada, nos

[686] Maluf, Adriana Caldas do Rego Freitas Dabus – Alta a pedido e internação compulsória – aspectos jurídicos, p. 99 – Serie Comitê de Bioética HCor.

termos do art. 31 da Resolução n. 20157/2013 do CFM quando houver a presença de pelo menos duas condições: incapacidade grave de autocuidados; riscos de vida ou de prejuízos graves à saúde; risco de autoagressão ou de heteroagressão; risco de prejuízo moral ou patrimonial;; risco de agressão à ordem pública.[687]

8.3. Castração química

A castração química é uma forma temporária de castração, ocasionada pela administração de medicamentos à base de hormônios, cuja eficácia age temporariamente sem causar dependencia ao paciente. Visa-se reduzir a libido, a atividade sexual, e mesmo o tratamento do câncer de próstata.[688] Esudam apontam que os efeitos da castração quimica podem se prolongar por ate quinze anos.[689] Difere-se da castração cirúrgica,onde há a remoçao das gonadas sexuais e tao pouco acarreta esterilização do paciente.

Em alguns paísesfunciona como uma medida preventiva ou punitiva àqueles que tenham cometido crimes contra a dignidade sexual como estupro ou abuso sexual, e principalmente a pedofolia. Pode ser realizada visando a redução da pena do infrator, ou conceder-lhe liberdade condicional.[690] Sob o ponto de vista farmacologico, a castração química geralmente é feita através da administração de acetato de medroxiprogesterona (AMP) ou acetato de ciproterona (ACP). O AMP é usado nos Estados Unidos e o ACP é usado na Europa, no Médio Oriente e no Canadá para tratar desvios da conduta sexual, dennominadas parafilias.

Também podem ser utilizados hormônios liberadores de gonadotropina, por causarem menos efeitos colaterais e ter resultados promissores é a opção mais recomendada pela Federação Mundial de Sociedades de Psiquiatria Biológica para tratar estupradores em série e pedófilos; e também antidepressivos, usados principalmente para tratar depressão e transtornos de ansiedade, que também pode ser útil em alguns casos de

[687] Barbosa, Hermes de Freitas – Recusa de Tratamento, Alta a pedido e internação compulsória, p. 97 – Serie Comitê de Bioética HCor.

[688] França, Genival Veloso de – Direito Médico, p. 406.

[689] Fonte: http://ibccrim.jusbrasil.com.br. Acesso em 10.4.2019.

[690] França, Genival Veloso de – Direito Médico, p. 406.

desvio da conduta sexual. Como efeitos colaterais podemos apontar: câncer de fígado, aumento de peso, fadiga, trombose, hipertensão arterial, depressão, hipoglicemia.

Entretanto, a castração química parece ser ineficaz em ofensores sexuais psicopatas que não sofrem de parafilia, estudos realizados cocluem que outros transtornos psiquiátricos simultâneos podem impedir a intervenção efetiva em indivíduos com parafilia. Quanto à utilização da castraçaõ quimica em paises da comunidade internacional, temos que, nos Estados Unidos, John Money tornou-se o primeiroa empregar castração química prescrevendo acetato de medroxiprogesterona como tratamento para um paciente que lida com impulsos pedofilicos, em 1966. A droga tornou-se, então, um pilar da castração química nos Estados Unidos. Entretanto, a droga nunca foi aprovada pelo FDA para uso como tratamento para agressores sexuais. A Califórnia foi o primeiro estado dos Estados Unidos a especificar o uso da castração química como uma punição para abuso de criança, após a passagem de uma modificação para a Seção 645 do código penal da Califórnia em 1996. Posteriormente a Flórida adotou semelhante procedimento.

Na Europa, a droga acetato de ciproterona foi comumente usada para a castração química em todo o continente. Assemelha-se à droga MPA usada na América. No Reino Unido, na decada de 50, os casos de homossexualidade foram tratados com castração quimica. Na década de 1960, médicos alemães usaram antiandrogênios como um tratamento para parafilia sexual. Em 2008, foi lançado um programa de intervenção experimental em três prisões em Portugal: Carregueira (Belas, Sintra, Paços de Ferreira e Funchal. Os desenvolvedores do programa observaram a natureza voluntária do programa como um fator crucial no seu sucesso. Inicialmente, eles planejaram cobrir dez presos por prisão, contemplando um possível alargamento a outras prisões no futuro. O programa também incluiu um componente de reabilitação. França e Espanha também são adeptas da pratica. No Brasil, o artigo 5º, XLIX da CFprevê que "é assegurado aos presos o respeito à integridade física e moral "de modo que a castração é proibida por setratar de uma intervenção com efeitos permanentes.

Alguns projetos de lei que visam regulamentar o tema: 2002 – Projeto de Lei n. 7.021 de 2002, apresentado pelo Deputado Wigberto Tartuce (PPB-DF) com a justificativa de que o aumento dos crimes sexuais contra crianças e adolescentes estavam gerando grandes proporções em decorrência dos grupos criminosos internacionais que atuam na área de exploração sexual; 2007 – Projeto de Lei, n. 552 de 2007, apresentado por Gerson Camata filiado ao PMDB/ES) e alterado por Marcelo Crivella do PRB-RJ acerca desse mesmo assunto. A adição seria "(...) nas hipóteses em que o autor dos crimes tipificados nos arts.213,214, 218 e 224 for considerado pedófilo, conforme o Código Internacional de Doenças."Arquivado em 7 de janeiro de 2011; 2008 – Projeto de Lei n. 4.399/2008, pela Deputada Marina Maggessi (PPS/RJ), a principal finalidade seria punir o reincidente, obrigando o agente a submeter-se ao tratamento, sob a justificativa de que é necessária a resolução do problema de pedofilia, já que se considera ser este um método menos invasivo ao corpo do preso; 2011 – Projeto de Lei, n. 282 de 2011, de autoria do Senador Ivo Narciso Cassol. Esse referido projeto do Senado Federal altera o artigo 98, do Decreto-Lei n. 2.848 de 1940 (Código Penal) com relação ao "estupro de vulnerável", "corrupção de menores" ou "satisfação de lascívia mediante presença de criança ou adolescente"; 2013 – Projeto de Lei n. 5398/2013, pelo Deputado Jair Bolsonaro, justifica que "dentre as medidas que vêm sendo adotadas inclui-se a exigência de tratamento complementar de castração química, ou até mesmo a cirúrgica, para concessão de progressão da pena restritiva de liberdade", ainda aguardando designação de relator na Comissão de Constituição e Justiça e de Cidadania (CCJC).

Para Genival Veloso França "essa modalidade de tratamento, que tenta desmascarar a personalidade do paciente, além de agredi-lo física e moralmente, agride-o também de forma psíquica, posto que ha a introdução de hormonios feminizantes, que podem causar graves efeitos colaterais como a ginecomastia, e não ataca a causa principal que é o controle do desvio psíquico do paciente". Dever-se-ia por outro lado, estabelecer uma política mais efetiva para o integral cumprimento da pena do infrator.[691]

[691] França, Genival Veloso de – Direito Médico, p. 407

9. Desafios contemporâneos para a bioética e o biodireito

Muitos foram os avanços biotecnológicos que o homem conheceu no limiar do último século. Estes transformaram radicalmente a existência humana, no que tange à introdução de parâmetros para vida, para morte, para formação da família, para a fixação dos elos de filiação e do amor, outorgando-lhes contornos próprios.[692] A bioética relaciona-se intimamente com os movimentos sociais e com a evolução das ciências, da tecnologia e do pensamento que se transmutam com a evolução histórica dos tempos; ao biodireito coube a regulamentação dos temas explorados pela bioética introduzidos pela biotecnologia, que operam numa velocidade astronômica, alterando a feição do cotidiano. Assim, concordamos com Leo Pessini e Christian de Paul de Barchifontaine, que ao se fazer um balanço dessas grandes realizações e do legado que se está deixando para as futuras gerações, começa-se a pensar como estará o mundo no futuro; quais serão os valores dominantes; como estarão equacionadas as condições de vida e saúde da humanidade. E por fim, que desafios enfrentarão as gerações futuras?[693]

Busca-se desta forma dar um novo sentido à existência e à experiência humana, frisa-se cada vez mais o encontro da felicidade e da realização pessoal, raiz máxima da condição humana. Entendemos que é fundamental o estabelecimento de limites éticos e operacionais bem definidos para que as pesquisas científicas possam progredir sem danificar o meio

692 Maluf, Adriana Caldas do Rego Freitas Dabus – Direito das famílias amor e bioética, p. 487.

693 Pessini, Leo; Barchifontaine, Christian de Paul – A vida em primeiro lugar. In. Pessini, Leo; Barchifontaine, Christian de Paul (Orgs) – Fundamentos da bioética, p. 5 e 6.

ambiente, sem ultrapassar as barreiras da dignidade, sem comprometer o futuro das espécies, suplantando assim os interesses individuais em prol do interesse da coletividade, evitando desta forma uma nova maneira de sujeição do homem pelo homem – agora do ponto de vista genético, quando falamos em eugenia, em mapeamento genético, na relativização dos papéis familiares.

O respeito à vida deve prevalecer em toda a sua dimensão, independendo do momento evolutivo do ser humano – abrangendo desde a fase pré-implantatória do embrião até a valorização da dignidade daquele que já morreu. Novas esperanças e conflitos nascem com o desabrochar da biotecnologia, pois "nem tudo o que é cientificamente possível é eticamente admissível". Daí advém a importância do debate bioético, da regulamentação do biodireito daquilo que a biotecnologia constrói.

O respeito à vida humana "tomou uma nova dimensão no mundo contemporâneo, tendo em vista a valorização da dignidade humana, o momento histórico vigente, a evolução dos costumes, o diálogo internacional, a descoberta de novas técnicas científicas, a tentativa da derrubada de mitos e preconceitos, fazendo com que o indivíduo possa, para pensar com Hanna Arendt: sentir-se em casa no mundo".[694]

694 Maluf, Adriana Caldas do Rego Freitas Dabus – Novas modalidades de família na pós-modernidade, p. 9.

REFERÊNCIAS

ALMEIDA, Silmara J. A. Chinelato e. Tutela Civil do Nascituro, São Paulo: Saraiva, 2000.

ALTMANN, Stuart; SKACTMANN, David – Power, Politics and Universal Health Care, New York: Prometheus Books, 2011.

AMABIS, MARTO, MIZUGUSHI. Biologia, São Paulo: Moderna, 1979, v. 1.

ANZARD, Margot Vidal. DeTuskegee a Guatemala y la investigación experimental em salud. http: //www. ins. gob. pe/forointernacionaldeguatemala. pdf

ARAUJO, Luiz Alberto David – A proteção constitucional do transexual, São Paulo: Saraiva, 2000

ARCHER, Luis – Transplantação do animal para o homem, Lisboa: Broteria, 1988

ARMONIA, Paschoal Laércio; ROCHA, Rodney Garcia – Como prescrever em odontologia, São Paulo: Gen/Santos Editora, 9. ed., 2010

AZEVEDO, Álvaro Villaça – Autonomia do paciente e direito de escolha de tratamento médico sem transfusão de sangue, In. AZEVEDO, Álvaro Villaça; LIGIERA, Wilson (Coord) – Direitos do paciente, São Paulo: Saraiva, 2012

BAGNOLI, Vicente Renato; FONSECA, Ângela Maggio da e JUNQUEIRA, Paulo Augusto de Almeida – Estados Intersexuais – Diagnóstico e Tratamento. In. www. sogesp. com. br

BARBOSA, Hermes de Freitas – Recusa de Tratamento, Alta a pedido e internação compulsória. In GIMENES, Antonio cantero; BATISTA, Juliana dos Santos; FUJITA, Jorge S; ROCHA, Renata da (Org) – Dilemas acerca da vida humana – interfaces entre a bioética e o biodireito, São Paulo: Atheneu, 2015

BARHIFONTAINE, Christian de Paul de – Bioética e início da vida. In. Dignidade da vida. In. MIGLIORE, Alfredo; SCALQUETTE, Ana Claudia; LIMA, Cintia Rosa Pereira de; BERGSTEIN, Gilberto (Coord) – Dignidade da vida humana, São Paulo: LTR, 2010

BARONESA WARNOCK – A é tica reprodutiva e o conceito filosófico do pré-embrião. In. GARRAFA, Volnei; PESSINI, Leo (Org) – Bioética: poder e justiça, São Paulo: Ed. Loyola/Centro Universitário São Camilo, 2003

BARROSO, Luis Roberto – Fundamentos teóricos e filosóficos do novo direito constitucional. http: //wwwl. jus. com. br/doutrina/texto. asp?id=3208

BAZZANO, Felix carlos Ocáriz- Aspectos éticos da pesquisa científica. In. SILVA, José Vitor da (Org) – Bioética: meio ambiente, saúde e pesquisa, São Paulo: Iátria, 2009 SOUZA, Ricardo Timm- O cuidado de animais não humanos como imperativo ético radical – sete teses. In. FEIJÓ, Anamaria Gonçalves dos Santos; BRAGA, Luisa Maria Gomes de Macedo; PITREZ, Paulo Márcio Condessa (Org) – Animais na pesquisa e no ensino: aspectos éticos e técnicos, Porto Alegre: EdiPUCRS, 2010

BENTO, Luiz Antonio – Bioética e pesquisa em seres humanos, São Paulo: Ed Paulinas, 2011

BERLINGUER, Giovanni – Bioetica quotidiana e bioetica di frontiera. In. A, Dimeo C. Mancina (a cura di). Bioetica, Bari: Laterza, 1963

BITTAR, Carlos Alberto – Os direitos da personalidade, 8. ed., São Paulo: Saraiva, 2014,

BOBBIO, Norberto e BOVERO, Michelangelo-Sociedade e estado na filosofia política moderna, trad. Carlos Nelson Coutinho, São Paulo: brasiliense, 1986

BOBBIO, Norberto – A Era dos direitos, Rio de Janeiro: Campus, 1992, p. 6 – trad. Nelson Coutinho

BOREM, Aluízio; SANTOS, Fabrício R –Biotecnologia simplificada, Viçosa: UFV, 2001

BOUÉ, André – Les pratiques de recherches sur l'embryon humain. In. LE – MINTIER, Brigitte Feuillet (Org) L'embryon humain – approche multidisciplinaire, Paris: Econômica, 2006,

BRANDÃO, Débora Vanessa Caus – Parcerias homossexuais – aspectos jurídicos, São Paulo: Ed. Revista dos Tribunais, 2002

BRAUNER, Maria Claudia Crespo –Ciência, biotecnologia e normatividade. In. www. Ciência, biotecnologia e normatividade. nht. Ver. Ciência e Cultura, v. 57, n. 1, São Paulo, jan/mar 2005

CAPONI, Sandra – A biopolitica da população e a experimentação científica com seres humanos. Revista Ciência & saúde coletiva. In. www. comciencia. br

CARDOSO, Alaercio – Responsabilidade civil e penal dos médicos nos casos de transplantes, Minas Gerais: Del Rey, 2002

CASTRO, Josué – Geografia da fome – o dilema brasileiro: pão ou aço. 7. ed., Rio de Janeiro: Civilização brasileira, 2007

CAVALCANTI, Alessandro Leite; LUCENA, Renaly, MARTINS, Veruska, GARCIA, Ana Flavia Granville – Caracterização da pesquisa odontológica em animais. In RGO, Porto Alegre, v. 57, n. 1. p. 93 a 98, jan/mar 2009. www. revistargo. com. br

CAVALIERI Filho, Sérgio – Programa de responsabilidade civil, 7. ed., São Paulo: Atlas, 2007

CASTRO, Leonardo de – Transplantes, altruísmo e reciprocidade. In. GARRAFA, Volnei; PESSINI, Leo (Org.) Bioética: poder e injustiça. São Paulo: Edições Loyola/ Centro Universitário São Camilo, 2003

CHAVES, Antonio – Direito à vida e ao próprio corpo. 2. ed, São Paulo: Revista dos Tribunais, 1994

CHINELLATO, Silmara Juny A – Estatuto jurídico do nascituro: a evolução do direito brasileiro, Separata; Pessoa humana e direito, Coimbra: Almedina, 2009

CHORÃO, Mario Emilio Bigote – O problema da natureza e tutela jurídica do embrião humano à luz de uma concepção realista e personalista do direito, Separata da Revista O Direito, ano 123, 1991, IV, Lisboa

CLERGET, Stéphane – Comment devient-on homo ou hetero, Paris: J C Lattés, 2006

COELHO, Fábio Ulhoa – Curso de direito civil, São Paulo: Saraiva, 2003

COLLANA&TIMONE – Ordinamento sanitário – disciplina del servizio sanitário nazionale, Napoli: Edizione Simone, 2010

COMPARATO, Fábio Konder – A afirmação histórica dos direitos humanos, 3. ed., São Paulo: Saraiva, 2003

CORNU, Gerard – Droit civil – Les personnes, 13. ed., Paris: Montchrestien, 2007

CORREIA, Francisco de Assis – Alguns desafios atuais da bioética. In. Fundamentos da bioética. PESSINI, Leo; BARCHIFONTAINE, Christian de Paul de (Org), 2. ed, São Paulo: Paulus, 2002

COSTA Jr., Paulo José – Agressões á intimidade – o episódio lady Di, São Paulo, Malheiros editora, 1997,

COVAS, Dimas Tadeu; UBIALI, Eugenia Maria Amorim; DANTIS, Gil Cunha de (Coord) – Manual de medicina transfusional, São Paulo/Rio de Janeiro/Belo Horizonte: Atheneu, 2010

CROCE, Delton; CROCE Jr, Delton – Manual de medicina legal, 5. ed., São Paulo: Saraiva, 2004

DADALTO, Luciana – Testamento vital, 4. ed., São Paulo: Editora Foco, 2018

DALLARI, Dalmo – Bioética e direitos humanos. In. www. eurooscar. com/Direitos-Humanos/direitos-humanos25. htm.

DANTAS, Ivo – A era da biotecnologia, constituição, bioética e biodireito. In. www. oab. org. br/oabeditora/users/revista/pdf

DARWIN, Charles – A expressão das emoções nos homens e nos animais, São Paulo: Companhia de Bolso, 2009

DE MATTIA, Fábio M. – Direitos da Personalidade : Aspectos Gerais in : Revista de Direito Civil, Imobiliário, Agrário e Empresarialano 2 jan/mar 1978

DIAFÉRIA, Adriana – Biodiversidade e patrimônio genético no direito ambiental brasileiro, São Paulo: Max Limonad, 1999

DIAS, Maria Berenice – União Homossexual o preconceito e a Justiça, Porto Alegre: Livraria do advogado Editora, 2000

D'ISEP, Clarissa Ferreira Macedo. Direito ambiental econômico e a ISO 14000. São Paulo: Ed. Revista dos Tribunais, 2004

DEL NERO, Patrícia Aurélia – Biotecnologia – análise crítica do marco jurídico regulatório, São Paulo: Ed Revista dos Tribunais, 2008

DEL NERO, Patrícia Aurélia – A proteção da biotecnologia e a composição judicial dos conflitos: os desafios da Justiça Federal e do Supremo Tribunal Federal. In. Revista Acadêmica – escola de Magistrados da Justiça Federal da 3º Região, ano 1, n. 1, jun/ago 2009

DIAS, Maria Berenice – Manual de direito das famílias, 2. ed., São Paulo: Ed Revista dos Tribunais, 2010

DINIZ, Maria Helena – O Estado atual do Biodireito, 10. ed., São Paulo: Saraiva jur, 2017

DUTRA, Bibiana Kaiser; OLIVEIRA, Guendalina Turcato – Ética com invertebrados. In. SANDERS, Aline; FEIJÓ, Anamaria Gonçalves dos Santos – A concepção dos deveres indiretos e direitos em relação aos animais não humanos – fundamentos para o entendimento de seu status moral. In. FEIJÓ, Anamaria Gonçalves dos Santos; BRAGA, Luisa Maria Gomes de Macedo; PITREZ, Paulo Márcio Condessa (Org) – Animais na pesquisa e no ensino: aspectos éticos e técnicos, Porto Alegre: EdiPUCRS, 2010

EVANGELISTA, José – Tecnologia de Alimentos, Rio de Janeiro: Livraria Atheneu, 1987

FIORILLO, Celso Antonio Pacheco. Curso de direito ambiental brasileiro, 4. ed., São Paulo: Saraiva, 2003

FLECHTMANN, Carlos Holger Wenzel; MORAES, Gilberto J de – Manual de Acarologia, São Paulo: Holos Editora, 2008

FLECHTMANN, Carlos H W – Á caros de importância médico veterinária, São Paulo: Nobel, 1990

FRIGNET, Henri – O transexualismo. Rio de Janeiro: Companhia de Freud Ed., 2000

ENGELHARDT Jr., H Tristam – Fundamentos da bioética cristã ordotoxa, São Paulo: Edições Loyola, 2003

FALLIS, Bruce D.; ASHWORTH, Robert D. – Histologia Humana, São Paulo: Edart, 1976

FERREIRA FILHO, Manoel Gonçalves – Direitos humanos fundamentais, 7. ed., São Paulo: Saraiva, 2005

FONG, Kevin – Extreme medicine, New York: the Penguin Press, 2014

FONSECA, Ângela Maggio e outros – Esterilidade feminina. In. Tratado de ginecologia – Condutas de rotina de ginecologia da FMUSP, São Paulo: Ed. Revinter, 2005

FRANÇA, Genival veloso – A adoção de embriões congelados: uma alternativa ético-política. In. http: //www. derechoycambiosocial. com/revista005/ embriões. htm.

FRANÇA, Genival Veloso de – Direito Médico, 10. ed., Rio de Janeiro: Gen/ Forense, 2010

FRANÇA, Rubens Limongi – Direitos da personalidade coordenadas fundamentais. Revista do Advogado, AASP, n. 38, s/d

FRAGOSO, Heleno Cláudio – Lições de direito penal, Rio de Janeiro: Forense, 1983

FIORILLO, Celso Antonio Pacheco; DIAFERIA, Adriana – Biodiversidade e patrimônio genético no direito ambiental brasileiro, São Paulo: Max Limonad, 1999

GADELHA, C et al. Perspectivas do investimento em saúde. Instituto de Economia da Unicamp, out 2009 < acesso em 1. 4. 2019> Fonte: www3eco. uni camp. br

GAMA, Guilherme Calmon Nogueira da – O biodireito e as relações parentais, Rio de janeiro/São Paulo, renovar, 2003

GARCIA, Maria – Limites da ciência, São Paulo: Ed Revista dos Tribunais, 2004

Gimeno, Juan A; Repullo, José R; Rubio, Santiago – Manuales de dirección médica y gestión clínica – derecho Sanitario y sociedade, Madrid: Edicciones Diaz Santos, 2006

Godoy, Cláudio Luiz Bueno de – A liberdade de imprensa e os direitos da personalidade, São Paulo: Atlas, 2001

Gogliano, Daisy – Direitos privados da personalidade, São Paulo: Quartir Latin, 2012

Gogliano, Dayse – O direito ao transplante de órgãos e tecidos humanos – Tese de Doutorado apresentado ao Departamento de Direito Civil da FADUSP, 1986

Gonçalves, Carlos Roberto – Direito civil brasileiro, 5. ed., São Paulo: Saraiva, 2010, v. 4,

Gracia, Diego – Pensar a bioética – metas e desafios, São Paulo: Paulinas/São Camilo, 2010

Gramstrup, Erik Frederico – responsabilidade civil na engenharia genética, São Paulo: Editora Federal, 2006

Guyton, Arthur C. – Fisiologia Básica, Interamericana, 1978

Hacket, David – O relatorio Buchenwald, São Paulo/Rio de Janeiro: Record, 1988

Hentz, André Soares – Esterilização humana: aspectos legais, éticos e religiosos. In. Jus Navigandi. mht

Hironaka, Giselda Maria Fernades Novaes. Direito Cicil: estudos. Belo Horizonte: Del Rey, 2000

Hoy, Marjorie A – Persistence and Containment of Metaseiulus occidentalis. in Florida: Risk Assessment for Possible Releases of Transgenic Strains. In. http: //www. fcla. edu/FlaEntfe80. 42, htm.

Jesus, Damásio de – Direito penal, v. II, São Paulo: Saraiva, 1986

Kamdar, Mira – A Índia resiste à sedução dos EUA. In. Lê Monde Diplomatique – Brasil – março 2010

Kant, Immanuel – fundamentação da metafísica dos costumes. Lisboa: Edições 70, 1986 – trad. Paulo Quintella

Kelch, Rita – Direitos da personalidade e clonagem humana. São Paulo: Método, 2009

Kellman, Barry – Bioviolência – prevenção de crimes e terrorismos biológicos, São Paulo: Ed Ideias e Letras, 2007

KFOURI Neto, Miguel – responsabilidade civil do médico, 7. ed., São Paulo; Ed. RT, 2010

KRAUSE, Marie V; MAHAN, L Kathleen – Alimentos, nutrição e dietoterapia, São Paulo: Roca, 1985,

LAJOLO, Franco Maria; NUTTI, Marilia Regina – Transgênicos- bases científicas da sua segurança, São Paulo: SBAN, 2003

LAFER, Celso – A reconstrução dos direitos humanos, São Paulo, Companhia das letras, 2006

LEITE, Eduardo de Oliveira – O direito do embrião humano: mito ou realidade? Revista de Direito Civil, n. 78, out/dez 1996

LEITE, Eduardo de Oliveira – Procriações artificiais e o direito. São Paulo: Ed. RT, 1995

LERNER, Barron, H – The good doctor, Boston: Beacon Press, 2014,

LEVAI, Laerte Fernando – Direito dos animais, 2. ed., São Paulo: Editora Mantiqueira, 2004

LIMA NETO, Francisco Vieira de – O direito de não sofrer discriminação genética. São Paulo: Lúmen Júris Editora, 2008

LINDON, Raymond- Les drois de la personalité, Paris, Dalloz, 1974

LIPPMANN, Ernesto – Testamento vital – o direito à dignidade, São Paulo: Matrix, 2013

LOBO, Paulo – Direito ao conhecimento de ascendência genética difere-se de filiação. In. http: //www. conjur. com. br

LOPEZ, Teresa Ancona – O Dano estético, 3. ed., São Paulo: Ed. Revista dos Tribunais, 2004

LORBER, John – Seu cérebro é mesmo necessário? In. Research News Science. http: //foruns. clix. pt/geral/show. flat. php.

LOUREIRO, Claudia Regina Magalhães – Introdução ao biodireito, São Paulo: Saraiva. 2009

MACHADO, Maria Helena – A Profissão de Enfermagem no Século XXI. In: Revista brasileira de enfermagem. Brasília, v. 52, n. 4, out. dez, 1999

MACKINNON, Catherine A – Are woman human? USA: Harvard University Press, 2006

MAGNOLI, Demétrio – Relações internacionais teoria e história, São Paulo, Saraiva, 2004

MABTUM, Matheus Massaro; MARCHETTO, Patricia Borba – Diretivas antecipadas de vontade como dissentimento livre e esclarecido e a necessidade de aconselhamento medico e jurídico. In. In: *O debate bioético e jurídico sobre as diretivas antecipadas de vontade* [online]. São Paulo: Editora UNESP; São Paulo: Cultura Acadêmica, 2015 –

MACHADO, Paulo Affonso Leme- Direito ambiental brasileiro, 10. ed., São Paulo: Malheiros, 2002

MACDOWEL, Samuel – Responsabilidade social dos cientistas – Natureza das ciências exatas. Caderno de Estudos avançados v. 2, n. 3, São Paulo, Sept/ Dec 1988

MALUF, Adriana Caldas do Rego Freitas Dabus – Curso de bioética e biodireito, 3. ed, São Paulo: Gen/Atlas, 2015

MALUF, Adriana Caldas do Rego Freitas – Direito das famílias: amor e bioética, São Paulo/Rio de Janeiro: Elsevier, 2011

MALUF, Adriana Caldas do Rego Freitas Dabus – Limitações urbanas ao direito de propriedade, São Paulo: Atlas, 2010

MALUF, Adriana Caldas do Rego Freitas Dabus -Novas modalidades de família na pós-modernidade, São Paulo: Atlas, 2010

MALUF, Adriana Caldas do Rego Freitas Dabus – Direitos da personalidade e os elementos genéticos para a identidade da pessoa humana. In. ALVES, Jones Figueiredo; DELGADO, Mario Luiz (org) – Novo Código Civil questões controvertidas, São Paulo; Método, 2003

MALUF, Adriana Caldas do Rego Freitas Dabus; MALUF, Carlos Alberto Dabus – A responsabilidade civil na relação dos profissionais da área da saúde e paciente. In. AZEVEDO, Álvaro Villaça; LIGIERA, Wilson (Coord) – Direitos do paciente. São Paulo: Saraiva, 2012

MALUF, Adriana Caldas do Rego Freitas Dabus; MALUF, Carlos Alberto Dabus – Gênero e direitos humanos: a proteção da mulher no direito contemporâneo. In. FERRAZ JR., Tércio Sampaio; BAPTISTA, Luiz Olavo (Coord) – Revista Brasileira de filosofia, São Paulo: Ed. RT, 2012

MALUF, Adriana Caldas do Rego Freitas Dabus; RIZZI, Maria Beatriz de Souza Lima – Uma visão interdisciplinar sobre bioética e início da vida. In. MIGLIORE, Alfredo DB; SCALQUETTE, Ana Claudia; LIMA, Cíntia Rosa P; BERGSTEIN, Gilberto (Coord.) Dignidade da vida humana, São Paulo: LTR, 2010

MALUF, Adriana Caldas do Rego Freitas Dabus– Responsabilidade civil por danos ao meio ambiente. NERY, Rosa Maria de Andrade; DONNINI, Rogério (Org.) – Responsabilidade civil, São Paulo: Ed. Revista dos Tribunais, 2009

MALUF, Adriana Caldas do Rego Freitas Dabus – Alta a pedido e internação compulsória – aspectos jurídicos. In GIMENES, Antonio cantero; BATISTA, Juliana dos Santos; FUJITA, Jorge S; ROCHA, Renata da (Org) – Dilemas acerca da vida humana – interfaces entre a bioética e o biodireito, São Paulo: Atheneu, 2015, p. 99 – Serie Comitê de Bioética HCor

MALUF, Carlos Alberto Dabus – As condições no direito civil, São Paulo: Saraiva, 2. ed., 1991

MALUF, Carlos Alberto dabus; MALUF, Adriana caldas do Rego Freitas Dabus – Curso de direito de familia, 3 . ed., São Paulo: Saraiva, 2018

MALUF, Carlos Alberto dabus; MALUF, Adriana caldas do Rego Freitas Dabus – Curso de direito das sucessões, 2 . ed., São Paulo: Saraiva, 2018

MALUF, Carlos Alberto dabus; MALUF, Adriana caldas do Rego Freitas Dabus – Introdução ao direito civil, 2 . ed., São Paulo: Saraiva, 2018

MALUF, Carlos Alberto Dabus – As condições no direito civil, São Paulo: Saraiva, 2. ed., 1991

MALUF, Carlos Alberto Dabus. Limitações ao direito de propriedade, 2. ed., São Paulo: Ed. Revista dos Tribunais, 2005

MALUF, Carlos Alberto Dabus; MALUF, Adriana Caldas do Rego Freitas Dabus – Comentários ao Estatuto da Cidade, São Paulo: Atlas, 2011

MARINO Jr., Raul –Em busca de uma bioética global. São Paulo: Editora Hagnos, 2009

MARINO JR., Raul – Ensaio sobre o amor, São Paulo: Companhia Editora Nacional, 2011

MARGOTTO, Paulo -Crescimento e desenvolvimento fetal. In. http: //www. paulomargotto. com. br/documentos/crescimento_desenvolvimento_fetal. ppt.

MARTINS, Antonio de Carvalho – Bioética e diagnóstico pré-natal – aspectos jurídicos. Coimbra: Coimbra editora, 1996

MARTINS, Ives Gandra da Silva – O direito à vida no Código Civil á luz da Constituição. In. MARTINS, Ives Gandra da Silva; PEREIRA Jr, Antonio Jorge (Coord) – Direito à privacidade, São Paulo: Ideias e Letras/CEU, 2005

MARTINS, Maria Isabel Morgan; PORAWSKI, Marilene; MARRONI, Norma Possa – Fisiologia. In. SANDERS, Aline; FEIJÓ, Anamaria Gonçalves dos Santos – A concepção dos deveres indiretos e direitos em relação aos animais não humanos – fundamentos para o entendimento de seu status moral. In. FEIJÓ, Anamaria Gonçalves dos Santos; BRAGA, Luisa Maria Gomes de Macedo;

Pitrez, Paulo Márcio Condessa (Org) – Animais na pesquisa e no ensino: aspectos éticos e técnicos, Porto Alegre: EdiPUCRS, 2010

Me Durrieu – Delbot – L'Euthanasie – soins palliatifs. http: //sos-net. eu. org/medical/euthanas. htm#3

Mellado, Patrício; Volaric, Catherine – Estados de mínima consciência. In. Cuadernos de Neurologia, vol XXVII, 2003, Pontifícia Universidade Católica del Chile

Melo, Helena Pereira de – Manual de biodireito, Coimbra: Almedina, 2008

Mendes, Christine Keller de Lima – – Mães substitutas e a determinação da maternidade: implicações da reprodução medicamente assistida na fertilização in vitro heteróloga. http: //www. boletim jurídico. com. br/doutrina/ texto. asp?id=1310

Mezomo, Iracema – O serviço de nutrição – administração e organização, São Paulo: CEDAS, 1983

Migliore, Alfredo Dias Barbosa – A personalidade jurídica dos grandes primatas – Tese de doutorado apresentada na FDUSP, 2010

Mirabete, Julio Fabbrini – Manual de direito penal, 3. ed., São Paulo: Atlas, 2003

Mitchell, HelenS; Rynbergen, Henderika J; Anderson, Linnea; Dibble, Marjorie V – Nutrição, Rio de Janeiro: Interamericana, 1979

Monteiro, Washington de Barros Monteiro; PINTO, Ana Cristina de Barros Monteiro França – Curso de Direito Civil, 42º ed., São Paulo: Saraiva, 2014, v. 1

Moore, Keith L; Persaud, TVN – Embriologia básica, 7. ed., Rio de Janeiro: Elsevier, 2008

Moraes, Alexandre de – Direitos Humanos Fundamentais: Teoria Geral. 5 ed. São Paulo: Atlas, 2003

Morais, Roberta Jardim – Segurança e rotulagem de alimentos geneticamente modificados. Rio de Janeiro: Forense, 2004

Moraes, Walter – Direito da Personalidade in: Enciclopédia Saraiva do Direito n. 26, s/d

Moraes, Walter – Concepção tomista de pessoa – um contributo para a teoria do direito da personalidade. In. RT. 590: 14

Morán, Luis Gonzales – De la bioética al bioderecho – libertad, vida y muerte, Madrid: Dykinson SL, 2006,

Nader, Paulo – Curso de direito civil – 3. ed., Rio de Janeiro: Forense, 2010

NALINI. José Renato – Reflexões jurídico filosóficos sobre a morte, São Paulo: Editora Revista dos Tribunais, 2011

NAMBA, Edison Tetsuzo – Manual de Bioética e Biodireito, São Paulo: Atlas, 2009

NARDI, Nance Bayer – Células-tronco. In. SANDERS, Aline; FEIJÓ, Anamaria Gonçalves dos Santos – A concepção dos deveres indiretos e direitos em relação aos animais não humanos – fundamentos para o entendimento de seu status moral. In. FEIJÓ, Anamaria Gonçalves dos Santos; BRAGA, Luisa Maria Gomes de Macedo; PITREZ, Paulo Márcio Condessa (Org) – Animais na pesquisa e no ensino: aspectos éticos e técnicos, Porto Alegre: EdiPUCRS, 2010

NAVARRO, Andreya Mendes de Almeida Scherer – O obscuro objeto do poder – ética e direito na sociedade biotecnológica, Rio de Janeiro: Lúmen Júris editora, 2007

NERY Jr., Nelson – Direito de liberdade e consentimento informado: a possibilidade de se recusar tratamento médico em virtude de convicção religiosa. In. AZEVEDO, Álvaro Villaça; LIGIERA, Wilson (Coord) – Direitos do paciente, São Paulo: Saraiva, 2010

NONATO, Orozimbo – Personalidade, Repertório Enciclopédico do direito brasileiro, v. XXXVII, Rio de Janeiro, Ed. Borsoi, s/d

NUCCI, Guilherme de Souza – Manual de Direito Penal. Parte Geral, Parte Especial. 3 ed. São Paulo: RT, 2007

NUFFIELD COUNCIL ON BIOETHICS – Animal transplantation – the ethics of xenotransplantation, Nuffield Council on Bioethics: London, 1996

NUNES, Adriane; BICHARA, Andreia Gil; DINIZ, Luciano – Reprodução assistida em portadores de HIV. In. CLEMENTE, Ana Paula Pacheco (Org.) – Bioética no início da vida, Petropolis: Vozes, 2006

NUNES, Mercês da Silva – O direito fundamental à alimentação e o princípio da segurança, Rio de Janeiro: Elsevier/Campus Jurídico, 2008

OLIVEIRA, Jarbas Rodrigues de; PITREZ, Paulo Márcio C – A importância do uso de animais para o avanço da ciência. In. SANDERS, Aline; FEIJÓ, Anamaria Gonçalves dos Santos – A concepção dos deveres indiretos e direitos em relação aos animais não humanos – fundamentos para o entendimento de seu status moral. In. FEIJÓ, Anamaria Gonçalves dos Santos; BRAGA, Luisa Maria Gomes de Macedo; PITREZ, Paulo Márcio Condessa (Org) – Animais na pesquisa e no ensino: aspectos éticos e técnicos, Porto Alegre: EdiPUCRS, 2010

OTERO, Paulo – Personalidade e identidade pessoal e genética do ser humano: um perfil constitucional da bioética. Coimbra: Almedina, 1999

PENCE, Gregory E – Classic cases in medical ethics, accounts of cases that have shapped medical ethics, with philosophical, legal and historical backgrounds, 1º ed, Boston: McGrawHill, 1990

PERONA, Javier López-galiacho – la problemática jurídica de la transexualidad, Madrid: Mac Graw Hill, 1988

PESSINI, Leo – A vida em primeiro lugar. In. PESSINI, Leo; BARCHIFONTAINE, Christian de Paul de (Org). Fundamentos da bioética, São Paulo: Paulus, 2002

PESSINI, Leo; BARCHIFONTAINE, Christian de Paul – Problemas atuais de bioética, 2. ed., SãoPaulo: Loyola, 1994

PESSINI, Leo – Bioética – um grito pela dignidade de viver, 3. ed., São Paulo: Paulinas/São Camilo, 2008,

PESSINI, Leo – Distanásia – até quando prolongar a vida, SãoPaulo: Loyola/São ccamilo, 2001

PESSINI, Leo – Humanização e cuidados paliativos, 3. ed., São Paulo: Ed. Loyola/ São Camilo, 2004

RAMSEY, Gerald – Transexuais, São Paulo, Edições GLS, 1996

RANGEL, Vicente Marota – Direito e Relações Internacionais, São Paulo, Editora Revista dos Tribunais, 8. ed., 2005

REALE, Miguel – O Estado democrático de direito e o conflito das ideologias, 3. ed., São Paulo: Saraiva, 2005

REALE, Miguel – Lições preliminares do direito, 27. ed., São Paulo: Saraiva, 2005

REGAN, Tom – The case of Animal rights, Los Angeles: UCP, 1983

RICCI, Luiz Antonio Lopes – A morte social – mistanasia e bioética, São Paulo: Paulus, 2017

RIZZARDO, Arnaldo – Responsabilidade civil, 4. ed., Rio de Janeiro: Forense, 2009

ROCHA, Renata da – O direito à vida e a pesquisa com células-tronco, São Paulo: Campus, 2008

RODRIGUES Jr, Otavio – Testamento vital e seu perfil normativo. In http: //www. conjur. com. br

Rothstein, Mark A – Genetic discrimination in employement: ethics, policy and corporative law. In. Human genetic analysis and the protection of personality and privacy. Publications de L'Institut Suisse de droit compare, Zurich, 1994

Saitovitch, David; Sesterheim, Patrícia – Imunologia. In. Sanders, Aline; Feijó, Anamaria Gonçalves dos Santos – A concepção dos deveres indiretos e direitos em relação aos animais não humanos – fundamentos para o entendimento de seu status moral. In. Feijó, Anamaria Gonçalves dos Santos; BRAGA, Luisa Maria Gomes de Macedo; Pitrez, Paulo Márcio Condessa (Org) – Animais na pesquisa e no ensino: aspectos éticos e técnicos, Porto Alegre: EdiPUCRS, 2010

Sancovski, Mauro – Obstetrícia: a gravidez, o parto e o puerpério. In. Helito, Alfredo Salim; Kauffman, Paulo (Org) – Saúde, São Paulo: Nobel, 2007,

Sanders, Aline; Feijó, Anamaria Gonçalves dos Santos – A concepção dos deveres indiretos e direitos em relação aos animais não humanos – fundamentos para o entendimento de seu status moral. In. Feijó, Anamaria Gonçalves dos Santos; BRAGA, Luisa Maria Gomes de Macedo; Pitrez, Paulo Márcio Condessa (Org) – Animais na pesquisa e no ensino: aspectos éticos e técnicos, Porto Alegre: EdiPUCRS, 2010

San Tiago Dantas, FC – Programa de Direito Civil, Rio de Janeiro: Ed. Rio, 1979, v. 1

Santos, Elaine Franco dos et alii – O Exercício da Enfermagem sob o Enfoque das Normas Penais e Éticas. In: Legislação em enfermagem – Atos Normativos do Exercício e do Ensino de Enfermagem. São Paulo: Editora Atheneu, 1997

Santos, Maria Celeste Cordeiro dos – O equilíbrio do pêndulo – a bioética e a lei. São Paulo: Ícone editora, 1998

Santos, Marilia Andrade dos – A aquisição de direitos pelo anencéfalo e a morte encefálica. In. Jus Navigandi. Teresina, ano 10, n. 982, 2006

Scalquette, Ana Claudia Silva – Estatuto da reprodução assistida, São Paulo; Saraiva, 2010

Schimpff, Stephen C – The future of health care delivery, Washington: Potomac books, 2012

Semião, Sergio Abdala – Os direitos do nascituro: aspectos cíveis, criminais e do biodireito, Belo Horizonte: Del Rey, 1988

SESSAREGO, Carlos Fernández – Derecho de la identidad personal, Buenos Aires, Editorial Astrea, 1992

SHARPE, Paul – Tooth tissue engineering. In. Craniofacial developmentandsteam –cell biology, Kings College program, London . In. http: //www. kcl. ac. uk/schools/dentistry/research/cell/

SHRODER, Nadja; ROESLER, Rafael – Neurociências. In. SANDERS, Aline; FEIJÓ, Anamaria Gonçalves dos Santos – A concepção dos deveres indiretos e direitos em relação aos animais não humanos – fundamentos para o entendimento de seu status moral. In. FEIJÓ, Anamaria Gonçalves dos Santos; BRAGA, Luisa Maria Gomes de Macedo; PITREZ, Paulo Márcio Condessa (Org) – Animais na pesquisa e no ensino: aspectos éticos e técnicos, Porto Alegre: EdiPUCRS, 2010

SILVA, Regina Beatriz Tavares da – Responsabilidade civil na odontologia. In. SILVA, Regina Beatriz Tavares da – Responsabilidade civil na área da saúde. Série GVlaw, São Paulo: Saraiva/Fundação Getúlio Vargas, 2007

SINGER, Peter – Animal libertation, New York: Harper Collins Publishers, 2002

SMITH, A J; LESOT, T – Introduction and regulation of crown dentinogenesis: embryonic events as a template for a dental tissue repair? Critical Review. In. Oral Biology and Medicine, USA, v. 12, n. 8, 2001

SOARES, André Marcelo M.; PIÑEIRO, Walter Esteves – Bioética e biodireito-uma introdução, Coleção gestão em saúde, v. i, São Paulo, Edições Loyola/ São Camilo, 2002

SOLÁ, Jaime Espejo – Manual de dietoterapia do adulto, 6. ed., Rio de Janeiro: Livraria Atheneu, 1988

SOUSA, Rabindranath V. A. Capello de – O direito geral da personalidade, Coimbra editora, 1995

SOUZA, Paulo Vinicius Sporleder de – Crimes genéticos, genoma humano e direitos humanos de solidariedade. In. SARLET, Ingo; LEITE, George Salomão – Direitos fundamentais e biotecnologia. São Paulo: Método, 2008

SOUZA, Ricardo Timm-O cuidado de animais não humanos como imperativoético radical – sete teses. In. FEIJÓ, Anamaria Gonçalves dos Santos; BRAGA, Luisa Maria Gomes de Macedo; PITREZ, Paulo Márcio Condessa (Org) – Animais na pesquisa e no ensino: aspectos éticos e técnicos, Porto Alegre: EdiPUCRS, 2010

SOUZA, Romeu Rodrigues de – Anatomia Humana, São Paulo, 1983

TAVARES, André Ramos - Curso de Direito Constitucional. São Paulo: Saraiva, 2002

TELLES Jr., Goffredo - Direito subjetivo in: Enciclopédia Saraiva de Direito, v. 28, 1979

THOUVENIN, Dominique - la loi n. 2005-370 du 22. 4. 2005, dite loi leonetti: la médicalisation de la fin de vie. In. FERRY, Jean Marc (Coord) - Fin (s) de vi ele débat, Paris: Puf, 2011

TOBEÑAS, Castan - Derecho Civil Español, común y foral. Madrid, 1955, t. 1 v. 2

TORTAMANO, N. & ARMONIA, P. L. Guia Terapêutico Odontológico. 14. ed., São Paulo: Editora Santos, 2000

TORTAMANO, Isabel Peixoto; HORLIANA, Anna Carolina R T; COSTA, Carina Gisele; ROMANO, Marcelo Munhões; SOARES, Mário Sérgio; ROCHA, Rodney Garcia - Antibioticoterapia no tratamento de abscessos periapicais agudos: quando indicar e como proceder? In. Revista Odonto - ano 16, n. 32, jul/dez 2008, São Bernardo do Campo

TOSI, Giuseppe -História e atualidade dos direitos humanos - In. www. espdh. hpg. ig. com. br/texto 1. htm,

TRANQUILIM, Cristiane - A terapia gênica como direito fundamental à saúde. In. SARLET, Ingo W.; LEITE, George Salomão (Org)Direitos fundamentais e biotecnologia, São Paulo: Método, 2008,

TRAVERSO, Carlo Emilio- La Tutela Costituzionale della Persona Umana Prima della Nascita, Milano, 1977

VENOSA, Silvio de Salvo - Direito civil, 10. ed., São Paulo: Atlas, 2010, v. 4

VIEIRA, Tereza Rodrigues - Bioética e direito, São Paulo: Juridica brasileira, 2003

WEBER, João Batista B - Utilização de animais não humanos na pesquisa odontológica. In www. sorbi. org/br/revista4/animais. odonto. pdf

WEBER, João Batista Blessmann; YURGEL, Liliane Soares - Odontologia. In. SANDERS, Aline; FEIJÓ, Anamaria Gonçalves dos Santos - A concepção dos deveres indiretos e direitos em relação aos animais não humanos - fundamentos para o entendimento de seu status moral. In. FEIJÓ, Anamaria Gonçalves dos Santos; BRAGA, Luisa Maria Gomes de Macedo; PITREZ, Paulo Márcio Condessa (Org) - Animais na pesquisa e no ensino: aspectos éticos e técnicos, Porto Alegre: EdiPUCRS, 2010

WELCH, Gilbert H; SCHWARTZ, Lisa M; WOLOSHIN, Steven - Over diagnosed - making people sick in the pursuit of health, Boston: Beacon Press, 2011

WELTER, Pedro Belmiro – Igualdade entre as filiações biológica e socioafetiva, São Paulo, Ed. Revistados Tribunais, 2003

ZAGO, Marco Antonio – Prefácio. In. COVAS, Dimas Tadeu; UBIALI, Eugenia Maria Amorim; DANTIS, Gil Cunha de (Coord) – Manual de medicina transfusional, São Paulo/Rio de Janeiro/Belo Horizonte: Atheneu, 2010

ZATZ, Mayana – Genética, Rio de Janeiro: Globo, 2011

ZATZ, Mayana – Clonagem e células-tronco, Revista de Estudos Avançados, SP, v. 18, n. 51, 2004